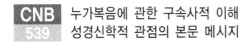
CNB 539 누가복음에 관한 구속사적 이해
성경신학적 관점의 본문 메시지

누가복음

이 광 호

2020년

교회와성경

지은이 | 이광호

영남대학교와 경북대학교대학원에서 법학과 서양사학을 공부했으며, 고려신학대학원(M.Div.)과 ACTS(Th.M.)에서 신학일반 및 조직신학을 공부한 후 대구 가톨릭대학교(Ph.D.)에서 선교학을 위한 비교종교학을 연구하였다. '홍은개혁신학연구원'에서 성경신학 담당교수를 비롯해 고신대학교, 고려신학대학원, 영남신학대학교, 브니엘신학교, 대구 가톨릭대학교, 숭실대학교 등에서 학생들을 가르쳤으며, 이슬람 전문선교단체인 국제 WIN선교회 한국대표를 지냈다. 현재는 실로암교회에서 담임목회를 하면서 한국개혁장로회신학교 교장을 맡고 있으며 부경신학연구원에서 강의하고 있다.

저서

- 성경에 나타난 성도의 사회참여(1990)
- 갈라디아서 강해(1990)
- 더불어 나누는 즐거움(1995)
- 기독교관점에서 본 세계문화사(1998)
- 세계 선교의 새로운 과제들(1998)
- 이슬람과 한국의 민간신앙(1998)
- 아빠, 교회 그만하고 슈퍼하자요(1995)
- 교회와 신앙(2002)
- 한국교회 무엇을 개혁할 것인가(2004)
- 한의 학제적 연구(공저)(2004)
- 세상속의 교회(2005)
- 한국교회의 문제점과 극복방안(공저)(2005)
- 교회, 변화인가 변질인가(2015)
- CNB 501 에세이 산상수훈(2005)
- CNB 502 예수님 생애 마지막 7일(2006)
- CNB 503 구약신학의 구속사적 이해(2006)
- CNB 504 신약신학의 구속사적 이해(2006)
- CNB 505 창세기(2007)
- CNB 506 바울의 생애와 바울서신(2007)
- CNB 507 손에 잡히는 신앙생활(2007)
- CNB 508 아름다운 신앙생활(2007)
- CNB 509 열매 맺는 신앙생활(2007)
- CNB 510 웨스트민스터 신앙고백(2008)
- CNB 511 사무엘서(2010)
- CNB 512 요한복음(2009)
- CNB 513 요한계시록(2009)
- CNB 514 로마서(2010)
- CNB 515 야고보서(2010)
- CNB 516 다니엘서(2011)
- CNB 517 열왕기상하(2011)
- CNB 518 고린도전후서(2012)
- CNB 519 개혁조직신학(2012)
- CNB 520 마태복음(2013)
- CNB 521 히브리서(2013)
- CNB 522 출애굽기(2013)
- CNB 523 목회서신(2014)
- CNB 524 사사기, 룻기(2014)
- CNB 525 옥중서신(2014)
- CNB 526 요한 1, 2, 3서, 유다서(2014)
- CNB 527 레위기(2015)
- CNB 528 스코틀랜드 신앙고백서(2015)
- CNB 529 이사야(2016)
- CNB 530 갈라디아서(2016)
- CNB 531 잠언(2017)
- CNB 532 욥기(2018)
- CNB 533 교회헌법해설(2018)
- CNB 534 사도행전(2018)
- CNB 535 소선지서〈Ⅰ〉(2018)
- CNB 536 소선지서〈Ⅱ〉(2019)
- CNB 537 시대 분별과 신학적 균형(2019)
- CNB 538 역대상하(2019)

역서

- 모슬렘 세계에 예수 그리스도를 심자(Charles R. Marsh, 1985년, CLC)
  - 예수님의 수제자들(F. F. Bruce, 1988년, CLC)
  - 치유함을 받으라(Colin Urquhart, 1988년, CLC)

홈페이지 http://siloam-church.org

누가복음

CNB 539

누가복음

A STUDY OF THE LUKE
by Kwangho Lee
Copyright ⓒ 2020 Kwangho Lee

Published by the Church and Bible Publishing House
SEOUL, KOREA

초판 인쇄 | 2020년 3월 20일
초판 발행 | 2020년 3월 29일

발행처 | 교회와성경
주소 | 평택시 특구로 43번길 90 (서정동)
전화 | 070-4894-7722, 010-6253-4742
등록번호 | 제2012-03호
등록일자 | 2012년 7월 12일

발행인 | 문민규
지은이 | 이광호
편집주간 | 송영찬
편집 및 교열 | 신명기
디자인 | 조혜진

총판 | (주) 비전북출판유통
주소 | 경기도 고양시 일산서구 송산로 499-10(덕이동)
전화 | 031-907-3927(대) 팩스 031-905-3927

저작권자 ⓒ 2020 이광호

교회와성경

CNB Facebook 페이지 | www.facebook.com/ChurchAndBible(교회와성경)

누가복음

A Study of The Luke

CNB 시리즈
서 문

CNB The Church and The Bible 시리즈는 개혁신앙의 교회관과 성경신학적 구속사 해석에 근거한 신·구약 성경 연구 시리즈이다.

이 시리즈는 보다 정확한 성경 본문 해석을 바탕으로 역사적 개혁 교회의 면모를 조명하고 우리 시대의 교회가 마땅히 추구해야 할 방향을 제시함으로써 교회의 삶과 문화를 창달하는 것을 그 목적으로 하고 있다.

따라서 이 시리즈는 진지하게 성경을 연구하며 본문이 제시하는 메시지에 충실하고 있다. 그렇다고 이 시리즈가 다분히 학문적이거나 또는 적용이라는 의미에 국한되지 않는다. 학구적인 자세는 변함 없지만 궁극적으로 하나님의 나라를 지향함에 있어 개혁주의 교회관을 분명히 하기 위해 보다 더 관심을 가진다는 의미이다.

본 시리즈의 집필자들은 이미 신·구약 계시로써 말씀하셨던 하나님께서 지금도 말씀하고 계시며, 몸된 교회의 머리이자 영원한 왕이신 그리스도께서 지금도 통치하시며, 태초부터 모든 성도들을 부르시어 복음으로 성장하게 하시는 성령께서 지금도 구원 사역을 성취하심으로써 창세로부터 종말에 이르기까지 거룩한 나라로서 교회가 여전히 존재하고 있음을 그 무엇보다도 중요하게 여기고 있다.

아무쪼록 이 시리즈를 통해 계시에 근거한 바른 교회관과 성경관을 가지고 이 땅에 진정한 그리스도인의 삶과 문화가 확장되기를 바라는 바이다.

시리즈 편집인

송영찬 목사, 교회와성경 편집인, M.Div.
이광호 목사, 실로암교회 목사, Ph.D.

머리글

　신약성경의 복음서들은 제각각 나름대로 특성을 지니고 있다. 마태, 마가, 누가, 요한복음에는 공히 천상의 왕이시자 지상 교회의 주인(Lord)이신 예수 그리스도에 관한 전반적인 내용들이 기록되어 있다. 사도적 신분을 가진 여러 성도들을 통해 다양한 각도에서 계시받은 복음서의 내용들이 주님의 모습과 그의 사역을 더욱 풍성하게 드러내 보여주고 있다.

　그 가운데 마태, 마가, 누가복음은 공관복음서라 하여 중첩되는 사건과 내용들이 많이 담겨 있다. 동일한 교훈과 사건이라 할지라도 각 복음서마다 다양한 측면에서 획일적이지 않게 그 의미를 드러내 보여주고 있다. 이는 또한 하나님의 말씀을 대하는 교회와 성도들로 하여금 더욱 신중한 자세로 성령 하나님의 도움을 간구하도록 한다.

　공관복음서들 중에 누가복음은 또 다른 분명한 특성을 지니고 있다. 다른 복음서에는 없는 특별한 내용들이 그 가운데 상당 부분 포함되어 있기 때문이다. 물론 그것은 복음서의 기록자인 누가의 개인적인 판단에 따라 그렇게 말한 것이 아니라 특별한 기록 계시를 허락하신 하나님의 고유한 뜻에 따라 드러나게 된 것이다.

　누가복음의 일반적인 특성 가운데 하나는 그것이 개인이 개인에게 보내는 사적인 기록처럼 보인다는 사실이다. 그 복음서의 맨 앞부분에는 그에 관한 명백한 사실을 드러내 보여주고 있다. 편지 형식의 그 복음서를 쓴 누가(Luke)가 개인인 데오빌로(Theophilus)에게 보낸다는 점을 밝히고 있는 것이다. 누가는 복음서를 기록한 후에 동일한 인물에게 두 번째 글을 써 보내는데 그것이 곧 사도행전이다(행1:1).

누가복음이 비록 개인이 개인에게 보내는 글의 형식으로 되어 있지만, 사적인 것이 아니라 공적인 의미를 지니고 있다. 즉 누가는 개인이었지만 하나님의 계시를 전달하는 사도적 권위를 소유한 자로서 공인의 지위를 지니고 있었다. 그리고 그 편지를 받는 데오빌로는 로마제국의 최고위 공직자 가운데 한 사람으로서 이방인 성도들을 어느 정도 대표하는 성격을 지닌 것으로 이해할 수 있다.

우리는 누가복음 맨 앞부분에 언급된 데오빌로에 대한 이해를 잘 할 필요가 있다. 로마의 최고위 공직자 가운데 한 사람인 데오빌로가 당시 로마제국이 주의 깊게 견제하던 예수 그리스도를 믿게 되었다는 사실은 심각한 문제를 야기할 수 있었다. 다수의 학자들은 누가복음이 AD60년대 초반에 기록된 것으로 보고 있다.

그렇다면 이는 64년 네로 황제가 유발한 로마 대 화재사건과 함께 임하게 된 기독교 대 박해 직전의 배경을 어느 정도 보여주는 것으로 받아들일 수 있다. 즉 사도교회 시대 말기 로마제국이 기독교를 박해한 중요한 원인 가운데 하나가 제국의 최고위 공직자로서 복음을 알게 된 데오빌로와 같은 개종자와 연관되어 있었던 것으로 볼 수 있는 것이다. 이는 물론 데오빌로의 기독교 내부에서 특수한 역할 때문이 아니라 그의 개종 자체로 인한 영향력을 두고 하는 말이다.

우리는 성경의 여러 흔적들을 조합해 볼 때 복음서를 기록한 의료인 누가가 그리스계 개종자로서 수리아 출신이었던 사실을 알 수 있다. 고대의 여러 전승 증거와 교회사학자였던 유세비우스(Eusebius) 같은 사람도 그를 이방인 출신이라고 언급했다. 우리는 1세기 당시 기독교회 안에서 유대인들이 상당한 기득권을 가지고 있었음을 알고 있다. 구약성경의 언약에 대한 이해가 상대적으로 풍부했던 그들이 신약시대의 교회 가운데서도 주도적 역할을 했던 것은 자연스러운 일이었다.

그런 중 사도적인 권위를 지닌 이방인 출신의 성도가 로마제국의 고위 공직자였던 다른 이방인 성도에게 하나님의 복음서를 기록한 것은 매우 중요한 의미를 지닌다. 누가복음이 비유대인 출신의 성도가 비유대인이었던 성도에게 전달한 하나님의 계시였기 때문에 특이한 성격을 지닌다고 할 수 있다. 누가는 또한 그의 복음서 앞부분에서 하나님의 계시가 아니면 도저히 알 수 없는 비밀스러운 내용들을 드러내 보여주고 있다.

세례 요한이 태어나기 전 가브리엘 천사가 성소에서 분향하는 제사장 사가랴에게 나타난 광경은 아무도 목격할 수 없었던 사건이었다. 또한, 그 천사가 요셉과 정혼한 마리아에게 나타나서 일러준 말과 예언 역시 마찬가지다. 이는 그가 기록한 복음서의 내용이 전적으로 하나님의 계시에 따라 주어진 말씀이란 사실을 입증해주고 있다.

따라서 누가복음은 개인의 서신인 동시에 전 세계에 흩어진 하나님의 자녀들을 위한 매우 중요한 '증거 서신'이라 말할 수 있다. 오늘날 우리는 진리의 복음을 받아들인 이방인 성도들로서 당시 이방인 출신이었던 누가가 전한 계시의 내용을 직접 접하게 된다. 이 글을 읽게 되는 모든 성도들이 그가 기록한 하나님의 말씀을 근간으로 하여 예수 그리스도의 복음을 더욱 선명하게 그리고 더욱 풍성하게 깨닫게 되길 바란다.

이 책이 출간되기까지 힘이 되어준 많은 분들께 깊이 감사드린다. 필자가 목회하는 실로암교회 성도들, 원고를 먼저 읽고 교정을 보아준 사랑하는 아내 정정희, 사랑하는 어머니 김옥금 여사, 정신적 물질적 지원을 아끼지 않은 여러 형제들에게 감사한 마음을 가진다. 무엇보다 어설픈 원고 뭉치를 깔끔한 모습으로 단장해 준 친구 송영찬 목사와 CNB를 위해 수고하시는 관련자들에게 고마운 마음을 전한다.

2020년 2월 20일
실로암교회
이광호 목사

목 차

누가복음

제1장

누가복음 서론 : 세례 요한과 예수님의 탄생 예언

(눅1:1-80)

1. 예수님의 사역과 사람들의 관심 : 누가와 데오빌로(눅1:1-4)

이땅에 오신 하나님의 아들이신 예수님께서 공 사역 기간 중 행하신 특이한 사역은 그전에 볼 수 없었던 전무후무한 사건들의 연속이었다. 기적적인 방법으로 한꺼번에 많은 사람들을 먹이신 일, 각종 귀신들을 쫓아내신 일, 나면서부터 장님이었던 사람의 눈을 뜨게 하신 일, 한 번도 걸어보지 못한 앉은뱅이로 하여금 걷게 하신 일, 죽은 사람을 살리신 일 등을 비롯한 수많은 기적들은 결코 평범한 일이 아니었다.

각 사건들의 해당 당사자가 된 사람들은 물론이거니와 그것을 직접 목격한 사람들 또한 놀랄 수밖에 없었던 것은 당연하다. 따라서 예수님께서 행하신 모든 일들이 온 이스라엘 백성들에게 소문으로 퍼져나가는 것은 지극히 자연스러운 일이다. 그 가운데는 그가 구약성경에 예언되어 온 메시아라는 사실의 메시지가 포함되어 있었다.

그 소문을 듣게 된 많은 자들이 다양한 목적으로 예수라는 인물을 찾게 되었다. 그들 가운데는 메시아를 확인하기 위해 오는 자들뿐 아니라 그를 통해 자신과 가족의 신체적 질병을 치유받기 위해 오는 사람들도 있었을 것이다. 또한, 그가 행하는 이적들을 직접 목격하고자 하는 자들도 많았을 것이 분명하다.

그리하여 예수님의 놀라운 기적을 직접 체험하거나 그 광경을 목격한 자들 가운데는 제각각 자기 나름대로 그에 대한 사실을 기록하는 사람들이 많았다. 어떤 사람들은 그 놀라운 사실을 기록으로 남기기 위해 정식으로 글을 썼을 것이며 다른 어떤 사람들은 간단한 메모를 남기는 사람들도 있었을 것이다. 당시에도 글을 쓰는 사람들이 많았으므로 그와 같은 일들이 자연스럽게 이루어졌기 때문이다.

복음서 기록자인 누가(Luke)는 그와 같은 당시의 상황을 언급하며 자기도 예수님의 모든 일들을 처음부터 자세히 살폈노라고 했다. 그리고 이제 그에 관한 모든 내용을 데오빌로(Theophilus) 각하에게 차례대로 써 보내고자 한다는 사실을 말했다. 그것을 통해 그동안 데오빌로가 배워 알고 있는 모든 내용을 분명히 알게 하고자 한다는 것이었다. 이는 당시 데오빌로가 이방인 출신 성도들 가운데서 차지하는 위치가 매우 중요했다는 사실을 말해주고 있다.

우리는 여기서 누가라는 한 보증된 신앙인이 하나님의 계시를 통해 이방인으로서 하나님의 자녀가 된 데오빌로라고 하는 특별한 개인에게 편지를 쓰고 있다는 사실을 보게 된다. 물론 누가가 이 글을 쓰는 것은 다른 많은 사람들이 예수님의 행적을 기록한 의도와는 본질적인 차이가 났다. 그는 단순한 개인적 의도가 아니라 성령의 역사하심에 따라 완벽한 상태로 하나님의 계시를 기록했기 때문이다.

누가복음은 형식상 개인이 다른 특정 개인에게 보내는 사적인 글처럼 보이지만 실상은 그렇지 않다. 하나님의 편에 선 누가는 어떤 측면에서 볼 때 신약시대 이방인 성도들을 어느 정도 대표하는 성격을 지닌 한 인물에게 글을 썼다. 따라서 이 내용은 개인이 기록한 사사로운 것이 아니라 공적인 의미를 지니는 것이다.

그렇다면 하나님에 대한 신실한 믿음을 소유한 이방인 출신 데오빌로는 과연 어떤 인물이었을까? 그가 구체적으로 누구인가에 대해서는 분명하지 않다. 유일한 정보는 그가 '각하'로 칭해졌다는 사실이다. 이는 그가 로마제국의 최고위 관직에 속한 인물이었음을 말해주고 있다. '각하'로 불릴 수 있는 사람은 최소한 한 지역을 통치하는 '총독' 정도의 직위를 가지고 있어야만 한다.

로마제국의 최고위 공직자에 해당하는 인물이 예수 그리스도를 주님으로 받아들였다는 사실은 그 자체로서 심각한 문제가 될 수 있었다. 로마의 입장에서 볼 때 최고 공직자의 개종은 제국 전체에 엄청난 영향을 끼칠 수 있었기 때문이다. 당시 데오빌로와 같은 최고위직 정치인이 기독교인이 된 것을 보며 로마제국은 기독교를 결코 그냥 둘 수 없었다. 결국 그와 같은 상황이 로마제국에서 초기 단계의 기독교를 핍박하는 결정적인 역할을 했을 가능성이 없지 않다.

2. 메시아 강림의 때가 이름

1) 세례 요한에 대한 예언(눅1:5-17)

성경에 약속된 메시아 강림의 때가 이르렀을 때 하나님께서는 그를 위해 길을 예비할 사자(使者)를 먼저 보내시고자 했다. 천상과 지상 교회의 왕이 오시는데 영적이자 실제적인 격식이 갖추어져야 했기 때문이다. 그것은 구약성경 전체의 내용과 하나님의 언약이 성취되는 매우 중요한 의미를 지니고 있었다.

유대 지역에서 헤롯 대왕이 통치하고 있을 때 '사가랴'라는 제사장이 있었는데 그의 아내 역시 아론의 후손으로 '엘리사벳'이라는 여인이었다. 그 부부는 정통 레위 지파에 속한 자들이었다. 성경은 그들이 하나님 앞에서 '의인'이었음을 증거하고 있다(눅1:6). 이는 그들이 단순히 윤리적으로 훌륭한 삶을 살았다는 의미가 아니다.

그들은 모세가 기록한 하나님의 계명과 규례를 온전히 따르는 자들이었다. 이 말은 그들이 구약성경에서 예언하고 있는 바 메시아를 간절히 기다리고 있었음을 말해준다. 성경에서 그들이 흠이 없이 행했다고 언급한 것(눅1:6)은 윤리적으로 흠이 없고 완벽하다는 의미가 아니라 율법에 따라 메시아를 소망한 것에 연관되어 있다.

그런데 의인이자 흠이 없는 훌륭한 신앙인으로 인정받은 부부였지만 그들에게는 자녀가 없었다. 그들 부부는 이미 자녀를 가질 수 있는 연령대를 훨씬 넘어서 있었다. 엘리사벳이 임신을 하지 못한 것은 아마도 신체적으로 문제가 있었던 것으로 보인다. 하지만 그들은 자녀를 달라고 하나님께 간구하며 매달리지 않았다. 그것은 전적으로 하나님께 속한 일이라는 사실을 잘 알고 있었기 때문이다.

그 부부는 자녀가 없는 상태에서 하나님을 순전히 섬기다가 인생을 마칠 생각을 하고 있었음이 분명하다. 따라서 하나님께서 맡기신 직무를 성실하게 행하는 것이 저들에게 가장 소중한 일이었다. 그런 중에 남편 사가랴가 율법에 기록된 절차에 따라 하나님 앞에서 제사장 직무를 행할 때가 이르렀다. 그는 제사장 직분의 관례에 따라 제비를 뽑은 결과 성소에 들어가 분향하는 일을 맡게 되었다.

제사장 사가랴가 성소에 들어가 하나님 앞에서 분향하는 동안 많은 백성들이 밖에서 기도하고 있었다. 우리는 그들이 과연 무엇을 위해 어떻게 기도했을까 하는 점을 생각해 보아야 한다. 분명한 사실은 그들이 자신의 개인적인 복을 구하거나 문제 해결을 위한 기도를 하지 않았다는 점이다. 우리가 짐작할 수 있는 것은 그들이 하나님의 영광을 위해서 기도했다는 점과 속히 이땅에 메시아를 보내주실 것을 간구했으리라는 점이다.

성소 안에서 제사장이 하나님께 분향하고 성소 밖에서 백성들이 기도하던 그 시간에 하나님의 사자가 제사장 사가랴 앞 곧 향단 우편에 나타났다. 전혀 예측할 수 없었던 그 광경을 목격한 사가랴는 놀라움과 두려움에 빠지지 않을 수 없었다. 이는 거룩한 하나님의 사자가 갑작스럽게 나타난 사실과 더불어 자신의 더러운 모습이 드러났기 때문이었을 것이다.

그때 하나님의 천사가 사가랴를 향해 무서워하지 말라고 했다. 그는 하나님께서 그 간구하는 기도를 들으셨으므로 그의 아내 엘리사벳이 장차 아들을 낳게 되리라는 사실을 말해주었다. 그리고 그 아기의 이름을 '요한'이라고 짓도록 했다. 그 부모가 자식의 이름을 짓지 않고 하나님께서 직접 그 이름을 지어주신다는 것은 그에게 맡겨진 하나님의 중요한 직무가 있다는 사실을 말해준다.

우리는 여기서 매우 중요한 이해를 하지 않으면 안 된다. 천사의 말을 들어볼 때 하나님께서는 제사장 사가랴의 기도를 듣고서 '아들'을 허락하시게 된다는 사실을 분명히 말했다. 그렇다면 사가랴가 그동안 자기에게 아들을 낳게 해달라고 하나님께 기도한 것으로 받아들여야 하는가? 우리는 이 말씀을 그렇게 받아들여서는 곤란하다.

그렇다면 그 진정한 의미는 무엇인가? 그것은 제사장 사가랴가 언약의 백성 가운데 메시아를 보내 달라고 하나님께 간구한 사실과 연관되어 있다. 그는 남들처럼 자기에게도 아들을 하나 낳게 해달라고 기도한 것이 아니라 속히 메시아를 보내주어 구약의 예언이 성취되도록 기도했음이 분명하다. 즉 하나님께서 사가랴와 엘리사벳 사이에 아들을 허락하시게 되는 것은 이땅에 메시아를 보내시는 일과 밀접하게 연관되어 있었다.

그러므로 사가랴의 아내 엘리사벳이 장차 아들을 낳게 되면 그 부모뿐 아니라 많은 사람들이 그로 인해 기뻐하게 되리라는 사실을 언급했다. 여기서 '많은 사람'이란 그의 가족이나 주변의 아는 사람들에 국한되는 것이 아니다. 이는 메시아가 오기를 간절히 기다리는 많은 사람들을 포함하고 있다.

성경은 장차 태어날 '요한'이 하나님 앞에서 '큰 자'가 되며 포도주나 소주를 마시지 않을 뿐더러 모태로부터 성령 충만함을 입게 된다는 사실을 증거하고 있다. 이는 그 아이가 이 세상의 기쁨과 즐거움을 취하지 않는다는 점을 말해준다. 또한 그가 태중에서부터 구별된 자로 이땅에 태어나게 되는 것은 보통 사람들의 일반적 출생과는 근본적으로 다르다는 점을 의미한다. 그는 태중에서부터 메시아를 위한 중요한 역할을 부여받은 자로서 특별히 구별된 인물이기 때문이다.

본문 가운데서 그가 성령이 충만한 인물이라고 한 것은 인간들의 이성과 경험이 아니라 하나님의 뜻에 온전히 순종하는 자로서 언약의 자손들로 하여금 여호와 하나님께로 돌아오게 한다는 사실에 연관되어 있다. 그는 또한 엘리야의 심령과 능력으로 이땅에 오실 주님이신 메시아 앞에서 먼저 아비의 마음을 자식에게, 거스르는 자를 의인의 지혜로운 길로 돌아오게 하고 '주님을 위해 세운 백성을 예비하리라'고 했다. 이 말씀은 구약성경 말라기에 기록된 예언의 성취이다.

> "보라 여호와의 크고 두려운 날이 이르기 전에 내가 선지 엘리야를 너희에게 보내리니 그가 아비의 마음을 자녀에게로 돌이키게 하고 자녀들의 마음을 그들의 아비에게로 돌이키게 하리라 돌이키지 아니하면 두렵건대 내가 와서 저주로 그 땅을 칠까 하노라 하시니라" (말4:5,6)

하나님의 천사는 선지자 말라기에 의해 예언되었던 그 내용이 이제 사가랴의 아들이 될 세례 요한을 통해 이루어지게 되리라는 사실을 그를 향해 다시금 언급하고 있다. 이 말씀을 익히 알고 있었을 사가랴에게는 그 예언이 두려움으로 몰려오지 않을 수 없었을 것이다. 그 일이 발생하게 되면 하나님의 자녀들에 대한 구원뿐 아니라 배도자들과 불신자들에 대한 저주와 진노가 임하게 된다는 사실이 동시에 선포되고 있기 때문이다.

또한 누가복음 본문 가운데는 그가 '주님을 위해 세운 백성을 예비하리라'(눅1:17)는 사실을 언급하고 있다. 이 예언은 신약 시대에 세워지게 될 '교회'와 밀접하게 연관된 말씀으로 이해해야 한다. 이는 메시아 사역을 통한 결과로서 생겨나게 될 하나님의 공동체와 연관되어 있기 때문이다. 이 말씀은 세례 요한이 태어나기 전에 이미 하나님의 나라와 지상 교회에 대한 하나님의 예언이 제사장 사가랴에게 주어졌음을 말해주고 있다.

2) 사가랴의 반응과 표징 : 그의 아내 엘리사벳의 임신(눅1:18-25)

하나님의 천사로부터 모든 예언의 말씀을 들은 제사장 사가랴는 그것을 받아들이기 쉽지 않았다. 이는 메시아에 연관된 구약의 예언이 자기 아들을 조력자로 삼아 이루어질 것이라는 사실은 상상조차 할 수 없는 일이었기 때문이다. 더구나 그의 아내는 아직 임신조차 하지 않았으므로 그 아들은 당연히 존재하지도 않았다. 하지만 그것은 하나님의 천사가 그에게 직접 전한 특별한 예언이었다.

그래서 사가랴는 천사를 향해 의아할 수밖에 없는 자기의 생각을 드러냈다. 자기와 자기 아내는 이미 나이가 많아 가임연령이 훨씬 지났는데 그 사실을 어떻게 받아들일 수 있느냐는 것이었다. 물론 그것은 일반 상식에 근거한 자기 판단이었다. 그의 말을 들은 천사는 자기가 하나님의 보내심을 받은 가브리엘이라는 사실을 밝혔다. 하나님께서 자기를 보내 그 좋은 소식을 전하도록 명하셨다는 것이다.

그리고는 자기가 전한 예언이 하나님의 말씀이라는 사실을 알게 해주는 표징을 보여주겠노라고 했다. 그것은 사가랴와 엘리사벳 사이에 아들이 태어나는 날까지 그가 벙어리가 되어 말을 하지 못하게 되리라는 것이었다. 이는 그가 자신의 말을 믿지 못하므로 보여주는 표징이며 때가 이르면 자신이 한 예언이 반드시 이루어질 것이라고 했다.

제사장 사가랴가 가브리엘을 통해 하나님의 예언을 들은 후 그 자리에서 벙어리가 되었다는 것은 그 예언의 말씀이 비밀로 봉인되었음을 말해주고 있다. 자기가 천사를 통해 들은 모든 내용을 아무에게도 말할 수 없었다. 물론 글로써 가까운 사람들에게 성소 안에서 일어난 모든 사실을 표현할 수도 있었겠지만, 자신을 벙어리로 만든 하나님의 뜻을 깨닫고 외부에 발설하지 않았을 것이 분명하다.

성소 안 향단 앞에서 사가랴가 천사의 말을 듣는 그 놀라운 일이 벌어진 사이에 성소 밖에서는 백성들이 그가 나오기를 기다리고 있었다. 평상시에 비해 더 오랜 시간 동안 제사장이 나오지 않자 사람들은 기이하게 여겼다. 이는 성소 안에서 범상치 않은 어떤 일이 일어나고 있다는 사실을 말해주고 있는 것과 같았다.

그런 중에 분향을 마친 사가랴가 성소 밖으로 나왔다. 하지만 제사장이 저들에게 아무런 말을 하지 못하는 것을 보고 백성들은 그가 성소 안에서 신비로운 하나님의 환상을 본 사실을 눈치챘다. 그는 손짓 몸짓을 했을 뿐 말을 하지 못했기 때문에 그 상태로 머물다가 제사장의 직무 기한이 끝나게 되어 집으로 돌아갔다.

그후 사가랴의 아내 엘리사벳은 천사가 예언한 대로 임신을 하게 되었다. 하지만 그녀는 태중에 아기를 가진 후 다섯 달 동안 그 사실이 외부로 알려지지 않도록 숨어 지냈다. 그것은 성령의 인도하심에 따른 것으로서 그가 결코 짧지 않은 기간 동안 임신 사실을 숨긴 것은 사람들이 그 사실을 알게 되면 본질이 흐려진 채 소문이 날 것이었기 때문으로 보인다.

그런데 엘리사벳은 하나님께서 자기로 하여금 아기를 임신하도록 도와주신 것으로 믿었다. 하지만 그녀는 태중에 있는 자기 아기가 하나님의 특별한 사명을 감당할 인물이라는 사실을 잘 모르고 있었던 것으로 보인다. 그래서 이제는 자기도 다른 여성들처럼 임신하게 되어 당당하다는 생각을 가지게 되었던 것이다.

우리가 여기서 깨달아야 할 바는 엘리사벳은 아직 자기 태중에 존재하는 그 아기에 대한 진정한 의미를 모르고 있었으리라는 사실이다. 그는 다른 사람들이 아기를 임신하듯이 자기도 그렇게 되었다는 정도의 생각을 하고 있었다. 이는 하나님께서 메시아를 위한 구체적인 일을 시작하셨음에도 불구하고 아직 그것은 비밀에 갇혀 있었음을 말해준다. 하나님께서는 이땅에 메시아를 보내시면서 인간들과 논의한 것이 아니라 오직 자신의 고유한 사역을 진행시켜 가셨을 따름이다.

3. 요셉과 정혼한 마리아에게 주어진 하나님의 예언(눅1:26-38)

제사장 사가랴의 아내 엘리사벳이 아기를 임신한 지 여섯째 달이 되었을 때, 하나님의 보내심을 받은 천사 가브리엘은 갈릴리 지역 나사렛 동네에 살고 있던 마리아라는 처녀에게 나타났다. 그 여성은 다윗 가문의 자손이었던 요셉이라는 청년과 정혼한 사이였다. 여기서 정혼했다는 말은 아직 정식으로 혼례를 치르기 전에 양가로부터 혼인이 허락된 관계였음을 말해준다. 당시에는 정혼이 단순히 혼인을 위한 예비단계를 넘어 어느 정도 법적인 관계가 형성된 것으로 이해된다.[1]

천사는 요셉과 정혼한 마리아에게 나타나 '하나님의 특별한 은혜를 입은 자'로 묘사하면서 평강을 빌었다. 그리고는 주님께서 '그와 함께 계신다'는 사실을 언급했다. 천사로부터 그 말을 들은 마리아는 전혀 예기치 못했던 갑작스런 상황에 크게 놀랐을 뿐 아니라 자기에게 그런 말을 하는 이유가 무엇인지 몰라 당황스럽지 않을 수 없었다.

그러자 천사는 마리아를 향해 두려워하지 않아도 된다고 안심시켰다. 그녀가 하나님의 큰 은혜를 입었으므로 하나님으로부터 보냄을 받아 이

---

1) 본문의 '정혼'(定婚)이란 단어가 영어성경 NIV에는 'pledge'라는 단어로 번역되어 있는데 이는 어느 정도 법적인 개념이 포함된 것으로 볼 수 있다.

제 자기가 왔다는 것이었다. 그와 같은 천사의 말을 들은 마리아는 더더욱 그 상황을 이해할 수 없었다.

그런 중에 천사는 마리아를 향해 '네가 잉태하여 아들을 낳을 것이니 그 이름을 예수라 하라'는 말을 했다. '그가 큰 자가 되고 지극히 높으신 하나님의 아들이라 일컬음을 받게 될 것이며 주 하나님께서 그 조상 다윗의 왕위를 저에게 주시리라'고 했다. 그리하여 그가 야곱의 집에서 영원한 왕이 되어 언약의 백성들을 통치하실 것이며 그의 나라가 영원 무궁하리라는 것이었다.

사전 정보가 전혀 없는 상태에서 갑자기 천사가 나타나서 던진 말은 마리아를 당혹하게 만들기에 충분했다. 자기의 몸에서 하나님의 아들이라 일컬어지는 구원자 '예수'가 출생한다는 것은 충격적이지 않을 수 없었다.[2] 그리하여 정혼한 여성으로서 아직 남자와 잠자리를 한 적이 없는데 어찌 그와 같은 놀라운 일이 자기에게 발생할 수 있느냐고 반문했다. 그것은 도저히 일어날 수 없는 불가능한 일이었기 때문이다.

그 말을 들은 천사는 인간으로서는 결코 있을 수 없는 일이지만 하나님께는 그것이 가능하다는 사실을 언급했다. 물론 그것은 결코 되풀이하여 발생할 수 있는 성질의 것이 아니라 하나님께서 이땅에 성자 하나님을 보내시고자 하는 목적으로 유일하게 일어나게 되는 특별한 일이 된다. 하나님의 성령께서 마리아에게 임하시고 지극히 높으신 하나님의 능력이 저에게 역사하심으로서 임신되어 태어나게 될 메시아는 지극히 거룩한 자로서 '하나님의 아들'로 일컬어지리라는 것이었다.

그러면서 천사는 그녀에게 저의 친족 엘리사벳도 늙었지만 아들을 임신했다는 사실을 언급했다. 원래 임신하지 못하는 늙은 그 여성에게 하

---

2) 당시 마리아뿐 아니라 경건한 모든 사람들은 '예수'라는 이름의 의미가 '구원자'라는 사실을 잘 알고 있었다. 하나님의 아들 곧 하나님이신 그가 인간의 몸을 입고 이 세상에 오시는 것은 죄에 빠진 자기 백성을 구원하시기 위해서였다.

나님이 자녀를 허락하셔서 벌써 여섯 달이 되었다는 것이다. 자기 친족인 엘리사벳이 자녀를 가질 수 없는 여성이라는 사실은 이미 주변에 소문이 나 있었던 것 같다. 그런 형편 가운데서 엘리사벳이 임신했다는 사실은 지금 천사가 마리아에게 한 모든 말이 사실이라는 점을 입증해주는 성격을 지니고 있다.

그러면서 하나님의 모든 말씀은 능치 못하심이 없다는 사실을 언급했다. 이는 하나님의 구속사역과 연관되는 말씀으로서 일반적인 의미로 사용하거나 적용해서는 안 된다. 여기서는 하나님께서 메시아를 보내기 위해 사람들이 상상할 수 없는 특별한 역사를 행하신다는 사실을 말해주고 있다. 천사의 말을 듣게 된 마리아는 그가 자기에게 전한 하나님의 말씀대로 이루어지기를 기원했으며 그 말을 들은 후 천사는 그 자리를 떠나갔다. 마리아가 그 예언의 말씀을 기꺼이 수용한 것을 통해 우리는 그녀의 깊은 신앙을 엿보게 된다.

우리가 또한 여기서 특별히 관심을 가지는 대목은 마리아와 엘리사벳이 서로간 친족이라는 사실이다. 이는 사가랴와 요셉도 친족 관계가 되었음을 말해준다. 당시 친족이라 하면 일반적으로 동일한 지파에 속해 있는 것이 원칙이었다. 하지만 제사장 사가랴와 그의 아내 엘리사벳은 레위 지파 아론 가문에 속한 사람들이었으며 요셉과 마리아는 유다 지파 다윗 가문에 속한 사람들이었다.

그럼에도 불구하고 서로간 친족이었던 것은 외척 관계였음이 분명하다. 그들은 서로 모르는 먼 관계가 아니라 친족으로서 매우 가까운 사이였다. 이는 사실 중요한 의미를 지니고 있다. 언약의 자손들에게 있어서 유다 지파 다윗 집안의 왕통과 레위 지파 아론 자손의 제사장 사이의 관계와 그것이 메시아를 보내는 과정에서 그 의미를 그대로 드러내 보여주고 있기 때문이다.

4. 엘리사벳을 방문한 마리아

1) 태중에 특별한 아기를 잉태한 두 여인의 만남(눅1:39-45)

가브리엘 천사로부터 놀라운 예언의 말씀을 들은 마리아는 곧바로 산
중에 있는 유대 땅의 한 동네에 있던 사가랴의 집으로 찾아갔다. 자기
친척 엘리사벳을 급하게 만나기 위해서였다. 갈릴리 나사렛에서 예루살
렘 부근의 유다 지역까지는 매우 먼 길이었다. 더구나 임신한 가냘픈 여
인의 몸으로는 힘든 여정이 아닐 수 없었다. 그런 가운데 마리아가 엘리
사벳을 찾은 이유는 나이 많아서 늙은 그녀가 임신한 것을 보면 그것이
천사가 자기에게 한 말에 대한 표징이 될 수 있었기 때문이다.

엘리사벳을 만났을 때 마리아는 그녀가 아기를 임신한 상태임을 한눈
에 알아볼 수 있었다. 엘리사벳이 하나님의 특별한 뜻에 따라 임신을 하
게 된 사실이 그동안 비밀에 가려져 있었으나 이제 처음으로 그 친족인
마리아에 의해 확인되었던 것이다. 이는 엘리사벳과 마리아를 통해 세
례 요한과 예수 그리스도가 잉태된 놀라운 사실이 비밀리에 드러나게
되었음을 말해주고 있다.

그러므로 엘리사벳이 마리아로부터 안부의 인사를 들었을 때 태중에
있던 아기가 먼저 반응을 보였다. 당시에는 남자와 잠자리를 한 적이 없
는 마리아 역시 아기를 임신하고 있는 상태였다. 따라서 엘리사벳의 태
중에 있던 아기가 마리아의 태중에 있던 아기를 보고 즐겁게 뛰놀았다.
아직 출생하기도 전에 요한으로 불려질 아기가 예수로 불리게 될 태중
의 아기를 알아보고 기뻐했던 것이다.

엘리사벳은 성령이 충만하여 하나님의 인도에 따른 예언적인 말씀을
전했다. 그녀는 마리아를 향해 '내 주의 모친이 내게 나아오니 이 어찌
된 일인고'라고 말했다. 원래는 마리아가 엘리사벳을 손윗사람으로 알
고 문안하러 왔지만 태중의 아기로 인해 이제 그 지위가 뒤바뀌게 되었

다. 마리아의 문안 소리를 듣게 되었을 때 곧바로 자기 태중의 아기가 자신의 주인을 알아보고 기쁨으로 뛰놀았기 때문이다. 그리하여 엘리사벳은 하나님의 말씀을 받아들여 믿는 마리아가 복이 있으며 그의 태중에 있는 아기도 복되다는 사실을 언급했다. 이는 사람들이 기대하는 일반적인 복이 아니라 하나님과 연관된 영원한 복에 연관되어 있다.

2) '마리아의 노래'(눅1:46-56)

엘리사벳과 그 태중에 있는 세례 요한을 통해 자신의 태중에 있는 하나님의 아들에 대한 확신을 가지게 된 마리아는 하나님을 찬양하며 노래했다. 자기의 영혼과 마음이 여호와 하나님을 찬양하여 주님을 기뻐하게 된 것은 하나님께서 비천한 계집종인 자기를 돌아봐 주셨기 때문이라고 했다. 따라서 이제 앞으로 모든 세대가 자기를 '복된 여인'이라 일컫게 되리라는 사실을 노래했다.

이는 그가 하나님의 아들 메시아를 임신한 사실에 직접 연관되어 있다. 하나님께서는 개인적인 기대나 간청에 의해서가 아니라, 오직 전능하신 주님께서 자신의 고유한 뜻에 따라 그 크고 놀라운 일을 행하셨다. 그는 거룩하신 자로서 자신을 경외하고 두려워하는 자들에게 대대로 긍휼을 베풀어 주시는 분이었던 것이다.

하지만 하나님께서는 자기에게 저항하는 자들에 대해서는 무서운 진노를 내리시게 된다. 그는 과거에도 강한 팔로 마음이 교만한 자들을 흩어버리신 적이 있었다. 또한 권세를 가진 자들을 높은 자리에서 내치셨으며 그대신 비천한 자들을 높여주시기도 했다. 또한 굶주리는 자들에게 좋은 음식으로 배부르게 해주셨으며 부자를 빈손으로 돌아가게 하셨다.

또한 하나님께서는 자기가 긍휼을 베풀어 주시기로 한 약속을 기억하시고 언약의 자손들을 지켜주셨다. 그는 오래전 언약의 조상들에게 약속하신 대로 아브라함과 그 자손들 가운데 영원히 함께계시리라고 하셨던 것이다. 이는 자기의 태중에 있는 그 아기를 통해 하나님께서 자기 백성들을 구원하시는 한편 하나님을 버리고 욕되게 하는 자들을 엄중히 심판하시게 된다는 사실을 말해주고 있다.

마리아는 자기 노래에 드러난 놀라운 의미와 더불어 약 석 달 동안을 유다 지역에 있는 엘리사벳의 집에 머물렀다. 이는 단순히 편안하게 쉬거나 놀기 위한 목적 때문이 아니었다. 그 가운데는 하나님께서 엘리사벳의 태중에 있는 세례 요한과 마리아의 태중에 있는 하나님의 아들 예수 그리스도의 긴밀한 교제 관계를 보여주는 의미가 담겨 있다. 마리아는 짧지 않은 기간 동안 거기서 머물다가 자기 집이 있는 나사렛으로 돌아갔다. 이 일은 의도적으로 비밀리에 행한 일은 아니었으나 아무도 알지 못하는 사이에 일어난 중요한 구속사적 사건이었다.

5. 세례 요한의 출생과 제사장 사가랴의 노래

1) 요한의 출생과 할례(눅1:57-66)

출산 기한이 차게 되자 엘리사벳이 아들을 낳게 되었다. 그가 태어나자 가까이 살고 있던 이웃과 친족들이 하나님께서 저에게 긍휼을 베풀어 주신 것으로 알고 함께 즐거워했다. 하지만 그들은 이제 갓 태어난 그 아기가 구속사 가운데 특별히 중요한 위치를 차지하는 인물이라는 사실을 알지 못했다.

그 아기는 태어난 지 팔 일이 되어 율법의 규례에 따라 할례를 받게 되었다. 그때 주변에서는 그 부친의 이름을 따라 사가랴로 이름 짓자고 했다. 그런데 그 모친인 엘리사벳은 그의 이름을 '요한'이라 짓기를 원했다. 이는 그녀가 자기 남편 사가랴와의 필담(筆談)을 통해 천사가 알려준 그 이름을 미리 전해 들었을 것이기 때문이었다.

그렇지만 전후 사정을 전혀 알지 못하는 사람들은 그 친족 가운데 그런 이름이 없으니 적합하지 않다고 말했다. 그러자 그들은 그 부친인 사가랴에게 새로 태어난 아들의 이름을 무엇으로 짓고자 하느냐고 물었다. 그 말을 들은 사가랴는 글을 쓸 수 있는 서판(書板)을 달라고 하여 그 이름을 '요한'이라고 적었다. 그것을 보게 된 사람들은 놀라서 신기하게 여겼다. 아마도 엘리사벳이 자기 아들의 이름을 '요한'으로 짓고자 한다고 했을 때 사가랴는 그 자리에 없었던 것으로 보인다.

그때부터 사가랴의 입이 열리고 혀가 풀려 옛날처럼 자유롭게 말할 수 있게 되었다. 그는 과거의 모습을 되찾아 입술로 하나님을 찬송할 수 있게 된 것이다. 거기 모여 있던 사람들은 그 광경을 지켜보며 하나님을 두려워하지 않을 수 없었다. 그리하여 그에 관한 모든 소문이 온 유대 땅으로 두루 퍼져나갔다. 제사장 사가랴가 늙은 나이에 아들을 얻게 된 사실과 하나님의 천사가 전해 준 말을 들은 날부터 거의 일 년 가까이 말을 하지 못하는 벙어리가 되었다가 이제 입술이 풀린 이야기 등은 놀랍지 않을 수 없었다.

소문을 듣게 된 많은 사람들이 그 말을 마음에 담아 두었다. 제사장 사가랴와 엘리사벳 사이에 태어난 그 아기가 장차 하나님을 위한 놀라운 사역을 감당하게 될 것을 염두에 두게 되었기 때문이다. 이는 주님의 손이 그 아기와 함께 있었으므로 메시아를 소망하는 백성들이 그 의미에 깊은 관심을 가지게 된 사실을 말해주고 있다.

2) 사가랴의 예언적 노래(눅1:67-80)

세례 요한을 출산한 후 그 부친 사가랴는 성령 충만함을 입어 예언을 하기 시작했다. 구약 시대 제사장 사역이 지향한 바는 메시아를 소망하며 그를 기다리는 데 있었다. 사가랴는 장차 오실 왕이신 메시아의 길을 예비할 자인 자기 아들에 관한 예언적 노래를 불렀다.

사가랴는 언약의 자손을 돌아보시며 속량하시는 이스라엘의 하나님을 찬양했다. 그가 구원받을 백성들을 위하여 그 종 다윗의 집에 '구원의 뿔'(삼하22:3; 시18:2)을 일으키셨음을 언급했다. 그것은 주님께서 옛적부터 거룩한 선지자의 입술을 통해 말씀하신 바와 같이 하나님의 자녀들을 미워하는 모든 원수들의 손에서 구출해내는 구원과 연관되어 있었다.

하나님께서는 언약의 조상들을 긍휼히 여기셨으며 자신이 맺은 거룩한 언약을 기억하고 계셨다. 그 언약은 하나님께서 믿음의 조상 아브라함에게 하신 맹세와 직접 연관되어 있었다. 하나님은 그 약속에 따라 자기 백성을 원수들의 손에서 건져내실 것이며 그들로 하여금 평생 동안 주님 앞에서 두려움 없이 '성결과 의'로 하나님을 섬기도록 하시리라는 것이었다.

사가랴는 그 놀라운 일의 수행을 위해 이제 갓 태어난 자기 아들에게 맡겨진 중요한 역할이 존재한다는 사실을 알고 있었다. 그가 지극히 높으신 하나님의 선지자라 일컬음을 받고 왕으로 오실 메시아에 앞서 가면서 그가 오실 길을 예비하게 된다. 그리하여 주님의 백성에게 그 죄 사함으로 말미암는 구원을 알게 하리라는 것이었다. 그것은 그가 감당해야 할 요단강에서 회개를 촉구하는 일과 밀접하게 연관되는 것으로 볼 수 있다.

그 모든 과정은 하나님의 긍휼하심에 기인하고 있으며 그로 말미암아 돋는 해가 위로부터 하나님의 자녀들에게 임하게 된다는 것이었다. 이는 구약 시대 맨 마지막에 기록된 예언의 말씀인 말라기서에 기록된 내용의 성취인 것이 분명하다. 말라기서에는 그에 관한 내용이 선명하게 기록되어 있다.

> "내 이름을 경외하는 너희에게는 의로운 해가 떠올라서 치료하는 광선을 발하리니 너희가 나가서 외양간에서 나온 송아지 같이 뛰리라"(말4:2)

이 말씀은 메시아 예언인 것이 틀림없다. 누가복음에는 이 말씀과 더불어 그 돋는 해가 어두움과 죽음의 그늘에 앉은 자들 위에 비치게 된다고 했다(눅1:78,79). 그리고 하나님의 자녀들의 발걸음을 평강의 길로 인도하시리라고 약속했음을 노래하고 있다. 이 예언의 말씀 중심에는 장차 오실 메시아가 존재했지만 그 가운데는 아직 아기인 세례 요한이 감당해야 할 사역에 연관된 내용이 포함되어 있었다.

그후 요한은 점차 성장해 가면서 몸과 마음이 강해져 갔다. 그는 나중 예수님께서 태어나서 공 사역을 시작하기 전 이스라엘 민족 가운데 공적으로 등장하는 날까지 빈들 곧 광야에서 생활했다. 이는 그가 인간들의 이성과 경험을 배경으로 한 세속화된 종교적인 교육을 받은 것이 아니라 하나님과 그의 말씀을 근거로 한 순수 계시에 연관된 삶을 살았음을 말해주고 있다. 그는 자기 뒤에 오시게 될 메시아를 위해 하나님의 특별한 목적을 가지고 태어난 인물로서 명확한 소명을 가지고 있었던 것이다.

제2장

예수님의 탄생, 그리고
율법과 성전에 연관된 하나님의 아들

(눅2:1-52)

1. 로마제국의 호적령(눅2:1-7)

엘리사벳이 세례 요한을 임신하고 마리아의 태중에 예수님이 잉태되었을 당시 로마제국의 황제는 옥타비아누스 곧 아구스도(BC27-AD14)였다. 그는 초대 황제로서 제국에 속한 모든 백성들에게 호적을 정리하라는 명령을 내렸다. 당시에는 구레뇨(BC4-AD1)가 약속의 땅을 포함한 수리아 전 지역을 통치하고 있었다.

황제가 호적령을 내리고 인구조사를 하게 된 중요한 이유는 안정된 정치를 하기 위해서였다. 백성들의 거주지와 상황을 정확하게 파악해야만 범죄를 줄이고 사회적 안정을 꾀할 수 있게 된다. 특히 반정부 세력의 불순분자들을 색출해 내는 것은 매우 중요했다. 그리고 탈세를 방지하고 병력을 확충하기 위해서는 반드시 필요한 정책이었다.

당시 팔레스틴 지역에 살고 있던 사람들도 호적을 하기 위해 각각 자신의 본적지인 고향으로 돌아갔다. 나사렛 동네에 살고 있던 요셉도 다윗 가문에 속한 자였으므로 유대 땅 베들레헴으로 가게 되었다. 그때 요셉과 정혼한 마리아도 호적 하기 위해 그와 함께 다윗의 동네로 일컬어지던 베들레헴으로 갔다.

당시에는 마리아가 이미 태중에 아기를 임신하여 배가 불러온 상태였다. 요셉은 자기의 친자식이 아닌 아기를 잉태한 정혼녀 마리아에 대한 의심을 전혀 하지 않았다. 처음에는 매우 놀랐지만 성령의 역사하심을 통해 하나님으로 말미암은 그 모든 형편을 잘 알게 되었던 것이다.

그들이 베들레헴에 도착하여 오래되지 않았을 때 마리아가 해산할 날이 차게 되었다. 때가 되어 그녀는 맏아들인 아기 예수를 출산하여 강보에 싸서 동물의 우리 안에 놓여있는 가축의 여물 그릇인 구유에 눕혔다. 이는 그들이 머물 만한 숙소 곧 여관이 없었기 때문이다. 아마 당시에는 호적 하기 위해 그 지역을 방문한 외지 사람들이 많았던 것으로 보인다.

2. 양치는 목자들에게 알려짐

1) 언약의 땅에 살아간 평범한 백성들(눅2:8-14)

당시 이스라엘 백성들 가운데는 다양한 직업군과 더불어 불평등한 계층사회를 이루고 있었다. 그 가운데 양 떼를 들판으로 몰고 다니는 목자들은 사회적으로 인정받지 못하는 하층 백성들이었다. 당시에도 세력을 갖춘 정치인들과 종교인들이 많이 있었으며 장사를 하며 사업하는 부자들도 있었다. 그들에 비해 양치는 목자들은 형편이 어려워 힘겨운 인생을 살아가는 자들이었다.

예수님께서 태어나시던 그 순간에도 약속의 땅에 살아가는 사람들은 제각각 다양한 형태의 일상생활을 이어가고 있었다. 어떤 사람들은 자기 직무에 열중하고 있었을 것이며 어떤 사람들은 친구들이나 친족을 만나 음식을 먹으며 교제하고 있었을지도 모른다. 또 다른 어떤 사람들은 집 안에서 휴식을 취하거나 잠을 자고 있었을 것이다.

그런 상황 가운데서 가나안 땅 여기저기 양치는 목자들이 있었으며 그들 가운데는 밤중에도 들판에서 양 떼를 지키는 자들이 많이 있었다. 그것은 저들의 매우 힘겨운 삶을 보여주고 있다. 그들은 밤이 되어도 자기 집으로 돌아가 편안히 쉬지 못하고 바깥에서 양 떼를 지키다가 피곤하면 적절한 장소에서 잠시 눈을 붙여 잠을 청했을 것이다.

베들레헴 인근 지역에도 그와 같은 열악한 형편 가운데 양 떼를 지키는 목자들이 있었다. 밤이 되자 그들은 인적이 드문 들판 한편에 모여 있게 되었다. 그때 아무도 예측하지 못했던 놀라운 일이 발생했다. 갑자기 주님의 천사가 양치는 목자들의 곁에 서고 하나님의 영광이 저희를 둘러 비추었기 때문이다. 하나님께서는 당시 세력과 능력을 자랑하던 기득권층 사람들이 아니라 누구나 대수롭지 않게 여기던 소외된 자들에게 천사를 보내셨다.

눈 앞에 펼쳐진 광경을 지켜보던 목자들은 큰 두려움에 빠지게 되었다. 그와 같은 일이 저들에게 일어날 줄은 전혀 예측할 수 없었던 의외의 사건이었을 뿐 아니라 무슨 일로 인해 그런 일이 발생하는지 알 수 없었기 때문이다. 거기 있던 목자들은 하나님의 천사를 보고 자기를 심판하러 온 것으로 생각했을지도 모른다.

그러므로 저들 앞에 나타난 그 천사는 거기 있던 목자들을 향해 두려워하지 말라고 했다. 하나님께서 천사를 보낸 것이 저들을 심판하거나 두려움을 주기 위해서가 아니라는 것이었다. 도리어 언약의 온 백성에게 미치게 될 큰 기쁨의 소식을 전하기 위해 자기가 왔다는 사실을 언급했다.

천사는 '오늘 다윗의 동네 곧 베들레헴에 목자들을 포함한 언약의 자손들을 위한 구세주 곧 그리스도가 탄생했노라'(눅2:11)라는 소식을 전했다. 당시 많은 백성들은 메시아를 간절히 기다리고 있던 터였다. 기득권층의 부유한 사람들을 제외한 고통스럽게 살아가던 일반 시민들은 메시아가 오시기를 소망하고 있었던 것이다.

이땅에 메시아가 오신 사실을 선포한 천사는 목자들을 향해 곧장 베들레헴 시내로 가면 강보에 싸여 구유에 누인 아기를 보게 되리라고 말했다. 갓 태어난 아기가 구유에 뉘어있다는 것은 결코 평범하지 않은 사건이었다. 따라서 그것이 곧 그가 메시아라는 사실에 대한 표적이 된다는 것이었다.

그 말과 더불어 갑자기 허다한 천군 천사들이 나타나 그 천사와 함께 있으면서 여호와 하나님을 찬양하는 모습이 보였다. 그들은 '지극히 높은 곳에서는 하나님께 영광이요 땅에서는 기뻐하심을 입은 사람들 중에 평화로다'(눅2:14)라고 외쳐 노래불렀다. 이는 예수 그리스도의 출생이 '이땅의 일'일 뿐 아니라 '하늘의 일'이라는 사실을 말해주고 있다. 따라서 그의 탄생은 하나님께 영광이 되며 그를 통해 하나님의 자녀들에게 평화가 제공되리라는 사실이 선포되었다.

2) 아기 예수님을 영접한 목자들(눅2:15-20)

천사들은 예수 그리스도의 탄생을 선언한 후 곧장 천상의 나라로 올라갔다. 들판에서 천사들로부터 메시아 강림 소식을 듣게 된 목자들은 즉시 베들레헴으로 가고자 했다. 천사가 저들에게 알려준 바 모든 내용들을 직접 확인해야 했기 때문이다. 따라서 당시 양을 치던 목자들은 모든 양 떼를 뒤에 두고 베들레헴으로 달려갔다.

아마도 다수의 목자들은 베들레헴으로 가고 나머지 소수의 목자들은 뒤에 남아 양 떼를 돌봤을 것으로 보인다. 양 떼들이 있던 들판으로부터 베들레헴은 크게 멀지 않은 거리였던 것이 분명하다. 그들은 그다지 오래 걸리지 않아 그곳에 도착할 수 있었을 것이다.

그들이 베들레헴에 도착했을 때 부모인 마리아와 요셉 그리고 구유에 누인 아기를 쉽게 찾을 수 있었다. 그 과정에서 하나님의 도우심이 있었을 것이며 이미 몇몇 사람들이 의미도 모르는 채 그 특별한 광경을 지켜보고 있었을지 모른다. 당시 베들레헴에는 여관들이 많이 있었다. 멀리서 온 나그네들이 그곳에 숙소를 정했을 것이며 특히 호적 하기 위해 고향을 찾은 사람들이 많아 여관이 꽉 차서 빈 방이 없었을 것이 틀림없다.

그렇다고 할지라도 일반적인 경우라면 산모가 바깥에서 아기를 분만하게 되면 주변의 사람들이 적절한 방을 마련해주는 것이 자연스럽다. 여관에 빈 방이 없었다면 누구라도 산모와 아기를 자기 집으로 데려가지 않을까? 오늘날 우리 같으면 어떻게 할까? 우리 시대가 아무리 각박할지라도 주변에서 그런 일이 발생한다면 그 산모와 아기를 보호해 주려는 자들이 많이 있을 것이다. 만일 우리 가운데 누군가 먼저 여관방을 차지하고 있다면 산모와 아기를 위해 순순히 그 방을 내어 주지 않을까?

그런데 예수님이 태어났을 때 그 주변의 모든 사람들은 냉정했다. 베들레헴에 살고 있던 주민들도 비정했으며 나그네로서 그곳을 찾아 여관에 묵고 있던 많은 사람들도 그러했다. 이는 인간사회에서 쉽게 볼 수 없는 매우 특이한 일이었음이 분명하다. 그렇다면 당시에 왜 그런 냉혹한 상황이 전개되었는지 생각해 보아야 한다.

우리는 이 모든 과정을 하나님의 특별한 섭리와 경륜에 따른 것으로 이해해야 한다. 이땅에 왕으로 오신 예수님께서는 처음부터 죄로 물든 세상으로부터 철저히 배척당하셨다. 그가 태어났을 때 주변에 있던 사람들 가운데 어느 누구 하나 그에게 가장 기본적인 동정조차 베풀어 주지 않았다. 그 아기가 가축의 여물통인 구유에 뉘어있었던 사실이 그점을 충분히 말해주고 있다.

우리는 여기서 처음부터 철저하게 소외된 하나님의 아들 아기 예수를 보게 된다. 주변 사람들 가운데 그를 따뜻하게 영접해 주는 자는 아무도 없었다. 세례 요한의 부모와 나중에 소개될 시므온(눅1:25)과 안나(눅2:36) 등 그를 메시아로 알아보는 소수의 사람들이 있었으나 그들은 그 현장에 있지 않았다.

하나님의 아들이신 예수 그리스도가 태어날 당시에는 그의 육신의 부모였던 요셉과 마리아, 그리고 하나님의 계시를 받고 달려온 힘없는 목자들이 그를 알아보고 경배했을 따름이다. 물론 나중 이방 지역에 살아가던 선지자들인 동방박사들이 베들레헴에 와서 그에게 경배하지만 그들 역시 이방 지역의 권세 없는 선지자들에 지나지 않았다.

이를 통해 우리는 인간들이 자발적으로 하나님의 아들이신 메시아의 편에 선 것이 아니라 하나님께서 먼저 자기를 무시하고 멸시하는 자들에게 나아가 구원의 손길을 내밀었음을 알 수 있다. 구약의 계시와 그 성취에도 불구하고 주님께서는 처음부터 범죄한 인간들로부터 조롱당하신 사실을 보게 되는 것이다.

양치는 목자들이 밤중 베들레헴에 도착하여 자기 백성을 구원하시기 위하여 이땅에 메시아로 오신 아기가 가축의 구유에 누인 것을 보고 심한 충격을 받았을 것으로 보인다. 물론 천사로부터 그 모든 상황을 들어 알고 있었지만 직접 그 광경을 목격하고는 놀라지 않을 수 없었을 것이 분명하다. 목자들은 그와 같은 분위기 가운데서 거기 있던 사람들에게 하나님의 천사가 저들에게 한 말을 전했다.

천사들로부터 들은 모든 내용을 전해 준 목자들의 말을 그 자리에서 경청하게 된 자들은 그에 연관된 모든 사실을 신기하게 여겼다. 그 가운데 가장 확실하게 그 목자들의 말을 알아들은 자는 역시 그 어머니 마리아였다. 따라서 마리아는 그 내용을 마음속 깊이 새겨두었다. 목자들은 베들레헴에서 천사로부터 들은 모든 것을 확인한 후 하나님께 영광을 돌리고 찬송하면서 다시 들판으로 돌아갔다.

그들은 구약성경이 성취된 상황을 두 눈으로 똑똑히 확인한 후 다시금 일상으로 되돌아가게 되었다. 목자들은 갓 태어난 메시아를 가장 먼저 뵈었지만 저들의 일상생활에는 아무런 변화가 없었다. 하나님의 아들 메시아를 만난 그들의 마음이 들뜨거나 장황한 삶을 펼치고자 하지 않았다. 그들은 하나님으로부터 맡겨진 임무를 마친 후 양 떼를 지키기 위해 다시금 황량한 밤 들판으로 돌아갔던 것이다.

3. 예수님의 할례와 예루살렘 성전, 그의 영아 때 일어난 일
(눅2:21-40)

1) 할례와 율법의 이행(눅2:21-24)

예수님이 탄생한 후 팔 일이 되었을 때 율법에 따라 할례를 행하고(레12:3) 그 이름을 '예수'라 지었다. 그 이름은 마리아가 그를 성령으로 잉태하기 전 천사가 미리 일러준 것이었다. 이 일은 베들레헴에서 이루어졌다. 출산한 여인은 산혈(産血)로 인해 이레 동안 부정한 자로 간주되었기 때문에 다른 사람들과 접촉해서는 안 되었다(레12:2).

그후 요셉과 마리아는 모세의 율법에 기록된 대로 정결례를 위한 날이 차게 되자 아기 예수를 데리고 예루살렘 성전으로 올라갔다(레12:4). 그때는 출산한 지 적어도 삼십삼 일이 지난 후였을 것이 분명하다(레12:4). 아들을 출산한 여인은 그 기간을 채우기 전에는 거룩한 성전에 들어갈 수 없었으며 성물을 만져서도 안 되었던 것이다.

율법에는 첫 태에서 출생한 남자마다 주님의 거룩한 자로 일컫게 되리라는 내용이 나타난다(눅2:23). 따라서 그 아기를 여호와 하나님께 바치고 율법에 기록된 대로 성전으로 가서 비둘기 한 쌍이나 어린 집비둘기 둘로 제사를 드려야만 했다(레12:8; 눅2:23,24). 제사장을 통해 그 율례를 지킴으로써 산모가 정결하게 될 수 있었던 것이다.

2) 예루살렘의 증인들(눅2:25-40)

마리아는 정결례를 행하기 위해 아기 예수를 데리고 예루살렘 성전으로 올라갔다. 그때 특별한 믿음의 사람들을 통해 그가 메시아라는 사실이 공적으로 선포되었다. 당시 예루살렘에는 시므온(Simeon)이라는 사람이 살고 있었다. 그는 하나님 보시기에 의롭고 경건한 성도로서 이스라엘에 임할 참된 위로를 기다리는 인물이었다. 이는 그가 메시아를 간절히 기다렸다는 사실을 말해주고 있다.

그런 그에게 하나님의 성령께서 임하시게 되었다.[3] 그는 성령의 인도하심과 도우심을 통해 하나님의 뜻을 더욱 민감하게 깨닫고 있었다. 그는 성령을 통해 죽기 전에 하나님께서 보내신 메시아를 보게 될 것이라는 계시를 받았다. 이는 그가 원했기 때문이 아니라 하나님의 계시를 통해 알게 되었던 것이다.

그와 같은 특별한 계시를 받은 시므온이 예루살렘 성전 안으로 들어가게 되었다. 그때 마침 예수님의 부모가 율법에 기록된 율례를 행하기 위해 아기 예수와 함께 들어왔다. 시므온은 그 아기를 보자마자 그가 하나님께서 보내신 메시아라는 사실을 즉각적으로 알아보았다. 따라서 시므온은 그 아기를 안은 채 하나님을 찬송했다.

주권자이신 주님께서 자기에게 말씀하신 대로 이제 그 약속을 이루시고 자기를 평안히 놓아주신다고 노래했다. 그가 자기 품에 안긴 아기를 통해 하나님의 구원을 보았다는 것이다. 또한 그가 만민 곧 모든 인간들 앞에 특별히 예비된 존재라는 사실을 언급했다. 그가 이방을 비추는 빛이며 하나님의 백성 이스라엘의 영광이라고 했다. 시므온이 여기서 이

---

3) 오순절 성령께서 오시기 전에도 성령께서는 상시적이지 않은 일시적인 목적에 따라 자기가 원하는 성도들에게 임했다.

땅에 강림하신 그리스도께서 '이방의 빛'이 된다고 노래한 것은 이제 구약의 모든 예언이 성취되어 간다는 사실을 말해주고 있다.

요셉과 마리아는 하나님을 향한 시므온의 노래를 듣고 기이히 여겼다. 그가 어떻게 그 놀라운 비밀을 즉석에서 알게 되었는지 신기하지 않을 수 없었던 것이다. 그 모든 상황을 알고 있던 시므온은 그 부부에게 하나님으로부터 임하는 능력으로 축복했다. 그리고 그 모친 마리아를 향해 특별한 말을 전했다.

시므온은 그 아기가 이스라엘 중 많은 사람들의 패하고 흥함을 위하여 비방을 받는 표적이 되기 위해 세움을 입었노라고 했다. 그로 말미암아 칼이 그녀 곧 마리아의 마음을 찌르듯 아프게 하리라고 언급했다. 그가 그렇게 되는 것은 그 모든 과정을 통해 인간들이 가진 속마음의 생각을 드러내고자 한다는 것이었다.

그 말을 듣게 된 마리아에게는 그것이 청천벽력같은 소리로 들렸을 것이 틀림없다. 이스라엘 백성이 간절히 기다리던 메시아로서 이제 갓 태어난 아기가 세상에서 큰 영광이 아니라 도리어 모진 고통을 당한다는 것은 받아들이기 쉽지 않았을 것이기 때문이다. 그로 말미암아 그 어머니 역시 그 고통에 참여할 수밖에 없게 된다. 아기 예수님이 고통스러운 상황에 처하게 되는 것은 언약의 자손들에 대한 구원과 심판을 선포하고 인간들의 모든 내면을 드러내기 위함이었다.

또한 당시 예루살렘에는 안나(Anna)라고 하는 한 여선지자가 있었다. 그 여인은 나이가 매우 많았다. 어린 나이에 출가(出嫁)한 후 칠 년 동안 남편과 함께 살다가 그가 죽은 후 과부가 된 지 '팔십사 년'이 되었다.[4]

---

4) 사본들 가운데는 당시 안나의 나이가 '84세'인 것으로 기록한 경우가 있다. 칼빈은 본문에 대한 주석을 하며 그녀가 '과부가 된 지 84년'이라는 해석과 당시 그녀의 '나이가 84세'라는 해석 모두 가능하다고 했다. 그러면서 칼빈 자신은 그 숫자에 대한 의미를 명확하게 제시하는 대신 미해결 분야로 남겨둔다는 입장을 취하고 있다(칼빈 주석, 누가복음2:36,37, 참조).

이는 그녀의 나이가 백 살이 훨씬 넘었다는 사실을 말해주고 있다. 그 사람은 예루살렘 성전을 떠나지 않고 주야로 금식하며 기도하는 가운데 하나님을 섬기는 신실한 성도였다. 그가 금식하며 기도했다는 것은 우리가 일반적으로 생각하는 것처럼 자기를 위한 사사로운 간구가 아니라 메시아를 기다리며 하나님의 뜻을 간절히 구했다는 의미를 지니고 있다.

아기 예수님이 성전에 계실 그때 마침 안나가 성전으로 나아왔다. 그 여인은 여호와 하나님께 감사하면서 예루살렘의 구속됨을 바라는 모든 사람에게 자기 앞에 있는 그 아기에 대하여 말했다. 이는 그 주변에 있던 모든 사람들에게 그가 곧 메시아라는 사실을 드러내 선포했음을 의미하고 있다. 이를 통해 메시아로서 예수님의 신분이 성전에서 공적으로 선포되었던 것이다.

예수님께서는 베들레헴에서 받은 할례와 더불어 예루살렘 성전에서 율법에 따른 모든 규례를 행하시게 되었다. 이를 통해 하나님의 아들이 스스로 자신을 극히 낮추셨던 것이다. 그후 그는 자기 부모와 함께 예루살렘을 떠났다. 누가복음에는 그가 갈릴리에 있는 나사렛으로 돌아갔다는 사실을 기록하고 있다. 우리는 여기서 누가복음에는 아기 예수님의 어릴 때 행적이 상당 부분 생략되어 있음을 알게 된다.

요셉과 마리아는 그때 예루살렘에서 아기 예수님을 안고 다시 베들레헴으로 내려갔음이 분명하다. 그들이 곧바로 갈릴리 나사렛으로 가지 않고 베들레헴으로 다시 가게 된 개인적인 사정에 대해서는 알기 어렵다. 어떤 구체적인 이유가 있었는지 모르지만 분명한 사실은 그 모든 과정에는 구속사를 이루기 위한 하나님의 놀라운 섭리와 경륜이 들어 있었다는 사실이다.

그가 베들레헴으로 내려간 것은 나중 동방박사들이 예루살렘에서 헤롯왕을 향해 '유대인의 왕'으로 오신 메시아를 선포하고 성경의 예언에 근거한 선지자들의 공적인 확인이 이루어지게 되는 일에 밀접하게 연관되어 있었다(마2:4-6; 미5:2).5) 그래서 멀리 옛 페르시아 지역에서 찾아온 동방박사들이 베들레헴을 방문하여 황금과 유향과 몰약을 바치며 영원한 왕으로 오신 메시아를 경배했던 것이다.

그후 베들레헴에서는 헤롯 정부가 획책한 유아살해 정책으로 인해 두 살 아래의 많은 유아들이 비참한 죽임을 당하게 되었다. 그것을 통해 헤롯 정부를 비롯한 당시 예루살렘을 장악하고 있던 산헤드린 공회와 유대인 기득권층이 예수 그리스도에 대한 적대적인 본색이 명확하게 드러났던 것이다. 이는 메시아가 오셔서 이룩하시게 될 참되고 영원한 '평화'는 사람들이 일반적으로 기대하는 현상적인 '평화'와 그 성격이 전혀 다르다는 점을 보여주고 있다.

베들레헴 영아 살해정책으로 인해 예수님께서는 결국 애굽으로 피신하셨다. 그것 역시 성경의 예언 성취와 더불어 하나님의 구체적인 섭리 가운데 이루어진 일이었다. 헤롯왕이 죽은 후에야 요셉과 마리아는 아기 예수님과 함께 저들의 고향 집인 갈릴리 나사렛 동네로 돌아갈 수 있게 되었다(마2:19-23).

예수님은 어린 시절 소외된 지역인 나사렛 동네에서 성장하시면서 점차 신체가 강해져 가고 지혜가 충만해져 갔다. 하나님의 놀라운 은혜가 그 위에 임했기 때문이다. 여기서 예수님의 지혜가 충만하고 하나님의 은혜가 그와 함께했다는 말은 일반적인 의미가 아니라 하나님의 아들 메시아에게 해당되는 독특한 성격을 지니고 있는 말로 이해해야 한다.

---

5) 마리아가 아기 예수를 출산한 후 최소한 삼십삼(33) 일이 차기 전에 동방박사들이 베들레헴을 방문해 아기 예수께 경배하기 어려웠을 것으로 보인다. 아직 정결례가 끝나지 않은 산모를 찾아가는 것이 가능하지 않았을 것이기 때문이다. 나중 헤롯왕이 예수님의 출생 시기를 기준으로 하여 베들레헴 인근의 두 살 아래 남자 아기들을 모두 살해하라는 명령을 내린 정황을 보아 동방박사들의 베들레헴 방문에 대한 전후 시기를 어느 정도 추론할 수 있다(마2:16).

4. 소년 예수님과 예루살렘 성전(눅2:41-52)

예수님의 부모는 갈릴리 나사렛에 살면서 해마다 유월절을 맞으면 예루살렘으로 올라가셨다. 이는 당시 경건한 유대인들이 일반적으로 행하던 일이기도 했다. 요셉과 마리아는 하나님을 진정으로 경외하는 신실한 성도로서 마땅히 그렇게 했던 것이다.

예수님께서 열두 살이 되었을 때 그 부모들이 율법의 전례에 따라 유월절을 지키기 위해 예루살렘을 방문하게 되었다. 그때 어린 소년이었던 예수도 부모님을 따라나섰다. 그들은 유월절 절기를 마치면 당연히 고향집으로 되돌아 와야 했다.

요셉과 마리아는 예루살렘에서 행해진 유월절 행사에 참가한 후 집으로 돌아가기 위해 다시금 먼 여행길에 오르게 되었다. 아마도 그때는 함께 간 나사렛의 여러 이웃들과 친척 집안사람들도 같이 움직였을 것으로 보인다. 갈릴리 지역에서 온 나사렛 출신의 사람들이 떼를 지어 다시본 동네로 돌아가게 되었던 것이다.

그런데 도중에 심각한 문제가 발생했다. 당연히 친족들과 이웃 사람들 틈에 끼어 함께 가고 있어야 할 소년 예수가 길을 따라 나서지 않고 아무도 모르게 예루살렘에 남아 있었기 때문이다. 하루 동안의 길을 간 후에야 아들이 보이지 않자 요셉과 마리아는 당황하지 않을 수 없었다. 아무리 찾아도 그가 보이지 않자 결국 예루살렘으로 되돌아가 그를 찾아볼 수밖에 없었다.

사흘이 지난 후에야 비로소 그 부모는 예루살렘 성전에서 어린 아들을 찾게 되었다. 그는 유월절 명절 끝에 성전 어디에선가 기거하면서 사람들을 만나며 지냈을 것이다. 그런데 요셉과 마리아가 아들 예수를 만났을 때 그는 여러 학자들 가운데 있으면서 저들의 말을 듣기도 하고 질문을 하며 대화를 나누고 있었다. 그의 말을 들은 유대인 학자들은 시골에서 올라온 범상치 않은 한 소년이 말하는 지혜를 보고 신기하게 여겼다.

요셉과 마리아는 아들 예수를 보고 놀라서, 어찌하여 함께 나사렛으로 돌아가는 길에 합류하지 않고 홀로 뒤에 남게 되었느냐며 다소 책망하듯 말했다. 부모인 자기들이 그동안 크게 염려하며 찾았다는 것이었다. 하지만 예수님은 그에 대한 반성은커녕 아무런 문제가 없다는 듯이 말했다. 왜 자기를 찾았느냐는 것이다.

그는 도리어 자기가 자기 아버지의 집인 성전에 있어야 할 줄 알지 못했느냐는 식으로 부모를 책망하듯 말했다. 하지만 당시 어른들은 소년 예수의 그 말이 내포한 의미를 정확하게 알아듣지 못했던 것으로 보인다. 예수님께서는 그때 그 자리에서 자기가 하나님의 아들이라는 사실을 분명하게 선포하셨던 것이다.

그후 예수님은 부모와 함께 나사렛으로 돌아가 인간으로서 부모님의 말씀을 듣고 순종하며 생활했다. 마리아는 예수님이 예루살렘 성전에서 하신 말씀과 그의 모든 행동을 마음속에 담아두었다. 그전부터 그가 하나님의 아들이란 사실을 분명히 알고 있었기 때문이다.

예수님께서는 나사렛에서 부모와 동생들과 함께 생활하는 가운데 점차 성장해 갔다. 완벽한 인간으로 오신 그의 신체가 나이를 먹음에 따라 점점 자라갔던 것이다. 인간으로서 예수님은 하나님으로부터 완전한 인정을 받는 자리에 있었을 뿐 아니라 사람들 보기에도 사랑스럽고 훌륭한 성인으로 성장해 가게 되었다.

제3장

세례 요한의 선포와 예수님의 족보

(눅3:1-38)

1. 요한의 세례와 회개 선포(눅3:1-6)

빈들 곧 광야에서 생활하던 제사장 사가랴의 아들 세례 요한에게 하나님의 말씀이 임했다. 이는 예수 그리스도가 공 사역을 시작할 때가 임박했다는 사실을 말해주고 있다. 이제 요한이 하나님께서 요구하시는 사역을 행함으로써 뒤에 오시는 메시아 곧 영원한 왕의 길을 예비하게 된다.

그와 같은 일이 일어날 당시 로마제국의 통치를 받던 약속의 땅 가나안 지역에는 하나님을 알지 못하는 불신자들과 배도에 빠진 사악한 자들이 정치와 종교의 영역에서 통치자와 지도자 역할을 하고 있었다. 그들은 여호와 하나님의 구체적인 뜻에 대해서는 아무런 관심이 없이 오로지 개인적인 영달을 위해 권력을 행사하고 있었다.

당시 로마제국의 황제는 디베료 가이사(Tiberius Caesar, AD14-37)였으며, 요한이 공적으로 등장하던 때는 그의 즉위 15년이 되던 해였다. 그리고 로마가 보낸 유대 지역의 총독은 본디오 빌라도(Pontius Pilate, AD26-36)였다. 그는 압제 국의 최고 권력을 가진 자로서 피지배 지역 백성들을 강압적으로 다스리고 있었다.

그리고 당시 유대 지역에서 내부 인사로서 권력을 행사하며 기득권을 가진 정치인들이 여러 명 있었다. 에돔 족속 출신의 헤롯(Herod)이 갈릴리 지역의 분봉왕이었으며 그의 동생 빌립(Philip)은 이두메와 드라고닛 지방의 분봉왕이었다. 그리고 루사니아(Lysanias)가 아빌레네의 분봉왕으로 있으면서 백성들을 다스렸다. 물론 그들은 친 로마제국 인사로서 정치적 권력을 누리며 로마를 돕는 자들이었다.

또한 당시 이스라엘 백성들 가운데 최고위층을 장악하고 있던 종교지도자들은 대제사장 안나스(Annas)와 가야바(Caiaphas)였다. 그들은 본래 행해야 할 제사장 사역의 본질을 버린 상태에서 배도에 빠져 있었다. 그들은 자신의 성공과 출세를 위해 지배국인 로마제국과 유대 지역의 권력자에게 빌붙어 있던 자들이었다. 즉 그들에게는 하나님께서 이땅에 보내시고자 하는 메시아를 기다리는 마음은 전혀 없었다.

그런 가운데 일반 백성들은 견디기 어려운 심한 고통을 당하고 있었다. 이스라엘 백성들 가운데는 먹을 음식이 부족해 굶주리는 자들이 많았으며 각종 질병으로 인해 고통당하는 자들이 많이 있었다. 또한 더러운 귀신이 들려 고생하는 자들이 있었으며 기득권층에 의해 착취를 당하며 억울하게 살아가는 자들도 많았다.

그런 자들은 이 세상에서 특별한 소망을 가질 수 없었다. 즉 세상에서 성공한다든지 만족스러운 삶을 추구한다는 것은 막연한 이상이었을 따름이다. 소외된 계층의 많은 사람들은 세상이 뒤집어지는 천지개벽(天地開闢)이 일어나지 않고는 회복이 불가능하다는 생각을 하고 있었다. 하나님을 믿는 성도들에게는 구약성경에서 약속한 메시아가 속히 오시기를 바라는 것 이외에 달리 소망을 가질 수 없었던 것이다.

일반 백성들이 그런 열악한 환경에 휩싸인 중에 제사장 사가랴의 아들 요한이 하나님의 작정과 요구에 따라 이스라엘 민족 가운데서 공적인 사역을 시작하게 되었다. 그는 요단강 부근에서 언약의 자손들을 위하여 죄 사함을 얻게 하는 회개를 선포하며 세례를 베풀었다. 이는 당시 시대적 여건으로 인해 자연스럽게 발생한 것이 아니라 구약성경에 기록된 하나님의 예언이 성취된 것이었다.

누가복음 3장 4-6절에 기록된 내용은 선지자 이사야가 전한 예언의 성취였다. 그 예언이 세례 요한을 통해 이루어져 가고 있었던 것이다. "광야에 외치는 자의 소리가 있어 가로되 너희는 주의 길을 예비하라 그의 첩경을 평탄케 하라 모든 골짜기가 메워지고 모든 산과 작은 산이 낮아지고 굽은 것이 곧아지고 험한 길이 평탄하여질 것이요 모든 육체가 하나님의 구원하심을 보리라"(사40:3-5). 하나님의 자녀들은 메시아를 위한 세례 요한의 특별한 사역을 통해 구속의 은혜에 참여하게 되었던 것이다.

2. 세례 요한의 심판선언(눅3:7-14)

세례 요한이 요단강에서 세례를 베풀 때 많은 사람들이 몰려왔다. 그들은 요한이 선포하는 말을 듣고 세례와 더불어 회개하고자 했다. 물론 다수는 그동안 세상의 일에 주된 관심을 가지고 살아가던 자신의 삶과 세상적인 가치관으로부터 돌아섰다. 요한은 그 일을 위해 요단강 세례를 베풀었으며 그와 더불어 뒤에 오실 메시아의 길을 예비하는 일을 감당하게 되었다.

그런데 온당치 못한 동기를 가지고 그에게 나아오는 유대인들도 상당수 있었다. 그들은 주로 예루살렘의 왜곡된 정서적 권위를 배경으로 삼아 기득권을 가지고 살아가던 자들이었다. 그런 사람들은 자신의 욕망을 포기할 마음이 없이 도리어 그것을 유지하는 가운데 요한으로부터 세례를 받고자 했다. 즉 그들은 요단강에서 세례를 받고자 했으나 자기가 소유한 기득권 가운데 어느 하나 버리기를 원하지 않았다.

세례 요한은 양쪽을 동시에 취하려는 이중적인 마음으로 나아오는 유대인들을 이단자요 배도자로 보아 강하게 책망했다. 그는 저들을 향해 '독사의 자식들'(brood of vipers)이라 칭하며 거침없이 몰아붙였다. 이스라엘 백성에게 있어서 '독사의 자식'이란 표현은 단순한 욕설이 아니라 강한 저주의 선포이다.6) 그것은 하나님을 욕되게 함으로써 영원한 구원으로부터 완전히 배제된 상태라는 사실을 의미하고 있기 때문이다.

요한이 저들을 향해 부드러운 말로 설득하지 않고 그런 저주의 말을 했던 것은 그들이 자기가 가진 기득권을 누리면서 눈앞에 닥친 하나님의 진노를 피하고자 하는 얄팍한 생각을 하고 있었기 때문이다. 그러므로 요한은 거룩한 하나님과 악한 세상의 것들을 동시에 취하려는 자들을 향해 누가 그런 식으로 가르치더냐며 심하게 책망했던 것이다.

사악한 유대인들의 그와 같은 태도는 하나님께서 경멸하는 대상이 아닐 수 없었다. 따라서 그는 저들을 향해 회개의 합당한 열매를 맺도록 촉구했다. 즉 형식적으로 세례를 받는 것으로 만족스러워 할 것이 아니라 배도에 빠진 현재의 추한 삶으로부터 완전히 돌아서라는 것이었다. 그와 같은 회개의 열매가 없는 상태에서 속으로 아브라함이 저들의 조상이라 말하지 말라고 했다.

저들이 스스로 일컬어 자신을 아브라함의 자손이라고 주장하는 것은 아무런 의미가 없다는 것이었다. 하나님께서는 바깥에 굴러다니는 돌들로 하여금 아브라함의 자손이 되게 할 수 있는 분이라고 했다. 이는 혈

---

6) '독사의 자식들'(brood of vipers)이란 말은 우리 시대의 나쁜 욕설인 '개의 자식'(son of bitch)과 견줄 바가 못 된다. 우리가 주변에서 종종 들을 수 있는 그런 욕은 생활 욕설이라 할 수 있다. 서로 싸울 때 주고받거나 청소년들이 친구들간에 철없이 내뱉는 낭만성 욕설이기도 하다. 즉 그 욕설 가운데는 저주의 의미 같은 것은 들어있지 않다. 그에 반해 '독사의 자식'이란 욕설 가운데는 실제적인 무서운 저주가 내포되어 있다.

통에 얽매여 그와 같은 자기주장을 펼치는 것이 얼마나 어리석은가 하는 점을 말해주고 있다.

우리는 여기서 사악한 배도자들을 책망하는 요한의 단호한 태도를 보게 된다. 이에 대해서는 오늘날 우리 역시 주의 깊게 돌이켜 생각해 볼 수 있어야 한다. 하나님의 말씀은 이성이나 감정을 동원해 사람들을 설득하는 것이 아니라 진리를 선포하는 의미가 더욱 강하다. 이는 그의 말씀을 가진 성도들 역시 그와 같은 분명한 자세를 가져야 한다는 사실을 말해주고 있다. 하나님의 자녀들의 입술을 통해 진리가 온전히 선포되면 하나님께서 친히 모든 일들을 이루어가시게 되는 것이다.

요한은 그와 더불어 현재 배도에 빠져 악을 도모하는 이스라엘 자손이 처해 있는 형편을 비유를 통해 말했다. 이미 도끼가 나무뿌리에 놓여 있어서 좋은 열매를 맺지 않은 나무들은 찍혀 불에 던져져 태워지게 될 것이라고 했다. 이는 저들이 추구하는 모든 것들은 무익한 것으로서 하나님의 심판 대상이 될 따름이라는 사실을 말해주고 있다.

세례 요한의 엄중한 경고의 메시지를 들은 무리가 그에게 물었다. 그렇다면 이제 무엇을 어떻게 하면 되느냐는 것이었다. 요한은 망설임 없이 그에 대한 분명한 답변을 했다. 이는 하나님의 심판을 피하고자 하는 이들이라면 반드시 따라야 할 말씀이다.

그가 말한 주된 내용은 우선 옷 두 벌을 가진 자들은 옷이 없는 자에게 나눠주라는 것이었다. 이 말은 두 벌 혹은 그 이상 여분의 옷을 가진 자들은 그것을 인생의 자랑거리로 여기지 말고 헐벗은 자들을 기억하라는 의미를 지니고 있다. 요한은 또한 먹을 음식이 풍부한 자들은 굶주리는 자들에게 그것을 나눠주라고 했다. 이는 풍부한 음식을 쌓아두는 자체를 목적으로 삼지 말라는 뜻을 내포하고 있다.

우리가 여기서 유념해야 할 바는 이 말을 듣는 자들이 곧장 집으로 돌아가 모든 옷과 식량을 가지고 나와 헐벗고 가난한 자들에게 나눠주라는 일회적 명령이 아니라는 사실이다. 이는 하나님의 자녀로서 살아가야 할 올바른 삶의 방식에 대해 말하고 있는 것이다. 따라서 요한이 전한 이 말씀은 당시 언약의 자손들에게 반영되어야 했으며 오늘날 우리에게도 그대로 적용되어야 한다.

세례 요한이 그와 같은 교훈을 주고 있을 때 세리들도 세례를 받기 위해 나아와서 자기들은 이제 어떻게 해야 할지 물었다. 그러자 요한은 법률로 정해진 세금 외에 강제로 더 거두는 일을 하지 말라고 했다. 그는 여기서 세리들의 직업 자체를 문제 삼지 않았다. 그대신 부당한 권세를 남용하지 말도록 요구했으며 그 가운데는 하나님의 자녀들도 국가에 대한 납세의무를 성실하게 감당해야 한다는 의미를 내포하고 있는 것으로 볼 수 있다.

그리고 총칼을 가진 병사들도 세례를 받기 위해 요한에게 와서 질문했다. 그러자 그는 사람들에게 강포를 행치 말아야 한다는 사실을 언급했다. 나아가 애꿎은 사람들을 협박하거나 강탈하지 말고 부당한 고소를 하지 말라고 했다. 그리고 받고 있는 급료를 만족하게 여기고 불평하는 마음 없이 감사한 마음을 가지도록 요구했다. 세례 요한이 베푼 이 모든 권면은 자신의 이기심과 더러운 욕망을 버리고 오직 여호와 하나님을 경외하는 자세로 살아야 한다는 사실을 강조하는 성격을 지니고 있다.

3. 세례 요한의 메시아 선포(눅3:15-17)

당시 어려운 삶으로 인해 고통에 빠진 백성들 가운데 메시아를 간절히 기다리던 자들이 많았다. 저들에게는 이땅에서 아무런 소망을 찾아볼 수 없었기 때문이다. 따라서 사람들은 마음속으로 요단강에서 회개의 세례를 베풀고 있는 요한이 혹 그리스도가 아닌지 생각하기도 했다. 메시아가 속히 오기를 바라는 자들의 눈에는 요한이 그렇게 비쳐졌다. 기득권층에 속한 악한 자들을 향해 거침없이 저주를 퍼부으며 진정으로 살아갈 수 있는 길을 제시하는 그의 말과 행동이 예사롭지 않게 보였기 때문이다.

그러므로 많은 사람들이 세례 요한을 향해 그가 성경이 예언한 대로 오시게 될 그 메시아가 맞는지 물어보았다. 그 말을 들은 요한은 자기는 그리스도가 아니라고 잘라 말했다. 그대신 자기는 뒤에 따라오시게 될 메시아의 길을 예비하는 사신으로서 맡겨진 역할을 담당하고 있음을 밝혔다.

즉 자기가 요단강에서 물로 세례를 베풀지만 뒤이어 자기와는 결코 비교될 수 없는 훨씬 큰 분인 메시아가 곧 오신다는 사실을 말했다. 요한 자신은 그의 신발 끈을 매고 푸는 일조차 감당하지 못한다는 것이었다. 그는 물이 아니라 성령과 불로써 백성들에게 세례를 베푸실 분이라는 사실을 말했다.

또한 그분은 손에 키를 들고 자기 타작마당을 정하게 하실 것이라고 했다. 그리하여 알곡은 따로 모아 곳간에 들이고 쭉정이는 꺼지지 않는 불에 던져 넣어 태워버리시리라는 것이었다. 이는 그가 이 세상에 오신 목적이 자기 자녀들을 구원하시고 악한 자들을 심판하시기 위한 것이라는 사실을 말해주고 있다.

4. 분봉왕 헤롯과 감옥에 갇히는 세례 요한(눅3:18-22)

세례 요한은 여러 가지 말로 백성들을 권하며 하나님으로 말미암은 좋은 소식을 전했다. 그것은 이제 곧 성경에서 예언해 온 메시아가 등장하신다는 것이었다. 언약의 자손들에게 있어서 그보다 더 기쁘고 감사한 소식이 있을 수 없었다. 하지만 그것은 오직 하나님의 자녀들에게 해당되는 말일 뿐 불신자들에게는 그렇지 않았다.

그러므로 요한이 백성들을 향해 좋은 소식을 전파하고 있음에도 불구하고 도리어 그를 비방하는 자들과 괴롭히는 자들이 상당수 생겨났다.

그 가운데 분봉왕 헤롯은 그를 극도로 미워했다. 이는 헤롯이 자기 동생의 아내 헤로디아와의 간음 행위를 두고 요한이 강하게 책망했기 때문이다. 많은 사람들이 서슬 퍼런 권력 앞에 입을 굳게 다물고 있을 때 요한은 그 악한 행위를 분명히 지적했던 것이다.

결국 헤롯은 자기 동생의 아내와 더러운 간음을 행하면서 요한이 자기의 죄를 비판한다는 이유로 아무런 죄가 없는 그를 감옥에 가두는 악행을 저지르게 되었다. 헤롯으로 인해 요한이 궁지에 몰려 체포될 위기에 빠져 있었음에도 불구하고 많은 백성들이 요한으로부터 세례를 받기 위해 요단강으로 나아왔다. 그때 예수님께서도 요단강으로 와서 요한의 세례를 받으시고 성부 하나님께 기도하게 되었다.

그러자 하늘 문이 활짝 열리고 성령께서 눈에 보이는 형체와 같이 마치 비둘기처럼 그의 위에 강림했다. 이는 막연한 상징이 아니라 구체적으로 그에게 성령이 임했음을 증거해 주고 있다. 그와 더불어 하늘로부터 소리가 나서 중요한 사실이 선포되었다. "너는 내 사랑하는 아들이라 내가 너를 기뻐하노라"(눅3:22). 이는 언약의 백성들을 위하여 하나님으로 말미암아 예수 그리스도가 증거되는 성격을 지니고 있다.

5. 예수님의 족보(눅3:23-38)

누가복음 3장에 기록된 예수님의 족보는 마태복음 1장에 기록된 족보와 현격한 차이를 보이고 있다. 이는 물론 그 내용을 알게 되면 하등의 문제가 될 것이 없다. 마태복음에서는 아브라함에서부터 예수님의 출생까지 위에서 아래로 이어진다면, 누가복음에서는 역사적으로 아래로부터 위로 올라가는 식으로 기록되어 있으며 그 실제적인 내용은 예수님의 출생으로부터 거슬러 올라가 다윗, 아브라함, 아담을 지나 하나님까지 기록되어 있다.

마태복음에는 아브라함 이후의 혈통만 기록되어 있는 데 반해 누가

복음에는 아브라함 윗대의 아담에 이르는 메시아 혈통까지 포함되어 있다. 그리고 마태복음의 족보와 누가복음의 족보에서 공통으로 기록된 아브라함으로부터 다윗 왕까지의 족보에 나타나는 인물들은 동일하다. 그런데 다윗으로부터 예수님까지의 족보는 서로간 전혀 다른 계보를 보여주고 있다. 우리는 이에 대한 이해를 올바르게 하지 않으면 안 된다.

마태복음에는 다윗의 왕위에 연관된 혈통적 족보이며 솔로몬 왕의 직계 자손으로서 그 마지막에 예수 그리스도께서 이땅에 출생하시게 된다. 그에 반해 누가복음에 기록된 족보는 다윗의 아들 나단으로부터 이어진 자손들로 연결되어 있다. 이는 그들이 다윗의 혈통을 지니고 있었으나 왕통 계보에서 벗어난 족보를 가진 이땅에서 평범하고 낮은 자리의 지위에 처한 집안의 내력을 보여준다. 그럼에도 불구하고 누가복음은 그 혈통 역시 예수님의 언약적 혈통에 연관되어 있음을 말해주고 있다.

우리는 예수님의 평범하고 낮은 가문의 혈통에 연관된 중요한 의미를 생각해 볼 수 있다. 사도 바울은 빌립보서 2장 7절에서 "예수님이 자기의 모든 특권을 버리고 '종(δουλας)의 모습'으로 사람들과 같이 되었음"을 언급하고 있다. 이 가운데 '종의 모습'이란 말은 평이하게 해석할 문제가 아니다. 이는 예수님께서 노예(slave)의 모습으로 이 세상에 오셨다는 사실에 연관되어 있기 때문이다. 한글 성경에 기록된 '종의 모습'이라는 말을 영어 성경 Jerusalem Bible에서는 'the condition of a slave' 즉 '노예의 모습'으로 번역하고 있다.

우리가 이를 통해 분명히 알 수 있는 것은 예수님께서는 혈통적으로 '왕'의 모습으로 오시는 동시에 또 다른 한편으로는 지극히 천하고 낮은 '노예'의 모습으로 이땅에 오신 사실을 보여주고 있다는 점이다. 따라서 마태복음에서는 왕으로 오신 예수님이 선명하게 드러나는가 하면, 누가복음에서는 가장 낮은 자로서 마치 노예와 같은 모습으로 이땅에 오신 사실이 드러나고 있다.

우리가 이에 관한 문제를 올바르게 이해하기 위해서는 마태복음과 누가복음의 족보 자체를 주의 깊게 살펴보아야 한다. 즉 다윗 왕으로부터 예수 그리스도에 이르는 구속사적 족보 사이에 나타난 중요한 여러 인물들의 면면을 살펴볼 필요가 있다. 마태복음에는 주로 왕통에 연관된 인물들이 기록되어 있기 때문에 비교적 익숙한 인물들이 많이 나타난다.

그에 반해 누가복음의 예수님 족보에 기록된 많은 인물들 가운데는 극히 소수 몇 사람을 제외하고 거의가 생소한 이름들이다. 그중에 우리가 알 수 있는 인물들이 소수 나타나고 있을 따름이다. 누가복음에 기록된 다윗 왕의 아들 나단(눅3:31)은 마태복음 1장에 기록된 솔로몬과 마찬가지로 다윗의 아들로서 성경에 명시적으로 기록되어 알려진 인물이다 (삼하5:14).

그리고 예수님의 족보에 기록된 인물들 가운데 우리에게 익숙한 또 다른 사람은 스룹바벨이다. 그는 바벨론이 패망한 후 페르시아 시대 초기 때 이방의 노예로서 신음하던 이스라엘 민족을 가나안 본토로 인도한 인물이다. 그런데 그의 할아버지가 두 사람으로서 마태복음과 누가복음에 전혀 다르게 나타나고 있다. 즉 마태복음에는 스룹바벨의 아버지인 스알디엘의 부친을 여고냐(Jeconiah, 마1:12)로 기록하고 있지만 누가복음에는 스룹바벨의 아버지 스알디엘의 부친 이름을 네리(Neri, 눅3:27)로 기록하고 있다.

여고냐와 네리는 전혀 다른 두 인물이었음이 틀림없다. 여고냐가 솔로몬의 자손으로서 다윗 왕의 혈통을 잇는 인물이었다면 네리는 다윗의 자손이었지만 평범한 가문인 나단 집안의 후손이었다. 성경은 이를 통해 스룹바벨의 부친인 스알디엘에게 두 명의 아버지가 있었던 사실을 보여주고 있다. 스룹바벨의 부친 스알디엘은 왕이었던 솔로몬의 피를 이어받은 친부(親父) 여고냐와 평범한 집안의 조상이 된 나단의 집안을

상속받은 양부(養父) 네리 두 명의 아버지를 두고 있었던 것이다.[7]

누가복음에 기록된 스룹바벨의 할아버지인 네리는 왕의 계보를 잇는 혈통이 아닌 평범하고 낮은 지위에 놓인 집안의 조상으로서 스알디엘이 여고냐의 양자(養子)가 되었던 것으로 보인다.[8] 그리하여 스룹바벨은 여고냐의 손자도 되고 동시에 네리의 손자도 되었던 것이다. 그런데 스룹바벨 이후 그의 아들은 또 다시 두 계보로 나누어진다.

동일한 아버지를 둔 자식들이었지만 스룹바벨의 아들 아비훗(마1:13)은 왕의 혈통을 잇는 자리에 놓이게 되었다. 하지만 그의 다른 아들 레사(눅3:27)는 평범한 보통의 가문을 이어가게 된다. 그들은 다른 계보를 통해 각기 자기의 집안을 상속해 갔던 것이다.

그러다가 오랜 세월이 지나 예수님의 아버지 요셉의 때가 이르러 또 다시 그와 동일한 문제가 발생하게 된다. 즉 요셉에게 동시에 야곱(마1:16)과 헬리(눅3:23) 두 명의 아버지가 있었기 때문이다. 그가 두 명의 아

---

7) 어머니의 개가 혹은 재혼으로 말미암아 두 명의 아버지가 있게 되었다는 주장은 선뜻 받아들이기 어렵다. 왜냐하면 어머니가 다른 남성과 재혼한다고 해서 전남편의 아들이 개가한 집안 아들의 명분을 얻어 상속권을 가질 수 없기 때문이다. 우리가 여기서 기억해야 할 바는 동시에 두 명의 부친을 두는 것이 당시 법적으로 가능했으리라는 사실이다. 이를 이해하기 위해 대한민국 관련법을 예로 들어 볼 수 있다. 현재 한국의 법에서는 친부모와 양부모 관계를 동시에 인정받을 수 있다. 한국의 가족법 가운데 입양에 연관된 법에는 '친 양자 입양'과 '일반 입양'이 있다. 일반 입양의 경우 입양하는 부모는 법정 혈족으로서 친생자 지위를 갖지만 입양자는 자연혈족인 친부모와의 관계를 유지하게 된다. 즉 친생부모와 양부모 모두가 부모이기 때문에 부모로서 권리의무는 동일하다. 이는 입양을 하더라도 친생부모와 법적인 친족관계가 소멸되지 않고 유지된다는 사실을 말해주고 있다. 이와 같은 예로 볼 때 스알디엘의 경우 두 명의 부친을 두고 있으면서 양쪽 모두의 상속자가 된다는 점을 생각해 볼 수 있는 것이다. 이는 나중 예수님의 아버지 요셉에게 야곱(마1:16)과 헬리(눅3:23) 두 명의 아버지가 있었던 사실과도 연관된다. 우리는 스알디엘과 요셉이 다른 아버지에게 입양되어야 했던 구체적인 이유를 알지 못한다. 이는 물론 야곱과 헬리가 공히 요셉의 아버지라는 사실을 전제할 때 그에 해당되는 말이다.

8) 구약시대 이스라엘 백성에게는 입양이 자연스럽게 이루어졌다. 그것은 집안을 상속하기 위한 중요한 목적이 그 중심에 있는 것으로 이해할 수 있다. 일반 입양과 더불어 형이 자식이 없이 죽었을 경우 동생이 형수를 취하는 형사취수(兄死娶嫂) 제도 역시 그에 연관되어 있다.

버지를 둔 것 역시 왕위에 연관된 혈통 상속과 더불어 입양을 통한 집안 상속 문제에 연관되어 있었던 것으로 이해할 수 있다.

어떤 사람들이 주장하듯 요셉의 어머니가 재혼을 했기 때문에 아버지가 둘이었다는 주장은 선뜻 받아들이기 어렵다.[9] 어머니로 말미암아 아버지가 두 명이라면 양쪽 아버지를 통한 두 집안의 상속을 이어갈 수 있는 것이 아니었다. 재혼한 어머니의 새 남편에게 다른 아들들이 있다면 어머니를 따라간 그 아들이 저들과 동일한 상속자가 될 수 없을 것이었기 때문이다. 단 형사취수(兄死娶嫂) 제도로 인한 재혼이라면 그 사정이 다를 수도 있다.

우리는 마태복음과 누가복음에 기록된 상이한 예수님의 족보를 통해 그의 신분이 다윗의 왕통을 잇는 특별한 가계와 다윗의 집안에 속해 있었지만 낮은 지위에 놓인 평범한 집안으로 보이는 두 가계가 중첩되어 있다는 사실을 알게 된다. 이로써 우리는 이땅에 메시아를 보내는 하나님의 오묘한 섭리와 더불어 인간으로 오신 예수 그리스도의 두 측면의 신분을 보게 되는 것이다.

우리가 또한 중요하게 생각해 보아야 할 점은 마태복음에 기록된 예수님의 족보가 순수한 요셉의 혈통 계보였다면 누가복음에 기록된 내용

---

9) 교회역사가였던 유세비우스의 저작 가운데는 '에스타' (Estha)라는 특별한 한 여성이 나타난다. 물론 그 여성은 전승으로 전해져 내려온 이름이었다. 그녀가 맛단(마1:15)과 맛닷(눅3:24)의 아내로서 두 번 혼인하여 헬리(눅3:23)와 야곱(마1:15)을 낳게 되었다고 한다. 한 사람의 여인이 솔로몬의 집안과 나단의 집안의 자식들을 동시에 출산한 것은 이스라엘 민족의 계대 결혼과 연관된다는 것이다. 즉 그 여인은 나단의 후손인 맛닷과 결혼을 해서 헬리를 낳은 후 그가 죽고 나서 다시 솔로몬 왕의 후손인 맛단과 재혼을 해서 요셉의 아버지 야곱을 낳은 것으로 본다. 그후 헬리가 결혼해서 자녀가 없이 죽게 되자 아버지가 다른 그 동생 야곱이 형수를 아내로 맞아 요셉을 낳았을 가능성이 크다는 것이다. 즉 요셉이 헬리의 아내가 직접 출산하지는 않았지만 집안 상속을 위한 양자로서 헬리의 아들이 되었으리라고 본다. 그리고 죽은 헬리의 아내이자 형수로서 야곱의 아내가 된 그 여인이 요셉을 낳았다고 한다. 그리하여 요셉은 야곱의 혈통적 아들인 동시에 헬리의 양아들이 되었다는 것이다. 따라서 요셉이 동시에 두 명의 아버지를 두게 된 것은 지극히 자연스럽다고 한다.

은 마리아의 혈통 계보였을 가능성에 관한 문제이다. 이는 구약시대 이스라엘 백성 가운데는 여성이 상속자가 될 수 있었다는 사실에 연관되어 있다(민27:1-11, 참조). 이는 마리아가 집안의 상속자가 되는 동시에 혼인과 더불어 그의 남편인 요셉이 마리아 집안의 상속자가 된 것과 같은 의미를 지닌다.

그리하여 예수님은 다윗의 왕통을 잇는 요셉의 자손으로 태어났음이 분명하다. 동시에 그는 평범하고 낮은 지위에 있었으나 다윗의 집안에 속한 마리아를 통해 이땅에 오시게 되었다. 물론 다윗의 자손으로서 혈통이란 언약적 개념에 연관되어 있으며 예수님께서 실제로 그들의 육적인 혈통을 이어받은 것은 아니다.

우리는 마태복음과 누가복음에 기록된 예수님의 족보에 나오는 인물들 가운데는 족보상 문제뿐 아니라 성경의 다른 곳에 보이는 자들과 같은 이름을 가진 동명이인(同名異人)들이 많이 나타난다는 사실을 기억해야 한다.[10] 물론 우리는 예수님의 두 족보에 연관된 문제를 완벽하게 해석해내기 어렵다는 사실을 잘 알고 있다. 성경을 묵상하는 성도들은 이에 대한 사실을 염두에 두고 계시된 말씀에 접근해야 하며 하나님의 큰 섭리와 더불어 인간의 한계를 깨닫는 가운데 하나님의 놀라운 은혜를 기억해야 할 것이다.

---

10) 우리는 성경에 나타난 이스라엘 백성의 이름들을 대할 때 쉽게 해결하기 어려운 문제가 있음을 기억해야 한다. 한 사람이 두 개 이상의 이름을 가지는 경우가 있는가 하면, 서로 다른 사람이 동일한 이름을 가진 경우도 많이 있다. 또한 손자를 아들로 묘사하기도 하고 할아버지를 아버지라 칭하기도 한다. 이점을 이해하기 위해 신약성경에 나타나는 인물들을 예로 들어보자. 성경에는 '시몬'이라는 이름을 가진 사람들이 많이 있다. 요한의 아들 시몬(요1:42), 베다니 시몬(마26:6), 가나안인 시몬(마10:4), 피장 시몬(행10:6), 구레네 시몬(마27:32) 등은 모두 동일한 이름을 가진 자들이었다. 요한의 아들 시몬은 또 다른 별명인 베드로로 일컬어졌다. 또한 성경에는 '마리아'라는 이름을 가진 숱하게 많은 여성들이 나타난다. 뿐만 아니라 예수님의 아버지 요셉의 아들이자 예수님의 동생 가운데 요셉이라는 이름을 가진 자도 있다(막6:3). 이와 같은 예는 구약 시대 이스라엘 백성들 가운데 일반적이었음을 알 수 있다.

제4장

사십 일 금식과 마귀 유혹을 이긴
예수님의 갈릴리 회당중심 사역

(눅4:1-44)

1. 예수님의 사십 일간 금식과 마귀의 시험(눅1:1-13)

예수님께서는 성령의 충만함을 입어 요단강에서 떠나 광야로 가셨다. 그는 공 사역을 시작하시면서 사십 일 동안 금식하셨다. 그것은 성령의 인도하심에 의해 진행된 일이었다. 그의 금식은 일반적인 금식과는 다른 특별한 개념으로 이해되어야 한다. 예수님의 금식은 세상을 거부하며 대항하는 성격을 지니고 있다. 이는 금식을 통해 세상에 맞선 모습을 보이며 자신을 드러내게 되었음을 의미한다.

그동안 예수님은 음식을 섭취하지 않아 배고픈 가운데 계셨다. 그때 간교한 마귀는 예수님을 다양한 방법으로 유혹(temptation)하며 시험했다. 그가 금식하는 동안 견뎌내기 어려운 환경을 이용해 그를 시험하여 유혹하고자 했던 것이다.

하나님의 아들로서 인간의 몸을 입고 이땅에 오신 예수님은 두 번째 아담으로서 자신의 구속 사역을 감당해야 했다. 그러나 마귀는 그로 말미암아 시행되는 모든 사역을 근원적으로 방해하기 위해 모든 힘을 기울였다. 마귀는 오래전 에덴동산에서 살아가던 첫 번째 아담을 유혹하여 성공한 경험이 있었다. 이제 그는 두 번째 아담에게도 동일한 수법으로 속여 유혹하고자 했다.

물론 그것은 얼토당토않은 일이었다. 마귀는 두 번째 아담으로 오신 예수님이 첫 번째 아담과는 다르다는 사실을 잘 알고 있었다. 즉 그는 구약성경을 통해 예언되어 온 예수 그리스도가 자신의 유혹으로 쓰러뜨릴 수 없는 존재라는 사실을 충분히 인식하고 있었던 것이다. 그럼에도 불구하고 사악한 마귀는 최후의 발악을 하면서 예수님을 유혹해 궁지로 몰아가고자 했다.

마귀는 외견상 자기가 마치 인간의 몸을 입으신 예수님보다 우위에 있는 듯한 오만한 태도를 보이고 있었다. 하나님의 아들로서 완벽한 인간으로 오신 예수님을 넘어뜨리고자 하여 모든 방법을 동원했던 것이다. 마귀는 그것을 위해 예수님께 세 가지 시험을 했다.

첫째는 음식을 먹지 않아 굶주려 배가 고픈 예수님을 향해, '이 돌들에게 명하여 떡 덩이가 되게 하라'(눅4:3)는 것이었다. 거기에는 하나님의 아들이면서 무엇 때문에 굳이 굶주려가면서 고생하느냐는 의미를 지니고 있었다. 만일 예수님이 순순히 자기 말을 따르면 마귀는 자기가 승리했다고 생각할 것이 분명하다.

그러므로 예수님께서는 마귀의 간교한 유혹을 일언지하에 거절하셨다. 그는 사탄을 향해 하나님의 율법을 상기시키면서 '사람이 떡으로만 살 것이 아니라'(눅4:4)고 말씀하셨다. 마태복음에는 이와 동일한 병행 구절에서 '사람이 떡으로만 살 것이 아니요 하나님의 입으로 나오는 모든 말씀으로 살 것이라'(마4:4)고 기록하고 있다. 이 가운데는 하나님의 자녀들이 세상에서 먹고 살아가는 문제로 인해 영원한 천상의 것을 포기하는 일이 발생하지 말아야 한다는 교훈이 내포되어 있다.

둘째는 세상을 포함한 우주 만물을 되돌려 주겠다는 제안을 하며 예수님을 유혹했다. 마귀는 배고픈 예수님을 이끌고 올라가서 천하만국을 보여주면서 만일 자기의 말에 따르면 그 모든 것을 돌려 주겠노라고 말했던 것이다. "이 모든 권세와 그 영광을 내가 네게 주리라 이것은 내게 넘겨준 것이므로 나의 원하는 자에게 주노라 그러므로 네가 만일 내게 절(worship)하면 다 네 것이 되리라"(눅4:6).

마귀는 이 말 가운데서 우주 만물이 자기 소유라는 사실을 드러내 보이고 있다. 이는 어느 정도 옳은 말이기도 하다. 첫 번째 아담이 마귀의 유혹에 빠져 모든 피조세계를 그에게 넘겼기 때문이다. 사도 바울은 마귀가 '공중 권세 잡은 자'라는 사실을 말하고 있다(엡2:2).

그러므로 마귀는 예수님을 향해 천하만국을 자기가 원하는 자에게 넘겨주겠다는 말을 했다(눅4:6). 그것은 마귀 자신에게 모든 권한이 있으니 자기에게 잘 보이라는 요구였다. 이제 자기를 향해 경배하면 세상의 모든 권세와 영광을 되돌려 주겠다는 것이었다.

물론 그것은 전혀 마음에 없는 거짓말에 지나지 않았다. 더러운 마귀는 예수님이 하나님의 아들 메시아라는 사실을 알고 있으면서 배고픈 그의 약점을 이용해 감히 자기에게 경배하라는 요구를 했다. 그는 예수님이 인간의 몸을 입고 이 세상에 온 목적이 만물의 회복이라는 점을 잘 알고 있었던 것이다.

마귀는 또한 장차 예수님이 구속사역을 이루어가는 과정에서 모진 고난을 당하게 되리라는 점도 알았을 것이 분명하다. 따라서 그는 그것을 예수님의 약점으로 여기고 그런 복잡하고 힘든 과정을 거치지 말고 자기로부터 모든 권세와 영광을 바로 가져가라고 했다. 간단하게 자기에게 한번 경배하면 모든 것을 소유하게 될 것이라고 유혹했던 것이다. 물론 마귀는 그 속성대로 거짓말을 하며 하나님의 아들을 속이고자 했다.

그렇지만 예수님께서는 마귀의 유혹을 단호히 물리치셨다. 율법을 상기시키면서 '주 너의 하나님께 경배하고 다만 그를 섬기라'(눅4:8)고 말씀하셨던 것이다. 마태복음의 병행 구절에는 '사탄아 물러가라 기록되었으되 주 너의 하나님께 경배하고 다만 그를 섬기라 하였느니라'고 기록되어 있다.

셋째는 마귀가 예수님을 이끌고 성전 꼭대기로 데리고 올라가 그곳에 세웠다. 그리고는 '네가 만일 하나님의 아들이거든 여기서 뛰어내리라 기록하였으되 하나님이 너를 위하여 그 사자들을 명하사 너를 지키게 하시리라 하였고 또한 저희가 손으로 너를 받들어 네 발이 돌에 부딪히지 않게 하시리라'(눅4:9-11)고 했다. 여기서 특이한 점은 사악한 마귀가 거룩한 하나님의 율법을 인용하고 있다는 사실이다.

마귀는 인간의 몸을 입고 오신 예수님이 어떤 분인지 잘 알고 있었다. 그가 완벽한 하나님이자 완벽한 인간인 예수님이라는 사실을 잘 알고 있으면서 마귀는 그의 인간적인 약점을 이용해 공격하기를 주저하지 않았다. 여호와 하나님께서 자기 아들을 안전하게 보호해 줄 터인데 무엇 때문에 그 간단하고 쉬운 방법을 택하지 않느냐고 비아냥거렸던 것이다.

예수님께서는 마귀의 말을 듣고 그 유혹을 물리치셨다. 장차 어떤 큰 고난이 닥칠지라도 그것을 받아들일 마음이 없었다. 그래서 율법을 언급하며 '주 너의 하나님을 시험치 말라'(눅4:12)라고 경고하셨다. 사악한 마귀는 예수님을 유혹하기 위해 온갖 노력을 다 기울였으나 끝내 성공할 수 없었다. 첫 번째 아담에게는 유혹이 통했지만 두 번째 아담이신 예수 그리스도께는 그것이 통하지 않았던 것이다.

마귀는 자기가 할 수 있는 모든 방법으로 굶주린 예수님을 유혹해 본 후 뜻대로 되지 않자 그곳을 떠났다. 그러자 천사들이 나아와 예수님께 시중들게 되었다. 이 시험을 거친 예수님께서는 마귀를 억누르시고 공 사역에 나아가 마귀에 대한 심판과 더불어 구속사역을 감당해 가게 되었던 것이다.

2. 갈릴리 지역과 나사렛으로 돌아가신 예수님의 회당중심 활동
(눅4:14-30)

예수님께서는 성령의 인도하심에 따라 고향인 갈릴리 지역으로 돌아가셨다. 그에 대한 소문은 이미 사방에 두루 퍼져 있었다. 그는 갈릴리에 있는 여러 회당에서 성경을 풀어 가르치시면서 많은 사람들로부터 칭송을 받으셨다. 그런데 우리는 여기서 유대 지파에 속한 예수님께서 회당에서 가르치는 데 아무런 문제가 없었다는 점을 이해해야 할 필요가 있다.

구약시대에는 회당에서 성경을 가르치는 직무는 아무나 행할 수 있는 일이 아니었다. 그 직무는 레위 지파에 속한 자격을 갖춘 사람들에게 맡겨졌다(느8:9; 대하35:3, 참조). 따라서 유다 지파에 속한 예수님이 회당에서 가르칠 수 있었던 것은 결코 일반적인 일이라 할 수 없다. 그럼에도 불구하고 예수님께서는 안식일 날 회당에서 성경을 가르치는 일을 감당하셨다. 어떻게 그 일이 자연스럽게 이루어질 수 있었을까?

예수님이 유대인 회당에서 성경의 진리를 가르칠 수 있는 권한을 가지게 된 것은 세례 요한의 보증에 기인한 것으로 이해된다.[11] 레위 지파에 속한 인물이자 제사장 계열에 속한 세례 요한은 당시 많은 유대인들로부터 하나님께서 보내신 선지자로 인정받고 있었다. 그가 예수님을

---

11) 레위 지파가 아니라 베냐민 지파에 속한 사도 바울이 여러 지역에 흩어져 있는 유대인 회당에서 성경을 강론하며 가르칠 수 있었다. 그가 그런 자격과 권한을 가졌던 것은 예루살렘에서 가말리엘의 문하에서 공부한 경력 때문일 것으로 보인다. 물론 당시에는 레위 지파가 그 일을 감당해야 한다는 의미규정이 많이 허물어진 상태이긴 했다. 대표적으로 유다 지파 다윗의 혈통과 무관할 뿐 아니라 이방인에 해당되는 에돔 자손의 혈통을 지닌 헤롯왕과 그의 피를 물려받은 자들이 왕권에 해당되는 지위를 누리고 있었다.

하나님의 선지자로 보증하자 다수의 백성들이 그렇게 받아들이게 되었던 것이다(마21:11,46; 눅4:24; 24:19; 요6:14).

구약 시대의 선지자들은 레위 지파에 속한 인물이 아니라 할지라도 회당에서 성경을 가르칠 수 있는 특별한 자격을 부여받았다. 예수님께서 회당에서 가르칠 수 있었던 것은 그와 같은 배경을 지니고 있었기 때문이다. 따라서 예수님은 레위 지파에 속한 인물이 아니었지만 선지자로 인정받고 있었음으로 인해 자연스럽게 안식일 날 회당에서 가르칠 수 있었다.

예수님께서는 자라나신 곳 곧 자기의 고향인 나사렛에 도착해서 안식일 날 규례대로 회당에 들어가 성경을 읽고 가르치기 위해 단상에 섰다. 그러자 보좌하는 직책을 맡은 자가 선지자 이사야의 글을 예수님께 전달했다. 예수님은 이사야서가 기록된 두루마리 책을 받아 한 부분을 찾아 읽으셨다.

"주의 성령이 내게 임하셨으니 이는 가난한 자에게 복음을 전하게 하시려고 내게 기름을 부으시고 나를 보내사 포로된 자에게 자유를, 눈먼 자에게 다시 보게 함을 전파하며 눌린 자를 자유케 하고 주의 은혜의 해를 전파하게 하려 하심이라"(눅4:18,19; 사61:1,2. 참조)

예수님께서는 이사야서에 기록된 말씀을 읽으신 후 그 두루마리 책을 맡은 담당자에게 넘겨주시고 자리에 앉으셨다. 그리고 나사렛 회당에 모인 백성들을 주목하셨다. 예수님은 그 가운데서 성경 말씀을 증거하여 선포하시기 시작했다.

이사야서에 기록된 그 예언이 그 자리에 모인 백성들에게 응했다는 것이었다. 그가 전하는 말씀을 은혜롭게 듣게 된 언약의 백성들은 신기하게 여겼다. 그가 자기 동네에 살고 있는 요셉의 아들이라는 사실을 익히 알고 있었기 때문이다. 즉 가까이 살고 있는 지극히 평범한 이웃의 아들이 전하는 능력 있는 가르침을 듣고 매우 놀랐던 것이다. 하지만 그들은 하나님의 아들이신 메시아를 알아보지 못하고 도리어 그에게 적대감을 가지게 되었다.

그러므로 예수님께서는 저들을 향해 매우 도전적인 말씀을 하셨다. 민간에 '의사에게 당신의 질병이나 한번 고쳐보라'고 하는 속담이 있듯이 나사렛 사람들이 자기가 '가버나움에서 행한 이적을 거기서도 행해보라'고 하리라는 것이었다. 이는 그가 고향에서 배척을 당하리라는 사실을 알고 하신 말씀이었다.

따라서 예수님께서는 그와 더불어 '선지자가 자기 고향에서 환영을 받는 자가 없느니라'(눅4:24)는 말씀을 하셨다. 여기서 그는 부정적인 환경 가운데서 자기가 '선지자'라는 사실을 선포하셨다. 이는 요단강에서 회개의 세례를 베풀며 천국과 영원한 왕이 가까이 오셨음을 선포했던 요한의 보증과 밀접하게 연관되는 것으로 이해할 수 있다.

그러면서 그는 구약성경에 기록된 사건들을 인용하며 저들의 심령을 건드리셨다. 엘리야 시대 삼 년 육 개월 동안 하늘이 닫혀 비가 내리지 않아 온 땅에 큰 흉년이 들었을 때 하나님께서는 이스라엘의 많은 과부들 가운데 한 사람이 아니라 이방 지역인 시돈 땅 사렙다의 한 과부에게 엘리야를 보내셨다고 했다. 그리고 선지자 엘리사 때 이스라엘 땅에 많은 문둥병자들이 있었지만 그들 가운데 아무도 깨끗함을 받지 못하고 오직 이방 지역의 수리아 사람 나아만이 홀로 깨끗하게 된 사실을 언급했다.

이 말씀은 나사렛 사람들이 하나님의 은총에서 가장 멀리 떨어져 있으며, 다른 지역의 사람들에게 은총이 돌아가리라는 의미를 지니고 있었다. 따라서 회당에 모여 있던 자들이 그 말을 듣고 크게 분개했다. 결국 그들은 일어나 예수님을 동네 바깥으로 쫓아냈다. 그 동네는 산 위에 있었으므로 언덕 낭떠러지까지 끌고 가서 밀쳐 내리고자 했다. 하지만 예수님께서는 그들의 만행을 피해 그곳을 떠나가셨다.

3. 가버나움 회당에서 행해진 특별한 사역(눅4:31-37)

예수님께서는 고향 나사렛에서 배척당하신 후 갈릴리 바다 쪽으로 내려가셨다. 그는 베드로의 장모가 살고 있는 마을인 북쪽 해변에 위치한 가버나움으로 갔다. 안식일이 되자 그곳의 유대인 회당에서 백성들을 가르치셨다. 회당에서 가르치는 일이 그에게 점차 자연스러워져 갔던 것이다.

예수님께서 구약성경을 통해 하나님의 말씀을 가르치실 때 많은 사람들이 놀랐다. 그는 나사렛에서 성장하면서 제도권 교육을 많이 받지 않으셨다(요7:15, 참조). 그럼에도 불구하고 예수님의 가르침 가운데는 엄청난 권세가 있었다. 당시에도 각 개인에 따라 학벌로 인한 차이가 컸음을 감안한다면 그 형편을 쉽게 짐작할 수 있다. 교육에 관심이 있는 자들은 자식을 외국으로 유학을 보냈으며 헤롯 왕가 역시 그러했다. 당시 권력을 장악하고 있던 헤롯 안티바스는 로마로 유학을 갔던 인물이다.

그리고 예수님이 활동하던 시기 예루살렘에는 일반적인 관점에서 볼 때 뛰어난 교육 기관들이 많이 있었다. 예수님과 나이가 비슷했을 것으로 보이는 사도 바울은 길리기아 다소성 출신으로 성경 율법을 공부하기 위해 예루살렘에 유학 온 인물이었다. 그의 스승인 가말리엘은 율법학자로서 당대 최고의 석학으로 인정받았다.

그런 사람들과 비교해 볼 때 예수님의 세속적인 학력 정도는 형편없이 낮았던 것으로 말할 수 있다. 당시에도 보통 사람들은 겉으로 드러난 학력을 보고 인물을 평가하는 것이 일반적이었다. 그러다 보니 예수님은 세례 요한의 선포로 인해 유대인 회당에서 성경을 가르칠 수 있는 자격을 가지기는 했으나 초기에는 그리 대단한 인물로 평가받지 못했다. 그와 같은 상황에서 예수님의 가르침에서 드러난 권세를 본 사람들은 놀라지 않을 수 없었던 것이다.

예수님께서 회당에서 가르치실 때 중요한 사건이 발생했다. 회당 안에 더러운 귀신들린 사람이 있어서 갑자기 크게 소리 질렀기 때문이다. 그는 거기서 아무도 상상할 수 없는 엄청난 사실을 언급했다. 그는 예수님을 향해 '나사렛 예수여 우리가 당신과 무슨 상관이 있나이까 우리를 멸하러 왔나이까 나는 당신이 누구인 줄 아노니 하나님의 거룩한 자니이다'(눅4:34)라고 외쳤기 때문이다.

이는 예수님이 하나님의 거룩한 자 곧 메시아라는 사실을 선포하는 의미를 지니고 있었다. 우리가 여기서 주의 깊게 보아야 할 점은 예수님의 사역 초기 유대인 회당에서 그가 메시아라는 사실이 선포되었다는 점이다. 또한 하나님의 아들 메시아가 당시 유대교도들에 의해 선포된 것이 아니라 귀신들린 자의 입술을 통해 선포되었다.

그 귀신들린 자는 하나의 귀신이 아니라 여러 귀신들이 동시에 들렸던 인물이었다. 따라서 그는 '우리'(we)라는 용어를 사용하고 있다. 귀신들은 자기가 예수 그리스도에 의해 심판받게 될 존재라는 사실을 잘 알고 있었다. 귀신들은 예수님을 정말 귀신같이 알아보고 심판주인 그를 두려워했던 것이다.

우리가 여기서 볼 수 있는 점은 언약의 자손임을 내세우고 신앙생활을 잘한다는 유대인들은 하나님의 아들로서 예수님의 실체를 전혀 알아보지 못했다는 사실이다. 따라서 나사렛 회당에서 예수님의 가르침을 듣던 유대인들은 예수님을 하나님의 아들로 고백하기는커녕 그를 배척하며 내쫓았다. 언약의 백성들이 일반적인 안목으로 알아보지 못하는 하나님의 아들을 귀신들이 먼저 알아보았다는 사실은 주의 깊게 생각해 보아야 할 문제이다.

예수님께서는 귀신들린 자를 점령하고 있으면서 자신을 알아보고 그 사실을 외치던 귀신들을 꾸짖어 명령하셨다. 더러운 귀신들을 향해 저항하거나 그 사람을 괴롭히지 말고 그로부터 나가라고 했던 것이다. 그 말씀을 들은 귀신들은 즉시 그의 몸에서 나갈 수밖에 없었다. 그 과정에서 그 사람은 귀신들의 움직임에 의해 무리 중에 쓰러지게 되었다.

하지만 귀신 들렸던 그 사람은 바닥에 넘어졌으나 신체적인 상처를 전혀 입지 않았다. 그 광경을 지켜보던 사람들은 놀라서 일어난 상황에 대하여 서로 말을 주고받았다. 나사렛 예수가 과연 어떤 권세와 능력을 가진 인물이기에 그의 명령을 들은 더러운 귀신들이 순순히 나가느냐는 것이었다. 그와 같은 일은 사람들이 전혀 경험한 바 없었을 뿐 아니라 지금까지 들어본 적도 없었다.

안식일 날 가버나움 회당에서 있었던 그 사건에 대한 소문은 즉시 근처 사방으로 퍼져나가게 되었다. 더러운 귀신들을 쫓아내신 예수님이 그 사건의 중심에 있었던 것은 두말할 나위 없다. 따라서 많은 사람들이 놀라운 일을 행하시는 예수님에 대하여 점차 더 큰 관심을 가지게 되었던 것이다.

4. 시몬 베드로의 장모와 여러 병자들을 치유하신 예수님과 회당에서의 선포(눅4:38-44)

예수님께서는 안식일 날 가버나움 유대인 회당에서 성경을 강론하신 후 시몬 베드로의 집으로 들어가셨다. 그때 그의 장모가 중한 열병에 걸려있었다. 예수님이 집 안으로 들어오시자 사람들은 그에게 질병을 치유해주시도록 간청했다. 당시는 이미 사람들이 예수님이 귀신들린 자를 치유하신 사건을 직접 목격한 상태였다.

사람들의 간청을 듣게 된 예수님은 환자에게 가까이 나아가 열병을 꾸짖으셨다. 그러자 병이 떠나가고 베드로의 장모는 자리에서 일어나 그에게 시중들었다. 그러자 예수님께서 질병을 치유하신다는 소문이 바깥으로 퍼져나가게 되었다. 그로 인해 주변에 살고 있던 사람들 가운데 각종 질병에 걸린 자들과 그 가족들이 몰려들기 시작했다.

해질녘이 되어가자 많은 병자들이 예수님이 계신 곳으로 몰려들었다. 그것을 본 예수님께서는 병자들에게 손을 얹어 질병을 치유해 주셨다.

또한 귀신들린 사람으로부터 귀신들이 나가며 큰 소리를 지르기도 했다. "당신은 하나님의 아들이니이다"(눅4:41). 여기서도 귀신들린 자들의 입술을 통해 예수님이 하나님의 아들 메시아라는 사실이 선포되었다. 귀신들은 영적인 존재이기 때문에 예수님을 즉시 알아볼 수 있었기 때문이다.

귀신이 외치는 소리를 들은 예수님께서는 귀신들을 꾸짖으셨다. 귀신들에게 자기가 그리스도란 사실을 알고 말하는 것을 허락지 않고자 하셨던 것이다. 예수님이 그리스도란 사실은 하나님의 말씀과 성령에 의해 증거되고 선포되어야 할 일이었던 것이다.

이튿날 날이 밝게 되자 예수님께서는 인적이 드문 한적한 곳으로 가셨다. 나중에 예수님이 사라진 사실을 알게 된 백성들은 그가 있는 장소를 찾아갔다. 사람들이 그를 만났을 때 그 지역을 떠나지 말고 저들과 함께 있도록 요청했다. 이는 저들의 이기심으로 인한 것으로서 귀신을 쫓아내고 모든 질병을 고칠 수 있는 능력을 가진 예수님을 저들 곁에 붙들어놓기를 원했기 때문이다.

귀신들의 입술을 통한 것이기는 했으나 예수님이 메시아라는 사실이 선포되어 갔다. 이는 세례 요한의 메시아 선언이 입증되어 갔음을 말해 주고 있다. 백성들의 요구를 들은 예수님께서는 자기가 이 세상에 오신 목적에 대해 언급하셨다. 자기는 그 동네뿐 아니라 다른 동네에서도 하나님 나라의 복음을 전파해야 한다고 하셨다. 그 일을 위해 자기가 메시아로서 하나님의 보냄을 받았다는 것이다. 그 말씀을 하신 후 그는 갈릴리 지역의 여러 회당들을 찾아다니시면서 하나님의 복음을 선포하셨다.

우리는 여기서 질병 치유에 연관된 본질적인 의미를 생각해 보아야 한다. 예수님의 기적적인 치유의 최대 수혜자는 과연 누구인가? 일반적인 관점에서 볼 때 치유 받은 당사자가 일차적인 수혜자인 것은 틀림없다. 하지만 그보다 중요한 것은 그 과정을 지켜보는 많은 사람들이 수혜자일 수 있다는 사실이다.

예수님께서 병자들을 치유하신 가장 근원적인 목적은 그것을 가까이서 지켜보는 예수님을 따르는 제자들을 위해서였다. 병자들은 자신의 질병이 치유됨으로서 일시적으로 건강을 회복하여 기쁨을 누릴 수 있었을 것이다. 하지만 예수님의 제자들은 그 광경을 보고 그가 하나님이 보내신 메시아라는 사실을 더욱 분명히 깨닫게 되었다. 즉 질병 치유를 받는 자보다 메시아 사역을 지켜보며 그 의미를 깨닫는 것이 훨씬 중요했던 것이다.

그에 대한 구체적인 수혜를 입게 된 자들은 역사 가운데 살아갔던 모든 하나님의 자녀들이다. 하나님의 몸 된 교회에 속해 그의 은혜를 누리며 살아가는 오늘날 우리 역시 그에 속해 있다. 이에 관한 올바른 이해를 하는 것은 매우 중요하다. 즉 개인의 질병이 낫게 되는 것보다 훨씬 중요한 사실은 예수님의 사역을 보고 그가 성경에서 예언한 메시아임을 깨닫게 되는 일이다.

제5장

예수님의 다양한 치유사역과 특별한 교훈들

(눅5:1-39)

1. 예수님의 선상(船上) 교훈과 어획량을 통한 메시아 증거(눅5:1-11)

무리가 예수님의 말씀을 듣기 위해 몰려들어 그를 둘러쌌다. 사람들이 그가 행하는 많은 기적들을 보며 깊은 관심을 가지기 시작했기 때문이다. 그런 중 그는 게네사렛 호수 즉 갈릴리 호수 가에 계시면서 눈앞에 있는 어선(漁船) 두 척을 보셨다. 당시 고기를 잡는 어부들은 배에서 내려 그물을 씻고 있는 중이었다.

예수님께서 그 배들 가운데 시몬 베드로의 배 위에 올라타신 후 육지로부터 조금 떨어지게 하도록 부탁하셨다. 그리하여 사람들이 함부로 예수님을 에워싸거나 배 위로 오를 수 없었다. 예수님께서는 배 위에서 육지에 모여 있는 사람들을 마주 바라보며 하나님의 말씀을 전하시며 진리에 관한 교훈을 주셨다.

말씀을 마치신 예수님은 시몬을 향해 깊은 데로 가서 그물을 던져 고기를 잡아보라고 하셨다. 이는 그 어부들이 전날 밤 물고기를 거의 잡지 못했다는 사실을 알고 계셨기 때문이다. 시몬은 예수님께 자기들이 밤 새도록 수고하며 물고기를 잡고자 노력을 기울였으나 얻은 소득이 아무 것도 없었다는 사실을 언급했다.

이는 지금 그 부근 바다에는 고기가 별로 없다고 말하는 것과 마찬가 지였다. 전문 어부들이 밤새도록 애를 썼으나 잡지 못한 물고기를 전문 가도 아닌 예수님이 말한다고 해서 잡을 수 있는 것이 아니라고 생각했 던 것이다. 그렇지만 시몬 베드로는 예수님이 그렇게 하도록 요구하시 니 그 말씀에 따라 바다에 그물을 내렸다. 물론 그의 마음에는 밑져봐야 본전이라는 생각이 깔려 있었을 수 있다.

그런데 바로 그 자리에서 아무도 예측하지 못한 놀라운 일이 발생했 다. 한 번 바다에 던져 넣은 그물에 물고기가 너무 많이 잡혀 그물이 찢 어질 지경이 되었기 때문이다. 그래서 옆에서 구경하듯이 서 있던 동료 어부들을 향해 손짓하며 도와 달라고 요청했다. 그리하여 그물을 끌어 올려 잡은 물고기를 두 배에 가득 채우게 되었다.

그것을 체험한 베드로는 그 자리에서 예수님의 무릎 아래 엎드렸다. 그는 예수님이 고기를 많이 잡게 한 사실 자체보다 물고기가 있을 자리 가 아닌 곳에서 그 놀라운 일이 발생한 것을 보고 놀라지 않을 수 없었 다. 그곳에 물고기가 없다는 것은 베드로는 물론 전날 밤 허탕을 친 세 배대의 아들 야고보와 요한뿐 아니라 거기 모여 있던 모든 전문 어부들 이 동일한 판단을 하고 있던 터였다.

그런데 베드로는 그 놀라운 기적을 경험한 직후 예수님을 향해 그곳 을 떠나 달라는 당부를 했다. 일반적인 경우라면 물고기를 더 많이 잡을 수 있도록 그가 저들과 함께 있어 달라고 조르는 것이 오히려 자연스럽 다. 그럼에도 불구하고 베드로가 그에게 떠나시도록 당부한 것은 예수 님이 자기와 같은 죄인이 아니라 거룩한 메시아라는 사실을 알았기 때 문이다. 즉 메시아는 저들과 같이 갈릴리 바다에서 물고기나 잡고 있을 그런 인물이 아니라는 점을 깨달았던 것이다.

베드로의 간청을 들은 예수님께서는 그를 향해 무서워 말라고 하셨다. 이는 당시 베드로가 메시아를 알아본 후 경외감을 감추지 못하고 있었음을 말해준다. 예수님은 그 자리에서 저들로 하여금 앞으로 물고기가 아니라 사람을 낚는 어부가 되게 하리라는 사실을 말씀하셨다. 그 말을 들은 여러 어부들은 배들을 육지에 대고 모든 것을 뒤로 한 채 예수님을 따르게 되었다.

우리는 여기서 매우 중요한 교훈을 배우게 된다. 그들이 밤새도록 잡기를 원했던 물고기가 넘치도록 잡혔을 때 그에 만족해 하는 사고에 빠지지 않고 오히려 그것을 버렸다는 사실이다. 그리고 즉시 그동안 삶의 중심에 두고 있던 모든 것들을 완전히 포기했다는 점이다. 그들은 예수님을 만나서 메시아인 그의 존재를 알아보았을 때 뒤도 돌아보지 않고 그를 따라나섰던 것이다.

2. 예수님의 문둥병 치유(눅5:12-16)

예수님께서 그곳을 떠나 한 동네에 들어가시게 되었다. 그때 거기에는 온몸에 문둥병이 걸린 불쌍한 사람이 있었다. 그 문둥병자는 그동안 많은 사람들의 멸시를 받으며 고통스러운 삶을 살아왔을 것이 틀림없다. 그런 그가 예수님을 보자마자 엎드려 고백적인 자세와 간절한 마음으로 그에게 도움을 요청했다. 주님이 원하시면 자신의 문둥병을 깨끗이 치유하실 수 있다는 것이었다. 이는 건강한 보통 사람들이 그를 메시아로 알아보지 못하고 있을 때 모든 사람들에 의해 저주받은 자로 간주되고 있는 그 문둥병자는 메시아를 알아보았던 것이다.

우리가 여기서 알 수 있는 중요한 점은 모든 사람들이 저주받은 자로 여기던 자가 오히려 진정으로 복된 자였다는 사실이다. 그와 이웃해 살아가던 모든 사람들이 그를 하나님의 저주를 받은 불쌍한 사람으로 보앉을 것이 분명하다. 그러나 일반적인 경우와는 달리 그 문둥병자가 누구보다 먼저 메시아를 알아보았다.

이는 물론 전적인 하나님의 은혜로 말미암은 것이었다. 세상에서 가장 열악한 형편에 놓인 그는 아마도 구약성경의 약속을 붙들고 오직 여호와 하나님의 은혜를 기다리며 영원한 천국에 소망을 두고 살아갔을 것이다. 우리는 최악의 상황 가운데서도 그와 같은 영원한 소망을 가지고 살아가는 것이 진정한 복이라는 사실을 알고 있다.

그에 반해 세상에서 종교적으로나 정치적으로 성공하여 기득권을 가지고 살아가는 사람들은 예수님을 메시아로 알아보지 못했다. 그들은 세상에 살아가면서 아쉬울 것이 아무것도 없었을지도 모른다. 따라서 그들은 하나님을 진정으로 바라보지 않았으며 영원한 천국에 대한 간절한 소망이 없었다. 그들이 세상에서 아무리 큰 권력과 명예를 가지고 있다고 할지라도 메시아를 알아보지 못하면 저주받은 인생에 지나지 않는다.

그 동네에 불쌍하게 살아가던 문둥병자가 메시아인 예수님을 알아보고 치유를 간청했을 때 예수님께서는 즉석에서 그에게 손을 내밀어 주셨다. 그리고는 그에게 손을 대고 '내가 원하노니 깨끗함을 받으라'고 말씀하셨다. 그러자 그의 질병이 즉시 깨끗하게 낫게 되었다.

그리고 문둥병을 치유받은 그 사람을 향해 방금 일어난 그 사실을 아무에게도 말하지 말라고 당부하셨다. 예수님께서는 왜 그렇게 하셨을까? 그가 다른 사람들에게 예수님에 의해 즉시 문둥병을 치료받은 사실을 말하게 되면 그 소문을 듣게 될 많은 사람들은 인간의 죄를 용서하시기 위해 강림하신 메시아에 관심을 기울이는 것이 아니라 질병 치유에만 관심을 가질 우려가 있었기 때문이다.

그리고 그 사람 역시 다른 사람들에게 자신이 경험한 문둥병 치료에 관한 이야기를 되풀이하다 보면 택하신 백성들의 죄를 해결하기 위해 이땅에 오신 메시아보다 자기 질병을 낫게 하신 존재로서 예수님에게 관심을 치중할 우려가 따른다. 또한 그것을 자랑삼아 이야기하면서 살아갈 수도 있었다. 중요한 점은 그가 어떤 질병을 낫게 했느냐 하는 것이 아니라 그가 하늘로부터 오신 메시아라는 사실이었다.

문둥병을 치유받은 자에게 그 당부를 하신 예수님께서는 이제 제사장을 찾아가 몸을 보이고 완전히 낫게 된 사실을 확증지으라고 말씀하셨다. 그리고 모세의 법에 있는 대로 예물을 드려 제사장들 앞에서 증거하도록 했다. 당시 문둥병은 개인의 질병이었을 뿐 아니라 민족 공동체에 연관된 성격을 지닌 심각한 질병이었다.

우리가 여기서 보아야 할 점은 예수님이 여기서 제사장의 사역을 감당하고 계셨다는 사실이다. 원래 문둥병에 연관된 모든 것은 제사장들에게 맡겨진 직무였다. 문둥병에 대한 판정과 치유, 그리고 정결하게 하는 모든 과정은 제사장들이 감당해야 할 일이었던 것이다. 그런데 메시아로 오신 예수님께서 문둥병을 치료하신 것은 그가 제사장 직무를 맡은 자라는 사실에 연관되어 있다. 그는 제사장 사역을 감당하는 직책을 가지고 계셨던 것이다.

예수님께서 문둥병을 치유하신 사실은 그의 엄한 금지령에도 불구하고 온 세상으로 퍼져나갔다. 그로 인해 많은 무리가 그의 교훈도 듣고 자기 질병을 낫고자 하여 그에게로 몰려들었다. 그들 가운데 다수는 구약성경에서 예언되어 온 하나님의 아들 메시아가 아니라 저들의 필요를 충족해주는 메시아를 찾았던 것이다. 그런 가운데 예수님께서는 그 자리에서 물러가 인적이 드문 한적한 곳에서 성부 하나님과의 교제를 위해 기도하시게 되었다.

3. 예수님의 중풍 병자 치유와 유대인 종교지도자들의 반응
(눅5:17-26)

하루는 예수님께서 동네 안의 어느 건물 실내에서 가르침을 베풀고 계셨다. 그 자리에는 갈릴리 여러 지역과 유대와 예루살렘에서 찾아온 바리새인들과 교법사들이 앉아 있었다. 이는 당시에 긍정적이든 부정적이든 예수님의 가르침에 관하여 관심을 가지고 눈여겨보는 자들이 많았음을 말해주고 있다.

예수님은 사람들의 질병을 치유하는 능력을 가지고 계셨다. 그때 마침 사람들이 한 중풍병자를 침상에 눕힌 채 메고 와서 예수님 앞에 들여놓고자 했다. 그러나 가득찬 사람들로 인해 실내가 복잡했기 때문에 그렇게 할 수 없었다. 병자를 침상에 메고 온 사람들은 북적거리는 무리에 가로막혀 건물 안으로 들어갈 수 없자 지붕 위로 올라가서 기와를 벗겨내고 병자를 침상에 눕힌 채로 사람들 가운데 서 있는 예수님 앞에 달아내렸다.

여기서 언급한 지붕이나 기와 등은 오늘날 우리 한국 사람들이 일반적으로 상상하는 것과는 상당한 차이가 난다. 당시 유대인들의 건물 양식에서 지붕은 평평한 덮개와 같은 것이었다. 그것은 단단하게 제작된 우리가 알고 있는 기와가 아니라 풀이나 나뭇가지에 흙으로 이겨 만든 지붕이었을 것이다.

만일 그렇지 않고 단단한 지붕이었다면 큰 사고가 날 수도 있는 위험한 행동이 아닐 수 없었다. 또한 그 과정에서 모든 사람들이 지붕을 부수어 깨는 소리를 듣고 그런 무모한 행동을 가로막았을 것이 틀림없다. 그러나 그 지붕을 뜯는 중에 그 사실을 눈치채는 사람들은 거의 없었던 것으로 보인다.

지붕 위로부터 자기 앞으로 침상에 누인 중풍병자를 달아 내리는 광경을 눈앞에서 지켜보신 예수님께서는 저들이 믿음으로 그렇게 하고 있다는 사실을 알 수 있었다. 그런데 우리가 여기서 특별히 주의를 기울여 생각해 보아야 할 점은 그 믿음이 중풍병자의 믿음이 아니라 그를 침상에 싣고 온 사람들의 믿음이라는 점이다. 이는 올바른 믿음을 소유한 주변의 친구들이 얼마나 중요한가 하는 점을 여실히 보여주고 있다.

우리는 또한 예수님께서 '저들의 믿음'을 보시고 먼저 언급하신 것이 그 병자의 질병 치유가 아니었다는 사실을 기억해야 할 필요가 있다. 그대신 그의 죄를 용서받았음을 선포하셨다. 즉 예수님께서는 그 침상을 메고 온 사람들의 믿음(their faith)을 보셨기 때문에 그 병자의 죄(his sins)를 용서해 주신다고 말씀하셨던 것이다(눅5:20).

이는 중풍병자를 비롯하여 함께한 사람들이 하나의 공동체로 엮어져 있음을 보여주고 있다. 이는 물론 나중에 행할 질병 치유와도 연관되어 있었다. 그런 가운데 예수님께서 죄 용서를 먼저 선포하신 것은 그 자리에 함께 있는 많은 사람들에게 메시아로서 자기의 존재를 선포하는 의미를 지니고 있다.

그러므로 예수님의 말씀을 듣게 된 바리새인과 서기관들은 강한 저항감을 가지게 되었다. 따라서 그들은 따로 모여 그에 대한 대책을 논의하기에 이르렀다. 오직 하나님만 할 수 있는 죄 용서를 선포하는 그를 어떻게 처리해야겠느냐는 것이었다. 그들이 보기에 참람한 말을 서슴지 않는 예수가 자신을 하나님과 동등시하는 것과 다르지 않게 보였기 때문이다.

예수님께서는 그들이 모여 무슨 대화를 나누고 있는지 잘 알고 계셨다. 그리하여 저들을 향해 무슨 논의를 하고 있느냐며 책망하셨다. 그리고 나서 '죄 사함을 받았느니라' 하는 말과 '일어나 걸어가라'고 하는 말 가운데 어느 것이 더 쉽겠냐고 물어보셨다. 유대인들의 눈에는 시각적으로 볼 수 없는 죄 사함에 대한 선포보다 눈으로 확인할 수 있는 질병 치유가 훨씬 가까이 다가왔을 것이 틀림없다.

그 말씀을 하신 후 예수님께서는 인자로 오신 자기에게 이땅에서 죄를 용서하는 권세가 있다는 사실을 저들에게 알게 해 주시리라고 하셨다. 그리고는 침상에 눕힌 채 건물 안으로 들어왔던 그 병자를 향해 그가 눕혀 왔던 침상을 가지고 집으로 돌아가라고 하셨다. 그러자 그는 자리에서 벌떡 일어나 자기가 실려 왔던 그 침상을 가지고 집으로 돌아갔다.

그 중풍병자는 죄용서와 더불어 자신에게 임한 놀라운 이적으로 인해 여호와 하나님께 영광을 돌렸다. 그는 자기에게 일어난 모든 일들이 하나님으로 말미암은 것이란 사실을 깨닫고 있었다. 거기 모인 사람들도 그 진행된 사건을 지켜보며 하나님께 영광을 돌리게 되었다. 하지만 저들의 마음속에는 하나님을 두려워하는 생각으로 가득 찼다. 이는 그들이 예수님께서 선포하신 말씀과 모든 기적들을 목격하면서 그가 구약성경에 예언된 메시아라는 사실을 알게 되었던 것이다.

4. 세무 공무원 레위 곧 마태의 집에서 베풀어진 잔치

1) 세리와 교제하는 예수님과 문제를 제기하는 유대주의자들(눅5:27-32)

예수님께서는 중풍병자를 고치신 후 밖으로 나가셨다. 마침 그때 세무 공무원인 레위가 세관에 앉아 있었으므로 그를 보시게 되었다. 예수님은 레위를 향해 이제 자기를 따르라는 요구를 하셨다. 가버나움 태생이자 알패오의 아들로서 마태로 불린 레위는 예수님의 말씀을 듣고 모든 것을 버려두고 그를 좇았다. 이는 마태가 그동안 예수님의 사역에 관한 소문을 듣고 그가 메시아라는 사실을 깨닫고 있었음을 말해주고 있다.

그당시 세무 공무원들은 상당한 부와 권세를 소유하고 있었다. 따라서 세리는 다른 일반 사람들이 보기에 그다지 성실하고 좋은 사람으로 비쳐지지 않았다. 로마제국의 편에서 기득권을 누리는 자로 간주되어 견제와 질시의 대상이 되기도 했다. 그런 그가 예수님의 부름에 망설이지 않고 응했던 것은 그를 메시아로 믿었기 때문이다.

또한 예수님께서 로마제국의 편에서 기득권을 누리던 세무 공무원을 자기의 제자로 부르시고자 한 것은 그것 자체로서 상당한 문제가 될 만한 일이었다. 신실하고 훌륭한 사람들을 선별하여 제자로 삼지 않고 전혀 그렇지 않아 보이는 자를 제자로 삼는 행위를 통해 그것을 지켜보는 사람들로 하여금 혼란을 야기할 수 있었다. 어떤 자들의 눈에는 그와 같은 예수님의 행동이 힘 있는 자들과 타협을 꾀하는 것으로 비쳐지기도 했다. 이는 예수님께서 로마제국의 편에서 기득권을 누리는 자를 제자로 부르심으로써 자기는 유대 민족주의자가 아니란 사실을 선언하는 의미를 지니고 있었다.

예수님으로부터 특별한 부르심을 받은 세리, 레위 곧 마태는 메시아인 그를 자기 집으로 초청하여 성대한 잔치를 베풀었다. 아마도 그는 많은 음식을 준비하고 주변의 여러 이웃들을 그 자리에 초대했을 것이다. 그리하여 주인인 세리 마태와 예수님을 비롯한 그의 여러 제자들이 잔치에 참석하게 되었다. 또한 초대받은 자들 가운데는 상당수의 바리새인과 서기관들도 포함되어 있었던 것으로 보인다.

당시에는 로마제국의 편에 선 것으로 보이는 마태와 같은 세무 공무원들은, 바리새인들과 서기관들 등 민족주의자들 사이에 묘한 갈등을 빚고 있었다. 동시에 서로간 적당한 우호 관계를 유지하며 상생(相生)하고자 하는 경우도 많았다. 세리 마태는 그와 같은 형편에서 주변에 있던 유대주의자들을 집으로 불렀을 것으로 보인다.

그런데 그 잔치 자리에서 바리새인과 서기관들이 예수님의 제자들을 면전에서 비방했다. 그들은 '너희가 어찌하여 세리와 죄인과 함께 먹고 마시느냐'고 따져 물었다. 그들이 그런 말을 했던 것은 결국 예수님을 비방하기 위한 목적 때문이었다. 즉 그들 자신도 초대받아 온 형편에서 세리인 마태를 직접적으로 비방할 마음은 없었을 것이다.

그럼에도 불구하고 그들이 잔칫집에서 그와 같은 행동을 취했던 까닭은 당시 많은 사람들로부터 종교적인 관심을 끌고 있던 예수님을 공격하기 위한 의도 때문이었다. 이미 일반 백성들 중에는 많은 병자를 고치고 기적을 행하는 그를 메시아로 받아들이는 자들이 상당수 있었다. 그와 같은 상황에서 예수님의 약점을 드러냄으로써 예수로 말미암아 발생한 분위기를 적절하게 차단시키는 것은 매우 중요한 문제였다.

2) 예수님의 몇 가지 비유적 교훈들(눅5:31-39)

① 병든 자들에게 필요한 의원에 관한 교훈(눅5:31,32)
예수님께서는 세리 마태의 집에 초대받아 머물고 있던 중 비아냥대듯 공격하는 유대주의자들을 향해 몇 가지 중요한 비유적 교훈을 주셨다. 그는 왜곡된 자만에 빠져 스스로 의인이라 여기는 자들의 생각을 꿰뚫어 보고 계셨다. 그리하여 자기 제자들을 비방하는 바리새인과 서기관들을 향해 매우 중요한 말씀을 하셨다. 그것은 자기가 이땅에 오신 근본적인 목적에 연관된 내용이었다.

> "건강한 자에게는 의원이 쓸데없고 병든 자에게라야 쓸 데 있나니 내가 의인을 부르러 온 것이 아니요 죄인을 불러 회개시키러 왔노라"
> (눅5:31,32)

육신이 건강한 자들에게는 의원이 필요 없다. 나아가 스스로 건강하다고 판단하고 있는 상태에서는 굳이 병원의 의사를 찾아가지 않는다. 문제는 실제로 중한 질병에 걸려 있으면서도 그에 대한 자각을 하지 못할 경우 병원을 찾지 않는다는 사실이다.
이와 달리 병든 자들에게는 반드시 의원이 필요하다. 설령 질병이 겉으로 크게 드러나지 않는다고 해도 조그만 증상이 보이면 병원을 찾아가 진단을 받게 된다. 그래야만 질병이 깨끗하게 치료됨으로써 자신의 건강을 지켜 유지할 수 있을 것이기 때문이다.
이처럼 하나님 앞에서 스스로 의인이라 여기는 자들은 간절한 마음으로 하나님을 찾지 않는다. 그에 반해 자신이 더러운 죄인이라는 사실을 깨닫는 자들은 그로부터 헤어나기 위해 하나님의 도움을 절실히 구하게 된다. 예수님께서는 바로 그런 자들을 불러 회개시키기 위해 이 세상에 오게 되었음을 말씀하셨다.

스스로 의인 행세를 하며 나약하고 소외된 자들을 죄인으로 매도하는 유대주의자들의 잘못된 사고에 대한 예수님의 답변은 이처럼 명쾌했다. 그의 말씀 가운데는 당시 악한 유대인 지도자들을 비판하는 강력한 의미가 담겨 있었다. 형식적으로 민족주의적 관점을 가지고 있었으나 실제로 하나님과 메시아에 대한 관심을 가지고 있지 않던 자들은 스스로 건강한 의인이라도 되는 양 여기며 살아갔다. 그들은 자신이 진정한 죄인이라는 사실을 전혀 자각하지 못했던 것이다.

그에 반해 실제로 어렵고 힘겨운 환경 가운데서 떳떳하지 못한 삶을 살아가고 있던 사람들 가운데는 겸비한 마음을 가진 자들이 많이 있었다. 그들 중에는 하나님 앞에서 자신의 부족함을 분명히 깨닫고 있던 자들이 상당수 있었다. 그렇지만 주변의 많은 사람들은 그와 같은 자들을 죄인이라 몰아붙이며 비판하기도 했다.

사람들로부터 강한 비판을 받던 자들 가운데 예수님을 메시아로 알아보고 자신의 삶을 돌이키는 자들이 많이 있었다. 그들은 열악한 환경 가운데서도 메시아를 소망하는 겸손한 마음을 가지고 있었던 것이다. 세리 마태도 그런 자들 가운데 한 사람이었다.

그러므로 예수님께서 건강한 자에게는 의원이 쓸데없으며 병든 자에게 의원이 필요하다는 사실을 말씀하셨다. 이는 비유로서 건강한 사람이 병원을 찾지 않듯이 스스로 의롭고 잘났다고 여기는 자들은 하나님과 메시아를 간절히 찾지 않는다는 사실을 말해주고 있다. 그대신 병들어 고통스럽게 살아가는 사람들이 병원을 찾아가 치료받기를 원하듯이 자신의 부족함을 아는 자들이 메시아를 간절히 찾는다는 것이다.

따라서 예수님께서는 자기가 이땅에 그리스도로 오신 목적은 의인을 부르러 온 것이 아니요 죄인을 불러 회개시키기 위해 오셨다는 말씀을 하셨다. 당시 그 자리에도 자신의 부족함을 깨닫고 있던 세리 마태가 그리스도를 따르고 있었던 것이다. 누구든지 자기가 죄인이라는 사실을 깨닫고 회개하여 주님을 따름으로써 그 죄를 해결할 수 있게 된다. 그에 반해 자신을 의롭다고 여기던 바리새인과 서기관들은 전혀 그렇지 않았으며 도리어 예수님을 비판하기에 열중했다.

② '혼인 집 신랑 비유'(눅5:34,35)

예수님께서는 또한 자기 제자들을 '경건치 못하다'고 비방하는 자들을 향해 또 다른 비유적인 교훈을 주셨다. 바리새인과 서기관들은 예수님을 시험할 목적으로 온갖 비열한 방법을 다 동원했다. 그들은 예수님이 마치 경건치 못한 인물인 양 몰아가기 위해 안간힘을 썼던 것이다.

당시 일반 백성들 가운데는 예수님과 세례 요한을 연관지어 생각하는 경우가 많았다. 따라서 그 유대주의자들은 예수님의 제자들과 세례 요한의 제자들을 비교하여 저들의 잘못된 문제점을 찾아내어 지적하고자 했다. 나아가 저들이 속한 바리새인의 제자들에 대한 언급도 했다.

그들은 세례 요한의 제자들과 바리새인의 제자들은 경건한 신앙을 가진 반면 예수님의 제자들은 전혀 그렇지 못하다고 생각했다. 즉 저들의 관점에서 볼 때 경건한 유대인들은 자주 금식을 하며 기도해야 한다는 것이었다. 물론 그들이 말하는 기도란 성경이 가르치고 있는 바 진실한 기도라기보다 형식에 얽매인 주관적인 기도에 지나지 않았다.

그럼에도 불구하고 바리새인들은 그와 같은 행위를 최상의 종교 생활로 인식하고 있었다. 그들은 예수님의 제자들이 금식을 자주 하지 않고 먹고 마시는 것을 탐하는 자들로 몰아갔다. 나아가 그들은 예수를 따르는 제자들이 자기들과 요한의 제자들과 달리 많이 기도하지 않는다며 강하게 책망했다.

예수님께서는 저들의 비뚤어진 모든 생각을 아시고 저들을 향해 비유를 들어 말씀하셨다. 그때 예수님께서 바리새인과 서기관들을 향해 주신 교훈은 혼인집 신랑에 연관된 내용이었다. 즉 혼인 잔치가 베풀어졌는데 신랑을 진심으로 축하하기 위해 한자리에 모인 손님들에 관한 비유였다.

> "혼인집 손님들이 신랑과 함께 있을 때에 너희가 그 손님으로 금식하게 할 수 있느뇨 그러나 그날에 이르러 저희가 신랑을 빼앗기리니 그날에는 금식할 것이니라"(눅5:34,35)

예수님께서는 여기서 자신을 혼인집 신랑으로 비유하고 계신다. 그러면서 신랑을 위한 잔치에 참여한 손님들이 즐겁게 먹고 마시는 것은 지극히 당연한 일이라는 사실을 언급하셨다. 거기에는 자기가 신부를 위한 신랑으로서 이 세상에 오셨으며 장차 참된 언약의 자손들로 인해 참 언약 공동체인 지상 교회가 세워지게 될 것에 대한 예언적 의미가 담겨 있었다. 따라서 예수님이 이 세상에 계시는 동안에는 그를 따르는 제자들이 금식할 이유가 없음을 언급하셨던 것이다.

하지만 예수님께서는 이 교훈을 통해 앞으로 그 언약의 백성들이 신랑을 빼앗길 때가 이르게 되리라는 사실을 예언하셨다. 이 말은 사악한 유대인들이 영적인 잔칫집의 신랑을 고통에 빠뜨리고 그 따르는 백성들에게서 자기를 빼앗아 가리라는 사실에 연관되어 있었다. 그때가 이르게 되면 그들이 경건치 못한 사람들인 양 매도하는 자기 제자들이 일시적이나마 슬픔에 빠져 금식을 하게 되리라는 것이었다.

당시 바리새인과 서기관들은 참된 신앙이 없었으므로 하나님과 그의 뜻에 대하여 크게 오해하고 있었다. 그들은 진정한 믿음이 없는 상태에서 취하는 열정적인 종교 행위들이 곧 신앙의 표현인 양 착각하고 있었기 때문이다. 그런 관점에서 볼 때 자주 금식하지 않는 예수님의 제자들이 음식을 탐하고 하나님께 기도하지 않는 자들로 여겨졌던 것이다.

그러나 예수님의 제자들은 저들이 판단하듯 먹기를 탐하는 자들이 아니었다. 그들은 하나님의 뜻 가운데서 은혜를 누리며 지극히 정상적인 신앙생활을 하고 있었다. 그리고 그들은 기도하지 않은 것이 아니라 가장 신실하게 기도하는 자들이었다. 예수 그리스도와 함께 살아가면서 그의 뜻에 순종하는 것 자체가 최상의 경건이었던 것이다.

이와 같은 신앙 원리는 오늘날 우리에게도 그대로 적용되어야 한다. 개인 혹은 집단의 종교적인 의도에 따라 자주 금식하고 형식적인 기도회를 많이 하는 것 자체를 두고 경건한 신앙으로 말할 수 없다. 진정한 경건은 예수 그리스도를 진정으로 따르는 가운데 그의 말씀에 온전히 순종하고자 하는 마음 자세에 연관되어 있다.

③ '새 옷과 낡은 옷에 연관된 비유'(눅5:36)

예수님께서는 그 자리에서 또 다른 비유의 말씀을 주셨다. 그것은 '새 옷과 낡은 옷에 연관된 비유'로서 멀쩡한 새 옷에서 한 조각의 천을 잘라내어 낡은 옷에 갖다 붙여 수선하는 자가 없다는 내용이었다. 이는 지극히 기본적인 일임에도 불구하고 어리석은 자들은 그와 같은 어리석은 행동을 하고 있다는 것이었다.

> "새 옷에서 한 조각을 찢어 낡은 옷에 붙이는 자가 없나니 만일 그렇게 하면 새 옷을 찢을 뿐이요 또 새 옷에서 찢은 조각이 낡은 것에 합하지 아니하리라"(행5:36)

새 옷은 그 자체로서 튼튼하고 온전한 옷이기 때문에 그대로 소중하게 사용하면 된다. 그에 반해 낡은 옷은 그 기능이 끝나 더 이상 좋은 옷이 아니므로 착용하기 어렵다. 그런데 앞으로 오래 입지 못할 낡은 옷을 수선하기 위해 멀쩡한 새 옷을 찢어 천 조각을 만들어 낡은 옷의 해어진 부분에 갖다 붙이는 것은 어리석기 짝이 없는 행동이다.

만일 그렇게 한다면 멀쩡한 새 옷만 버릴 뿐 낡은 옷마저 아무런 의미를 가지지 못한다. 만일 그런 일을 저지른다면 결국 새 옷과 낡은 옷 둘 다 버리게 될 따름이다. 가장 현명한 자세는 낡은 옷은 그대로 사용하다가 버리면 되고 새 옷을 잘 사용하는 것이다.

예수님께서 저들에게 이 비유의 말씀을 주신 까닭은 무엇일까? 이는 구약성경에 예언된 메시아가 이땅에 오셨음에도 불구하고 여전히 옛 율법에만 집착하고 있는 자들의 어리석음을 지적하시는 것으로 보인다. 예수 그리스도로 말미암아 성취된 예언을 거꾸로 되돌려 율법주의에 빠지는 것은 지극히 어리석은 행위가 아닐 수 없다.

그러므로 하나님의 아들이신 그리스도께서 이 세상에 오신 후에는 언약의 백성들이 더 이상 율법적인 금식에 매달리지 않아도 된다. 율법에 기록된 형식에 지나치게 얽매이는 시대가 끝났기 때문이다. 예수님께서는 그 비유의 말씀을 주시면서 이제 새로운 시대가 이르게 된 사실을 선포하셨던 것이다.

④ '포도주 부대에 연관된 비유' (눅5:37-39)

예수님께서는 또 '포도주 부대'의 비유를 통해 중요한 교훈을 주셨다. 그것은 포도주와 그것을 담은 가죽 부대에 연관된 내용을 포함하고 있다. 바리새인과 서기관들은 포도주를 어떻게 보관하는지 잘 알고 있었다. 포도주를 가장 안전한 방법으로 보관하는 방법을 취하는 것은 저들의 일상생활이었다고 해도 과언이 아니다. 따라서 그것을 예로 들어 비유의 말씀을 주셨던 것이다.

> "새 포도주를 낡은 가죽 부대에 넣는 자가 없나니 만일 그렇게 하면 새 포도주가 부대를 터뜨려 포도주가 쏟아지고 부대도 버리게 되리라 새 포도주는 새 부대에 넣어야 할 것이니라 묵은 포도주를 마시고 새것을 원하는 자가 없나니 이는 묵은 것이 좋다 함이니라"(눅 5:37-39)

포도주는 숙성을 위해 오래 담아두어야 하는 특성을 지니고 있다. 포도주를 한 번 가죽 부대에 담아두면 오랜 기간 동안 그 안에 보관하게 된다. 따라서 새 포도주는 새 가죽 부내에 담아두어야 오랜 기간이 흘러도 가죽이 터지지 않아 온전하게 잘 보관할 수 있다.

하지만 새 포도주를 낡은 가죽 부대에 담아둘 경우 포도주가 충분히 숙성되기 전에 그 부대가 터져버릴 우려가 있다. 그렇게 되면 포도주가 땅에 쏟아져 못쓰게 될 뿐 아니라 가죽 부대 또한 찢겨져 사용할 수 없게 된다. 따라서 새 포도주는 반드시 새 가죽 부대에 담아두어야 한다는 것이다.

예수님의 이 비유의 말씀은 새로운 내용이 아니라 당시 이스라엘 백성이라면 누구나 잘 알고 있던 사실이었다. 그런데 예수님께서 거기 모여 있던 바리새인과 서기관들을 향해 이 비유로 말씀하셨던 것은 지금 저들이 말하고 행동하는 것이 마치 새 포도주를 낡은 부대에 담는 어리석은 행위를 하는 것과 같았기 때문이다.

이제 하나님의 아들 그리스도께서 오셨으면 언약의 자손들은 그에 따른 새로운 삶을 정립해야 한다. 구약의 예언이 성취된 터에 이땅에 강림하신 그리스도와 관련된 하나님의 복음을 다시금 구약의 율법적인 틀에 집어넣어서는 안 된다. 그렇게 하는 것은 지극히 미련하고 어리석은 행위가 아닐 수 없었다.

그런데 우리는 여기서 예수님의 말씀 가운데 주의를 기울여 잘 해석해야 할 문구가 있음을 기억해야 한다. 그것은 본문의 비유 말미에 기록된 '묵은 포도주를 마시고 새것을 원하는 자가 없나니 이는 묵은 것이 좋다 함이니라'(눅4:39)는 말씀이다. 물론 이 말씀 자체가 이해하기 어려운 것은 아니다.

하지만 우리는 예수님의 이 말씀이 긍정적인 입장이 아니라 부정적인 측면에서 주어진 말씀이라는 사실을 기억해야 할 필요가 있다. 즉 묵은 포도주가 새 포도주보다 좋다고 말씀하신 것은 거기 모인 유대주의자들의 입맛에 연관된 표현이다. 그들은 오래된 묵은 포도주 맛을 보았기 때문에 새 포도주를 마시려 하지 않는다는 것이다. 그렇게 되면 새 포도주에 대한 진가(眞價)를 알아보지 못하게 된다.

따라서 하나님의 아들이신 예수님께서 이 세상에 오신 후에는 새 포도주를 새 부대에 담듯이 성취된 참 복음을 새 계명에 담아야 한다. 새 포도주와 같으신 그의 모든 사역을 옛 율법 아래 가두어 두려고 해서는 안 된다. 어리석은 유대주의자들은 옛 포도주 맛과 같은 율법주의에 익숙하여 그것을 버리지 못하고 있지만 주님의 제자들은 이제 새 포도주를 새 부대에 담듯이 새 계명에 하나님의 복음을 담게 되는 것이다.

제6장

예수 그리스도의 사역과 열두 제자들, 그리고 유대주의자들의 저항

(눅6:1-44)

1. 안식일과 예수 그리스도(눅6:1-5)

어느 안식일 날 예수님과 그의 제자들이 밀밭 사이를 지나가게 되었다. 그때 제자들이 밭에 자라난 밀 이삭을 잘라 손으로 비벼 먹었다. 당시 일반 백성들이 다른 사람의 밭에서 밀 이삭을 잘라 먹는 것 자체는 부당한 행위가 아니었다. 배가 고픈 나그네가 남의 밭에서 곡식이나 과일을 따 먹는 것이 허용되었기 때문이다(신23:24,25).

그렇다고 해서 남의 밭의 농작물을 낫을 대어 추수하듯이 가져가거나 그릇에 담아 갈 수는 없었다. 이처럼 예수님의 제자들이 안식일 날 밀밭 사이를 지나가다가 밀 이삭을 잘라 먹었으나 그것 자체로서는 율법을 어기는 행위가 아니었다. 그런데 문제의 소지가 있었던 것은 그들이 평

일이 아니라 안식일 날 그렇게 했다는 사실이다.

유대주의자들은 그것을 안식일을 범하는 행위로 여기고 있었다. 당시 예수님의 주변과 그 제자들이 움직이는 곳에는 항상 저들을 지켜보는 악한 눈들이 득실거렸다. 그들의 잘못을 찾아내어 당국에 고발할 거리를 찾아내기 위해서였다. 그날도 바리새인들은 예수님 주변을 맴돌며 감시의 끈을 놓지 않고 있었다.

그러므로 제자들이 안식일 날 밀 이삭을 잘라 먹는 광경을 목격한 바리새인들은 곧장 저들에게 달려왔다. 어찌하여 안식일에 하지 말아야 할 일을 저질렀느냐고 따져 물었던 것이다. 그들은 이제 제대로 된 고발 거리를 발견한 듯이 의기양양했을 것이 틀림없다. 저들의 입장에서는 율법을 어기는 행동을 현장에서 목격했으니 이제 당국에 고발하면 된다고 생각했을 것이기 때문이다.

저들의 사악한 생각을 꿰뚫고 계시던 예수님께서는 그에 대한 해명을 하고자 했던 것이 아니라 도리어 저들을 향해 책망하듯이 말씀하셨다. 구약성경에서 다윗이 자기와 함께한 자들이 시장하게 되었을 때 행한 일을 읽지 못했느냐는 것이었다. 그가 하나님의 성전에 들어가 오직 제사장 외에는 먹지 못하는 제물과 연관된 진설병을 먹고 저와 함께한 자들에게 나누어 주지 않았느냐는 것이다(삼상21:1-6). 그러면서 인자(the Son of Man)로 오신 자기가 '안식일의 주인'이라는 사실을 선포하셨다.

우리는 여기서 매우 중요한 의미를 발견하게 된다. 예수님께서 그 자리에서 다윗의 특별한 행위를 언급하신 것은 자신이 구속사 가운데서 '다윗의 왕위'를 잇게 되는 존재라는 사실을 드러내고 있기 때문이다. 즉 본인이 하나님으로부터 보냄을 받은 왕으로서 이땅에 오신 메시아라는 것이다. 이는 그전에 이미 요단강에서 여러 사람들이 보는 앞에서 세례 요한을 통해 명확히 증거한 바와 같다.

그런데 다윗이 거룩한 성전에서 제사장들의 진설병을 먹고 그 자리에 함께 있던 다른 사람들에게 나누어 준 것은 다윗 왕이기에 가능한 일이

었다. 즉 다윗 왕이 아닌 어느 누구도 행할 수 없고 행해서는 안 될 일이
었다. 하지만 메시아를 예표하는 다윗 왕은 특별한 경우에 그렇게 할 수
있었다. 제사장들의 직무에 연관된 성전 음식이 메시아를 예표하고 있
던 그에게는 문제 될 것이 없었다는 것이다.

이처럼 다윗 왕의 행위에서 예언된 언약 왕국의 참된 왕으로 오신 메
시아가 자기와 함께 있는 자들이 안식일 날 밀 이삭을 잘라 먹는 것은
하등의 문제가 될 것이 없다고 했다. 그러면서 저들을 향하여 자기가
안식일의 주인이기 때문에 그로 인해 문제를 삼지 못하도록 요구하셨
다. 그런데 놀라운 사실은 예수님을 시험하던 바리새인들이 그가 구약
성경을 인용하여 말씀하시는 것을 듣고 별다른 대꾸를 하지 못했다는
점이다.

우리가 여기서 기억해야 할 바는 그 사건의 의미가 예수님께서 바리
새인들을 물리치신 사실 자체에 국한되지 않는다는 사실이다. 그리고
안식일 날 밀 이삭을 잘라 먹음으로써 궁지에 몰린 제자들을 보호하시
고자 하신 것이 그 궁극적인 목적이 아니었다. 가장 중요한 사실은 그
자리에 있던 제자들이 자신의 행동과 예수님의 말씀을 통해 그가 이 세
상에 오신 영원한 왕이라는 점에 대한 확증과 그가 곧 '안식일의 주인'
이라고 선포하신 사실을 귀담아듣게 되었다는 사실이다.

2. 안식일 날 행하신 예수님의 치유사역과 유대 지도자들의 저항
(눅6:6-11)

또 다른 안식일 날이 되어 예수님께서 유대인 회당 안으로 들어가 하
나님의 말씀을 가르치셨다. 마침 그 자리에는 오른손이 오그라든 한 사
람이 있었다. 또한 거기에는 서기관과 바리새인들이 예수님을 고발할
구실을 찾기 위해 눈을 부릅뜬 채 앉아 지켜보고 있었다. 그들은 또다시
예수님이 안식일 날 사람들의 병을 고친다면 즉시 유대인 당국에 고발

할 태세였다.

예수님께서는 악한 눈으로 자기를 지켜보는 자들의 마음속 생각을 훤히 꿰뚫어 보고 계셨다. 보통 사람들 같았으면 고발거리를 찾는 사람들로 인해 질병 치유를 하려다가도 멈추었을 것이다. 하지만 예수님은 그런 자들과 달리 더욱 의도적으로 질병을 치유하는 사역을 실행하고자 하셨다.

그러므로 예수님께서는 자기 앞에 앉아 있던 손이 오그라든 사람을 향해 일어나 사람들 가운데 서라고 말씀하셨다. 그 사람은 자신의 손을 고치기 위해 그 자리에 온 것이 아니었을 가능성이 크다. 온전치 못한 손으로 인해 상당한 불편을 겪었을지언정 그것으로 말미암아 생활에 결정적인 지장을 받거나 큰 고통을 겪었을 것 같지는 않아 보인다.

어쨌거나 그런 상황에서 그 사람은 예수님의 말씀을 듣고 자리에서 일어나 여러 사람들 가운데 서게 되었다. 어쩌면 그는 적잖게 당황했을지도 모른다. 그런 상황에서 예수님은 거기 있던 유대주의자들을 향해 질문을 던지셨다. 안식일 날 선을 행하는 것과 악을 행하는 것, 사람의 생명을 살리는 것과 죽이는 것 중 어느 것이 옳으냐는 것이었다. 이에 대해서는 마가복음에 좀 더 구체적으로 기록되어 있다.

> "저희에게 이르시되 안식일에 선을 행하는 것과 악을 행하는 것, 생명을 구하는 것과 죽이는 것, 어느 것이 옳으냐 하시니 저희가 잠잠하거늘 저희 마음의 완악함을 근심하사 노하심으로 저희를 둘러보시고 그 사람에게 이르시되 네 손을 내밀라 하시니 그가 내밀매 그 손이 회복되었더라 바리새인들이 나가서 곧 헤롯당과 함께 어떻게 하여 예수를 죽일꼬 의논하니라"(막3:4-6)

안식일 날 행해야 할 일에 연관된 예수님의 질문을 들은 유대주의자들 중에 아무도 그에 대하여 답변을 하는 자가 없었다. 마음에 완악한 생각을 품고 있으면서 침묵을 지키고 있는 그들의 모습을 보신 예수님께서는 분노하며 탄식하셨다. 그는 그 자리에 앉아 고발거리를 찾는 자들을 둘러보시면서 오른손이 오그라든 사람을 향해 손을 내밀라고 하셨다. 그러자 그 자리에서 즉시 치유함으로써 그 사람의 손이 완전히 회복되었다.

예수님께서는 안식일 날 선을 행하셨으며, 손이 불편했던 그 당사자에게도 그것은 감사하고 좋은 일이었다. 그리고 거기 모인 많은 사람들도 그것을 지켜보며 하나님의 능력과 메시아에 대한 깨달음을 가졌을 것이 분명하다. 그런데 그 자리에 있던 바리새인들의 사고는 근본적으로 달랐다. 그들은 메시아에 대한 깨달음이 전혀 없었기 때문에 오히려 그에 대하여 강한 적대감을 가지고 더욱 강하게 대항했다. 그리하여 그들은 분기(憤氣)가 가득 찬 채 밖으로 나가 예수님께서 안식일 날 행하신 모든 실상을 헤롯당에게 알리고(막3:6) 예수님을 죽이기 위한 논의를 하게 되었다.

3. 예수님과 열두 제자들(눅6:12-16)

예수님께서는 그 일이 있은 후 거기서 떠나 기도하시기 위해 가까운 산으로 올라가셨다. 복음서의 다른 병행 구절에는 그때 예수님께서 갈릴리 바다로 나가셨다가 사람들을 피해 산으로 가신 것으로 기록되어 있다(막3:9). 성자 하나님이신 예수님은 그때 산 위에서 밤이 맞도록 성부 하나님께 기도하며 교제하셨다.

그다음 날 예수님께서는 열두 명의 제자들을 특별히 택하시고 사도라 칭하셨다. 그들은 시몬 베드로, 그의 형제 안드레, 야고보, 요한, 빌립, 바돌로메, 마태, 도마, 알패오의 아들 야고보, 셀롯 시몬, 야고보의 아들 유다, 그리고 장차 예수를 원수들에게 팔아넘길 가룟 유다도 그 가운데 포함되어 있었다.

이 열두 제자들은 장차 세워지게 될 하나님 나라에서 왕의 참모 역할을 하게 될 중요한 인물들이었다. 그들 가운데 사악한 가룟 유다가 끼어있는 문제에 대해서는 잘 생각해 볼 필요가 있다. 그는 원래 마귀의 자식이었음을 성경이 증거하고 있다(요6:70,71, 참조). 그런데 왜 예수님께서 그를 자기의 제자로 부르셨을까? 그는 처음부터 하나님의 자녀가 아니었음에도 불구하고 예수님께서 그를 제자로 부르신 것은 나중 세워지게 될 그의 교회를 위한 중요한 메시지가 담겨있는 것으로 이해할 수 있다.

우리는 예수님의 열두 제자들 가운데 마귀로부터 난 자가 들어와 있었다는 사실을 통해 그후에 세워지게 될 지상 교회 가운데 사악한 자들이 섞여 있게 될 것에 대한 예언적 의미가 들어있음을 짐작할 수 있다. 따라서 지상 교회는 안일한 자세로 게으르거나 나태할 수 없으며 교회를 올바르게 세우기 위해 정신을 바짝 차리고 있어야만 하는 것이다. 이에 지상 교회에 속한 성도들은 항상 교회 내부에 악한 자들이 섞여 있으면서 교회를 어지럽히지 않는지 민감하게 살펴보아야만 한다.

또한 예수님께서 열두 명의 제자들을 불러 세우셨다는 사실은 사탄에 속한 세상과의 전쟁을 위한 기본 진용이 갖추어졌음을 말해주고 있다. 그들의 수는 구약 시대 이스라엘 열두 지파와 동일한 개념의 수로서 그것을 통해 구속사 가운데 진행된 신구약의 언약적 중심축이 세워졌음을 의미한다. 그 기초적인 터 위에 예수 그리스도의 모든 사역을 통한 지상 교회가 세워지게 되는 것이다.

4. 예수님을 따르는 백성들(눅6:17-19)

예수님께서는 죄악 세상과의 영적인 전투를 위한 진용을 갖추신 후 제자들과 함께 산으로부터 평지로 내려오셨다. 본문에서 언급된 평지란 우리가 일반적으로 생각하는 산 아래 펼쳐진 완전 평지가 아니라 산 중턱에 있는 평평한 자리로 이해하는 것이 자연스럽다. 이로써 마태복음 5장에 언급된 산상(山上)과 상치되지 않고 조화롭게 이해할 수 있다.

그때 예수님이 계신 장소를 알게 된 많은 백성들이 그에게 몰려왔다. 그들은 예루살렘과 유대 지역으로부터 온 자들과 두로와 시돈 등의 해안지역에서부터 온 자들도 있었다. 그 사람들 가운데는 그를 메시아로 여기고 그의 말씀을 듣고자 하는 자들이 있었는가 하면 그렇지 않은 자들도 있었다. 그들 가운데는 기적적인 방법으로 질병을 치료받기 위한 목적을 가진 사람들도 상당수 섞여 있었을 것이 분명하다.

예수님께서는 그 자리에서 여러 병자들을 치료해 주셨으며 귀신들려 고통을 당하고 있는 사람들로부터 귀신을 쫓아내기도 하셨다. 예수님의 이와 같은 사역을 통해 메시아로서 자신의 존재를 드러내셨다. 즉 많은 사람들이 보는 앞에서 기적을 행하심으로써 자기가 하늘에서 내려온 메시아라는 사실을 선포하셨던 것이다.

하지만 그 진정한 의미를 알지 못하고 있던 백성들은 오로지 질병을 비롯한 개인적인 문제를 해결하는 데 관심을 집중했다. 그리하여 병을 낫고자 하는 사람들은 예수님의 몸이라도 만지기 위해 안간힘을 썼다. 이는 그로부터 놀라운 능력이 나와서 사람들을 낫게 했기 때문에 그에게 손이라도 대기를 원했던 것이다.

우리가 여기서 반드시 기억해야 할 바는 예수님께서 환자들의 질병을 치유하신 것은 그 자체가 목적이 아니었다는 사실이다. 그것은 부차적인 과정으로서 그 주된 목적은 치유 사역을 통해 자기가 하나님으로부터 보냄을 받은 메시아라는 사실을 선포하는 것이었다. 그가 구약성경에 약속되어 온 메시아라는 점이 선포되고 백성들이 그에 대한 깨달음을 가지는 것이 가장 중요했다. 따라서 질병을 치유 받는다고 해도 그가 약속된 메시아라는 사실을 깨닫지 못한다면 그 모든 것이 별 의미가 없는 것에 지나지 않는다.

5. '평지수훈' 12) (눅6:20-49)

예수님께서는 거기서 매우 중요한 근본적인 교훈을 베푸셨다. 이는 자기 제자들에게 허락하신 특별한 가르침을 통해 장차 세워지게 될 교회와 더불어 구약의 율법 위에 확립되어야 할 새로운 가치관에 관한 말씀을 하셨기 때문이다. 그는 악한 세상과 배도에 빠진 유대주의자들에 맞서 싸워야 할 제자들에게 성도들이 가져야 할 기본적인 자세를 설명을 하셨다.

이 교훈은 전체적으로 볼 때 적군에 대항하여 싸워야 할 제자들에게 주어진 일종의 전투 교범(Field Manual)과 같은 것이었다.13) 따라서 주님의 제자들은 그 의미를 이해해야 할 뿐 아니라 그에 대한 충분한 숙지를 하고 있어야만 했다. 나아가 이 말씀은 역사 가운데 존재하는 모든 교회와 성도들이 기본적으로 받아들여 적용해야 할 내용이다. 따라서 21세기에 살아가는 우리 역시 그에 대한 명확한 깨달음을 가지고 주님의 군사로서 처신해야 한다.

1) 성도들이 받을 복(눅6:20-23)

보통 사람들은 이 세상에서 부자가 되어 배부르게 살면서 주변으로부터 많은 칭찬과 인정을 듣고 살아가는 것을 복이라고 여긴다. 즉 이땅에서 성공하고 출세하는 것이 대단한 복인 양 착각하고 있다. 이와 같은 양상은 인간 사회 어디든 공통으로 존재하는 분위기라 할 수 있다. 오늘

---

12) 성경을 기록한 사도들은 예수님의 말씀을 녹음하듯이 그대로 기록하지 않았다. 예수님께서 하신 말씀은 성도들을 위해 계시에 따라 해설하는 형식을 띠고 기록되었다. 마태복음 5-7장의 '산상수훈'과 누가복음 6장 20-49절의 '평지수훈'은 동일한 말씀에 관한 병행적 내용이다. 하나님께서는 예수님이 전하신 동일한 말씀을 교회와 성도들의 필요에 따라 상이한 방식으로 기록하도록 하셨던 것이다.

13) 이광호, 산상수훈, 서울: 도서출판 깔뱅, 2005. 참조.

날 우리가 살아가는 사회 역시 그와 전혀 다르지 않다.

그러다보니 지상 교회에 속한 교인들조차 그에 영향을 받아 이 세상에서 건강하게 오래 사는 가운데 남부럽지 않은 삶을 누리는 것을 목적으로 여기는 경우가 많다. 어리석은 부모들은 자기 자식으로 하여금 그와 같은 부유한 환경을 확보할 수 있도록 해 주기 위해 혼신의 노력을 기울인다. 하지만 그와 같은 태도는 예수님께서 교훈하고 있는 바와 정면으로 배치된다.

예수님께서는 제자들을 향해 당시 대다수 유대인들이 가지고 있던 복에 대한 개념을 완전히 달리 해석하여 선포하셨다. 예수님은 진정한 복에 관한 언급을 하시면서 이 세상에서 물질을 넘치게 쌓아두는 자가 아니라 도리어 욕심을 버리고 심령이 가난한 자가 복이 있다고 말씀하셨다. 그와 같은 삶을 유지하는 자들에게 '하나님의 나라'가 허락된다는 것이었다. 이는 하나님의 나라를 소유하기 위해서는 세속적인 부귀영화를 추구하는 것을 목적으로 삼지 말아야 한다는 의미를 담고 있다.

그리고 풍부한 음식으로 인해 배부른 자가 아니라 도리어 굶주린 자가 복이 있다는 사실을 말씀하셨다. 그런 자가 되어야만 참된 배부름의 은혜를 누릴 수 있게 된다는 것이었다. 이 말은 물론 당시 기득권자들인 유대주의자들과 저들로부터 소외된 자를 염두에 두고 하신 말씀이다. 이는 인간들이 자신의 능력으로 쌓아둔 양식을 통해 배가 부른 것은 한시적일 뿐 영원한 의미가 없다는 사실을 말해주고 있다. 따라서 세상에서 자랑할 만한 기득권이 없는 언약의 백성들에게 장차 하나님께서 풍부한 양식으로 채워주신다는 것이었다.

우리는 여기서 매우 중요한 의미를 생각해 볼 수 있어야 한다. 사람들은 이 세상에서의 기득권을 통해 획득한 양식으로 배부르게 살아가고자 하지만 그것은 결코 영원한 음식이 될 수 없다. 그에 반해 예수 그리스도의 신령한 몸이 저들의 진정한 영적인 식량이 될 때 그것이 영혼을 배부르게 하며 영생하는 식량이 될 수 있다. 이에 대해서는 참 지혜를 가진 성도들만 그 진정한 의미를 알게 된다. 주님께서는 그런 자들이 궁극적으로 진정한 웃음을 소유하게 되리라는 사실을 말씀하셨다.

또한 인자 곧 예수 그리스도로 인해 사람들로부터 미움을 받고 외면을 당하며 욕을 듣는 자가 복이 있다고 하셨다. 악한 자들에 의해 비난을 받고 모욕을 당하는 것은 하나님의 자녀로서 감사한 일이다. 이는 물론 진리와 무관한 일반적인 관점에서 해석되어서는 곤란하다. 즉 개인적인 잘못이나 미숙함으로 인해 비난을 당하는 것이 아니라 예수 그리스도의 편에 온전히 서 있으므로 인해 당하는 비난과 욕일 경우에 그렇다는 것이다.

예수 그리스도의 진리와 참된 복음에 무관한 개인의 종교적인 욕망으로 인해 그런 비판의 소리를 듣고 고통을 당하는 것은 아무런 의미가 없을 뿐더러 도리어 사악한 행위에 지나지 않는다. 신앙이 어린 사람들은 기독교인들이 모든 사람들에게 관용하여 저들로부터 칭찬과 좋은 소리를 듣는 것이 바람직한 것으로 여긴다. 하지만 그것은 결코 그렇지 않다는 사실이 예수님의 말씀 가운데 나타나고 있다.

그러므로 주님의 말씀에 온전히 순종하며 살아가면서 가난하게 되거나 굶주리게 되는 것은 그다지 특별한 일이 아니다. 물론 그것은 교회가 처한 시대적 환경과 상관이 있다. 또한 예수 그리스도로 말미암아 하나님의 진리를 거부하거나 그에 무지한 자들로부터 비방을 당하는 것은 감사한 일이다. 따라서 그와 같은 일이 발생할 때 막연히 슬퍼하고 괴로워할 것이 아니라 도리어 기뻐하고 즐거워해야 한다. 이는 장차 완성될 영원한 천상의 나라에서 저들에게 허락되는 보상(reward)이 클 것이기 때문이다.

주님께서는 또한 과거에 살았던 숱하게 많은 선지자들도 사악한 종교인들에 의해 그와 같은 부당한 대우를 받았다는 사실을 언급하셨다. 그와 마찬가지로 자기의 참 제자들 역시 그런 형편에 처하게 되리라는 말씀을 하셨다. 이에 대해서는 우리 시대 교회와 성도들 또한 관심을 기울여 귀담아들을 필요가 있다.

　우리는 이 세상에서 성공하고 출세하는 것을 인생의 목표로 삼지 말아야 한다. 그것 자체로서는 결코 자랑할 만한 것이 될 수 없을 뿐더러 도리어 위태로운 상황을 몰고 올 수 있다. 성숙한 성도들이라면 하나님을 진정으로 경외하는 가운데 오직 하나님의 진리를 위해 살아가야 하며, 다음 세대를 이어가게 될 어린 자녀들에게도 그와 동일한 교훈으로 양육해야만 한다.

2) 저주받을 자들(눅6:24-26)

　예수님께서는 거기 모인 유대주의자들에 대하여 심히 비통해하시며 저들에게 화가 임하게 되리라는 사실을 선포하셨다. 그들은 기득권을 가지고 부유한 삶을 살아가는 동안 이 세상에서 주어진 모든 만족을 이미 누리고 있었다. 그런 자들은 현재의 풍요로움으로 인해 장차 임하게 될 하나님의 심판에 대해서는 아랑곳하지 않았다.

　그러므로 주님은 배가 부른 유대주의자들을 향해 앞으로 굶주리게 될 날이 오리라는 사실을 말씀하셨다. 또한 현재 아무런 아쉬운 것 없이 웃으며 만족스럽게 지내지만 장차 울며 애통할 날이 이르게 될 것을 예고하셨던 것이다. 현세주의와 실용주의적 사고에 빠진 자들은 현실에 안주하고자 할 뿐 영원한 세계에 대해서는 아무런 관심이 없었다.

　어리석고 미련한 자들은 주변의 모든 사람들로부터 인정받으며 좋은 소리를 듣고자 한다. 그들은 누구에게나 칭찬 듣는 것이 가장 훌륭한 삶인 양 오해하고 있었다. 하지만 모든 사람들로부터 칭찬을 듣는다면 그것은 결코 올바른 것이라 말할 수 없다. 그렇게 되면 오히려 장차 무서운 화를 당하게 될 따름이다.

　예수님께서는 하나님을 진정으로 경외하는 성도들로부터 인정받고 칭찬의 소리를 듣는 것이 중요하며, 배도자들에 의해 좋은 소리를 듣는 것은 심각한 문제가 있다는 사실을 강조하셨다. 그런 자들로부터는 칭찬이 아니라 도리어 비난을 듣고 욕을 먹는 것이 감사한 일이라는 것이다. 하나님을 떠난 악한 자들은 참된 성도들을 싫어하고 미워하는 대신 자기와 함께 거짓에 빠져 살아가는 자들을 칭찬하며 좋아한다.

하나님에 대한 경외감 없이 자신의 복락을 위해 형식적인 종교 생활을 하던 이스라엘 민족의 조상들은 항상 좋은 말만 해 주는 거짓 선지자들을 따르기 좋아했다. 그 대신 하나님의 보냄을 받은 참 선지자들을 능욕하며 박해하기를 되풀이했다. 하나님의 선지자들은 이 세상에서 심한 고난을 받으면서도 그에 직접적으로 대응할 만한 외적인 힘이 없었다. 이는 악한 자들이 하나님을 대적하며 세력을 규합하여 참된 선지자들을 비방하고 욕하는 것과 대조적이었다.

이와 같은 상황은 오늘날 우리 시대에도 그대로 발생하고 있다. 계시된 하나님의 말씀을 가감 없이 그대로 믿는 가운데 진리를 사모하면 배도자들에 의해 심한 비난과 욕을 듣게 된다. 성숙한 신앙인들은 그런 가운데서 어린 성도들을 위해 진리를 지키며 방어하되 물리적으로 저들에게 대항할 필요는 없다. 하나님께서 이미 모든 것을 알고 계시기 때문이다.

3) 성도들이 취해야 할 올바른 삶의 자세(눅6:27-38)

예수님께서는 이와 더불어 제자들에게 매우 중요한 교훈을 주셨다. 그것은 저들의 원수를 사랑하고 저희를 미워하는 자들을 오히려 선대하라고 말씀하셨기 때문이다. 나아가 저희를 저주하는 자를 위하여 축복하며 저희를 모욕하는 자를 위해 기도하라고 하셨다. 우리는 이 교훈을 여간 조심스럽게 해석하여 받아들이지 않으면 안 된다.

그가 제자들을 향해 자기를 저주하는 자들을 저주할 것이 아니라 도리어 축복하라고 말씀하신 것은 감정에 따른 저주의 말을 아무렇게나

내뱉지 말라는 의미를 내포하고 있다. 그리고 자기를 모욕하는 자를 위해서 기도하라는 말씀도 그와 동일한 관점에서 이해해야 한다. 이는 인간적인 논쟁이나 세력이나 힘을 규합하여 저들을 이기려 할 필요가 없다는 사실에 연관되어 있다. 그들은 결코 제자들이 전하는 말씀을 순순히 들으려 하지 않을 것이기 때문이다.

그리고 누군가 자신의 한쪽 뺨을 치는 자가 있다면 나머지 한쪽 뺨도 그에게 돌려대라는 말씀을 하셨다. 이는 무지한 자들의 부당한 폭력에 대해서도 무력으로 대응하지 말라고 요구하는 것과 같다. 또한 저들의 겉옷을 빼앗는 자에게 속옷도 내어주라고 말씀하셨다. 이는 세상에서 자기중심적이 아니라 다른 이웃들을 염두에 둔 삶을 살아가라는 뜻을 지니고 있다.

뿐만 아니라 누구든지 자기가 소유한 것을 요구할 때 거절하지 말라고 하셨다. 그리고 그것을 주고 난 다음 지나간 선행을 앞세워 다시금 되돌려달라는 요구를 하지 말도록 당부했다. 이는 물질적인 것뿐 아니라 정신적인 면들을 포함하고 있다. 이 말씀 가운데는 가난하고 어려운 자들을 다그치지 말라는 의미가 내포되어 있다. 주님의 제자로서 주변 사람들을 기억하며 살아간다면 우선은 손해 보는 것처럼 보일지라도 하나님께서 저들의 모든 필요를 채워주시리라는 것이었다.

또한 남에게 대접을 받고자 하는 대로 남을 대접하라는 교훈을 주셨다. 이는 단순한 윤리적 교훈으로 받아들여서는 곤란하다. 즉 남으로부터 대접을 받고 싶으면 먼저 그렇게 하고 그래야만 자기도 대접받을 수 있게 된다는 원리를 제공하는 것이 아니다.

오히려 이 말씀은 하나님의 자녀들이 가져야 할 근본적인 삶의 원리와 연관되어 있다. 우리는 신실한 성도들 가운데 이웃에게 무언가 베풀만한 조건을 갖추지 못한 자들도 다수 있음을 기억해야 한다. 따라서 여기에는 메시아를 소망하는 제자들이 하나님께서 요구하시는 바에 따라 그의 말씀에 온전히 순종하는 삶을 살아야 한다는 교훈이 담겨있는 것이다.

또한 주님의 제자로서 자기를 사랑하는 사람을 사랑하면 칭찬받을 것이 무엇이냐고 말씀하셨다. 그런 식의 사랑이라면 하나님을 알지 못하는 불신자들과 배도자들도 그와 같이 할 수 있다는 것이었다. 또한 자기를 선대하는 자를 선대하는 행위는 누구나 하는 일이며 그로 말미암아 하나님으로부터 칭찬받을 만한 것이 없다고 하셨다. 나중에 되돌려 받기를 바라고 다른 사람들에게 무언가 행한다면 칭찬받을 것이 전혀 없는 이유는 사악한 죄인들도 그렇게 하기 때문이다.

여기에는 우리가 반드시 기억해야 할 매우 중요한 원리가 담겨있다. 하나님의 백성들이 제각각 소유하고 있는 모든 것들은 하나님으로부터 받은 것들이다. 따라서 유형적이든 무형적이든 모든 것은 하나님의 소유이며 그의 자녀들은 하나님의 것을 관리하고 있을 따름이다. 따라서 하나님께서 누군가에게 그것을 주라고 요구하실 때 마치 자기의 것을 인심 쓰듯 줄 것이 아니라 하나님의 것을 저에게 되돌려주는 자세로 임해야 한다.

그러므로 예수님을 따르는 제자로서 오직 원수를 사랑하고 선대하며 아무것도 바라지 말고 이웃에게 빌려주라고 하셨다. 나중 그가 형편이 되어 되돌려주면 일상적인 질서 가운데 그것을 받으라는 것이다. 그렇게 함으로써 하나님의 백성으로서 장차 받게 될 보상(reward)이 크리라는 것이었다.

또한 하나님은 불신자와 악한 자에게도 인자하신 분이라는 사실을 말씀하셨다. 우리는 여기서 언급된 의미를 자연의 원리에 연관된 일반 은총의 관점에서 받아들이게 된다. 하나님께서는 친히 그 모든 과정에서 제자들이 지극히 높으신 하나님의 자녀라는 사실을 입증해 주신다고 하셨다. 따라서 예수님은 제자들에게 하나님의 자비하심을 본받아 자비로운 마음을 가지라고 요구하셨던 것이다.

그리고 예수님께서는 제자들에게 명확한 사유나 근거 없이 아무렇게 나 형제를 비판하는 일을 삼가도록 요구하셨다. 그래야만 저희도 비판을 받지 않게 되리라는 것이었다. 그는 또한 다른 형제를 함부로 정죄하는 일체의 행동을 금하셨다. 그래야만 저희도 형제로부터 그와 같은 정죄를 받지 않게 되리라는 것이었다.

그런데 우리는 여기서 이에 대한 매우 중대한 실제적 의미를 함께 생각해 보아야 한다. 이는 예수님과 그의 제자들이 사악한 유대인들에 대한 엄격한 비판자이자 정죄자였기 때문이다. 예수님께서는 하나님의 말씀을 떠난 배도자들을 향해 단순한 비판을 넘어 '독사의 자식' 곧 '마귀의 자식'이란 무서운 저주의 메시지를 선포하셨다.

그런 예수님께서 제자들을 향해 비판과 정죄를 멀리하고 형제의 잘못을 용서해 주라는 말씀을 하셨다. 우리가 기억해야 할 바는 이 말씀이 일반적인 것이 아니라 언약 공동체 안에서 행해져야 할 내용이란 사실이다. 따라서 그렇게 하면 저희도 형제들로부터 자신의 잘못을 용서받게 되리라는 것이었다. 이는 교회 가운데 적용되어야 할 말씀으로서 그 죄악으로부터 돌이켜 하나님 앞으로 나아온 자들에게 해당되는 말임이 분명하다.

그리고 가난한 형제를 기억하고 자기의 것을 제공하게 되면 하나님께서 저들에게 더욱 넘치도록 채워주신다는 말씀을 하셨다. 저들이 이웃에게 나누어 주면 하나님으로부터 더욱 넘치도록 받게 되리라는 것이었다. 이는 이기적인 삶을 살아가는 자들의 어리석음과 형제에게 베푸는 지혜로운 자들의 삶의 지혜를 대비하고 있다.

우리는 예수님께서 주신 모든 교훈의 말씀을 올바르게 잘 이해해야만 한다. 이 모든 교훈은 단순히 일반 윤리적인 관점에서 해석하려 해서는 안 된다. 그것은 예수님의 제자들이 소유한 참된 진리와 더불어 지상 교회에서 적용되어야 할 성도들의 삶에 밀접하게 연관되어 있기 때문이다.

하나님의 영원한 진리를 소유한 성도들은 이 세상의 지나가는 것들에 집착하지 않는다. 세상에서 상당한 피해를 입어 고통스러운 형편에 처한다고 할지라도 그것 자체로는 크게 개의치 않는다. 하나님의 자녀들은 항상 영원한 천상의 나라를 소망하며 살아갈 뿐 이 세상의 것들에 궁극적인 가치를 부여하지 않기 때문이다.

4) 예수님께서 주신 비유를 통한 다양한 교훈

예수님께서는 제자들에게 중요한 교훈을 주시면서 여러 가지 비유를 들어 그에 연관지어 말씀하셨다. 이는 보편적인 의미를 지니는 것으로서 하나님의 자녀가 된 모든 성도들은 그 교훈을 마음속 깊이 받아들여야만 한다. 따라서 그것들은 지상 교회 가운데 적용되어야 할 실천적인 내용들이다.

① 소경 비유(눅6:39)

예수님께서는 '소경이 소경을 인도할 수 없다는 사실'을 언급하셨다. 만일 소경이 소경을 인도하는 그와 같은 형편에 놓이게 된다면 양편 모두에게 불행한 일이 발생한다. 앞을 보지 못하는 상태에서 잠시 동안 가까운 길을 걸어가는 것은 가능할지 모른다. 하지만 앞에 각종 장애물들이 끊임없이 나타나는 멀고 험한 길이라면 오래가지 못해 길을 잃거나 구덩이에 빠지게 될 수밖에 없다. 빛을 통한 객관적인 지식과 올바른 판단력이 없다면 길을 헤매는 지경에 빠지게 되는 것이다.

문제는 앞서 인도하는 소경이 자기를 뒤따르는 다른 소경들에게 자신의 소경인 상태를 숨긴다면 그 뒤를 따라가는 모든 소경들은 앞서가는 그가 소경인 줄 모를 수 있다는 사실이다. 앞선 소경이 자기를 따라오는 소경들이 눈먼 자신의 상태를 모르고 있다는 점을 간파하면 스스로 소경이 아닌 체하며 저들을 제 맘대로 끌고 다닐 수 있다. 그렇게 되면 앞서 인도하는 소경뿐 아니라 그를 믿고 평안한 마음으로 뒤따르던 소경들 역시 그와 함께 깊은 구덩이에 빠질 수밖에 없게 된다.

예수님께서 제자들에게 소경들을 실례로 들어 비유로 말씀하신 것은 영적인 소경의 위험성에 대한 경계를 하기 위해서였다. 빛이신 예수 그리스도를 통해 영적 눈을 뜨지 않은 상태라면 그는 진리를 알지 못하는 소경에 지나지 않는다. 진리를 모르는 채 종교지도자가 되어 다른 사람들을 인도하는 것은 위험하기 그지없는 행동이다.

신앙이 어린 자들은 하나님의 진리에 대한 깨달음이 없는 지도자를 보면서도 그 문제점을 찾지 못한 채 아무 생각 없이 그의 뒤를 따라간다. 그리하여 영적인 소경인 거짓 지도자는 뒤따라오는 자들을 제멋대로 끌고 다니게 된다. 그들은 그것이 죽음의 위태로운 행로인지 알지 못한 채 앞뒤 가리지 않고 열성적인 종교 활동을 하게 되는 것이다.

② 스승과 제자(눅6:40)

예수님께서는 또한 '제자와 스승의 관계'에 대한 언급을 하며 매우 중요한 교훈을 주셨다. 그것은 제자가 결코 스승보다 높지 않다는 것이었다. 이는 제자는 스승으로부터 배워야 할 자라는 의미를 내포하고 있다. 하지만 그 제자가 스승으로부터 모든 것을 다 배우고 나면 스승과 같이 된다고 말씀하셨다. 이는 제자가 스승처럼 높아진다는 의미가 아니라 그 또한 다른 제자들의 스승이 될 수 있다는 사실에 연관되어 있다.

원리적인 측면에서 볼 때 사람은 자기를 가르치는 스승 없이 홀로 지식적으로 온전히 자라나기 어렵다. 좋은 스승의 온당한 지도가 없으면 건전한 지식을 습득하기 힘들기 때문이다. 인간들은 본성상 자기가 알고자 욕망하는 것을 주로 찾아 나서는 존재이다. 선생이 있어야 하는 중요한 이유는 학생이 스스로 관심을 가지는 부분만 편향되게 살피지 않고 선생이 그 외적인 필요성에 따라 폭넓은 지도를 할 수 있기 때문이다.

우리 시대의 가장 큰 문제는 진정한 스승이 사라져버렸다는 사실이다. 그렇게 되면 자기 스스로 선생이 되어 지극히 주관적인 지식을 확립하는 오류에 빠지게 된다. 성숙한 지식과 인격을 겸비한 스승의 지도가 없는 상태에서 내키는 대로 학습하게 되면 주관적인 지식과 삶으로 인해 항상 자기가 옳다고 착각하게 될 우려가 따른다. 하다못해 피아노나 바이올린, 첼로 같은 악기나 탁구, 테니스 같은 운동을 배울 때도 제 맘대로 익히지 말고 정식으로 레슨을 받으라고 하지 않는가!

사람이 믿음의 선배들로부터 상속받은 신앙 원리를 벗어나 개인이 원하는 것만 추구하고 탐구하면 편파적인 주관주의에 빠져 균형을 잃기 십상이다. 그럼에도 불구하고 어리석은 자들은 스스로 취득한 지식으로 인해 자만에 빠지게 된다. 이와 같은 편향적인 지식은 주관적 오류에 빠져 이웃을 위한 선한 역할을 감당하지 못한다. 따라서 성숙한 성도들이 역사적 교회 가운데서 진리에 관한 정체성 있는 지식을 소유하는 것은 매우 중요하다.

우리 시대 교회의 목사는 성도들을 가르치는 교사 직분을 감당하는 성도이다. 원리적인 측면에서 볼 때 교사는 공적으로 성경과 교리를 가르치는 직분자로서 온전한 지식을 소유하고 있어야만 한다. 만일 교회 내부에서 교사와 교인들 사이에 신학적 충돌이 일어난다면 기존의 보편 원리에 어긋나지 않는 한 교사의 가르침이 받아들여져야 한다.

목사는 교단(노회)에 속한 단일 직분자로서 교사이며, 일반 교인들은 제각각 다양한 지식체계를 갖추고 있을 가능성이 없지 않다. 물론 궁극적인 스승의 권위를 가진 존재는 예수 그리스도와 성령 하나님이시다. 모든 교인들은 그 도우심을 힘입어 정체성을 갖춘 올바른 지식과 삶을 습득해 가야 하며 가르치는 선생 역시 최종 권위자의 지도와 관여 아래 있어야 하는 것은 지극히 당연하다. 따라서 모든 성도들이 지식의 정체성을 가짐으로써 겸손한 자세를 유지하는 것이 매우 중요하다.

③ 눈 속의 들보(눅6:41,42)

예수님께서는 또한 제자들에게 '눈 속에 들어있는 티와 들보에 관한 예'를 들어 중요한 교훈을 주셨다. 하나님의 자녀들은 다른 형제의 눈 속에 있는 티는 보고 자기 눈 속의 들보를 깨닫지 못해서는 안 된다는 것이다. 즉 자기 눈 속의 커다란 들보를 인식하지 못한 채 형제의 눈 속의 작은 티를 보고 그것을 빼주겠다고 주장하는 것은 말이 되지 않는다.

그런데 종교적인 위선자들은 그와 같은 행동을 취하기를 되풀이했다. 따라서 예수님은 그런 자들을 향해 먼저 자기 눈 속에 들어있는 큰 들보부터 빼내라고 요구하셨다. 그후에야 비로소 밝은 눈으로 형제의 눈 속에 있는 작은 티를 빼내 줄 수 있으리라고 하셨다.

이 비유의 말씀에서 볼 수 있는 점은 종교적인 위선자들이 자신의 엉뚱한 시각으로 다른 사람을 보고 있다는 사실이다. 실제 상대방의 눈에는 저들의 판단과 달리 작은 티가 들어있을 따름이다. 그런데 그것을 큰 것으로 간주하면서 자기 눈 속에 들어있는 커다란 들보에 대해서는 별 감각이 없는 상태가 되어 있다. 즉 자기 눈 속에 있는 들보가 실체를 변형시킨 채 상대방의 눈에 들어있는 작은 티를 들보로 보이게 하는 것이다.

이에 대해서는 오늘날 우리가 주의 깊게 생각해 보아야 할 문제이다. 죄에 빠진 모든 인간들의 눈에는 크기와 상관없이 티나 들보가 들어있기 마련이다. 인간들이 타락한 세상에 살아가는 동안에는 죄인의 상태를 완전히 벗어날 수 없기 때문이다. 따라서 이에 대한 근본적인 올바른 이해를 하는 것이 매우 중요하다.

지혜로운 자는 자기 눈에 이미 상당한 크기의 들보가 들어있다는 사실을 깨닫고 있다. 자기 눈에 들어있는 들보를 전혀 인식하지 못한다면 그것은 지극히 주관적인 자에 지나지 않는다. 우리는 이에 대하여 분명한 이해를 하지 않으면 안 된다. 이는 타락한 세상에 살아가는 모든 인간들은 죄의 굴레를 벗어나지 못한 존재라는 사실과 연관되어 있다.

인간은 타인의 죄에 대해서는 속속들이 알지 못한다. 하지만 자기 자신의 죄에 대해서는 훨씬 많이 알고 있다. 누구든지 눈 속에 티나 들보가 들어있다면 그것을 빼내는 것이 옳다. 그것을 안전하게 제거하는 것은 당사자를 위해 중요한 일이 아닐 수 없다. 따라서 이웃의 잘못을 지적하고 고쳐주려면 먼저 자신의 죄를 깨닫는 상태에서 타인의 부족한 점에 대해 사랑으로 권면할 수 있어야 한다.

그러므로 성숙한 신앙인은 자기가 하나님 앞에서 부족한 죄인이라는 사실을 깨닫는 가운데 사랑으로 이웃을 권면하는 자세를 유지해야 한다. 이에 반해 아무리 오랜 세월 동안 신앙생활을 했다고 할지라도 아직 신앙이 어린 자들은 자기 눈 속에 들어있는 들보에 가로막혀 자신의 추악한 모습을 보지 못한다. 따라서 자신을 의로운 자로 여기며 이웃을 정죄하기를 좋아하는 것이다. 성숙한 성도들은 교회 가운데서 이에 연관된 올바른 이해를 할 수 있도록 최선의 노력을 기울여야만 한다.

④ 좋은 열매와 못된 열매(눅6:43,44)

예수님께서는 또한 '나무와 그 열매에 관한 비유'를 통해 중요한 교훈을 주셨다. 그것은 못된 열매를 맺는 좋은 나무가 없으며 좋은 열매를 맺는 못된 나무가 없다는 것이었다. 즉 열매를 보면 그 나무의 실상을 알 수 있게 된다는 것이다. 나무는 각각 그 열매를 통해 나무의 좋고 나쁨이 결정되기 때문이다.

가시나무에서 무화과 열매를 맺을 수 없고 찔레나무에서 포도를 따지 못한다. 가시나무와 찔레나무가 좋은 나무로 인정받지 못하는 것은 사람들에게 유익한 좋은 열매를 맺지 못하는 것에 연관되어 있다. 그리고 무화과나무와 포도나무가 좋은 나무인 것은 사람들에게 유익을 끼치는 훌륭한 열매를 제공하기 때문이다.

이처럼 하나님의 자녀들이 선한 자로 인정받는 것은 저들로 말미암아 열리게 되는 하나님을 경외하는 영적인 삶의 열매와 연관되어 있다. 한편 악한 자들은 하나님과 아무런 상관이 없으므로 저들에게서 좋은 영적인 열매가 맺히지 않는다. 이는 참된 성도들에게 선한 열매가 열리는 것이 당연하며 그 열매를 보고 그가 참 성도인지 아닌지 알 수 있게 된다는 사실을 말해주고 있다.

⑤ 마음에 담긴 것과 입술에서 나오는 것(눅6:45)

하나님의 자녀들은 예수 그리스도로 말미암아 거듭 태어난 선한 마음을 소유한 자들이다. 그들의 입술에서는 기본적으로 선한 것이 나오게 된다. 그것은 단순히 윤리적인 상태에 머무는 것이 아니라 하나님으로 말미암아 허락된 진리에 기초한 신앙고백으로 나타난다.

이에 반해 하나님을 알지 못하는 불신자들에게는 예수 그리스도로 말미암은 의가 아예 존재하지 않는다. 따라서 저들로부터 나오는 모든 것들은 영적으로 선한 열매와 아무런 상관이 없다. 그것은 기본적으로 악한 영역에 연관되어 있으며 그런 자들의 입술에서는 악한 것이 나오기 마련이다. 이 역시 일반 윤리적인 관점에서 말하는 선악과는 그 성격이 다르다.

그런 자들은 참된 진리를 소유하지 않았으므로 모든 것이 주관적이며 이기적일 수밖에 없다. 여기서 말하는 이기적이란 하나님과 무관한 자기 인생을 추구하기에 급급한 상황을 의미하고 있다. 저들의 마음에는 영원한 천국이 존재하지 않으며 저들의 관심은 오직 타락한 이 세상에 머물게 될 따름이다.

우리가 여기서 각별히 관심을 기울이게 되는 대상은 스스로 기독교인이라 주장하지만 실상은 불신자이거나 배도에 빠진 자들이다. 그런 사람들의 입술로 표현되는 종교적인 주장이 그럴듯하게 들릴지라도 실제로는 그것이 참된 선이 아니라 포장된 가식에 지나지 않는다. 그런 자들의 입술에서 세련된 종교적인 용어들이나 윤리적인 표현들이 나올 수 있을지언정 하나님의 진리와 연관된 선한 것은 나올 수 없는 것이다.

⑥ 종교적 위선자들과 주님의 말씀에 순종하는 자들(눅6:46,47)

일상적인 종교 생활에 열성적인 자들이라 할지라도 주님의 은혜를 입지 않은 자들은 불순종하는 위선자에 지나지 않는다. 그런 자들은 타인으로부터 자신의 신앙을 인정받기 위해 더욱 분주하게 종교성을 표현하기도 한다. 그들은 많은 사람들이 보는 앞에서 예수님을 향해 '주여, 주여'라고 외치면서 그 이름을 부르기 좋아한다.

하지만 그런 자들은 입술로만 그렇게 할 뿐 주님의 뜻에 온전히 순종하려는 자세가 결여되어 있다. 즉 그들은 하나님의 말씀에 따라 신앙생활을 하는 것이 아니라 자기의 감정에 따라 종교적인 활동을 하기 좋아한다. 저들에게 중요한 것은 하나님의 말씀에 대한 순종이 아니라 종교를 통해 자기만족을 추구하는 삶이다.

예수님께서는 제자들에게 그 교훈을 주시면서 자기의 말을 귀담아듣고 온전히 실행하는 것이 중요하다는 사실을 언급하셨다. 그런 성도들에게는 하나님께서 놀라운 은혜를 베풀어 주시게 된다. 따라서 장차 때가 이르면 진정으로 하나님의 말씀을 듣고 그에 따라 실천하는 자들이 얻게 될 궁극적인 삶을 보는 날이 이르게 되리라고 말씀하셨다.

⑦ 반석 위에 지은 집과 모래 위에 지은 집(눅6:48,49)

예수님께서는 산 중턱의 평평한 곳에서 주신 교훈의 마지막 부분에서 '반석 위에 지은 집과 모래 위에 지은 집에 관한 비유'[14]를 통해 중요한 가르침을 베푸셨다. 사람들이 집을 건축하기 위해서는 먼저 땅을 깊이 파고 주초를 반석 위에 놓는 작업을 해야 한다. 그렇게 해야만 홍수가 나고 거친 물이 들이닥친다고 해도 견고한 기초 공사로 인해 그 건물이

---

14) 여기서 '반석 위'에 집을 짓는다는 것은 그냥 '반석 위'라는 의미가 아니라 땅을 깊숙이 파고 내려간 단단한 지층에 연관되어 있다. 그리고 '모래 위'에 집을 짓는다는 말은 마치 바닷가 백사장 같은 '모래 위'라는 의미가 아니라 땅을 깊이 파지 않은 채 흙 위에 그대로 집을 짓는 것에 연관된 것으로 이해해야 한다.

무너지지 않는다.

그렇지만 어리석고 미련한 사람들은 힘들이지 않고 편한 방법으로 집을 지으려 한다. 그들은 기초를 놓기 위한 땅을 깊이 파지 않은 채 흙 곧 모래 위에 곧바로 집을 짓게 된다. 그럴 경우 세찬 바람이 불고 큰 홍수가 나서 탁류가 몰아닥치게 되면 기초가 약해 집이 무너져 내릴 수밖에 없다.

우리가 여기서 생각해 보아야 할 점은 사람들의 눈에 비쳐지는 것은 겉으로 드러난 건축물일 뿐이라는 사실이다. 즉 땅속에 감추어진 건물의 기초는 드러나 보이지 않는다. 그러니 반석 위에 지은 집과 모래 위에 지은 집이 외관상으로는 별 차이가 나지 않는다. 나아가 반석 위에 지은 집 안에는 고급 가재도구들이 없는데 반해 모래 위에 지은 집 내부에는 값비싸고 화려한 장식으로 가득 차 있을 수 있다.

어리석은 사람들은 건축물의 드러난 외양과 그 내부의 가재도구를 보고 그 집들을 평가하게 된다. 따라서 그런 자들은 눈에 보이는 것만 보고 한쪽을 부러워할 수 있게 되는 것이다. 하지만 그것은 결코 지혜로운 평가가 되지 못한다. 세찬 바람이 불고 큰 홍수가 나면 그 실상이 그대로 드러난다. 그렇게 되면 그 집 안에 갖추어져 있는 모든 가재도구들도 함께 파괴되고 마는 것이다.

오늘날 우리의 신앙도 그와 동일하다. 올바른 신앙을 위해서는 하나님의 말씀을 통해 튼튼한 기초를 놓아야 한다. 그리고 그 위에 세워진 집 안에 알찬 내용의 신앙들로 가득 채워야 한다. 계시된 말씀에 대한 기초가 없거나 빈약한 상태에서 행하는 모든 종교적인 활동은 온전한 것이라 할 수 없다. 그것은 홍수가 나고 세찬 비바람이 불면 그대로 허물어져 버리는 집과 같을 것이기 때문이다.

그럼에도 불구하고 어리석은 자들은 교인들의 신앙에 대한 기초를 보지 않고 저들의 종교적 외양을 보고 평가하기를 좋아한다. 하지만 성숙한 성도들은 먼저 신앙의 기초를 보게 된다. 그리하여 자기도 기초가 튼튼한 신앙을 세우기 위해 최선의 노력을 기울이게 된다. 참된 교회에 속한 신실한 성도들이라면 이에 대한 올바른 깨달음과 더불어 구체적인 실천이 따라야만 한다.

제7장

예수님의 특별한 사역과 기이한 사건

(눅7:1-50)

1. '백부장'의 신앙과 그의 하인을 치유하신 예수님(눅7:1-10)

예수님께서는 언약의 백성들에게 다양한 교훈들을 주신 후 갈릴리 해변 북쪽에 위치한 가버나움으로 들어가셨다. 그때 그 부근에서는 로마 제국의 군대 장교인 한 백부장의 하인이 중풍병으로 인해 심한 고통을 받고 있었다(마8:6). 질병에 걸린 그 하인은 자기 주인으로부터 극진한 사랑을 받고 있었다.

그런 중 그 백부장은 예수님이 가까이 오셨다는 이야기를 듣게 되었다. 아마도 그는 그전에 이미 그가 놀라운 기적들을 베푸신다는 소문을 익히 들어왔을 것이 분명하다. 또한 예수님이 많은 병자들을 고치신다는 사실을 알고 있던 그는 자기 하인의 질병을 고쳐주시도록 그에게 간구하고자 했다. 각종 질병을 고치고 다양한 기적을 행하는 자라면 그 일을 충분히 하실 수 있는 분이라는 사실을 믿고 있었던 것이다. 자기 아들이 아니라 하인에 대한 그의 깊은 사랑을 보면 그가 매우 신실한 인물이었음을 알 수 있다.

이미 상당 기간 전에 그 백부장은 로마제국 군대에 속한 이방인이면서 유대교로 개종한 상태였다. 새로운 종교를 가지게 된 그에게는 주변에 많은 유대인 친구들이 있었다. 따라서 그는 자기와 가까운 유대인 장로들 가운데 몇 명을 예수님께 보내 자기 하인을 치유해 주시도록 간청하기에 이르렀다.15) 백부장은 유대교로 개종했지만 점차 예수님을 메시아로 인식하는 단계에 있었던 것으로 보인다. 그의 친구들인 유대교 장로들 역시 그러했을 것이다.

그리하여 백부장의 특별한 부탁을 받고 예수님 앞으로 나아온 유대인들은 그에게 간절히 구했다. 하인의 질병을 치유해 주시도록 간청하기 위해 자기들을 보낸 백부장의 당부를 들어달라는 것이었다. 그들은 백부장에 대한 일종의 인적 보증을 서며 그의 간구를 받아달라고 예수님께 요구했던 것이다.

그들은 또한 그가 비록 로마 군대의 장교이자 이방인 출신이지만 언약의 민족을 진심으로 사랑하고 있다는 사실을 말했다. 그리고 이스라엘 백성을 위해 회당을 지어준 매우 고마운 사람이라는 사실을 언급했다. 이는 지배국에 속한 군 장교임에도 불구하고 그에게는 이스라엘 민족에 대한 반감이 전혀 없을 뿐더러 오히려 언약의 백성에 가입하여 많은 도움을 주는 인물이었음을 말해주고 있다.

예수님께서는 자기에게 나아온 장로들의 말을 듣고 저들과 함께 중한 질병에 걸린 환자가 있는 백부장의 집으로 가셨다. 그런데 예수님과 일행이 그 집에 도착하기 전에 백부장은 사람을 보내 예수님을 '주님'

---

15) 마태복음 병행 구절에는 백부장이 직접 예수님을 찾아간 것으로 묘사되고 있다(마8:5-13, 참조). 하지만 그것은 전체적인 상황에 대한 일반적인 묘사로 보아야 하며 누가복음에 기록된 대로 다른 사람들을 보낸 것으로 이해해야 한다.

(Lord)으로 호칭하면서[16] 직접 자기 집 안으로 들어오는 수고를 하시지 않아도 된다는 사실을 전했다. 예수님이 자기 집에 들어오시는 것을 감당하지 못하겠다는 것이었다.

그는 자기 친구 장로들을 보낸 후 매우 짧은 시간밖에 지나지 않았으나 그때는 예수님이 하나님의 아들 메시아라는 사실을 깨닫고 있었음이 틀림없다. 따라서 자기는 예수님 앞에 나아가기도 감당치 못하겠노라고 했다. 이는 거룩하신 하나님의 아들과 죄인인 자신의 더러운 모습을 선명하게 직시하고 있었음을 말해주고 있다. 따라서 그가 말씀만 하시면 자기 하인을 즉시 낫게 하실 수 있음을 고백했다.

그 말과 함께 자기 위에는 상관이 있고 자기 아래도 여러 부하들이 있다는 사실을 언급했다. 상관이 부하를 향해 어떤 명령을 내리면 그에 절대복종한다는 것이었다. 부하에게 명하여 오라 하든지 가라 하면 마땅히 그에 따를 것이며, 이것을 명하든 저것을 명하든 그대로 수행하게 된다는 것이었다.

보통의 안목으로 볼 때 백부장의 이와 같은 언행은 상당한 오해의 소지를 남길 우려가 있었다. 일반적으로 생각하면 그럴 경우 그가 예수님을 자기 집으로 정중하게 모시는 것이 가장 자연스러운 일이다. 자기의 하인을 치유해 주신 데 대한 감사의 마음과 더불어 그를 위해 거창한 식탁을 준비할 수도 있었다. 그에게는 그렇게 할 수 있는 충분한 능력이 있었음이 틀림없다. 하지만 그는 예수님을 융숭하게 대접하기는커녕 도리어 감당치 못하겠다고 하면서 그를 자기 집으로 모시기를 거부한 것으로 비쳐질 수 있었다.

또한 그는 자기가 직접 예수님을 맞이하기 위해 밖으로 나가지 않고 사람들을 보내 예수님께 자기 의사를 전달했다. 직접 나오지 않은 그의

---

16) 로마 군대의 장교에게는 오직 황제만 그의 '주'(Lord)일 수 있었다. 여기서 그가 예수님을 '주님'(Lord)으로 받아들인다는 것은 그의 정체성에 큰 변화가 일어났다는 사실을 말해주고 있다.

태도는 예의에 크게 어긋나는 행동으로 비쳐질 수 있었다. 예수님 앞에
나아가기도 감당키 어렵다고 말하면서 얼굴도 보이지 않은 것은 이해하
기 쉽지 않은 문제였다.

당시 많은 사람들이 예수님을 격의 없이 만날 수 있던 터에 굳이 그럴
필요가 있을까 하는 생각이 들 수 있다. 그는 로마제국의 군대 장교로서
예수님과 교제한다는 소문이라도 나게 될까 봐 염려하는 비겁한 모습으
로 비쳐질 수도 있었다. 따라서 예수님과 동행하는 자들 가운데는 그런
오해를 하는 자들이 없잖아 있었을 가능성이 크다.

하지만 예수님께서는 아무런 오해 없이 그의 깊은 마음을 간파하고
계셨다. 그가 자기를 하나님께서 보내신 메시아라는 사실을 깨달아 알
고 죄악에 가득 찬 자기의 부족한 모습을 확실하게 인식하고 있음을
보고 계셨기 때문이다. 그러므로 예수님은 그의 믿음을 확인하시고 그
것을 높이 인정하셨다. 그리하여 자기를 좇고 있는 무리를 향해 이스
라엘 백성들 가운데 그만한 믿음을 만나보지 못했음을 언급하셨던 것
이다.

물론 예수님은 그 백부장의 요청대로 그 집 안에 들어가지 않고 병자
를 직접 보시지 않은 채 그를 낫게 해 주셨다. 따라서 백부장으로부터
보냄을 받은 사람들이 집으로 돌아가 보니 질병으로 고생하던 그 하인
의 건강이 완전히 회복된 상태에 있었다. 물론 그 하인과 함께 집 안에
있던 백부장이 가장 먼저 그 사실을 알게 되었을 것이다. 이와 같은 놀
라운 사건은 오랜 시간을 두고 발생한 것이 아니라 불과 몇 시간 동안에
일어나게 되었다.

우리는 여기서 매우 중요한 의미를 생각해 보게 된다. 예수님이 하나
님의 아들이자 구약성경에 예언되어 온 메시아라는 사실을 유대인들이
아니라 이방인 출신의 백부장이 가장 정확하게 알아보았다는 점은 주의
깊게 생각해 보아야 할 문제이다. 이로써 유대인들의 혈통 자체는 결코
자랑할 것이 못 된다는 사실이 드러나고 있다. 물론 그로 말미암아 스스

로 경건한 체하던 유대주의자들은 자존심이 크게 상했을 수 있다.

2. 나인(Nain) 성 과부 아들의 부활 사건(눅7:11-17)

그후 예수님께서는 제자들과 함께 나인 성으로 가셨다. 그가 성문 가까이 도착하셨을 때 사람들이 죽은 자의 시신을 메고 나왔다. 죽은 사람은 그곳에 살고 있던 한 과부의 외동아들이었다. 그 과부는 극도로 깊은 슬픔에 빠져 있었으며 그 성 안에 살고 있던 많은 사람들도 그와 함께 나오고 있었다.

예수님은 그 과부를 보고 불쌍한 마음을 가지셨다. 우리가 여기서 기억해야 할 바는 예수님이 그 죽은 자를 불쌍히 여기신 것이 아니라 자식을 잃은 그 어미를 불쌍히 여기셨다는 사실이다. 그래서 예수님께서는 그 여인을 향해 울지 말라고 하셨다.

그 말씀을 하신 후 예수님은 관 가까이 나아가서 그것을 메고 오는 자들을 멈추어 세우셨다. 그리고는 '청년아 내가 네게 말하노니 일어나라'고 명령하셨다. 그 결과 죽었던 자가 다시 살아나서 일어나 앉기도 하고 말하기도 했다.

그런데 우리가 여기서 주의를 기울여 생각해 보아야 할 바는 시체는 들을 수 있는 귀의 기능이 없다는 사실이다. 즉 예수님께서 형식상 그에게 명령을 내리셨을지라도 그에게는 이미 그 말씀을 들을 수 있는 귀가 없었다. 오히려 예수님의 말씀을 실제로 듣게 된 자들은 죽은 시신이 아니라 그 주변에 있던 여러 이웃들이었다.

이는 예수님께서 굳이 그에게 언어적으로 말씀하시지 않아도 살리실 수 있음을 말해주고 있다. 하지만 그가 말씀으로 선언하셨을 때 그 소리를 직접 듣고 전개되어가는 상황을 주시하던 자들은 거기 모여 있던 산 사람들이었다. 그의 명령과 더불어 죽은 청년이 살아나는 광경을 보고 현장에서 지켜보던 사람들은 놀라지 않을 수 없었다. 즉 정작 죽어서 관속에 누워있던 그 청년은 그로 인해 그다지 놀라지 않았을 수도 있다. 잠시 깊은 잠에 빠져 있다가 깨어난 기분이었을지 모른다.

그러므로 예수님의 명령과 더불어 그 기적을 지켜보던 자들은 전혀 상상치 못했던 의외의 상황을 목격하고 두려움에 빠졌다. 인간의 한계를 깨달음과 동시에 하나님의 놀라운 능력을 보았기 때문이다. 그리하여 그들은 여호와 하나님께 영광을 돌렸다. 그와 더불어 하나님으로부터 이땅에 오신 큰 선지자 곧 메시아가 저들 가운데 존재한다는 사실을 깨닫게 되었다.

따라서 거기 모여 있던 사람들은 죽은 청년이 다시 살아난 사건을 그 당사자나 그의 모친이 아니라 하나님의 백성을 위한 것으로 받아들였다 (눅7:16). 우리는 여기서 이 사건의 궁극적인 목적이 죽은 청년과 그 부모가 아니라 언약의 백성들을 위한 것이었다는 사실을 알 수 있다. 굳이 수혜자에 대한 순서를 따진다면, 첫째 언약의 백성이었으며 그다음이 그의 부모, 죽었다가 살아난 그 청년이 맨 마지막이었다고 할 수 있다.

우리는 또한 그 사건이 오늘날의 성도들을 포함한 신약 시대 교회를 위한 사건이었음을 마음속 깊이 새겨야만 한다. 이는 죽은 청년을 살려낸 사건은 예수님이 언약의 백성들을 위한 부활의 주체가 된다는 사실에 밀접하게 연관되어 있다. 당시에는 긍,부정적인 측면과 무관하게 죽은 청년을 살리신 예수님에 관한 소문은 곧 온 유다와 사방에 두루 퍼지게 되었다. 그 사건을 통해 그가 메시아라는 사실이 전파되어야 했음에도 불구하고 그를 놀라운 기적을 행한 자 정도로 인식하는 자들이 많았다.

3. 세례 요한의 메시아 확증(눅7:18-23)

예수님의 모든 기적들은 비밀리에 행해진 것이 아니라 관심을 가진 자들에게 공개적으로 드러났다. 그러다 보니 당연히 세례 요한의 제자들도 그 현장을 직접 목격하기도 하고 소문으로 듣게 되는 경우들도 많이 있었다. 물론 그들은 요한이 요단강에서 세례를 베풀며 선포한 내용을 기억하고 있었을 것이 분명하다.

그런 중에 세례 요한의 제자들이 저들의 선생에게 그 모든 사실을 고했다. 즉 예수님이 행하신 모든 기적과 선포한 말씀을 그에게 전하며 보고했던 것이다. 제자들로부터 예수님에 관한 말을 듣게 된 요한은 의외의 일을 시행하고자 했다. 자기 제자들 가운데 두 명을 예수님께 보냈기 때문이다. 그는 제자들에게 예수님께 가서 구약성경에 약속된 오실 메시아가 그인지 아니면 다른 이를 기다려야 할지 물어보라는 것이었다.

물론 세례 요한은 그가 하나님의 아들 메시아라는 사실을 명확하게 알고 있었다. 그럼에도 불구하고 그는 제자들을 보내 그렇게 물어보도록 요구했다. 거기에는 자신의 많은 설명이 아니라 예수님의 답변을 그 제자들로 하여금 직접 듣게 하려는 의도가 깔려 있었다. 즉 그것은 자기 제자들을 위한 일종의 역설적인 특별한 배려였다.

요한의 제자들은 선생의 깊은 뜻을 미처 알아채지 못한 채 그 말에 순종했다. 그들은 예수님을 찾아가 과연 그가 메시아인지 혹은 다른 메시아가 올 것인지 물어보았다. 그들이 예수님께 당도했을 당시에도 예수님은 많은 사람들의 질병과 고통에 빠진 자들을 치료하고 귀신들린 자들로부터 악귀를 쫓아내는 사역을 하고 계셨다. 그리고 앞을 보지 못하는 소경들의 눈을 뜨게 하는 사역을 감당하시는 중이었다.

그런 중 요한의 제자들로부터 메시아에 연관된 질문을 받은 예수님께서는 저들을 향해 자기가 메시아라고 즉답하시지 않았다. 그 대신 지금 저들이 보고 듣는 모든 것을 요한에게 가서 그대로 전하라고 말씀하셨다. 소경이 보고 앉은뱅이가 걸으며 문둥병자가 깨끗하게 되며 귀머거리가 듣고 죽은 자가 살아나며 가난한 자에게 하나님의 복음이 전파된다고 이야기하라는 것이었다.

예수님께서는 여기서 구약의 예언이 자신을 통해 이루어지고 있는 모

든 일들이 자기가 곧 메시아라는 사실에 대한 확실한 증거라는 점을 강
조하셨다. 자기가 메시아라는 사실을 말로써 설명하는 것보다 구약의
예언이 성취되고 있음을 확증하는 교훈이 훨씬 더 강력했다. 따라서 그
는 선지자 이사야를 통해 선포된 구약성경의 예언을 언급하며 요한의
제자들에게 그 사실을 전하셨던 것이다.

> "그날에 귀머거리가 책의 말을 들을 것이며 어둡고 캄캄한 데서 소경
> 의 눈이 볼 것이며 겸손한 자가 여호와를 인하여 기쁨이 더하겠고
> 사람 중 빈핍한 자가 이스라엘의 거룩하신 자를 인하여 즐거워하리
> 니 이는 강포한 자가 소멸되었으며 경만한 자가 그쳤으며 죄악의 기
> 회를 엿보던 자가 다 끊어졌음이라"(사29:18-20)

요한의 제자들은 예수님의 이 말씀을 듣고 그 상황을 정확하게 파악
할 수 있었다. 그와 같은 놀라운 이적을 행하는 것은 하나님께서 보내신
메시아가 아니면 불가능한 일이었다. 그들은 그동안 소외받고 힘든 삶
을 살아온 사람들을 가까이 두고 있었다. 이제 모든 상황이 변해 약자들
에게 영원한 기쁨의 소망이 주어졌던 것이다.

이스라엘 백성들 가운데 기득권을 가지고 강포를 행하던 자들은 이제
그 힘을 완전히 상실하게 된다. 또한 교만에 빠져 남을 하찮게 여기던
자들이 그 모든 근거를 잃게 될 수밖에 없다. 또한 자기의 욕망을 채우
기 위해 기회를 엿보며 눈치껏 이 세상을 살아가던 자들이 더 이상 그
악행을 지속할 수 없는 지경에 이른다. 이땅에 메시아가 오심으로써 모
든 상황이 완전히 뒤바뀌게 되는 것이다.

따라서 부당한 방법으로 풍요를 누리던 자들은 모든 것을 잃어버리고
힘든 상황에 직면하게 된다. 그에 반해 육체적 질병이나 정신적 고통을
당하며 아무런 소망 없이 살아가던 백성들에게는 메시아를 통한 진정한
소망과 더불어 큰 위로를 받는다. 예수님께서는 이와 연관하여 자기로
인해 실족하지 않는 자가 복이 있다는 사실을 언급하셨다. 이는 거기 있

던 선한 백성들뿐 아니라 사악한 바리새인들과 서기관들까지 염두에 두고 하신 말씀으로 이해된다.

4. 세례 요한에 대한 예수님의 보증(눅7:24-30)

요한으로부터 온 자들이 떠난 후 예수님께서는 거기 있던 무리를 향해 세례 요한에 관한 언급을 하셨다. 당시 많은 백성들은 세례 요한을 하나님의 선지자로 받아들이고 있었다. 그때 요한은 삭막한 광야에 머물면서 자기를 찾아오는 사람들을 향해 하나님의 말씀과 메시아를 선포하는 일을 감당했다. 여기에는 하나님의 진리는 사람들이 살고 있는 사회로부터가 아니라 오직 하나님과 그의 선지자의 입술을 통해 나온다는 선언적 의미가 담겨 있다.

따라서 요한을 보고 그로부터 하나님의 말씀을 듣기 위해 광야로 찾아가는 사람들이 많이 있었다. 그래서 주님께서는 거기 모인 무리를 향해 사람들이 과연 무엇을 보기 위해 광야로 나가느냐고 질문하셨다. 바람에 흔들리는 갈대를 보기 위해 그곳으로 가는 것이냐고 물으셨다. 즉 단순히 자연을 보고 개별적인 경험을 하기 위해 그곳을 찾느냐는 것이었다.

만일 그렇지 않다면 부드럽고 화려한 옷을 입고 사치스러운 삶을 살아가는 사람을 만나기 위해 그곳으로 가느냐고 하셨다. 즉 세상에서 성공한 자들의 윤택한 삶에 관한 관심 때문은 아니지 않느냐는 것이었다. 그와 같은 자는 황량한 광야가 아니라 권위가 넘치는 왕궁에 있으며 큰 도성인 예루살렘으로 가야 만날 수 있게 된다. 이는 광야에서는 그런 자를 만날 수 없다는 의미를 지니고 있다.

그렇다면 과연 무엇을 보기 위해 광야로 나가느냐고 말씀하시면서, 그들이 '하나님의 선지자'를 보기 위해 간 것이니 그것이 옳다고 말씀하셨다. 예수님께서는 세례 요한을 언급하시면서 그가 어떤 선지자들보다 훌륭한 자라는 사실을 언급하셨다. 이는 그의 사역이 얼마나 중요한가 하는 점을 말해주고 있다. 즉 요한은 구약성경에 기록된 예언 사역을 감당하면서 메시아 강림을 바로 눈앞에 두고 그 사실을 직접 선포한 선지자였기 때문이다.

예수님께서는 구약성경의 맨 마지막 예언서인 말라기서의 기록을 인용하시면서 그것을 요한에게 직접 적용하셨다. 선지자 말라기는 장차 메시아가 이땅에 오시게 되면 발생할 특별한 상황에 관한 내용을 계시받아 기록했다. 하나님께서 메시아의 길을 예비하는 언약의 사자를 미리 보내시겠다는 것이었다.

> "만군의 여호와가 이르노라 보라 내가 내 사자를 보내리니 그가 내 앞에서 길을 예비할 것이요 또 너희의 구하는바 주가 홀연히 그 전에 임하리니 곧 너희의 사모하는바 언약의 사자가 임할 것이라"(말 3:1)

예수님께서는 선지자 말라기의 예언을 인용하면서 그 성취에 따라 자기보다 앞서 메시아를 선포하기 위한 길을 닦은 세례 요한을 언급하며 여자가 낳은 자 중에 그보다 큰 자가 없다고 말씀하셨다. 하나님의 메시아가 오신 사실을 언약의 백성들과 만방에 선포하는 것은 인간 역사의 종결적 의미를 지닌다고 해도 과언이 아니다. 이는 그가 선언하는 메시아에 관한 모든 선포가 진리라는 사실을 증거해 주고 있다.

그러면서 예수님은 하나님 나라에서는 지극히 작은 자라고 할지라도 그보다 더 크다는 사실을 언급하셨다. 이는 자기로 말미암아 세워지게 될 하나님의 나라에서는 그에 속한 백성들이 사탄의 지배 아래 있는 세상에 대한 심판을 선언하는 왕의 직무에 참여하게 되리라는 사실에 연관되어 있다. 우리는 여기에 매우 중요한 상징적이며 실체적인 의미가 들어있다는 점을 기억해야만 한다.

당시 그 자리에 모여 있던 모든 백성들은 대개 요한으로부터 요단강 세례를 받은 자들이었다. 따라서 예수님께서 전하시는 모든 말씀을 듣고 그가 하나님으로부터 보냄을 받은 '의로운 자' 곧 메시아라는 사실을 받아들여 고백하고 있었다. 그들은 힘이 없고 주변으로부터 인정받지 못한 자들이었으나 성경에 예언된 바 메시아에 연관된 모든 과정을 심중에 받아들였던 것이다.

그에 반해 거기 있던 상당수 바리새인들과 율법사들은 그렇지 않았다. 그 사람들은 요한이 베푼 세례를 받지 않은 자들이었다. 이는 그들이 구속사적 의미를 지닌 요단강 세례의 자리로 나아오지 않았음을 말해주고 있다. 따라서 기득권을 누리며 오만한 삶을 살아가는 자들을 책망하며, 병들어 가난하여 보잘것없는 사람들에게 참된 소망이 있다고 가르치는 예수님의 말씀을 받아들이지 않았다. 결국 그들은 하나님의 뜻을 저버리고 자신의 욕망에 따라 살아가는 길에 머물러 있고자 했던 것이다.

5. 아이들의 장터 놀이 비유(눅7:31-35)

예수님께서는 거기 모인 무리를 향해 또 다른 구체적인 비유를 들어 교훈을 주셨다. 그것은 당시의 세태를 비유적으로 나타내신 것이었다. 당시 이스라엘 민족 가운데 살아가던 사람들은 하나님으로 말미암은 영원한 본질에 대한 진정한 관심을 가지지 않았다. 그들은 입술로는 끊임없이 하나님을 언급했지만 실제로는 외적인 현상에만 주로 관심을 기울이고 있었을 따름이다.

그 상황에 대해서는 마치 어린아이들이 장터에서 노는 것에 비추어 생각해 볼 수 있었다. 시장은 많은 사람들이 다양한 물건을 팔거나 사기 위해 몰려드는 장소이다. 거기에는 일상적인 생활에 연관된 여러 가지 일들이 발생했다. 따라서 개인적으로 서로간 알지 못하는 사이일지라도 전체적인 목적에는 상통하는 의미가 존재하고 있었다.

그런데 장터에서 노는 아이들은 동일한 장소에 있으면서도 그와 다르다. 그들은 물건을 사고파는 일에 아무런 관심을 가지고 있지 않았다. 아이들은 가족의 생계와 삶에 대하여 직접 책임을 져야 할 입장도 아니었다. 그 아이들은 부모를 따라 시장에 나와 놀거나 감정에 따라 즐거움을 취하면 되었다.

그 아이들이 시장에서 놀 때 한편에서 '우리가 너희를 향하여 피리를 불어도 너희가 춤추지 않고 우리가 애곡을 하여도 너희가 울지 아니하였다'(눅7:32)고 한다는 것이었다. 이는 아이들이 한자리에서 함께 놀고 있으면서도 서로 다른 사고를 하고 있었음을 말해주고 있다. 그 아이들은 제각각 자기가 하고 싶은 놀이에 빠져 있으면서 다른 아이들과 공감이 이루어지지 않은 상태에 놓여있었다. 자기중심적인 놀이에 몰두하다보니 상대방의 진정한 요구를 들을 생각을 하지 않았다는 것이다.

즉 한편에 속한 아이들이 옆에 있는 다른 아이들을 향해 열심히 피리를 불면서 함께 춤추기를 원했지만 그 아이들은 춤은 커녕 아무런 반응도 보이지 않았다. 또한 그 아이들이 이번에는 큰 소리로 애곡해보지만 그 상대편 아이들은 울지 않는다. 이는 서로간 소통하는 것이 전혀 없으므로 대화 자체가 이루어지지 않는 상황을 말해주고 있다. 한쪽 아이들은 피리를 불고 애곡을 하며 상대를 초청하고 있지만 그 상대편에 있는 아이들은 무감각한 상태에서 자신의 관심 영역에 안주하고 있었던 것이다.

예수님께서는 이 비유를 말씀하시면서 자기를 따르는 자들을 피리를 불며 함께 춤추자고 하는 자들에 연관지으셨다. 그리고 요한의 제자들을 애곡하면서 울기를 바라는 자들에 연관지어 말씀하셨다. 그는 자신과 세례 요한이 유대인들을 향해 여러 모양으로 다양한 메시지를 주었으나 아무런 반응 없이 무감각했다는 것이다.

이처럼 기득권층에 속한 악한 자들은 메시아가 오셔서 전하는 메시지에 관심을 두지 않았다. 그들은 세례 요한이 와서 떡도 먹지 않고 포도주도 마시지 않자 그를 귀신들린 자로 몰아붙였다. 또한 그들은 예수님께서 자유롭게 음식을 먹고 포도주를 마시는 것을 보며 먹기를 탐하고 포도주를 즐기는 자로 몰아붙여 세리와 죄인의 친구로서 저들과 같은 불건전한 부류로 간주하고자 했다.

이와 같은 태도는 여호와 하나님의 구원사역을 모독하는 사악한 행동이었지만 그들은 그에 대한 아무런 인식조차 없었다. 예수님께서는 장터에서 노는 아이들의 비유를 통해 당시 이스라엘 백성들이 그와 같다는 사실을 말씀하셨다. 그러면서 그는 자기에게 속한 자들이 옳다는 사실을 깨닫는 것이 참된 지혜라는 사실을 강조하셨다.

상황은 다소 다르지만 이는 21세기를 살아가는 오늘날 우리 역시 귀담아들어야 할 중요한 교훈이다. 어리석은 자들은 기득권을 가지고 세상의 것을 누리기 위해 안간힘을 쓰고 있다. 이는 하나님을 전혀 알지 못하는 불신자들이 아니라 하나님을 믿는다고 주장하면서 세상에 빠져 살아가는 자들에 연관되어 있다.

하나님의 자녀들은 잠시 지나가는 이 세상에 소망을 둘 것이 아니라 영원한 천국에 소망을 두고 살아가야 한다. 그런 가운데 세례 요한과 예수 그리스도의 사역을 통해 세상에 하나님의 복음을 선포하게 된다. 하지만 성경의 교훈을 떠나 왜곡된 주관적 신앙에 빠진 어리석은 자들은 주님의 간절한 요청에 응하지 않는다. 우리는 여기서 예수님 당시와 오늘날 우리 시대가 별반 다르지 않다는 사실을 알게 된다.

6. 한 바리새인의 집에서 일어난 값비싼 향유 사건(눅7:36-50)

누가복음 본문에는 한 여인이 예수님의 머리에 값비싼 향유를 붓고 머리털로 그 발을 씻은 사건이 기록되어 있다. 귀한 향유를 예수님께 부은 사건은 누가복음뿐 아니라 마태, 마가, 요한복음에도 나타난다. 그러

나 누가복음에 기록된 사건은 다른 세 복음서에 기록된 사건들과 유사
한 면이 있을지라도 별개의 사건이다. 즉 마태, 마가, 요한복음에 기록
된 병행 본문들이 예루살렘 부근 베다니에서 있었던 일인 데 반해 누가
복음의 기록은 그보다 앞선 시기에 갈릴리 지역에서 일어났다.[17]

　그리고 누가복음에 기록된 집 주인인 시몬[18]은 바리새인으로서 예수
님에 대한 믿음이 없이 그를 의심하고 있던 인물이었다. 그에 비해 다른
복음서에 나타나는 집 주인인 문둥병자 시몬은 당시 죽음으로부터 살아
난 나사로를 보고 예수님이 메시아라는 사실을 확실하게 믿고 있었다.
또한 누가복음에 언급된 여인은 죄인으로 묘사되었으나 다른 복음서들
에 기록된 마리아는 그렇지 않았다(요11:1,2, 참조).

　또한 누가복음을 제외한 나머지 세 복음서에 기록된 향유를 부은 사
건은 예수님께서 십자가를 지고 돌아가시기 엿새 전에 있었던 일이다.
마르다의 동생 마리아는 그 행위를 통해 예수님의 십자가 사역과 뒤이
어 행해지게 될 장사(葬事)를 예비하는 성격을 지니고 있었다. 그에 반해
누가복음에서는 예수님의 공 사역 초기에 그 사건과 더불어 자신이 죄
를 용서하는 권세가 있는 존재라는 사실을 선포하는 의미를 지니고 있
었다.

　누가복음의 본문을 보면 한 바리새인이 예수님을 자기 집으로 불러
식사에 초대했다. 그의 눈에 예수님이 괜찮은 인물로 보였으나 한편 의
심을 떨치지 못하고 있었으므로 자기 집에 불러 식사를 나누며 그의 실

---

17) John A. Bengel, 누가복음 7:36-50 주석, p.163; 박윤선, 공관복음 주석, 누가복
음 7:36-50, 서울: 영음사, 1980, p.313; 예수님을 자기 집으로 초대한 자의 이름이
'시몬'이라는 점을 근거로 누가복음과 다른 복음서들의 기록이 동일한 것으로
보는 자들이 있지만 박윤선 교수는 단호히 아니라고 한다. 이는 당시에 그 이름을
가진 자들이 매우 흔했기 때문에 동일 인물로 볼 필요가 없다는 것이다.
18) 누가복음에 나타나는 시몬(Simon)은 다른 세 복음서들의 병행 구절에 언급된
시몬(Simon)과는 동명이인(同名異人)이었다. 당시 이스라엘 백성들 가운데는 그
이름을 가진 자들이 많이 있었다.

상을 확인해 보고자 하는 양가감정(兩價感情)을 가지고 있었던 것으로 보인다. 예수님은 물론 저의 속마음을 꿰뚫어 보시고 그에 응했음이 분명하다.

예수님께서 그 바리새인의 집에 들어갔을 때 한 여인이 오게 되었다. 그는 동네에서 평판이 좋지 않은 부정한 여인으로서 예수님이 그 집에 오신 사실을 알고 향유를 담은 옥합을 가지고 들어왔다. 그 여인은 예수님의 뒤로 조용히 가서 그 발 곁에 서서 울며 눈물로 그 발을 적시고 자기 머리털로 씻고 그 발에 입맞추고 향유를 부었다. 이는 사실 여간 파격적인 행동이 아닐 수 없었다.

행실이 좋지 않은 죄인인 여인이 예수님의 발 곁에서 울며 눈물로 그 발을 적시고 값비싼 향유를 부어 자신의 머리털을 도구 삼아 씻고 그 발에 입맞춘다는 것은 우리로서는 상상조차 하기 어려운 일이다. 실질적인 상황을 전혀 이해하지 못하는 주변의 사람들은 그 여인의 갑작스러운 행동보다 오히려 예수님을 의심할 수 있는 문제였다. 도대체 그 두 사람이 어떤 관계이기에 그와 같은 행동을 한단 말인가? 그 여자가 예수님의 발에 입을 맞추고 값비싼 향유를 붓는 것은 결코 상식적이지 않았기 때문이다.

나아가 그 향유는 어떻게 마련된 것이며 어디서 나온 것인가? 행실이 부정한 그 여인이 취득한 향유라면 그것도 부정한 것이라 할 수 있다. 따라서 거기 있던 많은 사람들은 숨을 죽인 채 긴장된 마음으로 그 상황을 지켜보아야 했을 것이다. 예수님을 식사 자리에 초대했던 그 바리새인은 순식간에 발생한 그 광경을 지켜보며 그가 참 선지자라면 자기에게 행하는 그 여자가 누구이며 얼마나 부정한 죄인인지 알아볼 것이라고 속으로 생각했다. 어쩌면 그것은 매우 자연스러운 일일지 모른다.

물론 예수님께서는 그 상황 가운데 전혀 당황하지 않으셨으며 오히려 그 여인의 행동을 그대로 받아들이셨다. 즉 그를 전혀 책망하거나 나무라지 않으셨다. 이는 그 여인이 취한 행동의 정당성을 인정하고 있는 것

과 마찬가지였다. 거기 모여 있던 다른 사람들의 섣부른 상상이나 판단
과 달리 예수님은 그 부정한 죄인인 여성이 하나님의 아들인 자기를 올
바르게 알아보고 모든 것을 뉘우치며 회개하는 속마음을 보고 계셨던
것이다.

그와 같은 상황에서 예수님께서는 또한 집주인인 시몬의 생각을 꿰뚫
어 보셨다. 시몬이 의구심을 가지고 있을 때 예수님이 그를 향해 말씀하
셨다. 빚을 진 두 사람이 있는데 하나는 오백 데나리온을 빚졌고 다른
하나는 오십 데나리온을 빚졌다는 것이다. 그런데 둘 다 빚을 갚을 능력
이 없으므로 채주(債主)가 모두 탕감하여 준다면 둘 가운데 누가 더 감사
하게 여기겠느냐는 것이었다. 시몬은 예수님의 질문을 듣고 난 후 당연
히 많은 액수를 탕감받은 자라고 답변했다. 예수님은 그의 말을 듣고 그
판단이 옳다고 하셨다.

그리고는 그 여자를 돌아보시고 난 후 얼굴을 돌려 시몬을 향해 말씀
하셨다. 모든 사람들이 죄인으로 간주하는 그 부정한 여인은 눈물로 자
기의 발을 적시고 그 머리털로 발을 씻고 값비싼 귀한 향유를 부어준 사
실을 언급하셨다. 하지만 교만에 빠진 시몬은 자기의 높은 지위와 체면
을 내세우며 예수님께 발 씻을 물도 주지 않았으며 당시 일반적이었던
뺨에 입맞추는 환영조차 하지 않았음을 말씀하셨다. 또한 그는 당시 귀
한 손님이 올 경우 머리에 감람유를 붓는 가장 기본적인 예도 갖추지 않
았음을 지적하셨다.

시몬은 예수님을 식사 자리에 초대했으나 진정성이 없었다. 그에 반
해 부정한 죄인이었던 그 여인은 값비싼 귀한 향유를 예수님께 부어주
었다. 따라서 예수님께서는 이제 자기를 메시아로 알아보는 그 여인의
죄를 용서해 주고자 하셨다. 그러면서 큰 죄를 용서받아 하나님의 큰 은
혜를 입은 자는 하나님을 많이 사랑하지만 자기 죄가 별로 없다고 여기
는 오만한 자들은 그와 정반대라는 점을 언급하셨다.

예수님께서는 그 말씀과 더불어 주변 사람들에 의해 죄인으로 간주된

그 여자에게 '네 죄 사함을 얻었느니라'(눅7:48)고 선언하셨다. 모두가 부정한 죄인이라 확신하던 그 여인을 향해 많은 사람들이 보는 앞에서 이제는 죄가 없다고 선포하셨던 것이다. 그것은 당시로 보아서는 여간 놀라운 일이 아닐 수 없었다.

그러므로 거기 모여 있던 사람들은 속으로 이 사람이 도대체 누구이기에 감히 사람의 죄를 사해주느냐는 생각을 하게 되었다. 죄를 용서해 줄 수 있는 분은 오직 여호와 하나님 한 분밖에 없다는 사실을 알고 있었기 때문이다. 그와 같은 분위기 가운데서 예수님께서는 그 여자를 향해 한 단계 높여 '네 믿음이 너를 구원하였으니 평안히 가라'(눅7:50)고 말씀하셨다. 그는 죄 용서와 더불어 그 여인이 구원받았음을 선포하셨던 것이다.

이는 그 여인이 예수님의 발에 귀한 향유를 붓고 행한 모든 일들이 믿음의 행위였음을 말해주고 있다. 아무리 값비싼 보물이라 할지라도 예수 그리스도의 사랑에 비하면 아무것도 아니란 사실을 그 여인은 잘 알고 있었다. 따라서 그와 같은 행동은 상상을 초월하는 일이었지만 메시아로서 예수님의 존재를 알고 그에게 최상의 것을 바치며 용서를 구하는 그 여인이 참된 믿음의 소유자였음을 증거해 주고 있다. 이 말은 거기 모인 많은 사람들은 스스로 죄인이 아닌 양 여겼지만 메시아의 존재를 온전히 알아보지 못하는 것 자체가 엄청난 죄라는 사실을 드러내 보여주고 있는 것이다.

제8장

예수님의 복음 선포와 절대적 권세

(눅8:1-56)

1. 하나님 나라 복음 선포(눅8:1-3)

예수님께서는 그후 각 성과 촌락 등 여러 지역을 두루 다니셨다. 그는 열두 제자들과 함께 가는 곳마다 하나님 나라를 반포하시며 천국 복음을 전하셨다. 이는 자기가 하나님의 아들로서 이땅에 오신 메시아라는 사실을 전하는 의미를 지니고 있었다.

무수한 백성들이 그가 선포하는 말씀을 듣기 위해 몰려들었다. 그들 가운데는 건강한 사람들이 있었는가 하면 그렇지 못한 자들도 상당수 있었다. 그중에는 귀신들린 자와 각종 질병에 걸린 자들이 많이 있었다. 예수님께서는 그들을 고통에서 해방시키는 능력을 보여주셨으며 상당수는 그를 적극적으로 따르게 되었다.

그런 과정에서 예수님을 추종하게 된 자들 중에는 일곱 귀신이 들렸다가 새로운 삶을 회복한 막달라 마리아와 헤롯의 청지기 곧 공직을 수

행하던 구사의 아내 요안나, 그리고 수산나 등 여러 여성들이 있었다. 그들은 자기가 소유한 재물을 들여 예수님과 그의 제자들을 섬겼다. 그 여인들은 이제 과거와는 전혀 다른 새로운 삶을 살게 되었던 것이다.

여기서 우리가 관심을 기울여야 할 바는 당시 그들이 여성들로서 복음 선포 사역에 적극적으로 참여했다는 사실이다. 여성의 몸으로 주님의 복음 전파 사역에 관심을 두고 참여한다는 것은 결코 쉬운 일이 아니었다. 그것은 개인적인 사정을 뒤로하고 예수님을 따르게 된 사실에 연관되어 있기 때문이다. 이는 그들이 하나님의 복음의 소중함을 분명히 깨달았기에 가능한 일이었다.

그들이 예수 그리스도로 인해 새로운 삶을 살게 되었을 때 하나님 나라에서 존귀한 자가 되었다. 하지만 예루살렘의 기득권층의 눈에는 전혀 그렇게 비쳐지지 않았다. 나아가 제국의 수도 로마를 비롯한 대도시에 살고 있던 자들이 볼 때는 여전히 힘없는 백성이었을 따름이다. 그들의 본질적 신분은 완전히 변화되었으나 무지렁이 같은 세속적인 신분에는 아무런 변화가 일어나지 않았던 것이다.

2. 씨 뿌리는 비유와 등경 위의 등잔 비유

1) 씨 뿌리는 비유(눅8:4-15)

① 비유의 내용

예수님께서 어느 마을을 방문하셨을 때 주변의 곳곳에서 사람들이 나아와 큰 무리를 이루게 되었다. 그 광경을 지켜보신 주님은 저들을 향해 의미 있는 비유의 말씀을 주셨다. 그때 베푸신 비유는 농작물의 씨앗을 뿌리는 자와 그 밭에 연관된 비유였다. 물론 그것은 하나님의 복음에 관련되어 있었다.

비유에는 어떤 농부가 씨앗을 뿌리기 위해 고랑과 이랑으로 정리된 밭으로 간 사실이 언급되었다. 그 농부는 밭이랑 위에 씨앗을 뿌렸지만 상당수 씨앗은 주변의 엉뚱한 곳으로 흩뿌려졌다. 그 씨앗들 가운데 일부는 길가에 떨어져 사람들의 발에 짓밟히기도 하고 공중의 새들이 와서 먹어버렸다고 했다. 그리고 일부는 바위 위에 떨어져 싹이 조금 올라왔으나 얼마 지나지 못해 수분이 부족해 말라버리기도 했다. 그리고 일부는 가시떨기 속에 떨어져 가시가 함께 자라나서 기운을 막았다는 것이다.

그 뿌려진 씨앗들 가운데 흙이 많은 이랑의 좋은 땅에 떨어진 씨앗은 싹을 내고 백배의 결실을 맺게 되었다. 예수님께서는 거기 모인 사람들에게 이 비유의 말씀을 전하시면서 들을 귀가 있는 자들은 올바르게 들으라고 하셨다. 이는 그 비유가 가진 의미가 매우 중요하다는 사실을 말해주고 있다.

우리는 여기서 먼저 이 비유의 말씀에서 설정된 기본 내용 자체를 명확하게 이해해야 한다. 가장 주의해야 할 바는 본문에서 씨가 뿌려진 장소가 별도로 된 네 개의 밭을 의미하는 것이 아니라는 사실이다. 전문적으로 농부 일을 하는 자가, 사람들이 일반적으로 생각하는 길가에 씨앗을 뿌릴 이유가 없으며 바위 위에 씨를 뿌리지도 않는다. 나아가 가시떨기가 가득 우거진 곳에 씨를 뿌릴 까닭이 없다.

그러므로 우리는 한 곳의 큰 밭에서 농부가 씨앗을 뿌리는 것을 생각해야 한다. 그 밭에는 식물이 잘 자랄 수 있는 요건을 갖춘 토질이 좋은 밭이랑이 있는가 하면 그 밖에 씨가 떨어지지만 제대로 자랄 수 없는 곳들이 있다. 비유 가운데서 '길가'로 표현된 곳은 우리가 막연히 생각하는 사람들이 걸어 다니는 길가와 다르며, '바위 위'라 하는 곳이 사람들이 생각하는 그런 바윗덩어리 위가 아니다. 또한 '가시떨기 속'이라 할 때도 가시나무가 가득 우거진 버려진 땅이 아니다.

본문에서 말하는 씨앗이 떨어진 '길가'란 사람들이 씨를 뿌리기 위해 이랑과 이랑 사이로 다닐 수 있게 만들어 둔 밭고랑을 의미하는 것으로 이해해야 한다. 그리고 '바위 위'란 커다란 돌덩어리 위가 아니라 밭 가운데 흙이 얇게 덮여 있으나 그 아래는 돌들로 이루어진 돌짝밭 곧 자갈밭(rocky soil)을 의미한다. 또한 씨앗이 떨어진 '가시떨기 속'이란 가시나무가 있는 밭 가의 땅을 칭하고 있다. 물론 씨앗이 떨어져 농부가 원하는 대로 결실하게 되는 좋은 땅이란 흙으로 두텁게 덮인 밭이랑을 의미하는 것으로 보아야 한다.

이처럼 밭에 뿌려지는 씨앗은 동일하지만 길가로 묘사된 밭고랑, 바위 위로 언급된 자갈밭, 그리고 밭 가의 가시덤불이 있는 땅에 떨어지게 되면 씨앗이 제대로 결실할 수 없다. 공중의 새들이 와서 먹어버리거나 수분이 없어 말라 죽거나 햇빛을 받지 못하여 뿌려진 씨앗이 제대로 자라날 수 없기 때문이다. 단지 좋은 땅인 밭이랑에 뿌려진 씨앗은 잘 자라나 백배의 많은 열매를 맺게 되는 것이다.

② 씨 뿌리는 비유에 대한 해설

예수님께서 무리를 향해 이 비유의 말씀을 주시자 제자들은 그 비유가 무엇을 의미하는지 질문했다. 그러자 주님은 그에 대한 설명을 해주셨다. 그것은 하나님 나라의 비밀에 연관되어 있다는 것이었다. 그는 그 놀라운 비밀이 지금 공개적으로 선포되고 있지만 모든 사람들이 그 진정한 의미를 알게 되는 것이 아니며 오직 자기를 따르는 언약의 백성들만 깨달을 수 있도록 허락되었다는 것이다.

우리는 먼저 이 말씀을 통해 하나님의 복음에 연관된 비밀은 인간들의 지식이나 지혜로써 깨닫게 되는 것이 아니란 사실을 알게 된다. 그것은 오직 하나님으로부터 허락된 은혜로 말미암아 깨달을 수 있게 된다는 점을 의미하고 있다. 즉 하나님의 은혜와 무관한 자들은 예수님께서 행하시는 다양한 기적들을 보고 그의 교훈을 듣는다고 해도 그 비밀을 깨닫지 못한다는 것이었다.

예수님께서 여러 사람들 앞에서 전하시는 모든 말씀과 기적을 포함한

행위들은 일종의 비밀 암호와 같은 성격을 지니고 있다. 비밀 암호란 그
것을 알고 있는 자들에게는 전혀 어렵지 않다. 그에 반해 그 암호를 모
르는 자들은 결코 그 내용에 접근할 수 없다.

따라서 하나님의 은혜를 입지 못한 자들은 두 눈을 통해 예수님께서
행하신 사건들을 현상적으로 목격하지만 그 본질과 진정한 실제적인 상
황을 깨닫지 못한다. 또한 그들은 귀로 그의 말씀을 듣지만 그 진정한
의미가 무엇인지 모른다. 그런 자들은 하나님의 뜻에 따라 예수님께서
행하시고 말씀하시는 모든 것을 올바르게 보고 듣는 것이 아니라 종교
적이거나 현실적인 개인의 관점에서 보고 듣고 왜곡된 해석을 하게 될
따름이다.

예수님께서 그와 더불어 앞서 언급하신 씨앗을 뿌리는 농부에 관한
비유를 설명해 주셨다. 그는 먼저 땅에 뿌려진 씨앗은 '하나님의 말씀'
이며 밭은 그 말씀을 듣는 사람들의 마음이라고 하셨다. 즉 사람의 마음
에 하나님의 말씀이 뿌려지는데 언약에 속한 이스라엘 백성에게 뿌려지
며 여러 사람들이 한자리에 모여 있을 때 그 말씀이 뿌려진다는 것이었
다. 하지만 뿌려진 그 말씀이 심령에 얼마나 깊이 뿌리내려 성장하여 결
실을 맺느냐 하는 것은 각 사람들의 마음 밭에 따라 다르다는 것이었다.

'길가' 곧 사람들이 밟고 다니는 딱딱한 밭고랑에 씨앗이 뿌려졌다
는 것은 예수님을 통해 하나님의 말씀을 귀로 듣기는 하지만 금방 마귀
가 와서 그들의 심령을 가로막아 저들로 하여금 믿어 구원을 받지 못하
도록 한다는 사실에 연관되어 있다. 이는 심령이 딱딱한 자들에게 뿌려
진 말씀은 마귀가 즉시 빼앗아 가버린다는 것을 말해준다. 그런 자들은
하나님의 말씀을 귀로 듣지만 믿음이 뿌리를 내리지 못해 구원을 받지
못하게 된다.

그리고 '바위 위'로 묘사된 자갈밭에 곡물의 씨앗이 뿌려졌다는 것
은 하나님의 말씀을 들을 때는 일시적으로 기쁨을 가지지만 뿌리가 제
대로 내리지 않아 잠시 믿는 것 같아 보이다가 시험을 당하게 되면 그

말씀을 배반하게 된다는 것에 연관되어 있다. 그런 자들은 하나님의 진리를 받아들임으로써 예수 그리스도께 온전히 의지하는 것이 아니라 자신의 종교적인 목적을 위해 활동하는 자들이다.

또한 '가시덤불'에 씨앗이 떨어졌다는 것은 하나님의 말씀을 들은 후에 이 세상을 살아가면서 여러 가지 염려나 재물과 세속적인 향락으로 인해 영적인 결실을 맺지 못하는 자들을 일컫는다고 말씀하셨다. 그들은 이 세상과 하나님 나라에 양다리를 걸치고 있으면서 양쪽의 욕망을 동시에 채우려고 한다. 하지만 그런 태도는 올바른 신앙이 자라나지 못하게 하는 나쁜 역할을 하게 될 따름이다.

마지막으로 '좋은 땅'에 씨앗이 뿌려졌다는 것은 선하고 부드러운 심령으로 하나님의 말씀을 듣는 경우를 말하고 있다. 그런 자들은 그 말씀을 온전히 지키며 이 세상을 올바르게 살아가기 위해 최선의 노력을 기울이게 된다. 그런 자들은 비록 이땅에서 상당한 어려움을 겪게 될지라도 인내함으로써 풍성한 결실을 맺게 된다는 것이었다.

2) 등경 위의 등불 비유(눅8:16-18)

예수님께서는 또한 모인 무리를 향해 등불에 관한 비유의 말씀을 주셨다. 사람들은 누구든지 등불을 켜서 그릇으로 덮거나 평상 아래 두지 않는다는 것이었다. 등불의 용도와 그것을 켜는 목적은 주변을 환하게 밝히기 위한 것이기 때문이다.

그러므로 등불을 켜는 사람은 그것을 등경 위에 올려 두어서 방 안에 있는 자들로 하여금 그 빛을 통해 사물을 분별하도록 한다. 등불이 없어서 깜깜한 상태라면 아무것도 볼 수 없을 뿐더러 사물을 분별해 내지 못한다. 따라서 어떤 사람이 등불을 켜서 그것을 그릇으로 덮거나 평상 아래 두어 그 기능을 마비시킨다면 지극히 어리석은 행위에 지나지 않는다.

예수님은 이땅에 참 빛으로 오셨다. 죄로 물든 이 세상에는 진정한 빛이 없기 때문에 깜깜한 흑암으로 뒤덮여 있다. 그런 가운데 빛이신 예수님께서 오시게 됨으로써 모든 것이 만천하에 드러나게 되었다. 예수님께서는 빛이신 자신으로 말미암아 장차 모든 것이 드러나게 되리라는 사실을 말씀하셨다. 죄의 흑암으로 인해 그동안 감추어져 있던 모든 것들이 참 빛이신 그리스도를 통해 그 원래의 모습을 세상에 드러내게 된다는 것이었다.

그러므로 예수님은 거기 모인 백성들을 향해 자기가 전한 말씀을 명심하여 귀담아들으라고 요구하셨다. 뒤이어 누구든지 이미 가진 사람들은 더 많이 받게 되리라는 사실을 언급하셨다. 하지만 가지지 못한 자들은 스스로 가진 것으로 여기는 모든 것들마저 빼앗기게 되리라고 하셨다.

이 말씀은 과연 무엇을 의미하고 있는가? 이는 세상에서 행하시는 예수님의 사역과 밀접하게 연관되는 것으로 이해할 수 있다. 즉 빛이신 예수님을 통해 모든 것을 보고 듣고 참된 것을 소유하게 되는 자들은 장차 더 많이 받게 된다. 그에 반해 빛을 통해 세상을 보지 않고 흑암 가운데서 제 맘대로 소유하고 그것을 마치 가치 있는 것으로 판단하는 자들은 그것마저 빼앗기게 된다.

하나님의 자녀들은 죄로 물든 이 세상에 살아가면서도 주님으로 말미암은 영원한 진리를 소유해야 한다. 그렇게 되면 나중 하나님으로부터 더욱 풍성한 것을 얻게 된다. 그에 반해 진리와 상관없는 것들을 소유하고 있으면서 그것을 자랑거리로 삼는 자들은 그것들마저 빼앗기게 될 수밖에 없다. 이는 오늘날의 교회에 속한 모든 성도들 역시 마음속 깊이 새겨두어야 할 말씀이다.

3. 예수님의 모친과 동생들의 방문(눅8:19-21)

예수님께서 무리에게 천상의 교훈을 주시며 가르치고 계실 때 그의 모친 마리아와 동생들이 찾아왔다. 하지만 많은 사람들이 그를 에워싸고 있었기 때문에 그에게 접근하는 것이 쉽지 않았다. 그러므로 그 사실을 알게 된 한 사람이 예수님 앞으로 가서 지금 밖에 그의 모친과 동생들이 와서 기다리고 있다는 사실을 전했다.

그 말을 듣게 된 예수님은 의외의 반응을 보이셨다. 즉 그는 자신의 가족의 방문 소식을 듣고 기뻐하거나 반가워하는 모습을 전혀 보이지 않으셨던 것이다. 나아가 속히 그들을 만나야겠다는 마음을 먹지도 않으셨다. 나중에 만나게 되었겠지만 그 사실을 그다지 중요하게 여기지 않으셨던 것이다.

그러므로 예수님은 자기에게 가족이 찾아왔다는 소식을 전한 그 사람과 온 무리가 듣는 가운데 자기의 진정한 모친과 동생들은 하나님의 말씀을 듣고 행하고자 하여 자기와 함께 있는 자들이라고 말씀하셨다. 이는 사실 매우 중요한 의미를 지니고 있다. 그것은 육신의 가족이 중요하지 않다는 의미가 아니라 자기를 중심으로 한 성도들이 새로운 영적인 가족을 형성하게 되리라는 사실을 말해주고 있기 때문이다.

예수님의 그 말씀은 그로 말미암아 이땅에 세워지게 될 교회와 밀접하게 연관된 의미를 지니고 있다. 장차 그가 십자가에 못 박혀 죽음으로써 자신의 거룩한 피로 값 주고 사신 백성들이 자기의 진정한 가족이 된다고 하셨던 것이다. 그리하여 새로운 실제적인 언약의 공동체로서 영적인 가족이 형성되는 것이다.

이는 오늘날 우리에게 그대로 적용되어야 할 중요한 개념이다. 지상교회는 여러 성도들이 모여 한 가족을 이루고 있다. 그들이 예수 그리스도 안에서 부모 자식, 형제 자매의 관계를 형성하여 교회 중에 이 세상의 삶을 공유하게 된다. 이는 한 지교회에 속한 교인들이 단순히 종교적인 친교 단체를 형성하는 것이 아니라 그리스도의 피와 살로 맺어진 언약 공동체가 된다는 사실을 말해주고 있다.

4. 바다의 광풍과 예수님의 꾸짖음(눅8:22-25)

예수님께서는 어느 날 제자들과 함께 배를 타고 갈릴리 바다로 나가 셨다. 호수 건너편 동쪽 지역으로 가기 위해서였다. 배가 항해하는 동안 예수님께서는 배 위에서 깊은 잠이 들었다. 사람들이 몰려들지 않은 한 가한 시간을 이용해 조용히 휴식을 취하셨던 것으로 보인다. 그때 갑자 기 무서운 광풍(狂風)이 불어 닥쳤다.

그로 말미암아 예수님과 제자들이 타고 있던 배 안에 물이 가득 차오 르게 되었다. 자칫 잘못하면 배가 전복되어 물에 빠지거나 파선의 위기 에 처할 수도 있었다. 그와 같은 형편에 처한 제자들과 선원들은 두려움 에 빠지지 않을 수 없었다. 하지만 예수님께서는 아무 일 없다는 듯이 깊은 잠을 주무셨다.

극한 위기감에 빠진 제자들은 심한 풍랑에도 불구하고 아무것도 모르 는 채 깊이 잠든 예수님을 흔들어 깨웠다. 그들은 위험한 상황에서 예수 님 이외에 달리 그 위기의 순간을 해결할 만한 적절한 방법이 없다는 사 실을 알고 있었다. 제자들은 그동안 예수님께서 행하신 다양한 기적들 을 보았으며 그가 메시아라는 사실을 믿고 있었기 때문에 그에게 도움 을 간절히 요청했던 것이다.

그들은 선상에서 주무시는 주님을 깨워 엄청난 풍랑으로 인해 이제 모두 죽게 되었다는 사실을 고했다. 그 가운데는 살려달라는 간곡한 당 부의 의미가 담겨있었다. 그들의 생명은 이제 오직 예수님께 달려 있었 던 것이다. 예수님은 제자들이 살려달라고 자기에게 애걸하는 까닭은 자기를 메시아로 믿고 있기 때문이라는 사실을 잘 알고 계셨다.

그러므로 예수님께서는 잠에서 일어나 무섭게 몰아치는 바람과 파도 를 향해 잠잠하도록 꾸짖으셨다. 그러자 험악한 분위기를 연출하던 갈 릴리 바다가 즉시 조용해졌다. 예수님은 그 자리에서 상상을 초월하는 이적을 베푸심으로써 자기가 메시아라는 사실을 다시 한번 선포하시게 되었다. 그것은 사람들을 대상으로 베푸는 기적이 아니라 자연을 제어하는 절대적인 능력이었다.

그러면서 제자들을 향해 '너희 믿음이 어디 있느냐?'고 책망하듯 다그치셨다. 이 말씀 가운데는 주님의 제자로서 그 정도의 일을 감당할 수 없느냐는 의미를 지니고 있다. 이는 주님으로부터 능력을 받은 제자들은 모든 것을 할 수 있음을 시사하는 것이다.

또한 그와 함께 배에 타고 있던 사람들은 그 광경을 보고 들으면서 예수님을 두려워하게 되었다. 그들은 광풍과 파도로 인해 극한 두려움에 빠져 있던 상황에서 그것을 말씀으로 제어하신 예수님을 두려워하는 마음으로 바뀌게 되었던 것이다. 물론 파도를 두려워하는 것은 공포였으며 예수님을 두려워하는 것은 인격적인 경외감과 연관되어 있었다.

그 배에 타고 있던 사람들은 세차게 부는 바람과 파도를 향한 예수님의 꾸짖음으로 인해 바다가 잔잔해진 것을 보고 그가 도대체 누구이기에 그렇게 할 수 있는지 수군거리게 되었다. 바람과 파도를 명령하여 순종케 하는 것은 사람이 할 수 있는 일이 아니었기 때문이다. 우리가 여기서 잘 생각해야 할 바는 예수님이 누구인가 생각하며 대화를 나누는 자들은 그의 제자들이 아니었을 것이란 사실이다. 그 사람들은 배 위에 타고 있던 선원들과 다른 일반 승객들이었다.

숱하게 많은 예수님의 기적을 직접 목격한 제자들은 그가 메시아란 사실을 의심하지 않았다. 예수님과 제자들이 그 배를 전세를 낸 것 같지 않아 보인다. 따라서 그 배에는 선원들 외에 여러 명의 다른 일반 승객들도 타고 있었을 것이다. 그들 가운데는 예수님께서 바람과 파도를 꾸짖어 조용하게 한 특별한 사역을 통해 그가 메시아라는 사실을 깨달아 믿게 된 자들이 상당수 있었을 것이 틀림없다.

5. 거라사인의 땅에 살던 귀신들린 자(눅8:26-39)

예수님과 그의 제자들이 탄 배가 갈릴리 바다 동쪽 건너편 거라사인의 땅에 도착했다. 그들이 배에서 육지에 내리자 그 지역 사람들 가운데 귀신들린 자 하나가 예수님을 알아보게 되었다. 그는 오랫동안 옷을 제대로 걸치지 않은 채 비참한 생활을 하고 있던 인물이었다. 또한 당연히 기거해야 할 집 안에 머물지 않고 공동묘지 가운데서 지내며 거했다. 그곳에서 닥치는 대로 먹고 살아 갔던 것이다.

심각한 문제를 가진 그 사람이 예수님을 만나자마자 곧바로 그가 '하나님의 아들' 메시아라는 사실을 알아본 것은 여간 놀라운 일이 아닐 수 없었다. 정신이 멀쩡한 사람들이 그를 제대로 알아보지 못했으며 예루살렘에서 성공한 듯 뻐기며 고상하게 살아가는 기득권자들은 도리어 그를 강하게 거부하고 있는 형편이었다.

귀신들린 사람이 예수님의 존재를 알아본 것은 물론 그 자신의 개인적인 능력 때문이 아니었다. 오히려 그를 지배하고 있던 귀신이 메시아를 정확하게 알아보았던 것이다. 우리는 성경에서 귀신들린 자들이 먼저 메시아를 알아보고 그에게 비굴한 간청을 했던 경우를 기억하고 있다. 이는 사실 우리에게 많은 교훈을 주고 있다.

예수님의 메시아 신분을 알고 있는 것만으로 구원의 근거가 되지 못한다. 이는 하나님의 존재를 믿는 것 자체가 신앙이 될 수 없는 것과 마찬가지다. 귀신들은 예수님을 정확하게 알아보고 그가 하나님의 아들이라는 사실을 알았으나 그를 구세주로 믿고 의지한 것이 아니라 오히려 그의 반대편에서 어린 성도들을 미혹하거나 하나님의 사역을 방해하는 적대적 행위를 일삼았다.

이처럼 거라사인의 땅에 배회하던 귀신들린 자도 그와 동일한 형편에 놓여있었다. 그는 예수님 앞에서 무릎을 꿇고 그를 향해 큰 소리로 간절하게 부르짖었다. "지극히 높으신 하나님의 아들 예수여 나와 당신과 무

슨 상관이 있나이까 당신께 구하노니 나를 괴롭게 마옵소서"(눅8:28). 더
러운 귀신에 들린 그 사람은 예수님을 지극히 높은 하나님의 아들이라
는 사실을 언급했다. 우리는 여기서 부정적이기는 하나 더러운 귀신을
통해 메시아가 세상에 선포되고 있는 사실을 보게 된다.

그는 하나님의 아들인 예수님께서 이 세상에 오신 목적까지 정확하게
알고 있었다. 자기를 괴롭게 하지 말아 달라는 요구는 그가 사탄에 속한
악한 세력을 심판하기 위해 이땅에 오신 사실을 잘 알고 있었음을 말해
준다. 우리는 여기서 화려한 예루살렘에 머물면서 그럴듯한 종교 활동
을 하는 지도자들과 이스라엘 땅 가운데 가장 오지(奧地)인 거라사인의
땅의 귀신들린 자 사이를 비교해볼 수 있다. 양쪽 모두 하나님의 구원에
서 먼 심판의 대상자들이었지만 어떻게 각각 그 부정적 역할을 감당하
게 되는지 생각해 볼 수 있는 것이다.

예수님께서는 귀신들린 자의 비굴한 간청을 듣고 그를 지배하고 있던
귀신을 향해 '그에게서 나오라'고 명령하셨다. 그 귀신들린 자는 위험
한 행동을 했기 때문에 종종 주변 사람들이 그를 쇠사슬과 고랑에 매어
두고 지키기도 했다. 하지만 그에게 들어가 있던 귀신은 보통 사람들과
달리 힘이 워낙 강했기 때문에 쇠사슬을 끊어버리고 그를 인적이 드문
광야로 끌고 가기도 했다. 아무도 그를 이겨낼 수 없었기 때문이다. 그
런 형편에서 예수님께서 그 귀신에게 나가라고 명령하셨던 것이다.

예수님께서는 그와 더불어 그 사람을 지배하고 있는 귀신을 향해 '네
이름이 뭐냐?'고 물으셨다. 이는 귀신의 고유명사인 성명을 묻는 것이
라기보다 그 존재에 연관된 것이었다. 그러자 그 귀신은 '군대'라고 답
변했다. 이는 그 사람에게 들어있던 귀신이 하나가 아니라 여러 귀신들
이 떼거리로 들어가 있었음을 말해주고 있다.

예수님의 말씀을 들은 귀신들은 그를 향해 쫓아내시더라도 무저갱으
로 들어가라고 하지 말아 달라는 간청을 했다. 이는 인간들이 미처 알지
못하는 지옥의 무서움을 귀신들이 알고 있었음을 말해주고 있다. 그 귀

신들은 영원한 형벌을 받을 수밖에 없는 존재였지만 잠시라도 그 고통을 피해 보고자 했던 것이다. 마침 거기 많은 돼지 떼가 산에서 돌아다니고 있었으므로 그 귀신들은 자기들을 그 돼지 떼에 들어가도록 해 달라고 간청했다.

그러자 예수님께서 그 사람에게 들어있던 귀신들에게 그렇게 하도록 허락해 주셨다. 그로 말미암아 더러운 귀신들은 그 사람으로부터 나와 돼지 떼로 들어갔다. 언덕을 돌아다니던 돼지 떼는 갑자기 저들에게 귀신이 들어가게 되자 산비탈로 내리달려 갈릴리 바다 속으로 뛰어들어가 몰사하게 되었다.

그런데 귀신들은 왜 돼지 떼를 선택했으며, 예수님께서는 왜 그 귀신들의 간청을 들어주셨을까? 이는 아마도 귀신들의 입장에서는 즉각적인 심판이 두려워 일시적으로 그 상황을 피하고 싶었을 것으로 보인다. 그래서 눈앞에 있는 돼지 떼로 들어가기를 원했을 것이다. 그리고 예수님께서는 저들의 간청을 들어주심으로써 무서운 심판을 일시 보류하셨지만 그 귀신들이 세상에서 제멋대로 돌아다니는 것을 막으신 의미가 있었을 것으로 보인다.

그리고 예수님께서는 그와 더불어 메시아이신 자신의 존재를 드러내시며 귀신들을 향한 실제적인 선포를 하셨다. 그 귀신들로 말미암아 돼지 떼가 바다에 빠져 몰사하게 되자 돼지를 치던 자들이 놀라서 도망쳐 성 안과 촌에 들어가 다른 사람들에게 그 놀라운 사실을 전했다. 그러자 사람들은 그것이 과연 사실인지 확인하기 위해 그 귀신들린 자가 벌거벗고 배회하던 공동묘지 쪽으로 달려가 보았다. 그들은 현장에 가서 귀신들렸던 그 사람이 옷을 걸치고 정신이 온전하게 되어 예수님의 발아래 앉아 있는 것을 목격하게 되었다.

그 광경을 지켜본 사람들은 놀라지 않을 수 없었다. 그런데 귀신들려 모든 사람들로부터 배척을 당하고 비참한 상태에 놓여있던 그 사람이 일순간에 저들에게 자기의 경험을 언급하며 교훈하는 교사처럼 되었다.

그의 말을 들은 거라사인의 땅 인근의 모든 백성들이 큰 두려움에 빠졌다. 그리하여 그들은 예수님을 향해 거기서 떠나주기를 간청했다.

그들 가운데는 순식간에 많은 돼지 떼를 잃음으로써 엄청난 재산상의 손실을 입은 자가 있었을 텐데도 달리 손해배상을 요구하지 않았다. 거기에 있던 사람들은 자칫 그로 말미암아 더 큰 손실을 입을까봐 두려워하는 자들이 있었을지도 모른다. 하지만 그 귀신들렸던 사람은 예수님에게 자기와 함께 있어 주기를 간구했다.

하지만 예수님께서는 배에 올라 원래 계시던 곳으로 되돌아가셨다. 우리는 여기서 예수님께서 배를 타고 거라사인의 땅으로 가신 목적은 거센 파도를 잠재우는 일과 귀신들린 자를 고치기 위한 것이었음을 알게 된다. 아무도 주님의 생각을 알지 못했지만 그 사건을 통해 하나님의 아들인 자신을 제자들에게 다시금 확인시키며 만방에 선포하셨던 것이다.

그리하여 예수님께서 귀신들렸던 그 사람을 보내시며 이제 건강한 몸으로 집에 돌아가 하나님께서 저에게 얼마나 큰일을 행하셨는지 일일이 고하라고 명하셨다. 물론 그는 성 안으로 들어가 예수께서 자기에게 행하신 모든 일을 온 성내에 전파하게 되었다. 예수님께서는 그것이 '하나님이 행하신 일'이라고 하셨으며 그 사람은 '예수님이 그것을 행하셨다고 함'으로써 하나님과 예수님이 동일한 분이란 사실이 선포되었던 것이다(눅8:39).

6. 회당장 야이로의 딸과 혈루증 앓는 여인(눅8:40-56)

예수님께서 배를 타고 거라사인의 땅으로부터 돌아오시는 것을 본 무리가 그를 크게 환영했다. 이는 그들이 예수님이 오시기를 기다렸기 때문이다. 그 사람들에게는 다양한 목적과 의도가 있었을 것이 분명하다. 어떤 사람들은 그로부터 중요한 교훈을 듣고자 했을 것이며 다른 사람

들은 그가 또다시 어떤 기적을 베풀지 관심을 가진 자들도 있었을 것이
다. 또한 막연한 관심으로 그를 기다리는 자들도 없지 않았을 것으로 보
인다.

그런 중에 야이로(Jairus)라고 하는 유대인 회당장이 예수님의 발 앞에
엎드려 속히 자기 집으로 와주시기를 간청했다. 이는 그에게 열두 살 된
외동딸이 있는데 거의 죽어가고 있는 형편이었기 때문이다. 이제 그에
게 남은 마지막 희망은 예수님을 통해 자기 딸이 치유를 받는 것이었다.

사실 이는 매우 중요한 의미를 지니고 있다. 유대인 회당장이라는 직
함을 가진 자라면 당시로 봐서 소위 골수 유대주의자라 할 수 있다. 그
가 예수님 앞에 무릎을 꿇는다는 것은 유대교에 대한 배신을 선언하는
의미를 지닐 수도 있었다. 그러나 그는 예수님이 보통 인물이 아닌 줄
알았기에 그렇게 했던 것이다.

그리고 회당장이 아무도 고치지 못하는 병에 걸린 자기 딸을 예수님
께 맡긴다는 것은 더욱 심각한 문제가 될 수 있었다. 종교적인 관점에서
보았을 때 자기 딸이 낫기를 바란다면 유대주의자들의 하나님께 간구해
야만 한다. 그런데 회당장은 그 하나님의 도움을 바라면서 기도하지 않
고 예수님께 도움을 요청했기 때문이다. 이는 그가 예수님이 곧 하나님
과 버금가는 존재라는 사실을 받아들이고 있었음을 말해주고 있다.

그러므로 예수님께서는 그 회당장의 믿음을 보시고 그의 집을 향해
발걸음을 옮기셨다. 그때 제자들뿐 아니라 많은 무리가 그를 둘러싼 채
앞으로 나아갔다. 그 사람들은 예수님으로 말미암아 어떤 놀라운 일이
발생하게 될지 깊은 호기심을 가지고 그와 함께 회당장의 집 쪽으로 가
게 되었던 것이다.

그런데 예수님께서 회당장의 집으로 가시는 도중 예기치 못한 의외의
문제가 발생했다. 열두 해 동안 혈루증 곧 하혈증을 앓으며 고생하고 있
던 한 여인이 예수님의 뒤로 와서 그의 옷에 손을 댔다. 그는 질병을 고

치기 위해 오랜 세월 동안 많은 의사들을 찾아다녔겠지만 고침을 받지 못했다. 이제 그 여인에게 마지막 희망을 둘 수 있는 대상은 예수님밖에 없었다. 그가 많은 사람들의 질병을 고쳐준다는 이야기를 이미 듣고 있었기 때문이다.

이제 그 예수님이 자기 가까이 지나가고 있으니 절호의 기회가 아닐 수 없었다. 그가 예수님의 옷에 손을 대면 금방 나을 것으로 생각하고 그렇게 하자 즉시 그 혈루증이 멈추게 되었다. 물론 아무도 그 사실을 알아채지 못했으나 그 여인은 즉각 자기의 몸에 어떤 변화가 일어나고 있는지 알 수 있었다.

그때 예수님께서 뒤를 돌아보시며 자기 몸에 손을 댄 자가 누구냐고 물으셨다. 그 말을 들은 주변의 사람들은 모두 자기가 아니라고 했다. 그때 베드로는 예수님의 말씀을 듣고 주변에 사람들이 많아서 서로 밀고 밀리는 중에 그렇게 된 것이라고 언급했다. 하지만 예수님께서는 자기에게 의도적으로 손을 댄 사람이 있다고 단언하셨다. 자기에게서 그 사람을 위해 능력이 나갔다는 것이었다.

예수님의 말씀을 들은 그 여인은 자기가 들킨 줄 알고 떨며 그 앞에 무릎을 꿇어 엎드렸다. 자기가 예수님께 손을 댄 이유와 그로 말미암아 질병이 즉시 낫게 된 사실을 거기 모인 모든 사람들이 보는 앞에서 자기가 취한 행위와 더불어 자백했던 것이다. 그 여인은 그 행동으로 인해 엄청난 책망을 받을 것으로 생각하고 있었다.

하지만 예수님께서는 그를 책망하시기는커녕 도리어 크게 칭찬하셨다. 이는 그 여인이 예수님이 하나님의 아들 메시아라는 사실을 알아보았기 때문이다. 따라서 그는 '딸아 네 믿음이 너를 구원하였으니 평안히 가라'고 말씀하셨던 것이다.

그와 같은 일이 벌어지고 있는 동안 회당장 야이로의 집에서 사람이 왔다. 그는 회당장에게 그의 딸이 이미 죽었다는 비보를 전했다. 그 사람은 이제 더 이상 예수님을 집으로 들이는 수고를 끼칠 필요 없이 그 딸을 위한 장례를 준비하고자 했다.

그런데 옆에서 그 말을 듣고 계시던 예수님께서는 아무도 기대할 수 없는 의외의 반응을 보이셨다. 저들을 향해 두려워하지 말고 믿음을 가지라고 말씀하셨던 것이다. 그로 인해 그 딸이 구원을 받게 되리라는 것이었다. 그렇다면 여기서 언급된 믿음과 구원은 과연 무엇을 의미하며 서로간 어떤 관계가 있는 것인가?

우리는 이 말씀을 여간 주의 깊게 이해하지 않으면 안 된다. 여기서 믿으라고 한 것은 '그 딸이 살아날 것에 대한 믿음'을 가지라는 의미가 아니라 '하나님의 아들로서 이땅에 강림한 메시아인 자신을 믿으라'는 뜻을 지니고 있다. 더구나 메시아를 믿어야 할 자는 죽은 딸의 아버지 회당장이었으며 다시 살아나게 될 딸의 믿음이 아니었다. 즉 믿는 당사자와 혜택을 받는 당사자가 달랐던 것이다.

이 원리는 우리에게 매우 중요한 교훈을 주고 있다. 성도들의 믿음은 개인이 가지는 것이기는 하지만 주관적인 것에 제한되지 않는다. 그것은 오히려 공동체 혹은 집단적인 의미를 지니고 있기 때문이다. 이런 관점에서 이해한다면 죽은 그 딸이 살아나게 되는 것은 죽은 당사자를 위한 것을 넘어 회당장과 거기 함께 있던 사람들에게 메시아를 선포하는 보다 중요한 의미를 지니고 있다.

그리고 딸이 구원을 얻게 된다는 말은 그가 죽음에서 살아나게 된다는 점을 의미하고 있다. 이는 예수님이 메시아로서 생명의 공급자가 된다는 사실에 밀접하게 연관되어 있다. 회당장 야이로의 죽은 딸 이외의 모든 사람들은 당시 현실적인 혜택을 입은 것이 아니었지만 예수님이 생명의 주인이라는 사실을 명확히 깨닫게 되었다. 실상은 그점이 모든 사람들에게 제공된 보편적인 영적 혜택이라 할 수 있다.

예수님께서는 그 말씀을 하시고 난 후 회당장의 집으로 들어가셨다. 그때 베드로와 요한과 야고보 등 소수의 제자들과 그 부모만 데리고 죽은 딸의 시신이 뉘어있는 방 안으로 가셨다. 많은 사람들이 그 아이의 죽음을 보고 통곡하며 울고 있을 때 예수님께서는 방 안으로 들어가시면서 그가 죽은 것이 아니라 잠을 자고 있으니 울지 말라고 하셨다. 그 말을 들은 사람들은 그 딸이 이미 죽은 것을 알고 있었기 때문에 비웃었을 따름이다.

하지만 예수님께서는 방에 들어가 죽은 아이의 손을 잡고 부르면서 '아이야 일어나라'고 명하셨다. 그러자 육체를 떠났던 그 딸의 영혼이 돌아오게 되어 자리에서 일어나 앉게 되었다. 그것을 본 예수님은 그에게 먹을 것을 주라고 말씀하셨다. 죽은 딸이 살아나는 그 광경을 지켜본 회당장 부부는 크게 놀라지 않을 수 없었다. 딸이 다시 살아남으로 말미암아 그 기쁨이 엄청나게 컸겠지만 그보다 더 큰 것은 메시아에 대한 확고한 증거를 본 것이었다.

예수님의 그 사역을 통해 그 실상과 상황을 가장 정확하게 이해한 이들은 역시 제자들이었다. 그들은 죽음에서 살아난 당사자와 그 부모가 감정적으로 느끼는 기쁨과는 달리 메시아에 대한 의미를 더욱 확고히 했을 것이 분명하다. 제자들은 그와 같은 수많은 증거를 기반으로 하여 예수님이 구약에서 예언된 메시아라는 사실을 선포했던 것이다.

그런데 예수님께서는 거기 모여 있던 사람들에게 그 사실을 아무에게도 발설하지 말도록 당부하셨다. 물론 그렇게 한다고 해서 소문이 퍼져나가지 않을 것은 아니었다. 그럼에도 불구하고 주님께서 그런 당부를 하셨던 것은 사람들이 메시아에 대하여 오해하는 것을 막기 위해서였다. 어리석은 자들은 예수님의 기적을 보면서 그가 구약에서 예언된 메시아가 아니라 단순히 큰 기적을 행하는 대단한 인물로 볼 우려가 있었기 때문이다.

제9장

예수님의 제자들과 다양한 사건들

(눅9:1-62)

1. 예수님의 권세 공유와 이양(눅9:1-6)

예수님께서는 자기의 열두 제자들에게 모든 귀신을 제어하며 질병을
고치는 능력과 권세를 주셨다. 그것은 제자들 자신을 위한 것이 아니라
하나님의 구원 사역을 이루기 위한 중요한 방편이다. 여기서 우리의 관
심을 끄는 것은 마귀에게 속한 자이자 나중 예수님을 배반하게 되는 가
룻 유다에게도 동일한 능력과 권세가 주어졌다는 점이다(요6:70,71).

예수님께서는 처음부터 유다가 마귀의 자식이라는 사실을 알고 계셨
던 것이 분명하다. 그런데 그는 유다를 자기 제자로 불러 다른 제자들과
함께 자신의 사역을 일정 부분 감당하게 하셨다. 따라서 예수님께서는
모든 제자들에게, 가는 곳마다 병든 자들을 고치며 하나님 나라를 전파
하는 일을 감당하도록 임무를 부여해 보내셨다.

마귀에게 속한 가룻 유다가 그들 가운데 속해 있었다는 사실은 하나

님의 복음이 믿는 자들에 의해서 뿐 아니라 불신자들을 도구 삼아 전해 지기도 한다는 점을 어느 정도 보여주고 있다. 물론 그 당사자는 자기가 복음을 전하면서도 그 진정한 의미를 깨닫지 못한 상태에서 그 일에 참여했을 것이다. 지금도 하나님을 종교적으로만 이해하고 있을 뿐 진실로 알지 못하는 자들을 통해서도 하나님의 말씀이 증거되고 있다.

예수님께서는 당시 제자들을 여러 지역으로 보내시면서 여행을 위하여 아무것도 가지지 말고 지팡이나 주머니나 양식이나 돈이나 두 벌 옷을 가지지 말라는 당부를 하셨다. 이는 문자 그대로 아무것도 없이 빈털터리로 가라는 뜻이 아니다. 앞에서 이미 막달라 마리아를 비롯한 여러 여인들이 저들의 사유재산으로 예수님과 제자들을 섬긴 사실이 기록되어 있다(눅8:2, 참조). 따라서 이는 많은 것을 가지지 말고 간편하게 여행하라는 뜻으로 받아들여야 한다.

우리는 위에 언급된 예수님의 말씀 가운데서 특히 '지팡이'를 눈여겨볼 필요가 있다. 지팡이 자체는 그렇게 값비싼 물건도 아니고 필요할 때 몸을 의지하는 간단한 도구이다. 그런데 예수님께서는 지팡이도 가지고 가지 말라고 하셨다.[19] 그렇다면 제자들이 지팡이를 가지고 가면 주님의 그 말씀에 불순종하는 것이 되는가?

본문이 말하고자 하는 바는 그런 의미가 아닐 것으로 보인다. 제자들이 다양한 기적들을 베푸는 능력을 가지고 하나님 나라의 복음을 전파하면서 일상생활에 대한 지나친 염려를 하거나 불필요한 것들을 많이 준비하는 것은 결코 바람직한 자세라 할 수 없다. 따라서 이 말은 제자들이 오직 하나님의 능력에 의지해야 할 뿐 다른 어떤 것도 의지하지 말

---

19) 누가복음뿐 아니라 마태복음 10:10에서도 예수님께서는 지팡이를 가지고 가지 말라고 하셨다. 그런데 마가복음 6:8에는 단지 지팡이만 가져가라고 한 것으로 기록하고 있다. 각 복음서를 비교해 볼 때 누가복음과 마태복음의 기록이 옳은 것으로 보인다. 즉 마가복음의 기록은 초기의 필사과정에서 발생한 문제가 아니었을까 하는 생각이 든다.

라는 의미가 내포된 것으로 이해하는 것이 자연스럽다. 즉 지팡이에 몸을 의존하지 말아야 하듯이 스스로 준비한 양식이나 돈이나 의상에 의존하지 말라는 것이었다.

오히려 제자들이 어느 집에 들어가든지 거기서 잠시 유하다가 떠나라고 하셨다. 이 말씀 가운데는 그들에게 마치 구걸하듯이 양식이나 돈이나 옷을 요구하지 말라는 의미가 내포되어 있다. 하지만 누군가 자원하는 마음으로 필요한 것을 제공한다면 그것마저 무조건 거부해야 한다는 뜻은 아니다.

또한 누구든지 주님의 제자들을 기쁨으로 영접하지 않는다면 그 성읍에서 떠날 때 저들의 발에 묻은 먼지를 떨어버리고 그 지역을 떠나라는 말씀을 하셨다. 그렇게 함으로써 그것을 저희에게 증거로 삼으라는 것이었다. 이는 하나님의 복음을 받아들이지 않고 주님의 제자들을 거부하는 사람들에게 무서운 저주가 임한다고 할지라도 그 책임은 전적으로 저들 자신에게 있다는 사실을 말해주고 있다.

예수님의 모든 말씀을 들은 제자들은 그곳을 떠나 여러 지역을 다니면서 하나님의 복음을 전파했다. 그리고 많은 사람들의 질병을 고치면서 하나님 나라가 이땅에 임한 것이 단순한 상징이 아니라 실제라는 사실을 보여주었다. 따라서 하나님을 진심으로 경외하는 성도들은 귀신을 제어하며 질병을 고치는 다양한 기적 자체보다 그로 말미암아 이땅에 메시아가 오셨다는 사실을 깨달아 알게 되었던 것이다.

2. 당황한 헤롯 분봉왕(눅9:7-9)

헤롯 분봉왕은 자기의 정치적 관할 지역인 갈릴리에서 예수의 제자들을 통해 이런 놀라운 일이 발생하고 있다는 사실을 알고 매우 당황스러워했다. 자기가 최고 통치자로 군림하고 있는 터에 예수가 곧 메시아이자 유대인의 왕이라고 믿는 백성들이 많이 생겨나고 있는 것은 예삿일이 아니었기 때문이다.

그리하여 그의 생각은 복잡해졌다. 과거 그가 자기의 이복동생의 아내 헤로디아를 아내로 취했을 때 그것을 비판하는 세례 요한을 목 베어 죽였기 때문이다. 그는 여러 사람들이 연회를 즐기는 현장에서 끔찍한 일을 자행했던 것이다. 헤롯 분봉왕은 그 만행을 저질렀지만 마음속에 있는 불안감을 떨쳐내지 못했다. 세례 요한은 제사장 가문의 훌륭한 선지자로 알려진 매우 중요한 인물이었는데 그에게 몹쓸 짓을 저질렀기 때문이다.

그런 중에 사람들은 예수님이 다양한 기적을 행하는 이야기를 듣게 되었다. 백성들 가운데는 그가 자신이 죽인 요한이 되살아난 것이라고 말하는 자들도 있었다. 그 소문은 사실이 아니었지만 사방에 퍼져 나갔으며 급기야 헤롯의 귀에도 들어갔던 것이다. 또 다른 어떤 사람들은 예수를 보고 엘리야가 나타났다고도 했으며 옛날 많은 선지자들 가운데 하나가 다시 살아났다고 주장하기도 했다.

그 모든 이야기들은 사실이 아니었으나 불안한 상황에 빠진 헤롯에게는 심각한 문제로 대두되지 않을 수 없었다. 결국 그는 자기가 직접 요한의 목을 베어 죽였는데 그런 이야기가 들리니 확인해 보고자 하는 마음이 들었다. 그리하여 예수라는 인물이 누구인지 직접 보고자 했던 것이다(눅9:9).

우리는 그뒤에 헤롯이 예수님을 보기 위해 어떤 노력을 했는지 구체적으로 알지 못한다. 하지만 예수님이 막강한 세력을 가진 정치인으로부터 견제의 대상이 되었다는 사실은 분명하다. 나중 헤롯이 예수님을 직접 보게 된 것은 그가 십자가에 달리시기 직전 본디오 빌라도에게 심문을 당하는 자리에서였다(눅23:8). 그때 헤롯은 그를 보게 된 것에 대해 매우 흥미로워했는데 이는 그가 예수님이 어떤 기적을 행하는지 보기를 원했기 때문이었다.

3. 예수님의 권세와 오병이어의 기적(눅9:10-17)

예수님으로부터 보냄을 받아 여러 지역을 두루 다니며 '하나님 나라'를 선포한 사도들이 원래의 곳으로 돌아왔다. 그들은 예수님께 각 지역에서 일어난 여러 일들을 보고했다. 아마도 많은 사람들이 다양한 기적과 교훈들을 통해 복음을 받아들였으나 그것을 강하게 거부한 자들도 상당수 있었다는 사실도 전했을 것이다.

그후 예수님께서는 제자들을 데리고 갈릴리 북동쪽 해안 마을인 벳세다로 가셨다. 그 사실을 알게 된 많은 사람들이 그리로 따라갔다. 예수님께서는 저들을 뿌리치거나 쫓아내지 않으시고 저들에게 하나님 나라에 관한 복음을 전파하셨다. 그리고 각종 질병으로 인해 고생하는 자들을 치유해주셨다.

그러던 중 날이 서서히 저물어가는 늦은 오후 시간이 되었다. 그때까지도 사람들은 그곳을 떠날 생각을 하지 않고 있었다. 그러자 열두 제자들이 예수님을 향해 그 사람들로 하여금 마을과 촌락으로 내려가 음식을 구해 먹도록 하는 것이 좋겠다는 말씀을 드렸다. 그곳은 아무것도 없는 빈들이며 먹을 만한 음식이 없다는 것이었다.

이는 사실 매우 어려운 상황이었음을 말해주고 있다. 수천 명이 넘는 많은 사람들이 마을로 내려간다고 해도 먹을 만한 음식을 구하기 어려웠을 것이기 때문이다. 하지만 달리 식사를 위한 해결 방법이 없는 제자들로서는 예수님께 그렇게 보고할 수밖에 없었다.

제자들의 말을 들은 예수님께서는 도리어 저들을 향해 '너희가 먹을 것을 주어라'(눅9:13)고 말씀하셨다. 그들에게 식량이 없다는 사실을 예수님께서도 잘 알고 계셨다. 하지만 예수님의 그 말씀 가운데는 제자들이 그렇게 할 수 있다는 의미가 내포되어 있다. 이는 하나님의 능력으로는 그것이 가능하니 이제 예수님으로부터 능력을 이양받은 제자들에게 그것을 감당하도록 명하셨던 것이다.

그러나 제자들의 입장에서는 그것이 불가능한 것으로 비쳐질 수밖에 없었다. 그래서 한 말이 지금 저들에게는 보리떡 다섯 개와 물고기 두 마리밖에 없다는 것이었다. 그것으로는 그 많은 사람들을 먹이는 것이 불가능했다. 따라서 필요한 음식을 사서 저들에게 먹이는 수밖에 달리 도리가 없다는 사실을 말씀드렸다. 물론 저들에게 그만한 돈이 없었으니 그러지도 못했다.

그때 거기 모여 있던 무리의 수는 남자가 약 오천 명 정도 되었다. 하루해가 저물어 갈 때 즈음 되었으니 상당수 여성들과 아이들은 집으로 돌아갔을 것으로 보인다. 그렇다고 할지라도 오천 명을 훨씬 넘는 수였음이 분명하다.[20]

그 광경을 지켜보신 예수님께서는 제자들에게 오십 명 정도씩 조를 지어 자리에 앉히라고 명하셨다. 아직 그 영문을 알지 못하는 제자들은 아무런 반문 없이 그에 순종할 수밖에 없었다. 그들이 조를 지어 다 앉게 되자 예수님은 보리떡 다섯 개와 물고기 두 마리를 가지고 천상을 향해 축사하시고 떼어서 제자들에게 나누어 주며 무리 앞에 놓게 하셨다. 그 많은 사람들이 예수님의 기적을 통해 풍성해진 그 음식을 배불리 먹고 남은 것이 열두 광주리 정도의 양이 되었다.

우리는 여기서 예수님께서 왜 오병이어의 기적을 일으키셨는지 주의

---

20) 어떤 사람들은 오천 명이 넘는 많은 사람들이 그렇게 앉는 것이 불가능하다고 주장하는 자들이 있다. 그러나 실제로 그 정도의 사람들이 둘러 앉는 것은 넓은 자리를 요하는 것이 맞지만 불가능할 정도는 아니다. 필자는 2019년 초, 아프리카 르완다의 수도 키갈리(Kigali) 변두리에 있는 동아프리카 성경신학교(Bible College of East Africa)와 교회에서 한 주간 동안(1.27-2.2) 강의와 설교를 한 적이 있다. 그 마지막 토요일 그리 크지 않은 아담한 학교 뒤편에 잔디로 된 축구장 정도 넓이의 땅에서 아이들에게 집단 급식을 제공했었다. 그때 천 명이 넘는 아이들이 모여 열댓 명 정도씩 조를 지어 앉아 식사하는데 그 운동장의 절반도 차지하지 않았다. 그것을 보면서 들었던 생각은 약 오천 명 정도 같으면 질서정연하게 한 자리에 앉아 소란스럽지 않게 음식을 먹을 수 있다는 사실을 확인하게 되었다. 이는 필자의 경험에 의한 것으로 독자들에게 약간의 이해를 돕기 위해 소개해 보는 것이다.

깊게 생각해 보아야 한다. 그가 단순히 배고픈 사람들을 불쌍히 여겨 그렇게 한 것으로 말할 수는 없다. 음식은 아무리 배불리 먹어도 하루만 지나면 또다시 배가 고프게 되는 것이 당연한 이치이다.

처음 예수님의 기적을 통해 음식을 배불리 먹은 사람들은 예수님께 매우 고마운 마음을 가졌을 것이 분명하다. 그는 많은 돈을 들이거나 힘들게 음식을 제공한 것이 아니라 하늘을 우러러보며 축사를 하고 나누어준 것이 전부였다. 즉 돈이나 특별한 노력을 들이지 않고 그 놀라운 일을 행하셨던 것이다.

이는 백성들에게 엄청난 소망을 주었을 것이 틀림없다. 그가 마음을 먹으면 언제든지 얼마든지 배고픈 사람들을 먹여줄 수 있다는 사실이 확증되었기 때문이다. 그러니 배고픈 사람들은 그로부터 음식을 무한정 제공받기를 원했을 것이다. 하지만 예수님께서는 항상 그들의 요구를 듣고 배부르게 해 주시는 분이 아니었다.

만일 많은 돈을 들여 사람들을 먹였다면 그 기대가 덜했을 것이 틀림없다. 그러나 기적적인 방법으로 엄청난 수의 사람들을 먹이신 예수님께서 그다음부터 그 기적을 행치 않으면 결국 원성이 돌아갈 따름이다. 백성을 위한 사랑이 있다면 결코 배고파 굶주리는 사람들을 외면하지 않으리라 여겼을 것이기 때문이다. 하지만 예수님께서는 그렇게 하지 않으셨다.

그렇다면 예수님께서 오병이어의 기적을 일으키신 근본적인 목적은 무엇이었을까? 그것은 먼저 예수님이 하나님의 아들로서 메시아라는 사실을 백성들에게 직접 증거하시기 위해서였다. 그리고 영원한 천상의 나라에는 배고픔이 없다는 사실을 선포하는 의미를 지니고 있다.

따라서 우리는 이 기적의 일차적인 참 수혜자는 그때 음식을 배불리 먹은 사람들이 아니라 그를 메시아로 알고 믿는 사람들이었다는 사실을 기억해야 한다. 이는 당시 예수님께서 그 놀라운 기적을 일으키신 것은 그 자리에 있던 제자들과 그들을 통해 그 역사적 사건을 전해 듣게 된 오늘날 우리를 위한 것이란 사실을 말해주고 있다. 즉 우리가 그 중요한 수혜자에 속한다는 사실을 기억하는 것은 매우 중요하다.

4. 가이사랴 빌립보 사건(눅9:18-27)

누가복음에 기록된 이 사건은 마태복음 16장 13-28절에 기록된 가이사랴 빌립보에서 일어난 일과 병행되는 사건이다. 그때 예수님께서 함께 있던 제자들에게 '사람들이 나를 누구라 하느냐'고 질문하셨다.[21] 이는 당시 이스라엘 백성이 메시아에 대하여 어떤 견해를 가지고 있는지 물어보시는 동시에 제자들에게 메시아인 자신을 더욱 분명히 드러내기 위해서였다.

제자들은 주님으로부터 그에 관한 질문을 듣고 당시 일반 백성들의 분위기를 그대로 전했다. 그를 세례 요한이라고 하는 사람들이 있었는가 하면 엘리야라고 하는 자들도 있었다. 또한 옛 선지자들 가운데 하나가 살아났다고 여기는 자들도 있었다. 이는 앞에서 헤롯 분봉왕이 가졌던 생각과 동일한 것이었다(눅9:7-9).

그러자 예수님께서는 제자들을 향해 이스라엘 백성들 가운데 여론이 그렇다면 '너희는 나를 누구라 하느냐'고 물어보셨다. 그때 베드로는 답변하기를 지금 눈앞에 인간의 모습으로 서 계시는 예수님은 '하나님의 그리스도'라는 고백을 했다. 여기서 베드로는 그에 대한 가장 올바른 답변을 했다. 물론 그것은 하나님의 은혜로 말미암는 것이었다.

예수님께서는 베드로의 고백을 듣고 그 말을 다른 사람들에게 발설하지 않도록 주의시키셨다. 이는 많은 사람들이 그리스도에 대하여 크게 오해하고 있었기 때문이다. 당시 대다수 백성들은 그리스도가 이땅에

---

21) 마태복음 16:13에서는 '사람들이 인자를 누구라 하느냐'고 질문하셨다. 사실 주님께서 말씀하시는 '인자'와 '나'는 같은 말이지만 성경을 기록한 사도들은 폭넓은 교훈을 위해 그렇게 계시받아 기록한 것으로 보인다.

오시게 되면 이 세상에서 엄청난 복락을 누리며 살아가게 될 것처럼 착각하고 있었던 것이다.

그러므로 예수님께서는 실상 메시아 사역이 그렇지 않다는 사실을 말씀하셨다. 도리어 앞으로 인자로 오신 메시아인 자기가 예루살렘에서 많은 고난을 받고 장로들과 대제사장들과 서기관들에 의해 버린 바 되어 끝내 처참한 죽임을 당한 후 삼일 만에 다시 살아나리라고 하셨다. 이는 당시 그리스도를 기다리던 사람들의 기대와 크게 어긋나는 것이었다.

이땅에 오시는 메시아는 막강한 세력을 가지신 분이기 때문에 이 세상에서 고난을 받고 죽임을 당한다고 하는 것은 불필요한 과정이었다. 그들은 메시아가 죽은 후에 부활하게 되리라는 주님의 말씀은 귀에 들어오지 않았다. 더군다나 이스라엘 민족의 지도자들인 장로들과 대제사장들과 구약성경을 연구하는 학자들인 서기관들에 의해 박해를 받아 죽는다는 것은 상상조차 하기 어려운 일이었다.

그렇지만 예수님께서는 그점을 분명히 말씀하셨다. 그가 제자들에게 자기에 관한 이야기를 다른 사람들에게 이르지 말도록 요구하신 것은 그에 대한 참된 이해가 없으면 훨씬 더 큰 오해들이 발생할 것이었기 때문이다. 그를 따르는 제자들조차 그 의미를 온전히 받아들이지 못하는 터에 일반 백성들은 두말할 나위 없었다.

예수님께서는 그 말씀과 더불어 여러 사람들을 향해 말씀하셨다. 누구든지 자기를 따라오려거든 자기를 부인하고 날마다 제 십자가를 지고 자기를 좇으라는 것이었다. 그것은 주님을 따르고자 하는 백성들이 감당해야 할 절대적인 조건에 해당된다. 여기서 자기를 부인하고 십자가를 지라고 하신 말씀은 주님의 제자로서 자신을 십자가에 공개 처형한 후 따르라는 의미와 동일하다.

당시 '십자가를 진다'는 말은 단순한 고행이 아니라 공개적인 처형을 당하는 것에 연관되어 있었다. 물론 주님을 따르고자 하는 자들이 져야만 할 십자가는 영적인 의미를 동반한다. 따라서 날마다 그렇게 하라는 것은 인간의 죄 된 본성이 끊임없이 활동할 것이므로 항상 그에 대한 확인을 하라는 뜻을 지니고 있다. 사도 바울은 고린도교회 성도들에게 편지하면서 '나는 날마다 죽노라'(고전15:31)는 고백을 했다. 그렇게 하는 것이 주님으로부터 진정한 새로운 생명을 공급받는 기본적인 방편이 된다.

그러므로 예수님께서는 누구든지 자기 목숨을 구원코자 하면 잃을 것이요 누구든지 주님을 위해 자기 목숨을 잃으면 구원을 받게 되리라는 사실을 말씀하셨다. 이는 사람의 목숨이 자기의 노력이나 결단에 달려 있는 것이 아니라 오직 주님께 달려 있음을 말해주고 있다. 만일 어떤 사람이 온 천하를 취하는 명성을 얻어 성공한다고 해도 자기 목숨을 영원히 잃거나 빼앗긴다면 그 명성이 무슨 의미가 있느냐는 것이었다.

따라서 누구든지 주님과 그의 말씀을 부끄러워한다면 인자이신 그리스도께서도 장차 자기가 거룩한 천사들을 대동하고 영광으로 강림하시게 될 때 그런 자를 창피하게 여겨 받아들이지 않으리라고 하셨다. 이는 하나님의 백성이라면 마땅히 예수 그리스도와 그의 말씀을 온전히 받아들이게 된다는 의미와 연관되어 있다.

그리고 난 후 주님께서는 그 자리에 있는 사람들 가운데 죽기 전에 하나님 나라를 볼 자들도 있으리라는 말씀을 하셨다. 이는 일차적으로 예수님의 십자가 사역과 부활 승천에 연관된 내용으로 이해된다. 또한 그로부터 약 사십 년이 지나 AD70년 예루살렘 성전이 완전히 파괴됨으로써 하나님 나라에 관한 구약의 예언이 성취된 시기를 동시에 받아들일 수 있다. 거기 있던 자들 가운데는 그때까지 살아서 그 모든 역사를 보게 될 자들이 있으리라는 것이었다.

장차 예루살렘 성전이 파괴되면 그때부터 이방의 세력을 향한 본격적인 영적 전투가 시작되는 것으로 이해할 수 있다. 예수님께서는 최종 승리를 보장하는 그 말씀을 통해 언약의 자손들에게 세상 사람들이 알지 못하는 진정한 소망을 주셨다. 그 자리에 모여 있던 사람들 가운데 나중 그 실상을 보게 되는 자들은 당시 예수님께서 하신 예언적 말씀을 머리 속에 떠올렸을 것이다.

5. 변화산 사건(눅9:28-36)

앞의 사건이 있은 후 팔 일 정도[22] 지나 예수님께서는 베드로와 요한 과 야고보를 데리고 기도하시기 위해 산으로 올라가셨다. 우리는 그 산 을 변화산으로 부르며 다수의 학자들은 다볼산(Mt. Tabor)으로 이해한 다.[23] 예수님께서 세 제자들과 함께 그 산에 올라가 기도할 때 예수님의 용모가 변화되고 그 옷이 희게 되어 광채가 났다.

여기서 우리의 관심을 끄는 대목은 예수님께서 기도하시는 동안 그 제자들은 기도한 것이 아니라 그의 곁에 있었다는 사실이다. 즉 그가 기 도하실 때 제자들은 직접 그와 함께 합심하여 기도한 것이 아니었다.[24] 이는 예수님의 기도에 그의 제자들이 의미상 참여하고 있었다는 사실을 말해주고 있다.

그 자리에서 예수님이 기도하시는 중에 갑자기 다른 두 사람이 나타 나 그와 함께 대화하는 광경이 보였다. 그들은 천상의 하나님으로부터 보냄을 받은 모세와 엘리야였다. 영광중에 모습을 드러낸 두 사람이 나 눈 대화는 예수님이 장차 예루살렘에서 죽게 되리라는 내용에 연관되어

---

22) 마태복음 17:1과 마가복음 9:2의 병행 구절에서는 '엿새 후에' 라고 기록되어 있다. 이에 반해 누가복음에는 '팔 일쯤 되어' 라고 기록된 것은 예수님께서 말씀 하신 날과 변화산에 도착한 당일을 포함시키고 있기 때문인 것으로 보인다.

23) 다볼산은 갈릴리 호수 서쪽 18km 정도 떨어진 저지대에 위치해 있으며 해발 588m 정도의 나지막한 산이다.

24) 예수님께서 기도하시는 동안 그들은 함께 기도한 것이 아니라 피곤하여 졸고 있었다(눅9:32). 나중 예수님께서 겟세마네에서 기도하실 때도 그와 같은 모습을 보여주고 있다(마26:40; 막14:37).

있었다. 이는 하나님의 어린 양으로 오신 예수님께서 감당해야 할 십자가 위에서 이룩될 속죄 사역에 관련된 일이었다.

예수님의 세 제자들은 피곤하여 졸다가 그 광경을 보고 정신이 번쩍 들지 않을 수 없었다. 그들이 영광스런 모습의 예수님과 함께 선 두 사람을 보게 되었기 때문이다. 예수님과 모세와 엘리야가 변화산에서 만나 제자들이 보는 앞에서 대화를 나누며 교제했다는 사실은 매우 중요한 의미를 지니고 있다.

성경은 모세를 구약의 율법을 대표하는 인물로 묘사하며 엘리야는 선지자들을 대표하는 인물로 묘사되고 있다. 또한 '모세와 엘리야'라고 하면 구약성경 전체의 예언을 총합하는 성격을 지니고 있다. 이는 구약성경이 하나님께서 보내시는 메시아가 이땅에 오시게 될 사실에 대한 예언적 내용을 담고 있음을 말해준다.

그러므로 구약성경의 율법과 예언자들을 대표하는 모세와 엘리야가 여러 명의 제자들이 보는 앞에 나타남으로써 그가 메시아라는 사실을 확실하게 증거하는 역할을 했다. 즉 천상의 나라로부터 잠시 내려온 그들이 예수님의 존재를 구체적으로 확증하며 선포했던 것이다. 당시 그 자리에 있던 세 명의 제자들은 그에 대한 증인의 역할을 한 것과 마찬가지였다.

모세와 엘리야가 예수님과 잠시 머문 후 천상으로 올라가고자 할 때 베드로가 예수님께 간청했다. 그들은 지금 당장 내려가지 말고 변화산에 좀 더 머무는 것이 좋으니 이제 임시 처소라 할 수 있는 세 개의 장막(tabernacles)을 짓겠다고 했다. 예수님과 모세와 엘리야를 위하여 그렇게 준비하겠노라는 것이었다.

베드로가 그렇게 말한 중요한 배경 가운데 하나는 예수님이 예루살렘에서 죽게 되는 일이 없도록 어떤 방책을 세워야 하지 않느냐는 의미가 담겨있었던 것으로 보인다. 당시 그들에게 있어서 메시아로 오신 예수님이 유대주의자들에 의해 죽임을 당한다는 것은 상상조차 할 수 없었다. 하지만 베드로는 그런 표현을 하면서도 실상 그 자신이 무슨 말을 하고 있는지 그 의미조차 모르는 채 그렇게 말했던 것이다(눅9:33).

변화산에 세 개의 장막을 짓겠다는 베드로의 말은 실제적 의미가 없는 그의 막연한 생각이었을 따름이다. 따라서 그가 그 말을 하고 있을 때 구름이 내려와 모세와 엘리야를 뒤덮었다. 그들이 구름 속으로 들려 올라가자 그 광경을 지켜본 제자들은 두려움에 빠지게 되었다.

그들이 두려움에 빠졌던 이유는 예수님께서 사악한 자들에 의해 죽임을 당하게 된다는 사실에 대한 아무런 대비책이 없는 상태에서 모세와 엘리야가 천상의 나라로 올라갔기 때문이었을 것이 분명하다. 그때 구름 속에서 하나님의 음성이 들렸다. "이는 나의 아들 곧 택함을 받은 자니 너희는 저의 말을 들으라." 그 소리는 예수님께서 요단강에서 요한으로부터 세례를 받을 때 천상으로부터 증거된 말씀과 동일한 성격을 지니고 있었다(마3:17; 막1:11).

변화산에서 하늘로부터 난 그 소리가 멈추자 그 자리에는 예수님만 보이셨다. 그 광경을 직접 목격하고 하나님의 아들이신 주님의 말씀을 들으라는 명령을 들은 제자들은 예수님이 십자가에 달려 돌아가셨다가 부활하시기 전까지는 그 사실을 다른 제자들을 비롯한 어느 누구에게도 말하지 않았다(마17:9). 그 내용의 중심에는 구약의 예언에 따라 이땅에 오신 예수님께서 장차 십자가에 달려 돌아가셨다가 사흘 만에 다시 부활하시게 된다는 예언적 의미가 존재하고 있었던 것이다.

6. 귀신을 쫓아내신 주님(눅9:37-45)

예수님과 제자들이 변화산에서 내려오자 큰 무리가 예수님을 기다리고 있었다. 그들 가운데 한 사람이 갑자기 큰 소리를 질렀다. 자기의 외동아들이 귀신이 들려 크게 고생하고 있으니 도와달라고 간청했다. 그 아이에게 귀신이 준동하게 되면 괴성을 지르면서 입에 거품을 물고 경련을 일으킨다고 했다. 그가 심한 고통을 당하고 크게 상한 후에야 귀신이 겨우 떠나간다는 것이었다.

그 사람은 그전에 이미 예수님의 제자들에게 자기 아들로부터 귀신을 쫓아내 주도록 간청했으나 그들이 능히 귀신을 쫓아내지 못했다고 했다. 그 말을 들으신 예수님께서는 '믿음이 없고 패역한 세대여 내가 얼마나 너희와 함께 있으며 너희를 참으리요 네 아들을 이리로 데리고 오라'(눅9:41)고 말씀하셨다. 거기에는 하나님의 언약에 대한 믿음이 없어 패역한 사람들에 대한 책망과 더불어 예수님께서 언제까지 저들과 함께 있으면서 그와 같은 일을 행해야 하겠느냐는 탄식의 의미가 담겨 있었다.

그리고는 귀신들린 그 아이를 자기 앞으로 데려오라고 명령하셨다. 그가 예수님 앞으로 나아오는 중에 어린아이 안에 들어있던 귀신이 발악하며 그를 거꾸러뜨리고 심한 경련을 일으키도록 했다. 귀신이 발악을 할 때는 자기보다 강한 존재가 나타날 때 발악을 한다. 그렇지 않을 경우에는 제 맘대로 사람을 괴롭히게 되는 것이다.

그 광경을 지켜보신 예수님께서는 그 아이를 괴롭히는 더럽고 포악한 귀신을 향해 심하게 꾸짖으셨다. 그러자 귀신이 그 아이로부터 떠나가고 아이는 즉시 낫게 되었다. 예수님께서 귀신을 쫓아낸 후 건강하게 된 그 아이를 아비에게 돌려주시는 것을 목격한 모든 사람들이 하나님의 놀라운 위엄에 놀랐다. 그들은 그 일을 행하시는 이가 여호와 하나님이라는 사실을 깨닫고 있었던 것이다. 그러면서 예수님께서 행하신 다양한 이적들을 신기하게 여겼다.

그때 예수님께서는 곁에 있던 제자들을 향해 말씀하셨다. 구약성경에 예언된 인자로 오신 주님이 장차 배도자들에 의해 사악한 세력에 넘겨지게 되리라는 점을 마음 깊이 새겨두라는 것이었다. 당시 제자들이 듣기에 그것은 기대를 크게 벗어나게 하는 말씀이었다. 사악한 영적 존재인 귀신을 제어하고 내쫓으시는 능력자라면 인간들의 손에 붙잡히지 않아도 될 것으로 판단하고 있었기 때문이다. 그럼에도 불구하고 예수님께서 하신 말씀의 의미는 장차 있게 될 십자가 처형에 밀접하게 연관되어 있었다.

따라서 예수님의 제자들은 그 말씀을 듣고도 장차 발생할 실상에 대한 이해를 제대로 하지 못했다. 이는 저들로 하여금 쉽게 깨닫지 못하도록 하신 예수님의 깊은 의도에 연관되어 있다. 제자들은 그 의미를 정확하게 깨닫지 못한 상태에서 미심쩍어하면서도 그에 대하여 다시금 되묻기를 두려워할 정도였다.

우리는 여기서 매우 중요한 의미를 발견하게 된다. 예수님께서 실상을 말씀하셨음에도 불구하고 제자들이 그것을 제대로 깨닫지 못한 점과 또한 주님께서 저들이 깨닫지 못하도록 일시적으로 숨겨두셨다면 왜 굳이 제자들에게 그 말씀을 해야만 하셨는지 그 이유를 생각해 보아야만 한다. 이는 당시 제자들이 그 의미를 정확하게 알지 못했지만 그 모든 말씀이 성경에 기록됨으로써 후대의 성도들로 하여금 그 모든 내용을 온전히 깨닫도록 하기 위해서였다. 즉 당시 예수님께서 그렇게 하신 것은 오늘날 우리를 포함한 신약시대 교회와 성도들을 위해서였던 것이다.

7. 세상에서 종교적인 성공을 원하는 제자들(눅9:46-48)

어리석은 인간들은 항상 상황판단을 올바르게 하지 못한다. 하나님의 자녀들로 일컬어지고 있으면서도 여전히 그에서 벗어나지 못하는 경우가 많다. 예수님께서 바로 눈앞에서 행하시는 놀라운 기적들을 수없이 많이 보면서도 그의 제자들은 정신이 딴 데 팔려 있었다.

그러므로 제자들 가운데서 누가 더 큰가 하는 문제를 두고 큰 다툼이 벌어졌다. 서로 자기가 크다고 생각하거나 앞으로 누가 더 크게 될 것인가를 두고 천박한 종교적 욕망을 그대로 표출하고 있었다. 어쩌면 자기가 예수님으로부터 더 많은 사랑과 신뢰를 받고 있는 듯이 여기며 오만한 자세를 보이는 자들이 있었을지도 모른다. 그것은 스스로 지극히 작은 자에 지나지 않는다는 사실을 입증하고 있을 따름이다.

따라서 예수님께서 보시기에 제자들의 그런 태도는 여간 한심하지 않을 수 없었다. 원수들과 대치하고 있는 긴박한 상황에서 하나님 나라에 속한 주요 참모들이 적진 앞에서 그런 태도를 보인다는 것은 미련하기 짝이 없는 행동이었다. 그래서 예수님께서는 그런 어처구니없는 논란에 빠져 있는 제자들이 보는 앞에 어린아이 하나를 데리고 와서 자기 옆에 세우셨다.

그러고는 저희를 향해 말씀하시기를, 누구든지 메시아인 자기 이름으로 이 어린아이를 영접하면 곧 주님을 영접하는 것이라고 하셨다. 그리고 누구든지 자기를 영접하는 자는 메시아를 이땅에 보내신 하나님을 영접하는 것이라는 사실을 언급하셨다. 그와 더불어 저들 가운데 가장 작은 자가 가장 큰 자라는 점을 강조하셨다.

예수님께서는 제자들에게 그 어린아이가 과연 스스로 자기를 높이며 남보다 낫다고 여기며 교만한 태도를 가지겠느냐는 메시지를 던지셨다. 그 어린아이가 자기보다 오히려 낫다는 점을 인정하면서 주님의 이름으로 그를 영접하는 자가 참 신앙인의 자세라고 하셨다. 이는 단순히 윤리적인 겸손한 삶의 자세를 의미하는 것이 아니라 하나님의 진리 앞에서 겸비한 신앙 자세를 가지는 것에 연관되어 있다.

그 어린아이를 진정으로 영접하되 개인의 심성이 아니라 '주님의 이름으로' 영접하는 것이 곧 주님을 영접하는 것이라고 하신 말씀은 매우 중요하다. 그렇게 하는 것이 하나님을 영접하는 겸손한 신앙인의 자세이기 때문이다. 여러 제자들과 함께 생활하면서 자기는 작은 자일 뿐 큰 자가 아니라고 여기는 자라면 결코 다른 제자들 앞에서 교만한 자세를 가질 수 없다. 그것이 곧 참 제자들이 가져야 할 겸손한 삶의 태도이다. 주님께서는 자기를 따르는 모든 제자들이 그와 같은 삶의 자세를 가지기를 요구하셨던 것이다.

이는 오늘날 우리 역시 마음속 깊이 새겨두어야 할 교훈이다. 자기 자신이 세상에서 얼마나 훌륭한 인물이 되는가 하는 점 자체로서는 아무런 의미가 없다. 나아가 장차 역사 가운데 훌륭한 인물로 평가받기를 원하는 것도 부질없는 일이다. 우리에게 중요한 점은 이 세상에서 자기를 자랑하는 것이 아니라 주의 몸 된 교회와 더불어 하나님의 놀라운 뜻이 이루어져 가는 것이다.

그럼에도 불구하고 우리는 주님의 자녀이면서도 여전히 세상의 욕망을 떨쳐버리지 못한 상태에서 그에 신경을 쓰며 살아가게 된다. 하지만 성숙한 성도들은 그것이 하나님의 뜻과는 얼마나 거리가 먼 미숙한 태도인가 하는 점을 늘 마음속 깊이 인식하고 있어야 한다. 주님께서 재림하시면 그 모든 것들은 아무런 의미가 없어지게 되고 오직 하나님의 놀라운 사랑과 은혜로 말미암은 본질적인 것들만 남게 될 것이기 때문이다.

8. 본질에 대한 제자들의 오해(눅9:49,50)

사도 요한이 당시 일어나고 있던 특별한 상황에 대하여 예수님께 말씀드렸다. 그것은 어떤 사람이 '주님의 이름으로' 귀신을 쫓아내는 것을 여러 제자들이 보게 되었다는 것이다. 하지만 그가 다른 제자들과 함께 다니는 인물이 아니었으므로 그렇게 하지 못하도록 금지시켰다는 사실을 자랑스럽게 말했다.

우리는 여기서 한 가지 매우 중요한 점을 보게 된다. 그것은 직접 예수님과 사도들을 따르는 일차적인 조직에 속하지 않는 사람들 가운데 '예수의 이름으로' 귀신을 쫓아내는 자들이 있었다는 사실이다. 그런 자들은 제자들의 교훈이나 앞에서 언급된 예수님으로부터 보냄을 받은 칠십인 제자들 가운데 누군가를 통해 복음을 영접했을 것으로 보인다.

그런 사람은 예수님의 제자들에 의해 영생에 관하여 선포되는 말씀을 듣고 참된 진리를 깨달아 복음전파 사역에 참여했을 것이 틀림없다. 즉 그들은 예수님을 직접 따라다니는 제자는 아니었으나 '주님의 이름으로' 그 사역을 감당했다. 그 사람들은 주님을 중심으로 하는 가시적인 조직에 소속되지 않았으나 예수님께 속해 있었던 것이다.

하지만 예수님의 열두 제자들은 그에게 저들의 가시적인 조직에 들어 오도록 권했을지도 모른다. 하지만 그 구체적인 사유는 알 수 없되, '주님의 이름으로' 귀신을 쫓아내는 그 사람은 저들의 요구를 쉽게 받아들이지 않았던 것으로 보인다. 따라서 제자들은 그에게 예수님의 이름으로 귀신을 쫓아내는 그와 같은 행위를 하지 못하도록 했던 것이다.

사도 요한이 예수님께 그에 연관된 전후 사정을 말씀드렸을 때 그는 의외의 반응을 보이셨다. 그와 같은 자의 복음전파 활동을 금하지 말라고 하셨기 때문이다. 예수님을 따르는 자들을 반대하지 않는 자라면 사도들을 위하는 것과 같다는 것이었다.

중요한 것은 형식적이며 가시적인 조직 자체가 아니라 눈에 보이지 않는 그리스도를 중심으로 한 영적인 보편 조직이 더욱 큰 의미를 지니고 있다는 사실이다. 즉 예수님의 열두 제자들 가운데도 본질상 마귀에게 속한 가룟 유다 같은 사람이 있는 터에 그 조직 자체가 완벽하다고 말할 수는 없다. 이는 물론 장차 세워지게 될 보편교회에 연관된 예언적 의미를 지니는 것으로 이해할 수 있는 문제이다.

9. 예수님의 마지막 예루살렘 행보(눅9:51-56)

예수님께서 이땅에 오신 근본적인 목적이라 할 수 있는 십자가 위에서의 죽음과 부활, 승천의 때가 점차 가까워져 왔다. 그래서 그는 구속 사역을 감당하기 위해 예루살렘으로 올라가시기로 결심하셨다. 완벽한 하나님이신 동시에 완벽한 인간이신 예수님께서 십자가를 지기 위해 예루살렘으로 가시기로 결단하는 것은 쉬운 일이 아니었다. 그의 앞에는 무서운 시련과 고통이 기다리고 있었기 때문이다.

예수님께서는 갈릴리 지역에서 예루살렘으로 올라가시기 위해 자기 사자들을 앞서 보내시고 그 뒤를 따라가셨다. 그들에게 예수님께서 가시는 길에 필요한 모든 것들을 미리 예비하도록 명하셨던 것이다. 그래서 먼저 간 제자들이 사마리아인들의 한 촌에 들어가게 되었다. 그곳 사람들에게 전후 사정을 설명하고 도움을 요청했다.

그런데 그 동네의 사마리아 사람들은 그들의 간곡한 요청을 거부했다. 예수님이 예루살렘을 향하여 가시는 길이었기 때문에 그들을 받아들이려 하지 않았다. 당시 사마리아인들 가운데는 예수님을 하나님께서 보내신 메시아로 알고 믿는 자들이 상당수 있었는가 하면, 반유대주의적 사고로 인해 예루살렘에 대하여 강한 저항감을 가진 자들도 많았다. 그들은 적대적 대상인 예루살렘으로 올라가는 예수님을 흔쾌히 받아들일 수 없었다.

그런 일이 발생하게 되자 야고보와 요한은 그 광경을 보면서 괘씸하게 예수님께 말씀드렸다. "주여 우리가 불을 명하여 하늘로부터 내려와 저희를 멸하라 하기를 원하시나이까?"(눅9:54). 그들은 감정적인 대응을 했을 뿐 아니라 일시의 편협한 주관적 정의감에 사로잡혀 있었다. 예수님과 함께 있던 그들은 메시아를 거부하는 자들을 굴복시킬 수 있다는 식의 만용에 찬 자신감을 보였던 것이다.

하지만 예수님께서는 전혀 의외의 반응을 보이셨다. 그에 대한 입장 표명을 한 제자들을 칭찬하기는커녕 도리어 그들을 돌아보시며 크게 꾸짖으셨다. 주님께서 원하시는 싸움의 방법은 그와 같지 않았기 때문이다. 그는 자기를 거부하는 사마리아 촌에 아무런 미련을 두지 않고 다른 곳으로 떠나가셨다. 이는 그들이 스스로 참된 복을 차버리는 어리석음을 범한 것과 마찬가지였다.

10. 전적인 헌신을 거부하는 추종자들(눅9:57-62)

예수님께서 길을 걸어가실 때 어떤 사람이 예수님을 향해 자신의 입장을 밝혔다. 그가 어디로 가시든지 뒤따르겠다고 했다. 그것은 예수님의 요청에 의한 것이 아니라 순전히 자발적인 결단에 의한 것이었다. 그가 예수님을 따르겠노라고 말한 것은 그에게 상당히 매력적인 요소가 보였기 때문이었던 것으로 보인다. 즉 각종 질병을 고치고 더러운 귀신을 쫓아내며 수천 명의 배고픈 사람들을 먹이시는 엄청난 기적을 행하는 그를 따라다녀서 손해 볼 것이 없다는 판단 때문이었다.

예수님은 그의 속마음을 훤히 꿰뚫어 보셨을 것이 틀림없다. 그래서 자기에게는 세상적으로 값진 것들이 아무것도 없다고 말씀하셨다. 즉 자기는 돈 많은 부자가 아니라 도리어 극히 가난한 사람에 지나지 않는다는 것이었다. 그래서 '산에 사는 여우도 굴이 있고 공중의 새도 제 집이 있지만 자기는 머리 둘 곳조차 없다'(눅9:58)고 하셨다. 즉 자기에게는 편안히 쉴 만한 조그만 공간조차도 없다는 것이었다.

오늘날에도 예수님을 대하는 사람들의 태도는 다양하다. 자기가 예수님을 믿고 따르면 그로부터 많은 것을 얻게 되리라는 계산과 함께 세속적인 기대를 하는 사람들이 많이 있다. 그런 자들은 더 나은 인생살이를 보장받기 위해 예수님을 믿는 자들이다. 즉 자기에게 어떤 이익이 주어진다는 판단 때문에 그를 따르는 것이다. 하지만 그 기대치가 제대로 달성되지 않으면 더 이상 그를 따를 이유가 없어질 수밖에 없다.

그리고 나서 이번에는 예수님께서 거기 있던 한 사람을 향해 '나를 좇으라'고 요구하셨다. 이는 앞의 경우와는 대조적으로 그 사람의 자발적인 결단이 아니라 예수님께서 먼저 가만히 있는 사람을 불러 그렇게 말씀하셨다. 놀랍게도 그 말씀을 들은 자는 예수님의 요구를 거절하지 않았다.

하지만 그에게는 그의 말씀을 즉시 순종하기 어려운 나름대로 사정이 있었다. 그것은 자기 부친이 돌아가셨기 때문에 먼저 그를 장사지낸 후에 따를 테니 그렇게 하도록 허락해 달라는 것이었다. 그러나 예수님께서는 선뜻 그것을 허락지 않으셨다. 이삼일이면 족할 매우 짧은 기간임에도 불구하고 예수님은 그에게 곧바로 자기를 따르라고 요구하셨다.

죽은 사람을 장사지내는 일은 특별한 의미가 있지 않다는 것이었다. 예수님께서는 자기 아버지가 돌아가셨다는 자에게 불과 며칠만 허락해 주시면 될 것을 허락지 않으셨던 것이다. 일반적인 관점에서 본다면 이는 여간 각박한 처사가 아닐 수 없었다. 하지만 예수님께서는 죽은 자들의 시신은 죽은 자들에게 맡기라고 말씀하셨다. 영생을 모르는 자들은 그것을 매우 중요하게 여길 것이므로 저들에게 시신 처리를 맡기라는 것이었다.

그 대신 그에게는 당장 자기를 좇으라고 요구하셨다. 그에게 중요한 것은 이 세상의 어떤 일을 뒤치다꺼리하는 것이 아니었기 때문이다. 만일 그가 주님을 따르게 된다면 그에게 하나님 나라를 선포하는 엄청나게 중요한 사명이 주어진다는 것이었다. 물론 예수님께서 여기서 말씀하시고자 하는 것은 장례를 치르는 하루 이틀의 기간이 문제가 아니라 하나님 나라가 얼마나 중요한가 하는 점이다.

예수님의 모든 교훈을 옆에서 듣고 있던 또 다른 한 사람이 예수님께 말씀드렸다. 자기도 이제 예수님을 따르고자 하는데 잠시 가서 가족에게 작별인사를 하고 오도록 허락해달라고 했다. 하지만 예수님께서는 그것을 허락지 않으셨다. 당시의 정황을 감안할 때 잠시 집에 다녀오면 될 일이었다. 그것은 몇 날이 걸리는 것이 아니라 불과 몇 시간만 할애하면 되었을지도 모른다.

그러나 예수님은 단호하게 말씀하셨다. "손에 쟁기를 잡고 뒤를 돌아보는 자는 하나님의 나라에 합당치 아니하니라"(눅9:62). 주님의 부르심에 온전히 순종하고자 한다면 모든 것을 다 버리라는 것이었다. 그것은 과거와의 명백한 단절을 요구하는 것과 마찬가지였다. 그렇다고 해서 가족의 관계를 완전히 끊어버리라고 말씀하는 것은 아닌 것으로 보인다. 단지 거기에는 과거에 가졌던 습성이나 감성에 얽매이지 말라는 의미가 담겨있다.

우리 시대 일반 기독교 윤리적인 관점에서 본다면 죽은 부친을 장사하고 가족에게 인사를 나누는 일은 매우 중요하다. 저들에게 하나님의 복음을 증거하기 위해서라도 마땅히 그렇게 해야만 한다. 그럼에도 불구하고 주님께서 당시 여러 사람들에게 그와 같은 요구를 허락하지 않은 그 근본적인 의미를 깨닫는 것은 매우 중요하다.

그러므로 오늘날 우리 역시 이에 대한 중요한 교훈을 받아들여야 한다. 우리는 예수님으로부터 세속적인 유익을 얻고자 하는 목적으로 인해 그를 따르는 것이 아니다. 오직 성경에 기록되어 선포된 주님의 말씀에 온전히 순종해야 할 따름이다. 따라서 이 세상이나 집안에서 뒤치다꺼리하듯 처리해야 할 문제가 복음에 우선되어서는 안 된다.

이는 개별 성도들이 이 세상과 자기 집안에 연관된 모든 문제를 무책임하게 여기라는 말이 아니다. 그것은 하나님 나라의 복음이 세상의 것들보다 훨씬 중요하다는 사실을 말해주고 있다. 주님을 따르는 자들은 그 교훈을 받아 세상과 과거의 일에 지나친 미련을 두지 말아야 한다. 오직 하나님 나라를 선포하며 천상의 나라에 대한 참된 소망을 소유하는 것이 가장 소중하다.

제10장

칠십 명 사역자들의 사역과 참된 지혜

(눅10:1-42)

1. 칠십 명 사역자들의 하나님 나라 선포(눅10:1-16)

예수님께서는 그후 70명의 사역자들을 따로 불러 특별한 임무를 맡기셨다. 그들을 두 명씩 짝지어 각 지역으로 보내셨다. 저들에게 하나님 나라를 선포하도록 하기 위해서였다. 여기서 우리의 관심을 끄는 점은 열두 제자들뿐 아니라 70명의 사역자들도 주님에 의해 직접 보냄을 받았다는 사실이다.

이 사실은 예수님의 열두 제자들이 여러 성도들을 지명해 보낸 것이 아니라 예수님께서 직접 저들에게 그 일을 맡기셨음을 말해주고 있다. 여기는 매우 중요한 의미가 내포되어 있다. 교회의 직분자들은 인간적인 판단에 따라 세워지지 않고 그리스도의 뜻에 따라 그 직분을 맡게 된다는 의미를 지니고 있기 때문이다.

그러므로 70명의 사역자들은 열두 제자들의 영적인 지도아래 있을지라도 단순히 조직적으로 저들의 관할 아래 있었던 것은 아니다. 즉 사도들이 그들을 세운 것이 아니라 예수님께서 직접 세우셨기 때문이다. 이는 오늘날 신약교회 시대 직분자들에 대한 원리를 어느 정도 보여주고 있다. 목사, 장로, 집사 등의 직분자들은 주님의 몸 된 교회가 세우게 된다. 즉 목사가 장로를 세우지 않으며 장로들이 집사를 세우지도 않는다. 따라서 교회에서 각 직분자들이 성도들을 영적으로 지도하되 권력적 상하 관계가 형성되는 것이 아니다.

당시 예수님께서는 70명의 사역자들을 보내시면서 저들이 하나님께 간구해야 할 내용을 말씀해 주셨다. 추수할 것은 많은데 일군이 부족하니 추수하는 주인에게 청하여 추수할 일군들을 보내 달라고 간구하라는 것이었다. 이 말은 주님의 구속의 때가 무르익었다는 사실에 연관되어 있다. 이는 곧 구약성경에 줄곧 예언되어 온 메시아의 도래와 하나님의 택함을 받은 자들과 죄인들에 대한 결산의 때가 눈앞에 다가왔음을 의미하고 있다.

우리는 또한 그 추수가 전적으로 주님으로 말미암는 것이며 그 일군들을 보내주시는 분도 하나님이라는 사실을 기억해야 한다. 따라서 예수님은 이스라엘 백성들 가운데 하나님께 속한 자들을 불러 모을 때가 이르렀음을 강조하셨다. 이는 하나님께서 예언해 오시던 메시아와 연관된 약속의 때가 도래했음을 말해주고 있다. 즉 언약의 백성 가운데 하나님의 섭리와 경륜의 때가 찼다는 것이다.

그런데 주님께서는 저들을 여러 지역에 보내는 것이 마치 어린 양을 이리 떼 가운데로 보내는 것과 같다고 말씀하셨다. 그들이 하나님의 복음을 선포하지만 다수의 사람들은 저들을 거부한다는 것이었다. 여기에는 주님으로부터 보냄을 받은 자들이 악한 자들에 의해 온갖 위협을 당하게 되며 자신의 많은 것들을 포기해야만 할 형편에 놓이게 된다는 의미가 내포되어 있다.

그는 또한 사역자들을 향해 전대나 주머니나 여분의 신을 가지지 말고 길에서 아무에게도 문안하지 말도록 했다. 이 말은 오직 주님만 의지하고 일상적인 생활에 지나친 신경을 쓰다가 본질을 놓치는 일이 없도록 하라는 의미가 담겨있다. 그리고 길을 가다가 만나는 다른 사람들과 좋은 관계를 유지하려고 하지 말라고 했다. 이는 어떤 경우에도 세상의 것으로 인해 타협하지 말라는 의미를 지니고 있다.

그 대신 어떤 사람의 집에 들어가게 되면 먼저 그 집에 '평화를 빌어주라'는 말씀을 하셨다. 이는 단순히 그들과 형식적인 인사를 나누는 것에 만족하지 말고 하나님의 평화가 그 집에 임하도록 빌라는 것이었다. 이 말은 진정한 회개를 통해 하나님의 저주가 그 집에 임하지 않도록 하나님께 간구하라는 의미를 내포하고 있다.[25]

우리는 여기서 언급된 '평화'에 대한 올바른 이해를 해야만 한다. 본문에서 '평화를 빌어주라'고 한 것은 일반적인 인사치레와는 그 성격이 전혀 다르다. 그 진정한 의미는 하나님과 그 집안 식구들 사이에 예수 그리스도로 말미암는 진정한 평화의 회복 즉 본질적인 화해가 이루어지는 것과 밀접하게 연관되어 있다.

그러므로 만일 하나님의 화해를 통한 평화를 받을 만한 사람이 그 집에 있다면 그 평화가 저에게 임하게 될 것이다. 하지만 그 집에 그 평화를 받을 만한 자가 아무도 없다면 그들이 빈 평화는 제자들에게 돌아오리라고 하셨다. 이는 하나님으로부터 평화를 받느냐 아니면 그것을 거부하느냐 하는 문제와 직접 연관되어 있음을 말해준다.

그 집 사람들이 하나님의 사역자를 영접한다면 거기서 유하며 그들이 제공한 음식을 먹고 마시라고 하셨다. 일군이 그 삯을 얻는 것은 지극히 자연스럽다는 것이었다(눅10:7). 예수님께서는 여기서 복음선포 사역을

---

25) 예수님과 세례 요한은 그 전에 요단강에서 언약의 자손들에게 세례를 베풀며 천국의 도래에 대한 선포를 했다. 그때 그들을 향해 '회개'를 촉구했는데 본문에 기록된 평화를 선언하는 것은 그에 밀접하게 연관된 의미로 받아들일 수 있다.

단순한 '봉사'가 아니라 일종의 '노역'으로 해석하고 계신다. 봉사는
그것을 행하는 자의 판단에 따라 지속하거나 그만둘 수 있다. 그러나 노
역자는 고용주가 약속에 따라 시킨 직무를 의무적으로 감당해야만 한
다. 복음 사역자로 인정된 자들은 그런 측면에서 노역자 곧 사역자가 되
는 것이다.26)

　하나님의 사역자들이 어느 집안 식구들에게 하나님 나라를 선포함으
로써 주님의 뜻을 전하는 것은 저들에게 엄청난 유익이 된다. 그것은 주
인의 요구와 밀접하게 연관되어 있으며 개인적인 판단이나 경험에 근거
하지 않는다. 따라서 사역자들에게 아무런 의미 없이 이 집 저 집을 옮
겨 다니며 배회하지 말도록 요구하셨다.

　예수님께서는 그들이 어느 동네 어느 집으로 들어가든지 저희를 영접
하여 음식을 차려준다면 그것을 감사하게 먹고 필요에 따라 병자들을
치유해 주라고 말씀하셨다. 그리고 가장 중요한 내용인 하나님 나라를
저들에게 선포하라고 하셨다. 즉 이 세상을 심판하는 하나님 나라가 가
까이 도래했음을 전하라는 것이었다.

　그러나 어느 동네에 들어갔을 때 저들을 영접하지 않고 내치거든 바
깥 거리로 나와 발에 묻은 먼지를 떨어버리라는 사실을 언급하면서 저
들에게 하나님 나라가 가까이 온 사실을 선포하라고 하셨다. 이는 하나
님의 무서운 심판이 저들에게 임할 것에 대한 경고였다. 예수님께서는
소돔과 고모라 성에 살던 자들보다 더 악한 그 지역 사람들을 향해 선포
해야 할 구체적인 저주의 선언을 일러주셨다.

　　"화 있을찐저 고라신아, 화 있을찐저 벳새다야, 너희에게서 행한 모
　　든 권능을 두로와 시돈에서 행하였더면 저희가 벌써 베옷을 입고 재

---

26) 우리 시대 교회의 직분자들 가운데 목사는 '사역자' 곧 '영적인 노역자'에
해당된다. 그들은 하나님께서 요구하신 말씀으로 섬기는 직분을 의무적으로 감
당해야 한다. 그에 반해 장로와 집사 직분자는 맡은 바 직무를 감당하는 '봉사자'
로 이해할 수 있다.

에 앉아 회개하였으리라 심판 때에 두로와 시돈이 너희보다 견디기
쉬우리라 가버나움아 네가 하늘에까지 높아지겠느냐 음부에까지
낮아지리라"(눅9:13-15)

위 본문에 언급된 고라신과 벳세다와 가버나움은 언약의 자손들이 살
아가는 갈릴리 주변의 마을들이다. 그들에게 하나님의 말씀을 선포했을
때 백성들은 그것을 쉽게 받아들이지 않았다. 그들은 주님과 그의 제자
들이 행하는 많은 기적과 권능을 보면서도 돌이키지 않고 배도의 길을
걸어가기를 좋아했다.

한편 두로와 시돈은 이방인들과 이방인의 혈통이 섞인 자들이 살아가
는 지역이었다. 예수님께서는 만일 그들이 보는 앞에서 그와 같은 놀라
운 이적과 큰 권능을 행하여 보여주었다면 많은 사람들이 베옷을 입고
재에 앉아 회개했으리라고 하셨다. 이는 언약의 땅에 살아가는 자들이
이방인들보다 오히려 못하다는 사실을 언급하는 것이다. 따라서 하나님
께서는 하늘에까지 높아지고자 하여 오만하게 된 배도자들을 음부에까
지 낮추는 심판을 하시리라고 했다.

예수님께서는 사람들이 저들의 입술을 통해 선포되는 말을 귀담아듣
는 것이 곧 자신의 말을 듣는 것이며 저들의 말을 버리는 자들은 자기를
저버리는 것과 마찬가지라고 하셨다. 그리고 이땅에 오신 메시아이신
자기를 배척하는 자들은 곧 자기를 이땅에 보내신 하나님을 버리는 것
과 마찬가지라고 하셨다. 이는 참 제자들이 가진 영적인 권세가 얼마나
중요한가 하는 점을 드러내 보여주고 있다.

2. 70명 사역자들의 보고(눅10:17-20)

예수님의 보내심을 받아 여러 지역을 두루 다니며 하나님의 복음을
선포하던 70명의 사역자들이 임무를 마치고 예수님께서 계시는 곳으로

돌아왔다. 그들은 여러 가지 어려움을 겪었겠지만 기쁨으로 가득 차 있었다. 주님께서 친히 맡기신 모든 직무를 온전히 잘 감당할 수 있었기 때문이다.

그들은 예수님께 저들이 겪은 중요한 내용들을 보고했다. 주님의 이름으로 더러운 귀신을 쫓아낼 때 그 귀신들이 감히 저들에게 저항하지 못하고 항복하더라는 것이었다. 이는 저들에게 임한 하나님의 놀라운 능력이 악한 세력에 대한 승리를 거두고 있음을 증언하는 의미를 지니고 있었다.

저들의 말을 들으신 예수님께서는 이미 사탄이 하늘로부터 번개같이 떨어지는 것을 보았다고 말씀하셨다. 이는 상징적인 의미가 아니라 실제로 사탄이 세력을 상실하게 된 것과 연관되어 있다. 즉 사탄의 세력이 그리스도 앞에서 힘을 완전히 잃게 되었다는 사실을 말해주고 있다. 첫 사람 아담을 유혹해 범죄에 빠뜨리고 인간 세상을 장악하여 더럽게 오염시킨 사탄이 이땅에 메시아로 오신 하나님의 아들의 능력 앞에서 힘을 쓰지 못하는 상황을 드러내 보여주신 것이다.

그러면서 주님은 저들을 향해 하나님의 백성들에게는 두려움의 대상이 아무것도 없다는 사실을 언급하셨다. 주님께서 저들에게 뱀과 전갈을 짓밟을 수 있는 능력을 주시고 사탄의 모든 세력을 제어할 수 있는 권세를 주셨기 때문이라는 것이다. 따라서 세상에서 주님께 속한 사역자들을 해롭게 할 자가 결단코 존재하지 않는다고 말씀하셨다.

하지만 저들의 바라보아야 할 점은 이 세상에서의 승리가 아니라 영원한 삶을 바라보는 것이었다. 따라서 귀신들이 저들에게 항복하는 것을 보며 그 승리 자체에 도취되어 기뻐하는 경지를 넘어서야 하는 것이 중요하다. 예수님께서는 그점을 언급하시며 자기에게 순종하는 사역자들은 그 이름이 천상의 나라에 기록된 것이 원천적인 기쁨을 제공하는 것이라는 사실을 기억해야 한다는 점을 강조하셨다.

3. 예수님의 기도와 제자들에 대한 격려(눅10:21-24)

예수님께서는 그때 성령으로 인해 기쁨이 충만하여 하나님을 향해 교제의 기도를 하셨다. 천지의 주재이신 성부 하나님께서 복음의 진리를 허락하시되 이 세상에서 지혜롭고 슬기롭다고 여기는 자들에게는 숨기시고 어린아이들처럼 순수한 자들에게 나타내심을 감사한다는 것이었다.

이 세상에서의 많은 지식과 지혜를 가진 자들은 자기의 이성에 따라 하나님의 모든 것을 판단하려고 한다. 그런 자들은 자기가 똑똑하고 지혜로운 양 여기며 하나님의 말씀을 들으려 하지 않는 대신 자기의 기준에서 하나님과 그의 세계를 판단하고자 하는 것이다. 그에 반해 순진한 아이들은 하나님께서 전하신 진리를 그대로 받아들인다.

이와 같은 상황은 오늘날 우리 시대에도 그대로 나타나고 있다. 세상적인 학문을 바탕으로 열심히 연구하여 유능한 박사가 되고 지식인이 된 사람들은 하나님의 말씀보다 자신의 이성과 경험을 더욱 중시한다. 그렇게 되면 하나님의 뜻을 멀리하고 세상의 왜곡된 논리에 빠질 수밖에 없다. 그에 반해 자기의 지식이 부족하다고 여기는 자들은 하나님의 말씀을 가감 없이 그대로 받아들이며 그에 순종하게 된다.

예수님께서는 또한 성부 하나님께서 모든 것을 자기에게 맡기셨으므로 성부 하나님 이외에는 성자 하나님인 자기가 누군지 아는 자가 없음을 언급하셨다. 그리고 성자이신 그리스도와 그를 통해 계시를 받은 자들 외에는 성부 하나님이 누군지 아는 자가 아무도 없다는 사실을 말씀하셨다. 이는 하나님을 알 수 있는 유일한 길은 예수 그리스도라는 사실을 말해주고 있다.

인간 역사 가운데는 성자이신 예수 그리스도를 통하지 않고 하나님을 알려고 애쓰는 안타까운 자들이 많이 있어 왔다. 이는 오늘날 우리 시대도 그와 전혀 다르지 않다. 그런 자들은 예수 그리스도를 통해 하나님과 그가 창조하신 세계, 그리고 그의 모든 사역을 비롯한 진리를 알아가려고 하지 않는다. 그 대신 막연한 예수님을 신적 존재로 인정하는 듯 모호한 태도를 보이면서 세상의 논리로 그에 접근하게 된다. 그와 같은 인간들의 이성과 지식을 동원하는 자들은 결코 여호와 하나님을 올바르게 알아갈 수 없다.

예수님께서는 성부 하나님과 기도의 교제를 나누신 후 제자들을 돌아보시면서 조용히 말씀하셨다. 지금 저희가 목격한 모든 것들을 보게 되는 눈이 진정으로 복이 있다는 것이었다. 구약 시대의 많은 선지자들과 이스라엘의 왕들이 저들의 목격한 바를 보고자 원했지만 볼 수 없었다고 했다.

구약시대 믿음의 조상들은 장차 오실 그리스도에 대한 증거를 소유하고 있었으나 그 약속이 성취되는 것을 보지 못했다. 그들은 지금 제자들이 예수님의 교훈을 귀로 듣고 있듯이 성취된 복음을 듣기 원했으나 그렇게 하지 못했던 것이다. 이제 그 메시아가 인간의 몸을 입고 이땅에 오셔서 언약의 자손들을 향해 참 진리를 선포하고 계신다. 예수님께서는 이를 통해 자신이 곧 구약성경에서 지속적으로 예언하고 있는 바 메시아로서 성자 하나님이라는 사실을 드러내 보여주고 계신 것이다.

4. 한 율법사의 예수님 시험(눅10:25-37)

그러던 중 한 율법사가 예수님을 시험하고자 했다. 그는 구약성경을 전문적으로 연구하는 학자로서 예수님의 사상을 신학적으로 검증해보고자 했던 것이다. 그는 성경에 대한 나름대로 해박한 지식을 가지고 있었기 때문에 자신만만한 태도를 보이고 있었다.

그 율법사는 우선 예수님께 자기가 무엇을 해야만 영생을 얻을 수 있을지 질문했다. 예수님께서는 그에 대한 답변으로 율법에 무엇이라 기록되어 있으며 그것을 어떻게 해석하느냐고 되물어보셨다. 구약성경에 대한 지식으로 자기를 시험하고자 하는 저의 속내를 알고 성경으로 대응하셨던 것이다.

예수님의 질문을 들은 율법사는 조금도 망설임 없이 '네 마음을 다하며 목숨을 다하며 힘을 다하며 뜻을 다하여 주 너의 하나님을 사랑하고 또한 네 이웃을 네 몸과 같이 사랑하라 하였나이다'고 답변했다. 자기는 구약성경의 교훈을 이미 잘 알고 있다는 식으로 대응했던 것이다. 예수님께서는 그의 대답이 옳다고 말씀하시면서 그렇게 순종하며 살라고 하셨다. 그러면 영생을 얻게 되리라는 것이었다.

예수님으로부터 자기의 지식을 인정받아 긍정적인 답변을 받아낸 율법사는 그 앞에서 자신의 신앙이 옳다는 사실을 드러낼 속셈을 가지고 있었다. 따라서 그렇다면 누가 자기의 이웃인지 질문을 이어갔다. 거기에는 눈에 보이지 않은 다소 복잡한 상황이 뒤섞여 있었다. 물론 그가 전혀 의도하지 않았지만 그럴 수밖에 없었던 것이다.

'이웃'에 대한 의미상의 명확한 규정 없이 주변 모든 사람들을 이웃이라 칭하게 되면 바리새인들을 비롯하여 배도에 빠져 사탄에 속한 자들마저 사랑해야 한다는 논리적 모순에 직면하게 된다. 하지만 구약성경과 예수님께서 언급하시는 사랑은 그와 같은 성질의 것이 아니었다. 따라서 예수님께서는 그 질문에 대한 답변으로 한 예를 들어 말씀하셨다.

어떤 사람이 예루살렘에서 여리고로 내려가다가 강도를 만나게 되었다. 그 길은 황량한 사막의 급한 내리막길들이 많고 인적이 드문 곳이었다. 강도들은 그 사람의 옷을 벗기고 폭행을 가해 거의 죽게 된 상태로 내버려 두고 도망가 버렸다. 누군가 도와주지 않고 그냥 두면 죽을 수밖에 없는 형편이었다.

그때 마침 한 제사장이 예루살렘으로부터 그 길로 내려가다가 강도를 만나 죽게 된 그 사람을 보고 피하여 지나갔다. 잠시 후 한 레위인이 그

장소에서 저를 보고 그냥 지나쳤다. 정통 유대인이자 성전에서 수종드는 자들은 강도 만난 자를 외면했던 것이다.

그들이 떠난 다음 한 사마리아인이 여행하던 중 거기 이르러 그 상황을 목격하고는 불쌍히 여겨 가까이 다가갔다. 그는 강도 만난 자의 상처에 기름과 포도주를 붓고 그 부위를 싸매고 자기가 타고 온 짐승에 그를 태워 주막으로 데려가 성의껏 돌보아 주었다. 그 이튿날에는 데나리온 둘을 내어 주막 주인에게 주며 그 사람을 잘 돌봐 주도록 당부했다. 그리고 경비가 더 많이 들면 자기가 돌아올 때 갚아 주리라는 약속을 하고 떠났다.

예수님께서는 이 비유를 말씀하신 후 그 율법사를 향해 다시 물었다. 그 세 사람 가운데 누가 강도 만난 사람의 참 이웃이 되겠느냐는 것이었다. 그의 답변에는 아무런 선택의 여지가 없었다. 따라서 당연히 그에게 자비를 베풀어 준 자가 곧 그의 이웃이라고 했다. 그 말을 들으신 예수님께서는 저를 향해 이제 돌아가서 그와 같은 자세로 살아가도록 요구하셨다.

우리는 여기서 몇 가지 중요한 점을 생각해 보아야만 한다. 그것은 우선 이 비유의 말씀이 단순히 윤리적인 교훈을 주고자 하는 것이 아니란 사실이다. 예수님께 질문했던 율법사에게 그렇게 살면 영생을 얻는다고 하신 것은 그가 구약의 율법과 메시아를 기다리는 신앙인이었기 때문에 그러했던 것이다.

또한 우리가 반드시 기억해야 할 바는 강도 만난 자를 외면했던 제사장과 레위인은 공연히 모른 척했던 것이 아니라 나름대로 이유가 있었을 것이란 점이다. 그들은 구약의 율법에 철저한 종교인들이었을 것이 틀림없다. 그들은 죽음 직전에 놓인 그 사람을 도우려다가 자칫 그가 죽어버린다면 시신에 접촉하게 되어 부정한 자가 되는 위험을 감수해야만 했다. 그렇게 되면 많은 사람들에게 부정을 감염시킬 수 있는 우려가 따른다. 따라서 그들이 강도 만난 자를 도와주지 않았던 것은 저들의 신앙 때문이었을 수 있다는 점을 감안할 필요가 있다. 하지만 하나님 보시기에 그것은 전혀 올바른 태도가 아니었다.

그에 반해 사마리아인들은 당시 유대인들로부터 심한 멸시를 당하는 처지에 놓여있었다. 하지만 그 사마리아인은 강도 만난 사람이 죽음의 위기에 처해있을 때 그를 직접 도와주고 적잖은 경비를 대주면서 돌보아 주었다. 그는 다른 사람의 위기를 자신의 형편이나 왜곡된 신념보다 우위에 두고 생각했던 것이다.

하나님 앞에서는 악한 자와 선한 자가 확연히 구분된다. 여기서 제사장과 레위인은 자신을 훌륭한 종교인으로 믿고 있었을 것이 분명하다. 그들은 자신이 얼마나 악한 죄인인지 인식하지 못하고 있었다. 그에 반해 사마리아인은 자신을 훌륭하다거나 선한 존재로 인식하지 않았다. 그는 단지 어려움을 당한 사람에 대하여 상식적인 행동을 했을 따름이다.

우리가 여기서 신중하게 생각해 보아야 할 점은 예수님께서 당시 경멸받던 사마리아인이 많은 사람들의 존경의 대상이 되던 제사장과 레위인보다 훨씬 올바른 인물로 보고 있다는 사실이다. 이는 유대주의자들의 자존심을 크게 상하게 하는 말씀이 아닐 수 없었다. 여기서 더욱 두드러지는 점은 그 모든 상황을 정확하게 파악하고 있던 그 율법사가 예수님의 교훈을 그대로 받아들이고 있다는 사실이다. 따라서 오늘날 우리 시대의 성도들도 이에 대한 명확한 깨달음을 가져야만 한다.

5. 마리아와 마르다(눅10:38-42)

예수님께서 공 사역을 행하시던 중 제자들과 함께 길을 가시다가 한 촌에 들어가셨다. 그때 마르다라는 한 여성이 예수님을 자기 집으로 초청했다. 마르다에게는 여동생이 하나 있었는데 그 이름은 마리아였다.

그들 자매가 자기 집으로 예수님을 초대하여 그와 교제를 나누고자 했던 것은 그가 메시아라는 사실을 알고 있었기 때문이었다. 우리가 여기서 기억해야 할 바는 두 명의 자매가 함께 예수님을 초청했지만 그 내면적인 목적은 상이했다는 사실이다. 마르다는 그에게 좋은 음식으로 대접하기를 원했으며 마리아는 그로부터 진리의 말씀을 듣고자 했던 것이다.

그러므로 예수님께서 자기 집 안에 들어오셨을 때 동생 마리아는 그의 발치 가까이 앉아 그로부터 말씀과 교훈을 듣고 있었다. 아마도 그녀에게는 예수님의 입술을 통해 전해지는 말씀이 경이로웠을 것이 분명하다. 하나님의 아들이신 메시아로부터 진리의 말씀을 듣는 것으로 인해 벅찬 감격이 넘쳐났을 것이기 때문이다.

그에 반해 언니였던 마르다는 원래 마음먹은 대로 예수님을 극진히 대접하기 위해 분주하게 움직이며 음식준비를 했다. 그녀는 자기 집에 들어오신 주님을 정성껏 모시고자 했으며 모든 힘을 기울여 음식을 장만했을 것이 분명하다. 마르다의 마음은 진심이었으며 귀한 분을 자기 집에 모시는 것 자체가 큰 기쁨이 되었을 것이다.

그런 와중에 동생 마리아는 언니 마르다를 위해 아무것도 도와주지 않는 채 예수님 앞에서 그의 말씀을 듣기에만 열중하고 있었다. 아마도 바쁘게 음식 장만을 하고 있던 마르다에게는 동생이 얄미웠을 것이 틀림없다. 그리고 그 상황을 뻔히 알고 계실 예수님께서 아무 일 없다는 듯이 자기 앞에 한가하게 놀고 앉아 있는 마리아에게 언니를 도와주라는 말씀조차 하지 않는 것을 보며 서운한 마음이 들지 않을 수 없었다.

그리하여 마르다는 예수님을 향해 마리아가 지금 눈코 뜰 사이 없이 바쁜 자기를 도와줄 생각을 하지 않는다는 사실을 말씀드렸다. 동생이 자기 혼자 일하도록 과중한 짐을 지우는 것에 대하여 한마디 책망해주시기를 간청했다. 즉 그에게 명하여 바쁘게 일하는 언니를 도와주라고 해 달라는 것이었다.

하지만 예수님께서는 그 기대에 전혀 미치지 못하는 의외의 반응을 하셨다. 마르다의 뜻에 따라 동생 마리아에게 언니를 도와주라는 말씀을 하지 않으셨기 때문이다. 그 대신 수고하는 마르다를 오히려 책망하는 듯한 말씀을 하셨다.

마르다는 분주하게 일하면서 많은 염려를 하며 근심하지만 한 가지나 단 몇 가지를 하더라도 그것으로 족하다는 것이었다. 그러면서 마리아가 오히려 좋은 편을 선택했으므로 결코 그것을 빼앗기지 않으리라고 말씀하셨다. 이는 마르다의 면전에서 마리아를 추켜세우신 것과 마찬가지였다. 이는 마르다의 자존심을 크게 상하게 할 수 있는 문제였으나 어쩔 수 없었다. 아마도 마르다는 그에 대한 올바른 깨달음을 가지고 나중에는 주님의 말씀에 더 많은 관심을 기울였을 것으로 보인다.

우리는 여기서 매우 중요한 교훈을 얻게 된다. 인간적인 열정과 노력을 통해 지나가는 과정에서 잠시 얻는 기쁨은 자신의 정성스러운 마음과 태도에서 나온다. 하지만 영원한 참된 기쁨은 자신으로부터 나오는 것이 아니라 오직 주님으로부터 제공된다. 마르다는 최선을 다하는 자기의 노력에 의해 일시적인 기쁨을 맛보려 했지만 마리아는 주님의 말씀에서 나오는 진리를 통해 영원한 기쁨을 누리고자 했던 것이다. 우리는 이에 대한 깨달음과 더불어 중요한 교훈을 얻을 수 있어야만 한다.

제11장

예수 그리스도의 하나님 나라 선포와
악한 자들의 저항

(눅11:1-54)

1. 주님이 가르치신 기도(눅11:1-4)

많은 사람들은 시간을 투자해 열정적으로 기도하지만 잘못된 기도를 하는 경우가 많다. 이에 대해서는 예수님 당시에도 그러했다. 문제는 잘못된 기도를 하면서도 그 기도를 하는 당사자들에게는 나름대로 종교적 만족감을 제공하게 된다는 사실이다.

이와 같은 현상은 오늘날 우리 시대에도 여전히 나타나고 있다. 기독교인들 가운데 상당수는 인간의 진실하고 간절한 자세가 좋은 기도를 하는 보증이 되는 양 착각하고 있다. 하지만 인간들의 주관적인 종교성에 기초한 기도는 겉보기에 아무리 그럴듯할지라도 그것 자체로서 올바른 기도라 말할 수 없다.

우리가 여기서 중요하게 생각해야 할 바는 모든 성도들은 올바른 기도를 배워야 한다는 사실이다. 즉 자기 마음 내키는 대로 기도할 것이 아니라 하나님으로부터 기도를 배워야 하는 것이다. 그 가운데는 기도에 대한 방법뿐 아니라 내용에 있어서도 그렇다. 물론 오늘날 우리 역시 성경이 가르치는 바 기도를 잘 배워서 기도하지 않으면 안 된다.

그러므로 예수님께서 성부 하나님과 교제 가운데 기도하고 돌아오실 때 제자들 가운데 하나가 기도를 가르쳐 달라는 당부를 했다. 그는 세례 요한도 자기 제자들에게 기도를 가르쳐주었음을 언급했다. 이 말 가운데는 하나님의 선지자들로부터 기도를 배우지 않으면 인간적인 욕망에 따라 기도하게 되며 기도행위 자체에 의미를 부여하는 것은 위험하다는 사실을 잘 알고 있음을 드러내 보여주고 있다.

제자의 당부를 들은 예수님께서는 그 자리에서 '기도'를 가르쳐 주셨다. 누가복음 본문에는 마태복음의 산상수훈에 기록된 내용보다는 간략하게 소개되어 있다. 본문 가운데 중요한 점은 하나님 아버지의 이름이 거룩하므로 마땅히 그렇게 되어야 한다는 사실에 연관된 것이다. 이는 하나님의 거룩한 위상이 회복되어야 한다는 의미가 내포되어 있다. 이는 기도하는 자는 그 대상을 분명히 해야 한다는 사실에 연관되어 있다.

또한 기도할 때 하나님 나라가 이땅에 임하도록 기도해야 한다고 말씀하셨다. 이는 하나님의 거룩한 세력과 이 세상을 장악하고 있는 악한 자의 세력 간에 투쟁이 시작되었음을 의미하고 있다. 이는 물론 하나님의 궁극적인 승리로 마무리 지어지게 된다. 이에 관한 의미는 오늘날 우리의 기도 가운데도 그 중심에 자리잡고 있어야 한다.

그리고 주님께서는 날마다 일용할 양식을 제공해 주시도록 기도하라고 했다. 어리석은 자들은 이 세상에 살아가면서 생명을 유지하는 양식이 자신의 능력과 노력에 의해 마련되는 것으로 여긴다. 하지만 주님께서는 영생을 위한 그 양식은 날마다 자기가 공급하신다는 사실을 알고 그렇게 간구하도록 요구하셨다.

이점은 이스라엘 자손들이 출애굽한 후 시내 광야에서 생활하던 40년 동안 날마다 만나와 메추라기를 내려주심으로써 자기 백성의 생명을 보존해 주신 것에 연관되어 있다. 이에 대해서는 오늘날 우리 역시 그와 같은 신앙 정신으로 살아가야만 한다. 그 원리에 대한 온전한 깨달음이 하나님에 대한 경외심과 더불어 진정으로 감사하는 마음을 가지게 하는 것이다.

주님께서는 그와 더불어 하나님께서 자기의 죄를 용서해 주시도록 간구하라고 하셨다. 주님을 따르는 제자들이 자기에게 죄지은 사람을 용서해 주어야 한다는 사실과 하나님께서도 그와 같이 자신의 죄를 용서해 주시도록 빌라는 것이었다. 이는 인간의 죄 문제가 해결되지 않고는 하나님과의 원만한 교제가 이루어질 수 없음에 대한 고백적 성격을 지니고 있다. 물론 그것은 하나님의 희생제물이 되어 십자가에 달려 돌아가시는 예수 그리스도의 사역에 직접 연관되어 있다.

그리고 시험에 들지 않도록 지켜 달라는 간구를 하라고 말씀하셨다. 여기서 언급된 시험이란 세상으로부터의 유혹(temptations)을 의미하고 있다. 타락한 이 세상은 하나님의 자녀들을 향해 세상을 누리며 살아가도록 끊임없이 유혹한다. 그 유혹은 워낙 강력하기 때문에 조금만 방심하면 그에 쉽게 넘어갈 수 있다. 그 유혹에 빠지게 되면 모든 것이 무디어져 타락한 세상에서 인간적인 욕망을 추구하며 살아가면서도 그에 대한 죄의식이 점차 약화될 수밖에 없는 것이다.

2. '성령'을 보내주시고자 하시는 하나님(눅11:5-13)

예수님께서는 뒤이어 제자들에게 매우 중요한 말씀을 하셨다. 모든 것이 혼탁한 형편 가운데 놓인 언약의 자손들을 향해 저들에게 곧 진정한 소망이 허락된다는 교훈을 주셨기 때문이다. 이는 당시 아직 그들이 소유하지 못한 매우 중요한 것이 있다는 사실을 말해준다.

그점을 설명하시기 위해 주님께서는 그들이 아직 집 밖에 있으면서 내부로 들어가지 못하고 있다는 점을 말씀하셨다. 그들은 당시 자기에게 무엇이 결핍된 상태인지 올바른 깨달음을 가지는 것이 매우 중요했다. 그래서 주님께서는 제자들에게 그에 연관된 교훈을 주셨다.

> "구하라 그러면 너희에게 주실 것이요 찾으라 그러면 찾을 것이요 문을 두드리라 그러면 너희에게 열릴 것이니 구하는 이마다 받을 것이요 찾는 이가 찾을 것이요 두드리는 이에게 열릴 것이니라"(눅 11:9,10).

이 말씀에 대해서 근본적으로 오해하는 자들이 많이 있다. 그런 자들은 무엇이든지 열심히 간구하고 힘을 다해 찾고 부지런히 문을 두드리면 하나님께서 그에 응답하시리라는 식으로 생각하며 일반적인 경우에 적용하려고 한다. 즉 유무형적인 무엇인가 바라는 것이 있으면 열심히 기도하면 응답받게 된다는 것이다. 하나님이 그에 대한 약속을 하셨으므로 믿음으로 그렇게 하면 되는 것처럼 주장한다.

하지만 위에 기록된 말씀은 결코 그런 의미가 아니다. 그 가운데 존재하는 진정한 의미는 성령 강림에 연관되어 있다. 그것을 위해 주님께서는 다른 예화를 들어 설명하고 계신다. 누군가에게 친구가 있는데, 그가 한밤중에 문밖에 찾아와 자기의 친한 친구가 먼 여행 중에 자기 집에 도착하여 먹일 음식이 필요하니 떡 세 덩이를 꿔달라고 한다면 어떻게 하겠느냐는 것이었다.

집 안에서 그 말을 들은 집주인은 밤이 늦어 온 식구가 잠자리에 들어 문을 다 잠그고 있는 상태여서 떡을 줄 수 없으니 자기를 괴롭히지 말고 돌아가라 하겠느냐고 하셨다. 참 친구라면 결코 그렇지 않으리라는 것이었다. 그는 먹을 음식을 구하러 온 자의 친구의 배고픔 때문에 떡을 주지는 않을지라도 자기 친구의 강청함을 인하여 필요한 떡을 내어 주리라고 말씀하셨다.

그러므로 예수님께서는 자기를 따르는 제자들에게 그처럼 간절히 구하고 찾고 문을 두드리면 하나님께서 그 간구에 기꺼이 응답하시리라고 하셨다. 즉 그렇게 간절히 요구하는 자에게 하나님께서 응답하신다는 것이다. 그러면서 하나님이 자기 자녀들에게 얼마나 자비로우신 분인가를 말씀하셨다.

그리고 누가 자기 아들이 생선(fish)을 달라고 할 때 뱀을 주겠으며 달걀(egg)을 달라고 할 때 전갈을 주겠느냐고 하셨다. 죄로 말미암아 본성이 부패한 사악한 인간들도 자기 자식에게 좋은 것을 줄줄 알지 않느냐는 것이었다. 그런데 천상의 나라에 계신 하나님 아버지께서 자신의 은혜를 구하는 자녀들에게 성령을 주시지 않겠느냐고 말씀하셨다. 이는 하나님의 자녀들에게 성령 하나님의 도우심이 반드시 필요하다는 사실과 더불어 조만간 그 성령을 보내주시리라는 사실을 말해주고 있다.

3. 하나님 나라와 악한 세력의 저항(눅11:14-28)

예수님께서는 다양한 기적들을 일으키면서 천국의 도래를 선포하셨다. 즉 그것들을 통해 하나님으로 말미암아 세워진 천국이 사악한 세상 왕국을 제압하는 능력을 보여주신 것이다. 예수님의 모든 기적은 단순히 일반적인 능력을 보여주는 것 이상의 의미를 지니고 있다. 즉 그것은 천국 곧 하나님 나라가 확장되어 가는 일에 연관되어 있는 것이다.

이번에는 예수님께서 그 자리에 있던 벙어리 귀신이 들린 사람을 치유해 주셨다. 주님께서 더러운 귀신을 쫓아내시자 벙어리가 되었던 그 사람이 즉시 말을 할 수 있게 되었다. 그것은 결코 일반적이지 않으며 아무나 행할 수 있는 일이 아니었다.

따라서 그 광경을 지켜본 많은 사람들이 놀라움을 금치 못했다. 그들 가운데는 예수님이 귀신의 왕 바알세불을 힘입어 귀신을 쫓아내는 것이

라고 주장하는 자들도 있었다. 그런 자들은 어떻게 해서든지 예수님의
사역을 반대하고 저항하고자 했던 것이다. 이는 그들이 사악한 마귀의
편에 속해 있다는 사실을 반증하는 의미를 지니고 있다.

그리고 사람들 가운데는 예수님을 시험하려고 하는 자들이 상당수 있
었다. 그들은 하늘로부터 오는 표적을 행하도록 그에게 요구했다. 즉 이
세상에서 발생하는 기적들을 넘어 더 큰 기적을 행해보라고 요구했던
것이다. 그들은 예수님께서 세상 왕국을 심판하기 위한 구속사역을 진
행하고 있다는 사실을 거부하고 싶어 했던 것이다.

예수님께서는 저들의 사악한 마음을 꿰뚫어 보고 계셨다. 따라서 그
들을 향해 기본적인 논리에도 맞지 않는 저들의 저급한 주장을 반박하
셨다. 만일 한 나라 안에서 내부적으로 심한 분쟁이 일어난다면 결국 황
폐해져서 그 나라가 무너지고 만다는 것이었다. 악한 유대주의자들이
예수님이 바알세불을 힘입어 귀신을 쫓아낸다고 하는 것은 사탄의 세력
내부에서 사탄과 바알세불이 서로 분쟁하는 것이 아니냐고 말씀하셨다.
그렇다면 내부에서 반란이 일어나 사탄의 나라가 자멸하고 마는 것이
아니냐고 하셨던 것이다.

그러면서 자기가 만일 바알세불을 힘입어 귀신을 쫓아내는 것이라면
사탄에게 속한 자의 자식들은 누구의 힘을 빌려 귀신을 쫓아낸단 말이
냐고 따져 물으셨다. 실제로 그들은 귀신을 쫓아낼 수 있는 능력이 없었
지만 만일 그런 일이 발생한다면 그들이 누구의 편이 되느냐고 하셨던
것이다. 즉 그렇게 되면 그들이 바알세불을 힘입고 귀신을 쫓아냄으로
써 사탄과 한 편이 아니냐는 것이었다.

따라서 그들의 논리대로라면 사탄의 편에 속한 자들이 저들의 재판관
이 될 것이라고 말씀하셨다. 하지만 예수님께서 하나님의 손을 힘입어
귀신을 쫓아내는 것이기 때문에 하나님 나라가 이미 저희 가운데 임했
다고 말씀하셨다. 예수님의 그 사역이 곧 그에 대한 결정적인 증거가 된
다는 것이었다.

예수님께서는 그것을 구체적으로 설명하시기 위해 예를 들어 말씀하셨다. 강한 자가 무장을 하고 자기 집을 지키고 있을 당시에는 그 소유가 안전해 보인다는 사실을 언급하셨다. 그러나 더 강한 자가 들어와 저를 공격하면 그가 믿고 의지하던 모든 무기들을 빼앗기고 그 재물을 탈취당하게 된다는 것이었다. 이는 하나님 나라의 왕으로 오신 예수님께서 저들을 공격하여 제압하고 심판하시는 것에 연관되어 있다.

그러므로 예수님께서는 자기와 함께 거하지 않는 모든 인간들은 자기의 반대편에 선 자들이며 자기의 사역에 기꺼이 참여하지 않는 자들은 자기의 일을 방해하는 세력에 속해 있음을 언급하셨다. 그와 달리 자기와 함께 거하며 자기가 행하는 사역에 참여하는 자들은 자기편이라고 말씀하셨다. 이는 예수님께서는 자기가 하나님 나라의 왕이라는 사실을 선포하는 의미를 지니고 있다.

또한 예수님께서는 더러운 귀신들이 장악하고 있던 사람으로부터 나가 물 없는 곳으로 다니며 쉬고자 하나 그렇지 못할 경우에는 또다시 그 전에 자기 집으로 사용하던 자의 몸 속으로 돌아가고자 한다고 하셨다. 돌아가서 보니 자기의 옛집인 그 사람의 속이 깨끗이 청소되고 수리가 되어 있는 것을 확인하고 나서는 자기보다 더 포악한 귀신 일곱을 데리고 들어가서 그 사람의 몸을 집으로 삼아 거하게 된다는 것이었다. 그렇게 되면 그 사람의 형편이 그전에 귀신이 들렸던 것보다 더욱 심하게 악화된다는 것이다.

예수님께서 그 말씀을 하실 때 무리 가운데서 한 여인이 예수님을 향해 소리 높여 외쳤다. '당신을 밴 태와 당신을 먹인 젖이 복이 있도소이다'(눅11:27). 그 여인은 예수님을 잉태하고 출산한 그의 모친 곧 마리아가 복의 근원이 된다고 외쳐 고백했다. 이는 메시아를 증거하는 의미를 지니고 있다.

그런데 예수님께서는 그에 화답하는 말씀을 하셨다. '하나님의 말씀을 듣고 지키는 자가 복이 있느니라'(눅11:28). 예수님께서는 그 고백을

하는 여인처럼 하나님의 말씀을 받아들여 온전히 순종하는 자가 참 복
이 있다고 하셨던 것이다. 우리는 한 여인과 예수님이 화답하는 언어를
통해 이 세상에 임한 하나님의 놀라운 은혜를 깨닫게 된다.

4. 인자의 표적과 요나의 표적(눅11:29-32)

예수님께서 기적을 일으키며 교훈을 주고 계실 때 큰 무리가 몰려들
었다. 그는 자기 주변에 모인 자들을 향해 매우 중요한 말씀을 하셨다.
그것은 구약성경에 기록된 선지자 요나가 경험한 사건을 인용하면서 장
차 자기에게 임할 십자가와 부활 사건에 연관된 내용을 선포하셨기 때
문이다.

예수님께서는 먼저 당시 이스라엘 백성들의 세대가 극히 악하다는 사
실을 언급하셨다. 그들이 악한 것은 단순히 일반 윤리적인 문제 때문이
아니었다. 즉 도둑질하고 살인하며 간음을 행하는 것을 일차적인 문제
로 지적하지 않으셨다. 그들의 악한 사고는 보다 근원적인 것으로서 하
나님의 진리를 버리고 인간적인 욕망을 추구하는 데 있었다.

그 사람들은 구약성경에 기록된 하나님의 말씀을 온전히 받아들이기
를 거부했다. 그들은 하나님의 예언과 약속을 중시하는 듯 행세했으나
그것을 단지 관념적으로 받아들였을 따름이다. 즉 모세 율법과 더불어
여러 선지자들을 통해 선포된 예언의 말씀을 실제적으로 받아들이지 않
았던 것이다.[27]

어리석은 자들은 예수님을 향해 그가 만일 메시아라면 그에 대한 좀
더 명확한 표적을 보여 달라는 요구를 했다. 그들은 예수님께서 행하시

---

27) 이와 같은 양상은 타락한 교회 시대에 항상 있어온 일이다. 우리 시대에는 배
도자들이 창세기 1장에 기록된 역사적 사실을 비롯하여 성경이 증거하는 수많은
기적들을 부인하고 있다. 현대 교회는 그와 같은 나쁜 사상들로 인해 심한 위협을
당하고 있는 실정이다.

는 보다 큰 표적을 직접 목격하고 확인한 후 자신의 생각을 결정하겠다는 것이었다. 그들은 성경에 기록된 하나님의 약속이 아니라 자기 마음에 차는 표적을 구함으로써 참 신앙에 대한 근본적인 오해를 하고 있었던 것이다.

예수님께서는 그들을 향해 자기가 보여줄 수 있는 표적은 요나의 표적밖에는 없다는 사실을 말씀하셨다. 요나는 깊은 바다에 던져져 물고기 뱃속에 들어갔다가 하나님의 섭리에 따라 다시 살아나 니느웨로 갔었다. 그것은 그곳 사람들에게 중요한 표적이 되었으나 그가 물고기 뱃속에서 나오는 광경을 직접 목격한 것은 아니었다. 하지만 물고기 뱃속에서 살아나온 요나가 니느웨로 간 사실 자체가 실제적 표적이었다.

그 말씀을 하신 예수님께서는 인자(人子)로 오신 자기도 요나의 표적과 같은 표적을 보여주시리라고 하셨다. 그것은 요나가 물고기 뱃속에 갇혔다가 살아서 나왔듯이 자기도 땅속에 묻혔다가 다시 살아나실 것에 대한 예언과 연관되어 있었다. 나중 그가 부활하여 많은 사람들에게 나타나 하나님의 일을 선포하실 때가 이르면 그 표적을 제대로 알아보리라는 것이었다.

그리고는 예수님의 죽음과 부활이 곧 심판의 때에 직접 연결된다는 사실을 언급하셨다. 예수님께서는 그점을 말씀하시면서 또다시 구약성경에 기록된 다른 내용을 비유로 들어 설명하셨다. 심판의 때가 이르게 되면 남방 여왕이 일어나 이 세대 사람들을 엄히 책망하고 정죄하리라는 것이었다. 이는 스바 여왕을 일컫는 것으로서 그가 솔로몬의 지혜로운 말을 들으려고 땅끝에서 왔다는 사실에 연관되어 있었다.

여기서 우리는 매우 중요한 두 가지 의미를 생각해 보아야 한다. 하나는 하나님의 구원이 혈통적 언약의 백성에 제한되는 것이 아니라 이방 지역에 존재하는 백성들에게 개방되어 있다는 사실이다. 이는 오히려 그 이방인들이 배도에 빠진 사악한 유대인들을 심판하는 역할을 하게 된다는 의미를 내포하고 있다.

또 다른 하나는 스바 여왕이 솔로몬 왕으로부터 듣고자 했던 지혜는 사람들이 일반적으로 생각하는 지혜가 아니었다는 점이다. 그 지혜란 여호와 하나님과 그가 보내실 메시아를 통해 영원한 구원이 이루어지게 된다는 사실에 연관된 참된 지혜였다. 그 남방 여왕은 솔로몬 왕으로부터 살아계신 하나님에 관하여 듣고자 했던 것이다.

예수님께서는 그 말씀을 하시면서 자기가 솔로몬보다 훨씬 더 큰 자라는 사실을 언급하셨다. 따라서 그의 진리를 깨닫는 것은 무엇보다 중요했다. 그는 유대 민족의 혈통이 아니라 그리스도를 믿고 그에 온전히 속하는 것이 영생의 기준이라는 점을 강조하셨다. 그래서 주님을 아는 이방인들이었던 니느웨 사람들이 일어나 이 세대 사람을 정죄하게 되는데 이는 그들이 요나의 선포를 듣고 하나님 앞에서 회개했기 때문이며, 자기가 요나보다 근본적으로 큰 자라는 사실을 말씀하셨다.

5. '몸의 등불'이 되는 눈(눅11:33-36)

예수님께서는 또한 등불과 빛에 관한 중요한 교훈을 주셨다. 등불을 켜서 아무도 볼 수 없는 곳에 숨겨두거나 그릇 같은 것으로 그 위를 덮어두는 사람은 아무도 없다는 것이었다. 그 대신 사람들은 등불을 당연히 등경 위에 두어서 방 안에 들어가는 자들로 하여금 모든 것을 밝히 보게끔 한다.

주님은 그 사실을 말씀하시면서 사람의 눈이 몸의 등불이라고 하셨다. 즉 눈으로 말미암아 몸이 밝게 되기도 하고 어두운 상태에 놓여 있기도 한다는 것이었다. 따라서 눈이 성하면 온몸이 밝을 것이며 만일 눈이 나쁘면 그 몸도 어두울 수밖에 없다. 우리는 여간 주의를 기울여 이 말씀을 해석하지 않으면 안 된다.

왜냐하면 몸의 등불인 그 눈은 바깥을 비추어보는 기능을 하는 것이 아니라 오히려 그 빛을 통해 자기의 심령을 밝히 비치는 것과 연관되어 있기 때문이다. 눈이 밝은 등불 역할을 하지 못하면 자기 자신의 내면을 전혀 들여다볼 수 없다. 반면 눈이 등불의 역할을 온전히 한다면 자기 몸 안의 내면을 올바르게 볼 수 있게 된다.

또한 눈이 참된 등불의 기능을 하지 못하는 경우에는 사람이 자신의 심령을 제대로 볼 수 없기 때문에 그 몸의 상태가 어떤지 올바른 판단을 하지 못한다. 그에 반해 눈이 등불 역할을 제대로 한다면 자기 심령을 뚜렷이 들여다 볼 수 있다. 그러면 자기가 얼마나 추악하고 더러운 존재 인지 직시할 수 있게 된다. 그래야만 그 더러운 몸을 정화시켜야 한다는 사실을 깨닫게 된다. 이는 결국 하나님의 도우심을 바랄 수밖에 없게 만든다.

예수님께서는 여기서 메시아로 오신 자신을 올바르게 보는 눈을 가진 자들은 자기 심령을 밝히 볼 수 있지만 그런 눈이 없는 자들은 자신의 악한 모습을 제대로 볼 수 없다는 사실을 말씀하고 계신다. 따라서 예수 님께서는 백성들에게 메시아로서 자기가 행하는 모든 사역을 목격하며 참된 안목으로 자신의 심령을 자세히 들여다보라고 하셨다.

즉 참 빛이신 예수님을 눈으로 보고 받아들여 자기 심령을 비추어보 라는 것이었다. 그리하여 눈의 등불을 통해 죄로 가득 찬 자신의 추한 내면을 비추어보면서 자기 몸을 깨끗하게 해야 한다는 사실을 깨닫게 될 것이기 때문이다. 즉 온몸과 심령이 그리스도로 말미암아 어두운 데 가 없으면 등불이 사람들을 위해 빛을 비출 때와 같이 온전히 밝게 된다 는 것이었다.

예수님께서는 이를 통해 죄로 물든 인간과 자신의 존재에 대하여 말 씀하고 계신다. 사람의 눈이 예수 그리스도의 사역을 받아들여 내면을 비추는 등불의 역할을 해야만 그에 관한 진정한 깨달음을 가질 수 있다. 그로 말미암아 자신의 죄를 직시하는 자들은 영원한 구원자이신 주님을 간절히 구하게 된다는 것이다. 즉 참 빛이신 예수님을 받아들여 등불이 되는 눈을 통해 자신의 심령을 밝힐 수 있는 것이다.

6. 바리새인들의 신앙에 대한 착각(눅11:37-44)

예수님께서 말씀하실 때 한 바리새인이 자기와 함께 점심 식사를 하기 위하여 예수님을 초대했다. 그리하여 예수님은 그와 식사하기 위해 집 안으로 들어가셨다. 그런데 그는 식사하기 전에 손을 씻지 않으셨다. 이는 당시 식사 예절에 비추어볼 때 의외의 행동이 아닐 수 없었다. 그것은 아마도 예수님께서 의도적으로 그렇게 하신 것으로 보인다. 예수님을 식사 자리에 초대한 바리새인은 그 광경을 보고 이상하게 여겼다.

그 바리새인의 마음을 꿰뚫어 보신 예수님께서는 저들의 분위기에 대하여 예를 들어 말씀하셨다. 바리새인들은 멀쩡한 잔과 대접처럼 겉은 깨끗해 보이는 데 반해 그 속에 들어있는 음식은 전혀 그렇지 않다는 것이었다. 즉 바리새인들은 겉보기에 종교적으로 매우 열성적이고 그럴듯한 모습을 띠고 있지만 실제 저들의 속에는 탐욕과 악독이 가득하다는 사실을 지적하셨던 것이다.

예수님께서는 겉으로 드러나는 부분을 만드신 분이 그 내부에 담겨있는 것들도 만드셨다는 사실을 기억하는 것은 중요하다고 말씀하셨다. 하지만 어리석은 자들은 그에 대한 깨달음이 전혀 없다. 예수님께서는 그 말씀을 하시면서 그들이 소유하고 있는 것들로서 다른 사람들을 구제하라는 요구를 하셨다. 그리하면 저희가 깨끗하게 되리라는 것이었다. 하지만 바리새인들의 삶의 실상은 전혀 그렇지 않았다.

그러므로 주님께서는 종교적 이기주의에 빠진 자들에게 무서운 화가 임하게 되리라고 말씀하셨다. 이에 대해서는 크게 세 가지를 말씀하셨다. 우선 그들이 박하와 운향과 모든 채소의 십일조를 드리면서 공의와 하나님의 사랑은 버렸다는 것이다. 하지만 십일조뿐 아니라 앞에 언급된 의와 하나님에 대한 사랑을 버리지 말고 실천해야 한다고 하셨다. 이는 율법 자체에 대한 순종과 더불어 신앙인으로서 일상적인 삶에 대한 요구와 연관되어 있다.

그리고 예수님께서는 바리새인들이 회당의 높은 자리와 시장에서 사람들로부터 문안받는 것을 좋아하는 것을 두고 질책하셨다. 그로 인해 장차 무서운 화가 임하게 되리라는 것이었다. 또한 그들은 마치 봉분이 없는 평토장한 무덤 같아서 그 위를 밟는 자들이 자기 발밑에 썩은 시체가 묻혀 있다는 사실을 인식조차 하지 못하고 있음을 말씀하셨다. 이 말은 바리새인들은 무덤 같아서 그 속에는 썩은 시체 같은 것이 들어있음에도 불구하고 순진한 백성들은 그 실상을 보지 못하고 있다는 것이었다.

7. 사악한 율법사(눅11:45-54)

예수님께서 바리새인들에 대하여 저주에 가까운 극한 비판을 하시는 것을 본 한 율법사가 예수님을 향해 강력하게 저항하듯 말했다. 그런 말은 그 자리에 있는 자기들까지 모욕하는 언사라는 것이었다. 즉 바리새인들에 대한 예수님의 말씀이 지나치다며 항의했던 것이다.

예수님은 그 율법사의 말을 듣고도 그 비판의 수위를 전혀 낮추지 않으셨다. 도리어 그와 같은 반응을 하는 율법사를 향해 저에게 화가 임할 것이라는 점을 언급하셨다. 그들은 자기도 감당하기 벅찬 무거운 짐을 다른 사람들에게 지우면서 자기는 손가락 하나도 까딱하지 않는다는 것이었다.

그리고 배도에 빠진 자들이 선지자들의 무덤을 쌓는다고 지적하시면서 저들의 조상들도 과거에 많은 선지자들을 죽였다는 사실을 말씀하셨다. 그처럼 저들의 조상들은 많은 선지자들을 죽이고 그 후손들이 이제 또다시 하나님의 말씀을 증거하는 선지자들의 무덤을 쌓아가고 있다고 하셨다. 이렇게 하여 그들의 조상들은 선지자들을 죽이고 그 후손들은 의인들을 죽여 그 무덤을 쌓으니 그들이 곧 조상들이 행한 악행에 대한 증인이 되어 그것을 마치 잘한 행동인 양 여기고 있다는 것이었다.

그러므로 하나님의 지혜가 무엇인가에 대하여 분명히 말씀하셨다. 하나님께서는 선지자들과 사도들을 언약의 백성들에게 보내시면서 그중에 더러는 죽이며 또 핍박하리라고 하셨다는 것이다. 따라서 창세 이후로 흘린 모든 선지자들의 피를 이 세대가 담당하고 있다고 했다. 즉 그들이 아벨의 피로부터 제단과 성전 사이에서 죽임을 당한 사가랴의 피까지[28] 책임을 져야 한다는 것이다. 그로 인해 모든 죄악을 당시의 세대가 그대로 담당하게 되어 가장 악한 행위를 하게 된다는 것이었다. 이는 장차 예수님을 심문하고 십자가에 못 박게 되는 사건과 밀접하게 연관된 예언의 말씀이다.

그리고 율법사들이 성경에 기록된 지식의 열쇠를 가져가고는 자기도 진리 안으로 들어가지 않고 또 그 안으로 들어가려는 백성들을 가로막고 있다고 말씀하셨다. 그들은 구약성경을 연구하는 학자들로서 모든 것을 다 알고 있는 듯이 행세했다. 하지만 도리어 성경에 기록된 내용을 멸시하며 자기도 그 말씀을 받아들이지 않으면서 계명에 따라 올바르게 살아가려는 자들의 신앙마저도 방해한다는 것이었다.

예수님께서 그 말씀을 하시고 밖으로 나오실 때 서기관들과 바리새인들이 맹렬하게 달라붙어 따지며 예수님을 책망하는 가운데 다양한 질문들을 던졌다. 그리고 그가 하시는 말씀 중에서 약점을 잡기 위해 안간힘을 썼다. 그들은 예수님을 궁지로 몰아 해를 가하기 위해 모든 노력을 기울였던 것이다.

---

28) 아벨이 첫 번째 순교자라는 점은 성경에 명백히 기록되어 있으며, 사가랴는 구약성경의 순서에 따르면 역대기가 마지막 책이므로 그런 점에서 마지막 순교자로 일컫는 것으로 이해하는 자들이 많다(대하24:20-22).

제12장

하나님의 심판과 영원한 유업

(눅12:1-59)

1. 무서운 심판주로 오신 예수 그리스도(눅12:1-5)

수만 명의 사람들이 예수님께서 계시는 곳으로 몰려들었다. 엄청나게 큰 무리로 인해 사람들이 서로 뒤엉켜 밟힐 만큼 되었다. 이는 당시 이스라엘 백성 가운데 메시아를 기다리는 사람들이 많았다는 사실을 말해 주고 있다. 기득권층이 아닌 소외된 일반 백성들은 불평등 구조 가운데 힘들게 살아가면서 별다른 소망이 없는 상태에 빠져 있었다.

또한 예수님 부근에 수많은 사람들이 모였다는 것은 일반적인 관점에서 보아도 그의 영향력이 엄청났다는 사실을 말해준다. 그러다보니 그에 대하여 경계의 눈길을 멈추지 못하는 자들이 상당수 있었다. 유대인 기득권층 인사들은 가난하게 살아가는 사람들이 동요할까 봐 신경을 곤두세워야만 했다. 그리고 로마제국은 그들이 정치적 저항운동과 더불어 독립운동을 하지 않을까 경계하지 않을 수 없었다.

물론 예수님께서는 이스라엘 백성이 민란을 일으키거나 정치적 독립을 위해 결집하거나 투쟁하기를 원하지 않으셨다. 그는 구속사역을 진행함으로써 죄에 빠진 자기 백성들을 죄에서 구원하시기 위해 이땅에 오셨기 때문이다. 하지만 유대인 종교지도자들은 자신을 배불리는 배도행위가 드러날까 두려워하고 있었다.

그러므로 예수님은 제자들을 향해 백성을 기만하는 바리새인들의 누룩 곧 외식을 주의하라고 말씀하셨다. 그들은 종교적인 위선자들로서 어리석은 사람들 앞에서 자기가 얼마나 대단한 신앙인인가 하는 점을 과시하기를 좋아했다. 하나님을 올바르게 알지 못하는 자들은 그로 말미암아 저들의 헛된 주장에 쉽게 기만당하고 있었다.

예수님께서 제자들에게 바리새인들의 누룩 곧 외식을 주의하라고 말씀하신 것은 자기를 따르는 제자들도 자칫 그와 같은 유혹에 빠질 우려가 없지 않았기 때문이다. 그 위선자들을 냉철하게 파악하지 않으면 순진한 백성들은 그들의 거짓에 쉽게 미혹될 위험에 직면하게 된다. 따라서 제자들은 그에 대한 분명한 입장을 가지고 다른 사람들에게도 그 실상을 말해줄 수 있어야만 했다.

하나님께 속한 성도들은 항상 하나님 앞에서 진솔한 신앙을 가져야 한다. 다른 사람들에게 보이기 위한 위선적 종교 행위는 언젠가 그대로 탄로날 것이며 우선은 숨길 수 있을지 모르지만 장차 만천하에 알려지게 된다. 어리석은 위선자들은 자기의 거짓 종교 행위가 외부로 드러나지 않을 것처럼 생각하고 행동한다.

하지만 사악한 자들이 아무도 듣는 사람이 없는 어두운 데서 말한다고 해도 그것은 환하게 밝은 데 있는 자들에게 그대로 전달되고, 골방에서 자기와 동류인 자에게 귓속말로 속삭인 내용들이 마치 지붕 위에서 큰 소리로 외치듯이 많은 사람들에게 그대로 전해진다. 그럼에도 불구하고 하나님의 진리를 버리고 컴컴한 음지에서 배도행위를 하면서 자신을 내세우는 자들은 그에 대한 인식이 전혀 없다.

그러므로 예수님께는 제자들에게 하나님의 자녀로서 마땅히 취해야 할 자세에 관하여 말씀하셨다. 설령 막강한 권세를 가지고 힘없는 사람을 죽일 수 있는 자라 할지라도 죽음 이후의 삶에 대해서는 아무것도 할 수 없는 그런 자들을 두려워하지 말라고 하셨다. 하지만 어리석은 자들은 저들의 서슬 퍼런 권세를 두려워하며 그 앞에서 저자세를 취하게 된다.

주님께서는 이 세상에서 막강한 권세를 가졌으나 궁극적인 힘이 없는 그런 자들이 아니라 모든 인간들이 마땅히 두려워해야 할 참 권세자를 저들에게 보이시리라고 말씀하셨다. 즉 악한 인간들을 심판하신 후에 영원한 지옥불에 던져 넣는 권세를 가진 자를 두려워하라는 것이었다. 그를 진정으로 두려워하는 것이 참된 성도들이 가져야 할 기본적인 신앙 자세이다.

예수님은 여기서 자기가 곧 악한 자들을 심판하여 지옥에 던져 넣을 수 있는 바로 그분이라는 사실을 선언하고 계신다. 배도에 빠진 자들과 어리석은 자들은 그가 영원한 심판주라는 사실을 깨닫지 못하고 있다. 그렇지만 하나님께 속한 자들은 그가 어떤 분인지 알고 진정으로 그를 경외하게 되는 것이다.

2. 언약의 자손들을 지켜 보호하시는 하나님(눅12:6-12)

예수님께서는 참새 다섯 마리가 두 앗사리온에 팔리지 않느냐는 말씀을 하셨다.[29] 이는 참새가 특별한 가치가 있는 귀중한 생명체가 아니라

---

29) 데나리온은 로마의 은화(銀貨)이다. 당시 노동자의 하루 품삯이 한 데나리온 정도 되는 것으로 볼 수 있다(마20:2,9,10,13, 참조). 그리고 한 앗사리온은 16분의 1데나리온 정도의 가치가 되었다(라이프성경사전, 참조). 두 앗사리온에 참새 다섯 마리라고 할 때 노동자의 일당과 연관지어 산술적 가치를 가늠할 수 있으나, 당시의 가치체계에서는 정확하게 판단하기 쉽지 않다. 우리나라의 경우 노동자의 일당이 10만 원 정도 되는 것으로 이해한다면 지금도 아프리카의 가난한 나라 가운데는 노동자의 하루 일당이 일천(1,000) 원 정도 되는 경우도 있다. 그것을 앗사리온과 비교하여 각 시대와 지역에 따른 산정을 하기 어려운 것이다. 하지만 성경에서 말하는 바 분명한 점은 참새의 값어치가 매우 낮았다는 사실이다.

는 사실을 말해주고 있다. 그럼에도 불구하고 하나님 앞에서는 그 보잘 것없는 참새조차도 완전히 잊어버린 바 되지 않고 하나님의 섭리적 범주 안에 존재하고 있다는 것이다. 그와 더불어 하나님의 자녀들이 얼마나 소중한 자들인가에 대하여 언급하셨다.

하나님께서는 자기에게 속한 백성들의 머리카락 한 올까지도 다 세고 계신다고 하셨다. 참새 한 마리도 하나님의 기억의 범주 안에 있는 터에 그보다 비교할 수 없이 귀한 그의 자녀들에 대해서는 두말할 나위가 없다는 것이다. 물론 이 말은 하나님께서 항상 참새 한 마리나 인간들의 모든 머리카락을 세고 계신다는 의미가 아니라 모든 피조물은 하나님의 눈길을 벗어날 수 없다는 의미를 지니고 있다.

그러므로 우리는 모든 하나님의 자녀들은 하나님의 섭리와 경륜 가운데 살아가고 있다는 사실을 기억해야 한다. 따라서 주님께서는 성도들에게 이 세상에서 발생하는 일들에 대하여 두려워할 필요가 없다고 하셨다. 이는 성도들이 세상에서 살아갈 때 상당한 어려움이 닥치게 된다는 사실에 연관되어 있다. 인간들이 보기에 이해하기 어려운 고난이 임하게 될지라도 하나님의 뜻 가운데 모든 일들이 발생한다는 것이다.

하나님의 자녀들은 항상 그에 대하여 명심하고 있어야만 한다. 그에 반해 사악한 자들은 연약한 자들에게 예수님이 하나님의 아들 메시아라는 사실을 부인하도록 강요한다. 따라서 그들의 요구를 거부하고 예수 그리스도를 구세주로 고백하면 상당한 박해가 따를 수밖에 없다. 주님께서는 그런 일이 발생할지라도 사람들 앞에서 자기를 시인하면 자기도 하나님의 사자들 앞에서 저를 시인하리라고 말씀하셨다.

또한 만일 사람들 앞에서 자기를 부인하는 자가 있다면 그는 장차 주님으로부터 하나님의 사자들 앞에서 부인당하게 된다는 사실을 언급하셨다. 이는 예수님께서 마지막 심판을 행하게 되는 종말에 연관된 말씀이다. 이 세상에 살아가는 자들은 최종 심판대 앞에서 무슨 일이 일어날

지에 대하여 신경 쓰지 않을 수 없다.

그러면서 예수님께서는 거기 모인 사람들에게 매우 중요한 교훈을
주셨다. 누구든지 말로 인자(the Son of Man)를 거역하면 용서받을 수
있지만 성령을 모독하는 자는 절대로 용서받지 못한다고 하셨던 것이
다. 그렇다면 '인자'를 거역하는 것과 '성령'을 모독하는 것 사이에는
어떤 차이가 있다는 말인가? 이는 매우 민감한 해석을 요구하고 있는
말씀이다.

여기서 '인자'를 거역한다는 말은 예수님을 거역한다는 말이라기보
다 구약성경에 약속된 메시아에 대한 구체적인 이해가 부족한 경우를
두고 한 말로 보는 것이 자연스럽다. 즉 예언된 '인자'가 이땅에 오셨지
만 아직 그에 대한 실체적인 이해가 부족한 것을 의미하는 것으로 이해
할 수 있는 것이다.

이는 당시 '인자'에 대한 민간의 다양한 견해들과 연관되어 있었을
것이 분명하다. 마태복음 16장 13,14절에서는 당시 순진한 백성들이 세
례 요한, 엘리야, 예레미야나 선지자들 중 하나가 '인자'라고 생각했다.
이는 엉뚱한 자들을 인자라 여기며 참 인자이신 예수 그리스도를 깨닫
지 못한 저들의 형편을 말해준다(눅9:18,19, 참조). 그것은 잘못된 생각이
었으나 그 부족함을 고치면 용서받을 수 있었다.

이에 반해 '성령'을 모독한다는 것은 성령께서 증거하는 진리를 거부
하는 것에 연관되어 있다. 성령 하나님께서 구약의 예언에 따라 인자로
오신 메시아를 증거하고 있음에도 불구하고 그의 뜻을 받아들이지 않는
것은 그를 모독하는 것이 된다. 즉 성령께서 예수님을 약속된 메시아라
는 사실을 증거하고 있는 터에 그것을 거부하는 자는 성령을 모독하는
행위와 동일하다는 것이다.

그리고 악한 자들이 순전한 하나님의 자녀를 배도에 빠진 종교지도자
들에 의해 장악당한 회당과 권력을 가진 치리자 앞으로 끌고 갈 경우,

그 당사자는 저들 앞에서 무엇을 어떻게 말할지 지나치게 염려하지 말라고 하셨다. 즉 그 위기를 모면할 생각으로 인간적인 궁리를 하지 말라는 것이다. 그와 같은 때가 이르게 되면 저들이 마땅히 해야 할 말을 성령께서 친히 저들에게 가르쳐주시리라는 것이었다.

3. 세상의 재물과 천상의 영원한 유업(눅12:13-21)

무리 가운데 있던 어떤 사람이, 형제 가운데 발생한 억울한 문제를 두고 예수님께 호소했다. 자기 형이 부친으로부터 받은 유산을 혼자 독식하는데 그에게 명하여 그 재산을 자기와 나누어 가지게 해 달라는 것이었다. 그는 예수님이 일반적인 정의를 행하며 억울한 사람들이 당하고 있는 부당한 문제를 해결해주는 인물로 이해하고 있었다. 즉 그는 예수님이 사회적인 관점에서 정의롭고 사랑이 많은 사람으로 이해하고 있었던 것이다.

하지만 그 사람의 하소연을 들은 예수님께서는 그가 기대하고 있던 것과는 전혀 다른 반응을 보이셨다. 누가 자기를 사람들의 일상적인 문제를 해결해주는 재판장이나 물건을 공평하게 나누는 권한을 가진 자로 세웠느냐는 것이었다. 즉 자기가 할 일은 그런 것이 아니며 자기에게는 그렇게 할 만한 권력이 주어지지 않았다는 것이다.

그러면서 도리어 그 사람과 거기 모인 무리를 향해 마음속에 가득 차 있는 모든 탐심을 물리치라고 말씀하셨다. 사람의 생명이 풍부한 재산이나 소유에 달려 있지 않다는 것이었다. 어리석은 자들은 많은 재물을 소유하고 있으면 그것이 자기의 삶을 부요하게 지탱해주는 굳건한 근거가 되는 양 착각하고 있다.

예수님께서는 또다시 다른 비유의 말씀을 통해 무리를 교훈하고자 하셨다. 한 부자가 있는데 그가 경작하는 밭에 소출이 풍성한 것을 보면서 마음속으로 그 곡식을 쌓아둘 곳이 없는데 어떻게 할까 생각하며 소위 배부른 고민을 하고 있었다. 결국 그는 기존의 작은 곳간을 헐고 더 큰 곳간을 지어 거기 모든 곡식과 물품들을 쌓아두어야겠다는 궁리를 하게 되었다.

그리고는 마음속으로 이제 여러 해 동안 배불리 먹을 수 있는 곡식과 쓸 만한 물품들을 충분히 쌓아두었으니 앞으로 평안히 쉬면서 먹고 마시는 가운데 쾌락을 누리며 즐겁게 살아야겠다는 마음을 먹었다. 그것만 있으면 남은 인생살이에 아무것도 염려할 것이 없다는 생각을 하고 있었던 것이다.

그런데 하나님께서는 그런 자를 지극히 어리석은 자로 간주하셨다. 당장 오늘 밤이라도 하나님께서 저의 영혼을 도로 찾아가신다면 그동안 그가 예비한 모든 것들이 과연 누구의 것이 되겠냐는 것이었다. 아무리 재산이 많아 부족한 것이 없는 부자가 된다고 할지라도 그것은 그 사람의 생명을 지켜내지 못한다. 그런 판국에 자기 재물을 믿고 의지한다는 것은 어리석기 그지없는 행동이 아닐 수 없다.

그러므로 주님께서는 자기를 위하여 재물을 세상에 쌓아두는 것은 지극히 어리석은 자들이 취하는 태도에 지나지 않는다고 말씀하셨다. 그들은 잠시 지나가는 이 세상의 것들을 넘치게 소유하고 있으면서 하나님에 대하여는 전혀 그렇지 않았다. 즉 그 사람들은 아무런 보장성이 없는 것들에 기대고 그것을 자랑으로 삼으면서 영원한 보장이 되시는 하나님을 멀리하는 어리석음에 빠져 있다는 것이었다.

따라서 하나님의 자녀들은 결코 그러지 말아야 한다. 세상에서 얻은 유무형의 모든 것들은 결코 영원하지 않다. 하나님께서 저들에게 그런 것들을 허락하신다면 그것을 궁극적으로 의지할 만한 것이 되지 못한다는 사실을 깨닫고 이웃과 더불어 적절히 나눌 수 있어야 한다. 성숙한 성도들은 오직 천상의 영원한 하나님을 바라보며 궁극적인 삶에 대한 소망을 가지고 이 세상에서 살아가게 된다.

4. 세상의 헛된 욕망과 천국의 참된 보물(눅12:22-34)

예수님께서는 또한 자기를 따르는 성도들이 취해야 할 분명한 삶의 원리를 제시하셨다. 이는 본질과 현상에 관련된 문제이다. 즉 목숨과 몸이 본질에 해당된다면 음식과 옷은 현상에 해당되는 것으로 볼 수 있다. 따라서 주님께서는 자신의 목숨을 위하여 무엇을 먹을까 몸을 위하여 무엇을 입을까 하는 세상의 염려에 빠지지 말라고 하셨다. 본질에 해당되는 목숨이 현상에 속한 음식보다 훨씬 귀중하며, 몸이 의복보다 소중하다는 사실을 실제적으로 받아들여야 한다는 것이다.

그렇지만 어리석은 자들은 그에 대하여 거꾸로 생각한다. 그들은 먹는 음식을 통해 자신의 존재감을 드러내기를 좋아한다. 다른 사람들보다 더 나은 음식을 풍족하게 먹는 것을 삶의 의미로 여긴다. 즉 목숨을 부지하기 위한 수단으로 먹는 음식이 아니라 음식을 통해 자신의 존재 가치를 확인하고자 하는 것이다.

그런 자들은 자기의 몸을 보호하고 다른 사람들에 대한 예의로 갖추어 입는 옷을 자기의 위상을 드러내는 수단으로 생각한다. 그렇게 되면 자기 몸에 걸친 옷에 대한 그릇된 자부심을 가지게 될 따름이다. 어리석은 자들은 '사람'을 보는 것이 아니라 그가 입고 있는 '의상'을 보면서 평가하는 가운데 부러워하기도 하고 열등감에 사로잡히기도 한다.

그러나 하나님의 자녀들은 그런 잘못된 태도를 버려야 한다. 사람이 자기가 먹고 마시고 입는 문제를 자신의 목숨과 몸보다 더 중시해서는 안 된다. 이 세상에서 게으르지 않고 성실하게 살아가면 적절히 먹고 생활하는 문제는 주변 환경에 따라 자연스럽게 해결될 것이기 때문이다.

그래서 예수님께서는 공중에 날아다니는 까마귀를 생각해 보라고 말씀하셨다. 그 새는 땅에 곡물을 심지도 않고 따로 추수하여 거두어들이지도 않으며 그것을 모아둘 만한 골방이나 창고도 없지만 먹고 살아가지 않느냐는 것이었다. 사람들은 그것을 자연스러운 현상이라고 생각하지만 실제로는 하나님께서 그 새들에게조차 생명을 유지 보존하도록 해 주신다.

주님께서는 그와 더불어 하나님의 자녀들이라면 그 새와는 비교조차 할 수 없이 귀중한 존재가 아니냐고 말씀하셨다. 하나님께서 자기에게 속한 자들을 전적으로 지켜 보호해 주신다는 것이다. 그것은 인간들의 염려나 노력에 의해 그렇게 되는 것이 아니라 전적인 하나님의 은혜로 말미암는다.

또한 인간들은 염려함으로써 자신의 키를 조금이라도 더 크게 할 수 없다는 사실을 언급하셨다. 이처럼 지극히 사소한 것마저 자기 마음대로 할 수 없는 터에 다른 것에 대한 염려는 그야말로 염려에 그칠 따름이며 그로 말미암아 근본적으로 취득하는 것은 아무것도 없다는 것이다. 들에 핀 백합화는 스스로 실을 만들지 않고 아름다운 베를 짜지도 않는다는 사실을 누구나 알고 있다.

주님께서는 솔로몬의 화려하고 값비싼 의상이라 할지라도 들에 핀 아름다운 꽃 하나만도 못하다고 말씀하셨다. 인간들이 만든 것들이 아무리 대단해 보인다고 할지라도 하나님의 섭리 가운데 존재하는 자연물에 비하면 아무것도 아니다. 오늘 있다가 내일 아침 아궁이에 던져지는 들풀에 대해서도 하나님께서 그렇게 하시는데 하물며 자기 자녀들에 대해서는 오죽하겠느냐는 것이다. 따라서 이에 대한 올바른 수용이 없는 것은 순전한 믿음이 없기 때문이라는 것이었다.

그러므로 예수님께서는 자기를 따르는 제자들을 향해 무엇을 먹을까 무엇을 마실까 구하지 말고 그에 대해서 근심하지도 말라고 하셨다. 그런 것들은 천상에 소망을 두지 않고 이 세상에만 목적을 두고 살아가는 자들이 구하는 것에 지나지 않기 때문이다. 자기 자녀들에게 그런 것들이 필요하다는 것은 성부 하나님께서 미리 알고 계신다는 것이다.

따라서 하나님께 속한 백성들은 오직 천상으로부터 허락된 하나님의 나라를 구해야 한다. 이는 이 세상에서 무책임한 자세로 살아가라는 의미가 아니라 성도들이 신실한 삶을 살아갈 때 필요한 나머지 것들은 하나님께서 친히 자연스럽게 제공해 주신다는 사실을 말해주고 있다. 설령 그런 것들이 부족하게 여겨질지라도 두려워하지 말라고 하셨다. 그것은 세상에 맞서 싸워야 할 성도들에게 허락된 보다 원대한 하나님의 섭리와 경륜에 연관된 것일 수 있기 때문이다.

예수님께서는 하나님이 자기 백성들에게 기쁨으로 주시고자 하는 궁극적인 것은 '하나님의 나라'라는 사실을 강조하셨다. 따라서 하나님의 자녀들은 영원한 천상(Heaven)에 소망을 두어야 하며 잠시 지나가는 이 세상에서는 여유로운 자세로 인내하며 살아가야 한다. 이는 어리석은 자들처럼 세상의 부귀영화를 추구하지 말라는 의미를 내포하고 있다.

그러므로 하나님께 속한 성도들은 가난한 이웃을 기억하는 가운데 자기의 소유로써 구제하며 살아가야 한다. 그렇게 함으로써 천상의 나라에 존재하는 영원한 보물을 소유할 수 있게 된다. 이 세상에는 항상 서로 많이 가지기 위하여 남의 것을 도둑질하거나 착취를 일삼는 경우가 넘쳐난다.

그렇지만 영원한 천상의 나라에 쌓아둔 것들은 도적이 훔쳐갈 수 없으며 거기서는 값진 보물에 좀이 스는 일도 없다. 그곳에는 최상의 보물이 있으므로 성도들은 그에 소망을 두고 살아가야 한다. 따라서 하나님의 백성들은 이땅에 살아가면서도 타락한 세상에 소망을 두지 않고 참된 보물이 있는 천상에 소망을 두게 된다. 그렇게 되면 성도들이 소중한 보물이 있는 천상의 나라에 마음을 두고 살아가게 되는 것이다.

5. "깨어 준비하고 있으라" (눅12:35-40)

예수님께서는 또 다른 비유를 들어 말씀하셨다. 허리에 띠를 띠고 등불을 켜고 서 있으라는 것이다. 이는 모든 준비를 갖추고 긴장을 늦추지 않은 상태에서 전개되는 상황에 대비하라는 의미를 지니고 있다. 이 말은 당시 이스라엘 백성이 처한 긴박한 상황이 그와 같다는 사실을 말해 주고 있다.

지혜로운 자들은 자기의 주인이 혼인 잔치에 참여했다가 돌아와서 문을 두드릴 때 즉시 열어주기 위해 대기하고 있는 사람과 같은 자세를 취해야 한다. 주인이 한밤중에 집으로 돌아와서 하인이 깨어 있어 문을 열어주는 것을 보면 그 종들은 복이 있는 자들이다. 하지만 주인이 와서 문을 두드리는데도 잠에 취해 문을 열어주지 않는다면 그에게는 엄한 징벌이 따르게 된다.

예수님께서는 그 집주인이 성실하게 직무를 감당하는 자기 종들을 보면 그들을 자리에 앉히고 직접 허리를 동이고 봉사의 직무에 참여하게 된다고 말씀하셨다. 이는 사실 당시로 보아서는 매우 파격적인 일이다. 집주인이 하인들을 위해 식탁에서 봉사한다는 것은 결코 일반적일 수 없었기 때문이다.

그럼에도 불구하고 예수님께서 그렇게 말씀하신 것은 자기가 맡긴 직무를 감당하는 자들이 맡은 바 책무를 온전히 감당하게 되면, 자신이 직접 그들을 위해 감당해야 할 사역이 있다는 의미를 담고 있다. 이는 그리스도가 감당하게 될 구속사역에 직접 연관된 의미를 지니고 있다. 성숙한 제자들은 그 의미를 제대로 받아들일 수 있어야만 했다.

예수님께서는 또한 집주인이 이경이나 삼경 즉 밤늦은 시간인 한밤중에도 하인들이 그와 같이 성실하게 직무를 감당하는 것을 본다면 그 하인들이 복이 있으리라고 말씀하셨다. 하인들이 그와 같이 충성스러운 자세를 유지하게 되면 도적이 그 집 안으로 침입해 들어올 수 없기 때문이다. 따라서 외부의 나쁜 사람들로부터 집을 안전하게 지키는 직무를 담당한 하인들이 주인으로부터 인정을 받게 되는 것이다.

그러므로 예수님께서는 제자들을 향해 항상 예비하고 깨어 있으라고 당부하셨다. 이는 예수님의 재림에도 연관된 것으로서 사람들이 전혀 생각지 못하고 있을 때 그가 임하시리라는 것이었다. 사람들이 세상의 것들에 몰두하여 안일한 생각을 가지고 있으며 하인들이 나태한 태도를 보이고 있을 때 도적이 갑자기 들이닥치는 것처럼, 사람들이 이땅의 것들을 탐하고 자기 욕망대로 살아갈 때 예수님께서 갑자기 임하신다는 것이다.

6. 관리위임과 재림의 때 있을 결산에 관한 예언(눅12:41-48)

예수님으로부터 비유의 말씀을 들은 베드로는 그것이 제자들을 위해 주시는 것인지 아니면 모든 사람들에게 주시는 것인지 물어보았다. 그 질문을 들은 예수님께서 그에 대한 답변을 하셨다. 그는 그와 더불어 지혜롭고 진실한 관리인이 되어 자기가 맡긴 종들을 맡아 때를 따라 양식을 나눠줄 자가 누구냐고 반문하셨다.

이는 주님께서 자기의 종들을 제자들에게 맡겨 양식을 나눠주도록 할 것이란 사실에 연관되어 있다. 나중 주님이 이르게 될 때 그 맡은 바 책무를 다한 자가 있다면 그가 진정으로 복된 자라는 것이다. 예수님께서는 이에 대한 비유를 주시면서 믿을 만한 자가 있다면 그에게 모든 것을 맡기시겠다는 말씀을 하셨다.

이는 지상 교회의 직분제도와 밀접하게 연관된 것으로 받아들일 수 있다. 주님께서는 교회 가운데 특별한 직분자들을 세우셔서 자신에게 속한 교인들을 맡기셨다. 따라서 모든 직분자들은 주님께서 맡기신 성도들을 말씀의 원리에 따라 올바르게 관리해야 할 의무가 있다. 그것을 통해 주님으로부터 신뢰를 받는 것이 무엇보다 중요하다.

예수님께서는 만일 그 관리인이 주인이 금방 돌아오지 않고 더디 올 것으로 판단하여 주인의 종들을 때리며 개인적인 욕망에 따라 먹고 마시고 취하게 되면 생각지 않은 날 불시에 그가 오리라고 하셨다. 그가 오셔서 자기가 맡긴 일을 충실히 감당하지 않은 채 이기적이고 악한 일을 행한 것을 보면 저들을 엄히 다스려 악한 자들이 받는 무서운 심판에 처할 것이라고 하셨다.

만일 주인의 뜻을 알면서도 그가 올 날을 예비하지 않고 그의 뜻을 멸시한 자가 있다면 고통스러운 형벌을 면치 못한다. 그런데 주인의 뜻을 잘 알지 못해 의도하지 않은 상태에서 잘못을 저지른 경우라면 그 심판이 보다 가벼울 것이라고 하셨다. 따라서 주인으로부터 많이 받은 자들에게는 많은 것을 요구할 것이며 그렇지 않은 자들에게는 그에 따른 적절한 분량을 요구할 것이라고 말씀하셨다.

이는 예수님의 재림에 연관된 교훈이다. 그가 십자가 사역을 비롯한 모든 구속사역을 완성하신 후 승천하시게 되면 제자들에게 자기 자녀들을 위한 관리를 맡기시리라는 것이었다. 이 말씀은 물론 역사 가운데서 제자들의 사역을 계승해 갈 직분자들에게 적용되어야 할 말씀이기도 하다. 따라서 주님의 사역을 위임받은 모든 사역자들은 항상 이 말씀을 기억하고 있어야만 한다. 나중 그가 재림하여 모든 것을 결산할 때를 염두에 두고 맡은 바 직무를 성실하게 감당해야만 하는 것이다.

7. 예수님의 심판과 고난, 그리고 그에게 속한 성도들(눅12:49-53)

예수님께서는 또한 자기가 이땅에 메시아로 오신 목적에 관한 중요한 말씀을 하셨다. 그가 오신 것은 이땅에 불을 던지기 위해서라는 것이다. 이는 하나님의 심판에 연관된 것으로 불로써 타락한 이 세상을 태워버리는 것이 그 목적이라는 사실과 동일한 의미를 지니고 있다.

그런데 그는 그 불이 이미 땅에 붙었다고 말씀하셨다. 죄악 세상에 대한 심판이 시작되었다는 것이다. 거기에는 물론 자기에게 속한 언약의 자녀들을 죄로부터 구원하기 위한 방책이 포함되어 있다. 따라서 이제 더 이상 기대할 것이 없다는 사실을 말씀하셨다.

그러면서 예수님께서는 장차 자기가 받아야 할 고난의 세례가 남아 있다고 하셨다. 따라서 이제 자신이 겪어야 할 큰 괴로움으로 인해 마음이 매우 답답하다는 것이었다. 우리는 여기서 전능하신 하나님의 아들이면서 동시에 인간들의 모든 것을 체휼하시기 위해 완벽한 인간으로 이땅에 오신 주님의 모습을 엿보게 된다. 이는 예수님의 십자가 사역에 연관된 모든 고난에 직접 연관되어 있다.

당시 많은 사람들은 메시아가 이스라엘 민족 가운데 오시는 것은 평화를 위한 것으로만 생각하는 경향이 있었다. 그들은 로마제국의 압제로부터 벗어난 평화, 기득권자들의 횡포와 가난과 질병으로부터의 해방을 기대했던 것이다. 하지만 예수님께서는 자기가 이 세상에 평화를 제공하기 위해 온 것이 아니라는 사실을 분명히 언급하셨다. 오히려 그로 말미암아 여러 분야에서 심한 분쟁이 일어나게 된다는 것이었다.

예수님께서는 자기가 오신 후부터 한 집에 여러 식구가 함께 살면서 서로간 편을 나누어 다투게 되리라는 사실을 말씀하셨다. 아버지와 아들, 어머니와 딸 사이에 심각한 갈등이 일어나게 된다는 것이다. 또한 시어머니와 며느리 사이에 분쟁이 발생하게 된다. 이는 주님으로 인해 가정의 화목을 가져오는 것이 아니라 도리어 서로간 불편한 관계를 유발하게 된다는 사실을 말해주고 있다.

이것은 물론 단순한 다툼이 아니라 신앙에 대한 상이한 인식으로 말미암아 발생하게 되는 갈등에 연관되어 있다. 한 집안에 같이 살아가면서도 오직 천국에만 소망을 두고 살아가고자 하는 자가 있는가 하면 타락한 세상에서의 복락을 탐하는 자도 있다. 하나님을 멀리하는 자들은 세상과 타협하면서 자기 고집을 꺾지 않고 신앙을 인본화하기를 꾀하는 것이다.

8. 천기에 대한 분별과 시대 분별(눅12:54-59)

예수님께서는 또한 제자들에게 시대를 정확하게 분별하는 지혜를 가지라고 말씀하셨다. 서쪽 하늘에 검은 구름이 일어나는 것을 보면 곧 소나기가 퍼붓게 될 것을 알게 되지 않느냐는 것이었다. 그리고 남풍이 불어오는 것을 보면 곧 날씨가 더워지게 될 것을 알게 되는 점은 자연스러운 것이라고 하셨다. 이처럼 지각을 가진 모든 사람들은 하늘의 변동을 보며 날씨를 예측하게 된다.

그리고 예수님께서는 마치 좋은 신앙을 가지고 있는 양 자신을 내세우며 위선적인 삶을 살아가는 자들을 강하게 책망하셨다. 그들은 하늘의 기상을 분별할 줄 알면서 자기가 살고 있는 시대는 분변치 못한다는 것이었다. 그들에게는 하나님의 진리에 대한 깨달음이 전혀 없었으며 사안의 옳고 그른 것에 대한 판단력이 없었다. 그들은 배도에 빠져 악을 행하면서도 자신의 잘못을 깨닫지 못한 채 자기에게 아무런 문제가 없는 것으로 착각하고 있었기 때문이다.

그러므로 예수님께서는 그들에게 자신의 잘못을 돌아보라는 권면을 하셨다. 자기를 고소하는 사람과 함께 재판관 앞으로 나아갈 때 길에서 화해하라고 말씀하셨다. 전후 사정을 살펴보면 그 상대가 오히려 옳다는 사실을 알게 될 수도 있다는 것이었다. 만일 자기의 잘못을 전혀 인식하지 못한 채 재판관에게 나아간다면 그가 오히려 자기를 정죄하고 행정 관리에게 넘겨주어 감옥에 가둘 수 있으니 그에 대한 염려를 해야 한다는 것이었다.

그와 더불어 그 외식하는 자가 하나님 앞에서 저지른 자신의 악행을 조금도 남김없이 완전히 다 갚지 않고는 결코 그 감옥에서 나오지 못하리라고 하셨다. 여기에는 예수님 자신의 십자가 사역으로 말미암는 죄 용서와 어느 정도 연관되는 것으로 이해할 수 있다. 즉 하나님의 어린 양으로 오신 예수 그리스도의 죽음과 피 흘림이 없이는 결단코 인간의 모든 죄를 남김없이 다 갚지 못할 것이기 때문이다.

제13장

하나님 나라와 심판의 주님

(눅13:1-35)

1. 악한 범죄행위와 하나님의 심판(눅13:1-5)

예수님께서 말씀하고 계실 때 어떤 사람들이 찾아와서 중요한 사실을
알렸다. 그것은 본디오 빌라도가 갈릴리 사람들을 학살하고 그때 흘린
저들의 피를 그곳 사람들이 하나님 앞에 바치려던 희생제물에 섞었다고
했다. 이는 하나님의 희생제물을 더럽혔을 뿐 아니라 하나님을 모독하
는 사악한 행위였다.

그 참람한 이야기를 들은 예수님께서는 그들을 향해 말씀하셨다. 그
와 같은 끔찍한 변을 당한 사람들이 그렇지 않은 다른 갈릴리인들보다
더 많은 죄를 지었기 때문이라고 생각하느냐는 것이었다. 이는 그들이
주변 사람들보다 더 큰 죄인이었기 때문에 그런 일을 당한 것이 아니라
는 것이다. 그러면서 하나님의 언약 백성이라 주장하는 자들이라 할지
라도 하나님 앞에서 진정으로 회개하지 않는다면 전부 그와 같이 멸망

하리라고 하셨다.

예수님께서는 그와 더불어 과거 '실로암'에서 망대가 무너졌던 일에 대한 언급을 하셨다. 그 사고로 인해 열여덟 명이 죽었는데 그들이 예루살렘에 거한 다른 모든 사람들보다 더 많은 죄가 있어서 그렇게 된 줄 아느냐고 말씀하셨다. 결코 그렇지 않다는 것이다. 하나님 보시기에는 모든 인간들이 죄인이므로 누구든지 회개하지 않으면 그와 같이 망하게 된다는 것이었다. 이는 하나님의 무서운 심판이 항상 악한 자들 위에 머물러 있음을 말해주고 있다.

2. 포도원에 심긴 한 그루 무화과나무 비유(눅13:6-9)

예수님께서는 또한 거기 모인 사람들을 향해 의미심장한 비유를 들어 말씀하셨다. 어떤 사람이 포도나무가 가득 심겨진 넓은 포도원에 무화과나무 한 그루를 심었다는 것이다. 그는 그 무화과나무에서 열매를 얻기 위해 밭으로 왔으나 아무것도 얻지 못했다. 삼 년 동안이나 큰 기대를 가지고 그렇게 했으나 아무런 소득이 없었다.

결국 그는 포도원을 관리하는 자에게 그 무화과나무를 찍어내 버리라고 했다. 삼 년 동안 밭에 와서 무화과 열매를 얻고자 했으나 아무런 소득이 없으니 땅만 버렸다는 것이다. 넓은 포도나무 농장에서 무화과 열매를 얻기 위해 특별히 그렇게 했지만 아무것도 얻지 못하자 차라리 그 무화과나무 자체를 베어버리는 것이 낫다고 판단했던 것이다.

그러자 포도원을 관리하는 자는 주인에게 금년에도 그대로 두도록 간청했다. 자기가 더 부지런히 주변의 땅을 일구고 기름진 거름을 줄 테니 일 년만 더 기다려보자는 것이었다. 그렇게 했음에도 불구하고 만일 그 무화과나무가 아무런 열매를 맺지 못한다면 찍어버리라고 말씀드렸다.

그렇다면 이 비유는 과연 어떤 메시지를 담고 있는 것일까? 이는 이스라엘 민족 전체를 넓은 포도원에 견주어 말씀하는 것으로 보인다. 주님께서는 그 포도원 안에 무화과나무 한 그루를 심듯이 자기를 추종하는 무리를 이스라엘 민족 가운데 두셨다. 그들을 통해 선한 열매를 거두기를 원했던 것이다.

하지만 그들은 아무런 열매를 맺지 못했다. 주님께서는 되풀이하여 그 결과를 보고자 확인하셨지만 열매가 없자 결국 그들에게 아무것도 맡길 수 없다는 판단을 내리셨다. 그리하여 그가 맡긴 것들을 저들로부터 거두어들이려 하자 신실한 직분을 맡은 자는 조금만 더 기다려보자고 했다는 것이다. 이는 그렇게 함으로써 주님께서 더 인내하는 가운데 전개되는 상황을 지켜보신 사실을 말해주고 있다.

3. 안식일 날 회당에서 행하신 예수님의 특별한 치유사역(눅13:10-17)

예수님께서 안식일 날 한 회당에서 가르치고 계셨다. 예수님이 유대인 회당에서 백성들에게 성경을 가르쳤다는 사실은 매우 중요한 의미를 지니고 있다. 이는 그가 이스라엘 민족 가운데서 가르치는 교사로 공인받고 있다는 사실을 말해주고 있기 때문이다.

그런데 예수님이 어떻게 그와 같은 중요한 직책을 인정받았는가 하는 문제는 쉽게 이해하기 어렵다. 그럼에도 불구하고 그가 랍비 곧 공적인 선생이 될 수 있었던 것은 그에 대한 세례 요한의 증언 때문이 아니었을까 짐작할 수 있을 따름이다. 이는 물론 하나님의 큰 섭리와 연관되어 있었음이 분명하다.

하여튼 예수님께서 회당에서 가르치실 때 십팔 년 동안 귀신에 들려 고생하던 한 여자가 그 자리에 있었다. 그녀는 그 질환으로 인해 허리가 꼬부라져 몸을 제대로 펼 수 없는 상태가 되어 있었다. 여기서도 당시의 사회적 관행을 염두에 두고 볼 때 남성들 틈에 몸이 불편한 여성이 끼어 있었던 것도 매우 특별한 경우라 할 수 있다.

예수님께서는 귀신으로 인해 오랫동안 질병을 앓아 온 그 여성을 보시고 그 병이 치유되었다는 사실을 미리 선포하셨다. 이 본문 가운데는 그 여성이 먼저 예수님께 병 고침이나 귀신을 쫓아달라는 간구를 하지 않았음이 드러나고 있다. 주님께서 먼저 그렇게 선언하신 후 안수하시자 그 여성은 곧 몸을 펴고 일어나 하나님께 영광을 돌렸다.

우리가 여기서 볼 수 있는 사실은 그 여성이 참된 신앙을 소유한 자였다는 점이다. 예수님께서 귀신으로 말미암은 질병을 치유하셨을 때 그가 하나님께 영광을 돌린 것은 그것이 하나님의 일이란 사실을 깨달았다는 점과 예수님이 곧 성자 하나님이란 사실에 대한 인식이 있었음을 말해주고 있다.

그런데 예수님께서 하나님의 일을 하시고 그 여성이 하나님께 영광을 돌릴 때 회당장은 도리어 크게 분노했다. 그것은 예수님이 안식일 날 사람의 질병을 고쳤다는 이유 때문이었다. 따라서 그가 안식일을 범한 것으로 보고 안식일 날 병 고치는 일을 하지 못하도록 했다. 안식일 외에 다른 엿새가 있으니 그때 하라는 것이었다.

회당장은 유대인들 가운데 지식층이자 성경에 익숙한 자로 인정받았지만 참 진리에 대해서는 무지한 자였다. 그는 병 고치는 것 자체에 대해서는 문제 삼지 않았으나 메시아 사역에 대한 근본적인 이해가 없었다. 우리가 여기서 반드시 기억해야 할 바는 예수님께서 질병을 고치신 우선적인 목적은 자기가 메시아라는 사실을 선포하는 데 있었다는 사실이다. 즉 질병을 고칠 때 당사자인 병자에 대한 치유보다 메시아인 자신이 이땅에 오셨음을 선포하는 것이 훨씬 더 중요했다.

그러나 회당장은 메시아에 연관된 그점을 전혀 깨닫지 못한 채 안식일에 대한 율법적 사고와 더불어 사람들의 질병을 치유하는 것 자체만을 중요한 것으로 이해했다. 즉 그의 주된 관심은 메시아가 아니라 이땅에 살아가는 주변 사람들에게 있었다. 이에 대해서는 오늘날 우리 시대에도 주의 깊게 생각해 보아야 한다. 어리석은 자들은 하나님과 예수 그리스도를 위한 모든 사역을 인간들이 혜택을 받는 데 초점을 맞추고 있었기 때문이다.

분노한 회당장의 말을 들은 예수님께서는 회당장을 비롯하여 그와 동일한 생각을 하는 자들을 외식하는 자들로 간주하여 질책하셨다. 따라서 그들에게 안식일에는 소나 나귀에게 물을 먹이지 않느냐고 물어보셨다. 하찮은 동물의 생명을 지켜주기 위해서도 안식일에 그렇게 하는 것이 자연스럽지 않느냐는 것이었다.

그러면서 십팔 년 동안 사탄에게 매인 바 된 아브라함의 딸을 안식일에 그 세력으로부터 해방시키는 것이 합당한 일이라고 말씀하셨다. 즉 하나님께서 안식일을 지키도록 요구하신 것은 언약의 자손들에게 참 생명을 허락하시고자 하는 목적에 연관되어 있다는 것이다. 예수님의 그 말씀을 들은 사람들 가운데 그에게 저항하는 자들은 부끄러움에 빠질 것이며 그렇지 않은 모든 백성은 그가 행하신 모든 일로 인해 기뻐하게 된다는 것이었다.

우리가 여기서 볼 수 있는 것은 그 질병을 치유받은 당사자뿐 아니라 그 자리에 있던 모든 사람들이 함께 기뻐했다는 사실이다. 그들 자신은 직접 질병을 치유받은 것이 아니었지만 그보다 훨씬 더 큰 메시아 사역을 그 자리에서 목격할 수 있었다. 이는 하나님께서 메시아를 통해 그 모든 일을 행하셨다는 사실에 대한 분명한 깨달음이 저들에게 있었음을 말해주고 있다.

4. 겨자씨 비유와 누룩 비유(눅13:18-21)

예수님께서는 그와 더불어 하나님 나라가 무엇과 같은지, 그리고 무엇으로 비유할 수 있을지에 대한 말씀을 하셨다. 이는 하나님 나라를 설명하기 위해서는 한마디로 잘라 말하기 어렵다는 점을 시사하고 있다. 따라서 그는 그 실체와 다양한 속성을 말하기 위해 비유로 설명하시고자 했다.

그는 하나님 나라를 비유로 말씀하시면서 그 나라는 마치 사람이 밭에 심은 겨자씨 한 알과 같다고 하셨다. 자그만 씨앗 자체로는 보잘것없어 보이고 별다른 역할을 하지 못한다. 하지만 그 씨앗이 밭에 심겨 자라나게 되면 큰 나무가 되어 많은 새들이 모여들어 그 가지에 깃든다는 것이다.

그리고 하나님 나라는 여자가 가루 서 말 속에 누룩을 넣어 전부 부풀게 하는 것과 같다는 말씀을 하셨다. 그 작은 누룩으로 인해 가루 서 말이 크게 부풀어 엄청난 양이 된다는 것이다. 즉 작은 알갱이인 누룩이 겉보기에 별것 아닌 것처럼 보일지라도 엄청난 위력을 발휘한다는 것이었다.

이 두 비유는 과연 무엇을 의미하고 있는가? 겨자씨 비유와 누룩 비유는 하나님 나라에 대하여 동일한 설명을 해 주고 있다. 겨자씨나 누룩은 외견상 볼 때는 지극히 작은 알갱이에 지나지 않는다. 낱개의 씨앗일 경우 어쩌면 사람들의 눈에 띄지 않을 수도 있다. 따라서 사람들은 그것이 아무것도 아닌 양 무시할지 모르지만 실상은 큰 힘을 가지고 있는 것이다.

이처럼 하나님 나라의 왕으로 이땅에 오신 예수님도 사람들의 눈에 하잘것없는 존재로 비쳐질 수 있다. 그러니 악한 자들이 그를 멸시하며 그의 진가를 알아보지 못한다. 그가 얼마나 큰 세력을 소유한 존재인지 모른다면 그로 말미암아 임하게 될 엄청난 규모의 하나님 나라를 깨달을 수 없다.

그러므로 예수님께서는 이 두 가지의 비유를 통해 당시 많은 사람들이 대수롭지 않게 여기는 자기로 말미암아 완벽한 하나님 나라가 세워지게 된다는 사실을 말씀하셨다. 자그만 겨자씨 한 알로 인해 자라난 나뭇가지에 많은 새들이 깃들듯이 자기로 말미암아 세워진 하나님 나라에 많은 백성들이 모여들어 살아가게 되리라는 것이었다. 그리고 적은 누룩이 가루 서 말을 크게 부풀게 하듯이 자기로 인해 하나님 나라가 역동적으로 크게 성장한다는 사실을 말해주고 있다.

5. "좁은 문으로 들어가기를 힘쓰라" (눅13:22-24)

예수님께서는 그후 여러 성읍들과 촌락으로 두루 다니면서 많은 사람들을 가르치셨다. 그리고 예루살렘으로 올라가 다양한 사람들을 만나 천국 복음을 선포하셨다. 그때 어떤 사람이 예수님 앞으로 나아와 구원에 관한 질문을 했다.

그것은 구원을 받게 될 자의 수가 많지 않고 적은 까닭이 무엇인지에 대한 질문이었다. 이 질문은 매우 특이한 것으로 이해할 수 있다. 구원을 받는 방법이나 그에 대한 구체적인 의미와 실상이 아니라 구원받을 자의 숫자가 많지 않을 것이란 사실을 염두에 두고 던지는 질문이었기 때문이다.

그 특이한 질문을 들은 예수님께서는 망설임 없이 그에 대하여 공개적으로 답변하셨다. 그 가운데는 좁은 문으로 들어가기를 힘쓰라는 말이 포함되어 있었다. 여기에는 좁은 문뿐 아니라 넓은 문이 존재한다는 사실을 전제하고 있다. 즉 사람들 앞에는 좁은 문이 있는가 하면 넓은 문도 있다는 것이다.

일반적인 경우라면, 사람들은 좁은 문이 아니라 넓은 문을 택하여 그 안으로 들어가는 것이 지극히 자연스럽다. 넓은 문으로 들어가는 사람들의 수가 많을 것이 분명하다. 그 문을 택하면 힘들이지 않고 쉽게 그 안으로 들어갈 수 있다. 별다른 고민을 하지 않고 평안하게 그리로 들어가는 것이 보통 사람들이 원하는 바이다.

그에 반해 좁은 문은 사람들이 들어가기를 꺼려할 수 있다. 그 문은 화려하지 않으므로 많은 사람들이 들어가기를 원하지 않을 것이다. 그 광경이 눈앞에 전개되는데도 굳이 좁은 문으로 들어간다는 것은 결코 쉬운 일이 아니다. 하지만 예수님께서는 구원을 얻기 위하여 좁은 문으로 들어가기를 힘쓰라고 교훈하셨다.

그런데 예수님께서는 그와 더불어 매우 중요한 말씀을 하셨다. 그것은 사람들 가운데는 그 좁은 문으로 들어가기를 원해도 그럴 수 없는 자가 많으리라는 사실이다. 이는 인간의 의지로 그렇게 할 수 있는 것이 아니라 하나님의 은혜와 밀접하게 연관되어 있음을 말해주고 있다. 세상의 화려하고 그럴듯한 것들을 포기하고 오직 주님께서 요구하신 길로 나아간다는 것은 매우 힘들지만 그것이 곧 하나님의 자녀로서 반드시 순종해야 할 삶의 방편이 된다.

6. 하나님의 궁극적 심판(눅13:25-30)

예수님께서는 종말에 관한 말씀을 하시면서 실제적 예를 들어 설명하셨다. 집주인이 일어나 문을 닫아버리게 되면 모든 것이 끝난다는 것이다. 즉 문이 마지막으로 굳게 닫힌 후에는 그 안에 들어가고자 하는 자들이 밖에서 문을 두드리며 주인을 향해 열어달라고 간청해도 그 문은 다시 열리지 않는다는 것이었다.

문밖에 서서 문을 열어달라고 애절하게 외치는 자의 소리를 들은 주인은 그가 어디서 온 자인지 알지 못한다고 단호하게 말씀하시리라고 했다. 하지만 그들은 그 전에 주님 앞에서 먹고 마셨으며 주님이 길거리에서 가르칠 때 그 자리에 함께 있었다고 주장할 것이라고 했다. 즉 그 사람들은 주인을 잘 안다고 주장하면서 굳게 닫힌 문을 열어달라고 간청하게 되리라는 것이다.

하지만 집주인은 그런 주장에도 불구하고 그들이 어디서 온 자인지 전혀 알지 못한다고 할 것이라고 했다. 주인과 그 사람들 사이에 아무런 관계가 없다는 것이었다. 주인은 뒤늦게 문 밖에서 애걸하는 자들을 받아들여 주기는커녕 도리어 행악하는 자로 간주하여 자기를 떠나가라고 명할 것이라는 사실을 언급하고 있다.

이처럼 하나님의 마지막 심판이 이루어지게 되면 그제야 배도자들은 실상을 보게 된다. 그들이 관념적으로 조상인 양 여기고 있던 아브라함과 이삭과 야곱과 여러 선지자들은 하나님 나라에 있고 배도에 빠진 채 타락한 세상에서 욕망을 추구하며 살아가던 자들은 문 밖으로 쫓겨나게 된다. 그들이 현실적으로 그 사실에 직면하게 되면 슬피 울며 이를 갈며 원통해 할 수밖에 없게 된다.

또한 수많은 사람들이 동서남북 사방으로부터 몰려와서 하나님께서 베푸시는 잔치에 참여하게 되리라고 말씀하셨다. 주님께서는 지금도 하나님의 뜻과 메시아를 알아보지 못하고 세상의 욕망에 사로잡힌 채 선민의식을 가지고 왜곡된 자부심에 취하여 살아가는 자들을 향해 강한 경고의 메시지를 주셨다. 나중 된 자로서 먼저 될 자도 있고 먼저 된 자로서 나중 될 자도 있으리라는 것이었다.

이는 외형적인 상태로 나타나는 종교적인 양상이 절대기준이 될 수 없음을 말해주고 있다. 오랜 세월 동안 신앙생활을 하고 겉보기에 아주 훌륭해 보일지라도, 형식상 그렇게 보이지 않는 자들보다 낮다고 단정 지을 수 없다는 것이다. 이는 이방인들에게 전파될 하나님의 복음과 그들이 하나님의 나라를 상속받을 것에 대한 의미를 지니고 있다.

7. 예수님을 죽이려는 세력과 예루살렘의 배도자들(눅13:31-35)

예수님께서 그 말씀을 하실 때 어떤 바리새인들이 찾아와서 빨리 그곳을 떠나 피신하라는 요청을 했다. 그들은 예수님에 대해 적대감을 가진 자들이 아니라 오히려 호의를 가지고 있던 자들이었다. 그들이 그렇게 말했던 까닭은 헤롯이 그를 찾아 죽이고자 한다는 사실을 알게 되었기 때문이다. 그에 관한 정보를 입수한 바리새인들이 예수님께 위험한 자리를 피해 있으라고 권면했던 것이다.

그들의 권면을 들은 예수님께서는 그 여우에게 가서 자기의 말을 전하라고 말씀하셨다. 예수님은 헤롯을 간사한 여우에 비유하며, 당일과 그다음 날 귀신을 쫓아내며 질병을 치유하다가 사흘째가 되어 모든 일을 마치게 될 것이란 사실을 그에게 전하라고 했다. 이는 예수님이 헤롯에 대하여 두려운 마음을 전혀 가지고 있지 않은 모습을 보여주고 있다.

그러므로 극한 위기가 닥치는 가운데서도 앞으로 며칠 동안은 자기가 하고자 하는 일을 지속하리라고 말씀하셨다. 그리고는 하나님께서 보내신 선지자 역할을 겸하고 있는 자기는 반드시 예루살렘에서 죽게 될 것이며 그 성 밖에서는 절대로 죽지 않는다는 사실을 언급하셨다. 이는 메시아로서 자기가 예루살렘에서 십자가에 달려 돌아가실 것에 대한 예언적 성격을 지니고 있다.

그러면서 배도에 빠진 예루살렘을 향해 깊은 탄식을 하셨다. 하나님의 거룩한 성이어야 할 예루살렘이 하나님께서 저들에게 보내신 선지자들을 돌로 쳐 죽인 과거의 전력을 언급하셨던 것이다. 주님께서는 마치 암탉이 자기 새끼를 날개 아래 모아 품는 것처럼 성자 하나님이신 자신도 숱하게 많이 그렇게 하고자 애쓰셨음을 언급했다. 하지만 그 성의 배도자들은 하나님께 돌아오기를 원치 않았다는 것이다.

따라서 이제 저들이 거하는 집인 예루살렘은 장차 황폐하여 버린 바 되리라고 말씀하셨다. 그런 날이 이르게 되면 '하나님의 이름으로 오신 이'가 성도들로부터 찬송을 받을 때까지 자기를 보지 못하리라고 하셨다. 이는 장차 자기가 십자가에 달려 죽었다가 부활하시게 될 사실과 AD70년 예루살렘 성전이 파괴되고 보편교회가 세워지는 때에 연관된 말씀으로 이해하는 것이 자연스럽다.

어리석은 자들은 두 눈으로 예수님을 목격하면서도 그가 메시아라는 사실을 모르는 채 자기와 동일한 인간 존재로만 여겼을 따름이다. 그에 반해 하나님의 자녀들은 예수님이 구약성경에 예언된 하나님의 아들 메시아라는 사실을 분명히 깨닫게 된다. 이는 성령 하나님의 적극적인 도우심에 의해 성도들이 누리는 놀라운 은혜이다.

제14장

예수 그리스도와 하나님 나라

(눅14:1-35)

1. 안식일과 병 고침(눅14:1-6)

어느 안식일 날 예수님께서 한 유력한 바리새인 지도자의 집에 식사 초대를 받았다. 그가 그 집으로 들어가자 많은 사람들이 관심을 가지고 지켜보았다. 그 자리에는 몸이 크게 붓는 수종증(水腫症, 고창병)에 걸린 사람이 있었다. 그는 집주인의 가족 중 한 사람이었을 것이 분명하다. 힘 있고 유능한 바리새인이 그런 병자를 그 중요한 자리에 초대할 리 없었을 것이기 때문이다.

어쩌면 그 바리새인은 예수님께서 그의 질병을 고쳐주기를 바라는 마음이 있었을지도 모른다. 물론 그는 예수님에 대해 긍정적인 호의를 가지고 있었으므로 그로부터 교훈을 듣고 교제를 나누고 싶었을 것이다. 당시의 분위기로 보아서는 예수님께 강력히 저항하는 유대주의자들로 인해 상당한 부담이 될 수도 있었지만 크게 개의치 않았다.

예수님께서는 그 수종증 환자를 앞에 두고 거기 모인 바리새인들과 율법사들을 향해 말씀하셨다. 안식일 날 환자의 질병을 고쳐주는 것이 합당한지 아닌지에 관한 질문을 하셨던 것이다. 그들은 예수님의 질문을 듣고 곧바로 답변하기가 난감했던 것으로 보인다. 구약의 율법을 문자적으로는 잘 알고 있었지만 그에 대한 예수님의 해석이 어떠할지 짐작할 수 있었기 때문이다. 더구나 그 집주인의 가족이 질병에 걸려있는 상황이었다.

그 자리에 모여 있던 지도층 유대인들이 답변을 하지 않고 잠잠히 있을 때 예수님께서는 현장에서 그 질병을 치유해주셨다. 그리고 건강하게 된 그를 자기 자리로 돌려보내셨다. 그와 더불어 하나님으로부터 온 메시아로서 자신이 안식일 날 병자를 고쳐주는 일이 당연하고 자연스럽다는 사실을 무언(無言)중에 선언하셨다.

또한 그는 한 예를 들면서 누구든지 자기의 아들이나 소가 깊은 웅덩이에 빠지게 되면 안식일 날 거기에서 끌어내는 것이 지극히 당연한 일이 아니냐는 말씀을 하시며 다른 주장을 하는 자들이 있는지 살피셨다. 하지만 그들 가운데 아무도 그에 대해 반론을 펼치거나 그의 말씀에 저항하는 자가 있지 않았다. 이는 안식일이 지니는 중요한 의미 가운데 하나는 천상으로부터 제공되는 자유와 밀접하게 연관되어 있었기 때문이다.

우리가 여기서 중요하게 생각해 보아야 할 점은 예수님께서 안식일 날 수종증 환자를 치유해주신 것 자체가 그 중심적인 위치에 놓여있었던 것이 아니란 사실이다. 예수님께서는 그 놀라운 기적을 통해 자기가 메시아라는 사실을 선포하시고자 했다. 우리는 그와 더불어 안식일의 주인이신 예수님께서 거기 모인 바리새인들과 율법사들에게 안식일에 대한 진정한 의미를 해석하며 교훈하신 일이 더욱 중요하다는 사실을 기억해야 한다.

2. 교만한 자와 겸손한 자(눅14:7-11)

힘을 가진 사람들은 대개 자신의 지위를 내세우며 높은 자리에 앉기를 좋아한다. 예수님께서 초대받아 들어가신 바리새인의 집에서도 상좌에 앉고자 하는 자들이 있었다. 우리가 여기서 기억해야 할 바는 그 집에는 예수님뿐 아니라 여러 종교지도자들이 함께 초대받았다는 사실이다.

많은 사람들은 예수님이 당연히 그들 가운데 가장 높은 자리에 앉아야 할 것처럼 여기지만 실상은 그런 분위기가 아니었다. 예수님께서는 그 주변의 여러 지도계층의 인사들과 함께 식사 초대를 받았다. 당시 예수님의 나이는 불과 삼십대 초반의 젊은 청년이었던데 반해 바리새인들과 율법사들 가운데는 오륙십이 넘어 나이가 훨씬 많은 자들이 상당수 있었을 것이 분명하다.

그런 중에 예수님께서는 높은 자리에 앉고자 하는 자들을 보며 비유를 들어 말씀하셨다. 누구든지 혼인 잔치에 초청을 받을 때 높은 자리에 앉고자 하지 말라는 말씀을 하셨다. 만일 상좌에 먼저 앉았다가 자기보다 더 권위 있는 사람이 들어오면 집주인이 그 자리를 그에게 내어주라고 할 것이기 때문이다. 그렇게 되면 잠시 그 자리에 앉아 있다가 말석으로 밀려나게 되어 큰 창피를 당하게 된다는 것이다.

그러므로 오히려 가장 낮은 말석에 가서 앉으라고 했다. 그러면 그 주인이 형편을 보아 그에게 와서 높은 자리로 올라와 앉도록 권하리라는 것이었다. 그리하여 그 자리에 함께 있던 모든 사람들 앞에서 영예를 얻게 된다는 것이다. 참 지혜로운 자는 스스로 상좌를 택하는 것이 아니라 겸손하게 낮은 자리를 택하면 다른 사람이 그를 높여주게 된다.

이처럼 스스로 자기를 높이는 자는 낮아지게 될 것이며 겸손하게 자기를 낮추는 자는 오히려 높아지리라고 하셨다. 하지만 자기가 남보다 높아지기 위한 목적으로 일부러 낮은 자리를 찾아 앉는 것은 도리어 더욱 간악한 행위가 될 수 있다. 그런 계산적인 상황에서 아무도 자기를 높여주지 않으면 더욱 서운하거나 분노에 빠질 우려마저 있을 것이기 때문이다. 자기를 진실로 겸손하게 낮추는 자가 다른 사람들로부터 참 존경을 받게 된다면 그것이 가장 바람직한 일이다.

3. 식사 초대를 위한 대상 : 자기를 초청한 바리새인을 향한 책망
(눅14:12-14)

예수님께서는 그 자리에서 자기를 초청한 지도층의 바리새인을 향해 말씀하셨다. 점심이나 저녁 식사에 사람들을 초대할 때 형제나 친척이나 부유한 이웃을 청하지 말라고 했다. 그것은 저들을 대접하면서 나중 그 사람들로부터 초대받아 대접받을 것에 대한 기대가 생겨날 것이기 때문이었다. 이는 그런 자들을 초청하는 것은 유능한 자들끼리 서로간에 주거니 받거니 하며 자기 인생을 누리는 것밖에 되지 않는다는 것이다.

그러므로 식사를 마련하고 잔치를 베풀려거든 가난한 자들과 신체가 불편한 자들이나 다리를 저는 자들과 소경들을 초대하라고 했다. 즉 되갚을 수 없는 소외된 어려운 형편에 놓인 자들을 초청하라는 것이었다. 그들은 되갚을 만한 능력이 결여되었으므로 그에 대한 기대조차 할 수 없을 것이기 때문이다.

예수님께서는 자기에게 보답할 능력이 없는 자들을 초대하여 대접하는 것이 곧 복이 된다는 사실을 말씀하셨다. 이는 세상에서 누리는 복이 아니라 하나님으로부터 약속된 진정한 복에 연관되어 있다. 즉 반대급부에 대한 계산이나 기대가 전혀 없는 상태에서 어려운 사람들을 기억하고 돌아봄으로써 영원한 복을 소유하게 된다. 그래서 의인들이 부활할 때 그도 하나님께서 허락하시는 영원한 삶을 상속받게 된다는 것이었다.

예수님의 이 말씀은 자기를 초대한 그 바리새인을 공개적으로 책망하는 성격을 지니고 있다. 그가 당시 어느 정도 지위를 갖춘 자들을 불러 식사를 나누며 교제하면서 어떤 목적에 대한 나름대로 기대가 있었을 것이기 때문이다. 그런 생각을 가지고 이웃을 불러 특별한 교제를 나누며 인맥(人脈)을 쌓으려는 행동은 이기적인 욕심에 기인하는 것에 지나지 않는다. 그런 계산적인 마음이 전혀 없는 상태에서 이웃을 대하는 것이 성도들이 소유해야 할 진정한 삶의 자세이기 때문이다.

4. '하나님 나라 잔치'에 초대하는 주님의 비유(눅14:15-24)

함께 식사하던 사람들 가운데 하나가 주님의 말씀을 듣고 난 후 하나님 나라에서 음식을 먹는 자가 복되다는 사실을 언급했다. 그의 말을 들은 예수님께서는 그 의미를 두고 좀 더 구체적인 말씀을 하셨다. 어떤 사람들이 하나님 나라에 초대받아 그 복된 음식을 먹게 되는지 설명하셨던 것이다.

예수님께서는 천국의 모습이, 한 사람이 큰 잔치를 베풀고 손님들을 초대하는 것과 같다고 하셨다. 잔치할 시간에 이르러 초청하고자 예상한 자들에게 종들을 보내 이제 잔치 음식이 준비되었으니 어서 와서 잔치에 참여하도록 전하게 했다. 그런데 그들은 한결같이 나름대로 핑계를 대며 그 초청을 거부했다.

어떤 사람은 자기가 최근에 밭을 샀기 때문에 부득불 나가보아야 하므로 잔치에 참석할 수 없어 미안하다고 했다. 또 어떤 사람은 자기는 소 다섯 겨리를 사서 시험해야 하므로 그 초청에 응할 수 없어 죄송하다는 말을 했다. 그리고 또 다른 어떤 사람은 자기가 결혼한 지 얼마 되지 않아 갈 수 없어 미안하다고 말했다. 모든 사람으로부터 거절당한 종들이 잔치를 베푼 주인에게 돌아와 그 사실을 전했다.

주인은 자기의 초대를 거절한 자들에 대하여 크게 진노했다. 자기는 잔치를 배설하고 그들을 초대했는데 그것을 거절한다는 것은 자기를 무시하는 행위와 같았기 때문이다. 그런데 문제는 그들이 왜 그 잔치 초대를 거절했을까 하는 점이다. 그들이 변명한 모든 것은 핑계였을 뿐 애당초 그 잔치에 참석할 마음이 없었다. 즉 그 잔치 현장에 가서 주인을 축하해 주고자 하는 생각이 아예 없었던 것이다.

즉 주인은 잔치를 베풀며 그 사람들을 잔치에 초대했지만 그들은 호의를 무시하고 받아들이지 않았다. 그들은 적당한 핑계를 대면서 분명한 태도로 그 초청을 거절했다. 이는 그들에게 중요한 것은 이 세상에서 자기의 목적을 이루어가며 살아가는 것이었을 뿐 자기를 초대한 자에 대한 관심은 전혀 없었음을 말해주고 있다. 이렇게 하여 주인과 초대받았던 사람들과의 관계가 완전히 단절될 수밖에 없었다.

그러므로 잔치를 배설한 주인은 종들을 향해 급히 시내의 거리와 골목으로 나가서 가난한 자들과 신체가 건강하지 못한 자들과 소경들 및 다리를 저는 자들을 데려오라고 명했다. 주인은 이미 준비된 잔칫상을 눈앞에 두고 그 일을 지체없이 행하도록 명했던 것이다. 그 명을 들은 종들은 즉시 밖으로 나가서 어렵게 살아가는 자들을 찾아 잔칫집으로 데리고 왔다.

그들이 주인에게 돌아와서 보고하면서 그렇게 했는데도 여전히 빈자리가 많이 남아 있다고 말했다. 그러자 주인은 다시 종들에게 명을 내리면서 도시를 벗어나 시골길과 산골 마을로 나가 사람들을 강권하여 데리고 와서 자기 집을 채우라고 했다.[30] 예수님께서는 그와 더불어 그 전에 잔치에 초대받았으나 완강히 거절했던 자들은 하나도 자기가 베푼 잔치를 맛보지 못하리라고 말씀하셨다.

---

30) 여기서 주인이 사람들을 강권하여 데리고 오도록 명한 것을 일반적인 '전도'의 방법에 적용하는 데는 무리가 따른다. 즉 사람들을 억지로 데리고 와서 교회를 채우라는 말로 이해해서는 안 된다. 오히려 교회는 새로운 교인을 인도한 후 언약을 확인하는 가운데 신중하게 합당한 세례를 베풀어 교회의 성도로 받아들여야 한다.

예수님의 이 비유는 매우 중요한 의미를 지니고 있다. 천국 잔치는 이미 예비되어 있는 상태였다. 하나님께서는 열성적으로 종교 활동을 하던 언약의 자손들에게 자신의 종들인 여러 선지자들과 사도들을 보내 하나님 나라에서 배설된 잔치에 참여하도록 초대했다. 그러나 그들은 세상에서의 자기 욕망을 채우기 위해 그에 응하지 않았다.

그러자 그는 이제 자기의 사자들을 보내 언약의 자손들 가운데 온전치 않게 보이는 소외된 자들을 속히 천국 잔치 자리로 불러오도록 했다. 하지만 그들을 불러와도 거대한 잔칫집의 자리가 차지 않았다. 그러자 이번에는 그 종들을 이방인들의 세계로 보내 사람들을 강권하여 데려오도록 했다.

이스라엘 백성 중 기득권층은 세상의 욕망으로 인해 주님의 초청을 거절했지만 그들 가운데 소외된 자들과 이방인들은 그 초청을 받아들여 거룩한 잔치에 참여하게 되었다. 그리하여 잔치에 초대받았으나 그것을 거절한 자들은 거기에 들어갈 수 없었다. 우리는 이 비유를 통해 언약의 백성이라 내세운 악한 자들에게 임한 저주와 이방인들에게 허락된 하나님의 특별한 은혜에 관한 교훈을 잘 이해해야 한다.

5. "오직 주님만 사랑하라"(눅14:25-27)

예수님께서 여러 사람들과 함께 길을 걸어가시다가 저들을 향해 중요한 말씀을 하셨다. 그것은 자기를 따르고자 하는 자들이 가져야 할 필수적인 조건에 연관된 내용이었다. 이 말은 주님을 따르기 위해서는 세상에서 소중하게 여겨지는 다른 모든 것들을 포기해야만 한다는 사실에 연관되어 있다. 그것은 사람들이 받아들여 적용하기 매우 어려운 일이었다.

예수님께서는 자기에게로 나오기 위해서는 부모와 아내와 자식과 형제자매와 자기 목숨까지 미워해야 한다고 말씀하셨다. 그렇지 않으면 결단코 자기 제자가 될 수 없다고 단언하셨다. 하지만 그것은 일반적인 관점에서 볼 때 인륜에 완전히 반하는 것일 뿐더러 수용하기 어려운 일이었다.

그럼에도 불구하고 주님께서는 강력하게 그런 요구를 하셨다. 성경 다른 곳에서는 부모와 처자식, 형제자매를 사랑하라고 하지 않으셨던가?(마19:19; 엡5:28,33; 요일4:20) 우리는 원수까지도 무한히 사랑하라고 요구하신(마5:44; 눅6:27) 주님께서 왜 그런 말씀을 하셨는지 생각해 보아야 한다. '가족과 자기 목숨까지 미워하라'는 것과 '원수를 사랑하라'는 말은 서로 조화될 수 없는 요구인가?

예수님께서 하신 이 말씀 가운데는 이 세상에서 하나님의 아들인 자기보다 더 사랑하는 대상이 있어서는 안 된다는 의미가 내포되어 있다. 부모, 형제자매뿐 아니라 자신의 목숨이라 할지라도 주님보다 중요하지 않다는 것이다. 즉 하나님의 백성들의 모든 본질적인 관심은 하나님과 그의 아들에게 집약되어야 한다는 의미를 지니고 있다.

그러므로 누구든지 주님을 따르고자 하는 자가 있다면 자기 십자가를 지고 자기를 좇으라는 말씀을 하셨다. 그렇지 않으면 결코 자기의 진정한 제자가 되지 못하리라는 것이었다. 그것은 선택적으로 받아들일 수 있는 말씀이 아니라 필수적인 사항으로서 모든 성도들이 반드시 기억해야만 할 말씀이다.

여기서 '십자가를 지라'는 말은 매우 중요한 의미를 지니고 있다. 이 말은 견디기 힘든 고행을 요구하는 것이 아니라 자기 자신을 죽이라는 명령이기 때문이다. 예수님 당시 로마제국에서 '십자가를 진다'는 말은 죽음에 직접 연관되어 있었다. 예수님께서 십자가를 지신 것 역시 단순한 고행이 아니라 생명을 박탈하는 무서운 형벌이었다.

또한 '십자가를 진다'는 것은 스스로 자기 생명을 포기한다는 뜻을 넘어서는 개념이다. 이는 세상의 법이 그를 사형에 처하여 죽인다는 것을 의미하고 있다. 예수 그리스도를 따르고 천상의 나라 법령을 따르는 자들은 하나님을 떠나 배도에 빠진 이 세상의 악한 법에 의해 죽임을 당해야 한다는 사실을 상징적 실제로써 표현하고 있는 것이다.

나아가 '십자가를 진다'는 말의 의미는 공개처형에 연관되어 있다. 아무도 모르는 밀실에서 그냥 죽임을 당하는 것이 아니라 세상의 많은 사람들이 보는 앞에서 사형을 당하게 되는 것이다. 이처럼 하나님의 자녀로서 영적인 측면에서 공개처형을 당하는 것은 타락한 세상의 법을 거부하고 주님의 법을 따르겠다는 공적인 고백과 선언에 밀접하게 관련되어 있다. 이처럼 예수님께서는 누구든지 자기를 따르고자 하는 자는 세상의 모든 가치를 버리고 오직 주님의 법을 따르며 십자가에 달려 죽어야 한다는 사실을 언급하셨던 것이다.

6. 참된 지혜(눅14:28-35)

예수님께서는 자기를 따르는 자들에게 진정한 지혜를 가져야 한다는 사실을 언급하셨다. 그것을 설명하기 위해 누군가 망대를 세우고자 한다면 사전에 충분한 검토를 해야만 한다는 것이다. 망대를 건축하기 시작하여 완공되기까지 전체 비용이 얼마나 들어갈지 미리 예산을 세우는 것은 지극히 당연한 일이다.

만일 예산을 염두에 두지 않은 채 건축을 시작하여 그 기초만 놓고 일을 중단하게 된다면 사람들의 비웃음거리밖에 되지 않는다. 그것을 지켜보는 자들이 그 일을 시작하고 완공을 보지 못한 채 공사를 중단한 자의 어리석음을 비난할 것이기 때문이다. 이처럼 무언가 하려면 그 시작뿐 아니라 그에 대한 결실을 맺는 것이 매우 중요하다는 것이다.

그는 또 다른 한 비유를 들어 말씀하셨다. 어느 나라의 왕이 다른 나라와 전쟁하기 위해 나아갈 때 자기에게 속한 병사의 수와 상대국 병사의 수를 헤아려보는 것은 지극히 당연한 일이라는 것이다. 만일 자기의 병사가 일만 명인데 상대의 병사가 그 배가 되는 이만 명이라면 사전에

승산을 따져보아야 한다.

막강한 세력을 가진 강자를 향해 앞뒤 계산 없이 무분별하게 공격을 시도하는 것은 패망을 자초하는 것과 다르지 않다. 따라서 지혜로운 왕이라면 상대국의 병력이 월등하게 강하다고 판단되면 전쟁을 시도할 것이 아니라 미리 사신을 보내 화친을 요청하게 된다. 전쟁을 치르고자 한다면 사전에 전력(戰力)에 대한 충분한 점검을 하는 것이 무엇보다 중요하다.

주님께서는 이 말씀을 하시면서 누구든지 자기를 따르려면 가진 모든 소유를 버리라고 요구하셨다. 그렇게 하지 않으면 자기의 제자가 될 수 없다는 것이다. 이 말은 모든 것을 바깥에 내다 버리라는 의미가 아니라 이 세상의 소유에 집착하는 삶의 태도를 완전히 버리라는 의미를 지니고 있다. 그래야만 자신의 소유를 이웃과 나누는 가운데 오직 주님만을 의지하며 따를 수 있다는 것이다.

그리고 소금이 제맛을 내어야 하는데 만일 그 짠맛을 잃어버린다면 아무런 소용이 없다는 점을 언급하셨다. 맛을 소유하지 않은 소금은 땅을 위해서도 무익하며 거름으로 사용할 수도 없어 밖에 내다 버릴 수밖에 없다는 것이다. 이 말씀 가운데는 당시 유대주의자들이 하나님의 언약을 버려 그 기능을 완전히 상실했음을 지적하는 의미를 지니고 있다.

이는 또한 예수 그리스도를 따른다고 주장하면서 신앙의 본질을 버린다면 하나님의 백성으로서 아무런 소용이 없음을 말해주고 있다. 참된 성도라면 당연히 소금이 본질을 소유해야 하듯이 진리의 본질을 소유함으로써 제 기능을 감당해야만 한다. 그렇지 않다면 아무리 그럴듯한 종교성을 내세울지라도 아무런 쓸데없는 무익한 것에 지나지 않는다.

제15장

잃어버린 죄인들을 위한 구원자 하나님

(눅15:1-32)

1. 바리새인들과 서기관들의 시기(눅15:1,2)

여러 명의 세리들과 유대주의자들에 의해 죄인으로 간주된 자들이 예수님의 말씀을 듣기 위해 그에게 나아갔다. 그 광경을 지켜본 바리새인들과 서기관들은 불편한 마음으로 수군거리기 시작했다. 구약성경에 관한 교훈을 듣고 배우려면 자기들에게 와야 하는데 엉뚱한 자를 찾아가고 있는 것으로 판단했기 때문이다.

그래서 그들은 예수님을 강하게 비판했다. 예수님이 불의한 죄인들을 영접하여 받아들이고 그들과 함께 식탁에 앉아 음식을 먹는다는 것이었다. 한자리에 앉아서 음식을 먹고 마시는 것은 서로간 동류(同類)라는 사실을 입증하는 성격을 지니고 있다. 그와 같은 행동은 당시 일반적인 유대인들의 관습으로 볼 때 자연스럽지 않은 일이었다.

따라서 그들의 눈에는 예수님이 모세 율법을 어기는 자로 비쳐졌다.

부정한 사람으로 여겨지는 죄인들과 로마제국의 편에서 공직을 맡아 언약의 자손들을 늑탈하는 자로 간주되는 세리들을 가까이 두고 교제한다는 것 자체가 용납되기 어려웠다. 유대주의자들은 예수님이 그런 자들과 스스럼없이 지낸다는 것 자체를 두고 건전치 못한 자로 낙인찍었다. 물론 그것은 순전히 저들의 시기심에 의한 것이었다. 그때 예수님께서는 몇 가지 비유를 말씀하셨다.

2. 한 마리 잃어버린 양(눅15:3-7)

예수님께서는 자기를 모함하는 바리새인들과 서기관들을 향해 비유를 들어 말씀하셨다. 자기가 왜 죄인으로 간주된 자들과 가까이 지내며 저들과 함께 먹고 마시는지에 대한 해명을 하셨던 것이다. 그는 그들의 좋지 않은 행동에 동조하여 어울렸던 것이 아니라 저들을 위한 특별한 의도를 가지고 있었다.

그것은 저들 가운데서 하나님의 자녀를 찾아내기 위한 것에 밀접하게 연관되어 있었다. 만일 어떤 사람이 양 일백 마리를 소유하고 있는데 그 중에 한 마리를 잃어버린다면 어떻게 하겠느냐는 것이다. 한 마리 잃어버린 양을 찾기 위해 아흔아홉 마리를 들에 두고 찾아나서는 것이 당연하지 않느냐는 것이었다.

주인이 애타는 마음으로 곳곳을 두루 찾아다니다가 잃어버린 한 마리 양을 발견하게 되면 즐거운 마음에 그것을 어깨에 메고 돌아오게 된다. 그리고 집으로 와서는 여러 친구들과 이웃을 불러 모아 기쁨을 나누게 되리라고 했다. 잃어버린 한 마리 양을 찾은 것으로 인해 모든 사람이 음식을 나누어 먹으며 함께 즐거워한다는 것이었다.

그런데 우리는 여기서 한 마리 잃어버린 양을 찾는 것이 주변 이웃과 더불어 잔치를 벌일 만큼 그렇게 대단한 것인가 하는 점을 생각해 볼 필요가 있다. 가격을 따진다면 양 한 마리보다 잔치를 배설하기 위한 경비가 훨씬 더 많이 들 수도 있다. 그럼에도 불구하고 그렇게 하는 것을 통해 양 한 마리의 개체적 값어치가 아니라 잃어버린 양을 찾은 그 자체가 기쁨이 된다는 사실을 엿보게 된다.

예수님께서는 그 비유의 내용이 하나님의 자녀를 구원하는 일에 밀접하게 연관된다는 사실을 말씀하셨다. 죄인들 가운데 하나가 회개하고 돌아오면 하늘에서 놀라운 잔치가 벌어진다는 것이다. 즉 하나님편에 서 있는 의인 아흔아홉 명보다 더러운 죄인으로 지목된 한 사람이 돌이켜 회개하는 것이 훨씬 큰 기쁨을 준다는 것이었다. 예수님께서는 자기가 세리와 죄인들을 가까이하는 이유가 바로 그에 연관되어 있다는 점을 밝히셨다.

3. 잃어버린 동전 한 닢(눅15:8-10)

예수님께서는 또한 동전 화폐인 드라크마 한 닢을 잃어버린 것에 관한 비유를 말씀하셨다. 어떤 여성이 열 드라크마를 가지고 있었는데 그 중 하나를 잃게 되면 그것을 찾기 위해 등불을 켜 들고 온 집안을 쓸며 부지런히 찾게 된다는 것이다. 그녀에게는 한 드라크마가 매우 소중했기 때문이다.

나중 잃어버린 한 드라크마를 찾은 후에는 주변의 친구들과 이웃을 불러 그에 대한 기쁨을 함께 나누게 된다고 했다. 한 드라크마는 당시 보통 노동자의 하루 품삯에 해당되는 액수이다. 오늘날 우리의 입장에서는 큰 돈이 아닐 수 있지만 당시에는 상당한 가치가 있었다. 따라서 잃어버린 한 드라크마를 찾았을 때 그 기쁨은 매우 클 수밖에 없었다.

예수님께서는 그 비유를 통해 죄인 하나가 회개하면 하나님의 사자들 앞에서 큰 기쁨이 된다는 점을 시사하셨다. 하나님의 명을 받드는 자들은 잃어버린 그의 자녀를 찾기 위해 적극적으로 나선다. 죄인 한 사람 자체로는 대단해 보이지 않을 수 있지만 하나님 보시기에는 매우 소중한 인물이다. 여기서 우리는 자기 자녀들에 대한 하나님의 지대한 관심과 놀라운 사랑을 보게 된다.

4. 돌아온 탕자 비유(눅15:11-32)

예수님께서는 또다시 한 비유의 말씀을 주셨다. 어떤 사람에게 아들이 둘 있었는데 모든 면에서 극명한 차이를 보였다. 어느 날 둘째아들이 아버지에게 와서 자기의 요구를 말했다. 그것은 아버지의 재산 중에서 자기에게 돌아올 상속분을 달라는 것이었다. 이는 그가 아버지로부터 분가(分家)하겠다는 의사 표시였다.

아버지는 둘째아들의 요구를 간청에 못 이겨 허락했지만 합당한 것으로 받아들였다. 그래서 두 아들에게 각각 적절한 양의 재산을 분할 상속해 주었다. 둘째아들은 재산을 상속받은 후 며칠이 지나자 모두 처분해 멀리 외국으로 갔다. 그곳에서 아버지의 간섭을 받지 않고 자유롭게 인생을 누리며 살고자 했던 것이다.

하지만 그는 낯선 외국 땅에서 허랑방탕한 삶을 살았다. 그로 말미암아 가지고 간 모든 재산을 다 허비해 버리게 되었다. 공교롭게도 그때 그 나라에 큰 흉년이 들자 양식을 구하기조차 어려워 궁핍한 생활을 할 수밖에 없었다. 그런 열악한 상황에서 먹고 살아가는 것 자체가 힘들게 되었다.

그리하여 그 나라의 어떤 사람에게 얹혀서 일을 해 주며 근근이 삶을 이어갔다. 그 주인은 외국에 와서 노동일을 하며 살아가는 그를 들로 내보내 돼지를 치도록 했다. 그런 중에도 배가 고파 돼지들이 먹는 쥐엄나무 열매로 배를 채우고자 했지만 그것마저 주는 자가 없었다.

이와 같은 형편은 언약의 자손 출신인 그에게 치명적인 고통을 주었을 것이 분명하다. 그것은 단순한 배고픔의 문제가 아니었다. 부정한 동물인 돼지를 치는 일을 해야 한다는 사실 자체가 역겨웠다. 나아가 그 돼지가 먹는 쥐엄 열매라도 얻어먹어야 한다는 것은 상상을 초월하게 자존심 상하는 일이었다.

멀리 외국 땅에서 그런 치욕스러운 일과 고통스러운 굶주림으로 인해 지친 둘째아들은 고향에 있는 자기 아버지 집을 떠올렸다. 거기는 양식이 풍족하고 자기 아버지의 농장에서 일하는 하인들이 많이 있었다. 그들도 거기서는 먹는 문제로 인해 고통당하지 않는 데 반해 자기는 이제 굶어 죽게 생긴 것이다. 그렇게 되자 아버지의 집으로 돌아가고 싶은 마음이 간절하게 일어났다.

이제 고향으로 돌아가면 아버지에게 자기가 하늘(Heaven)과 아버지께 죄를 지은 것을 자복하고 용서를 빌어야겠다는 생각을 했다. 여기서 우리가 엿볼 수 있는 점은 그가 신앙인이었다는 사실이다. 그는 비유 가운데서 언약의 자손들 가운데 한 사람으로 묘사되고 있으며 그의 말 가운데는 그가 하나님께서 계신 처소를 기억하고 있음을 보여주고 있기 때문이다.

그는 또한 집으로 돌아가면 더 이상 아들로서 대우를 받지 않아도 좋다는 생각을 아버지에게 말씀드리려고 마음먹었다. 단지 여러 품꾼들 가운데 하나로만 받아주어도 감지덕지(感之德之)한 일이라 여겼던 것이다. 이는 당시 외국 땅에서 당하는 그의 고통이 얼마나 컸던가 하는 점을 여실히 보여주고 있다.

우리가 여기서 기억해야 할 바는 그가 아무런 아쉬움 없이 넉넉할 때 한없이 교만했다는 점이다. 그에 반해 소유한 모든 것을 탕진하고 최악의 밑바닥 인생을 경험하면서 그는 비로소 겸손한 자세를 가지게 되었다. 이와 같은 과정을 볼 때 부유한 형편으로 인해 세상의 쾌락을 누리는 것이 결코 복이 아니며, 또한 엄청난 모멸과 고통을 당한다고 하더라도 그것이 오히려 참된 복이 될 수 있다는 사실이다.

결국 그 둘째아들은 그 땅을 떠나 아버지가 계시는 고향집으로 돌아왔다. 그가 집 가까이 이르렀을 때 아직 거리가 멀었으나 그의 아버지가 누추한 몰골을 하고 걸어오는 아들을 보고 측은히 여겨 급히 달려가 저의 목을 끌어안고 볼에 입을 맞추며 기뻐했다. 하지만 둘째아들은 아버지 앞에서 죄책감을 감추지 못한 채 자기는 '하늘'과 아버지께 큰 죄를 지었으므로 이제부터 아버지의 아들이라 일컬음 받는 것을 감당치 못하겠다는 말을 했다.

하지만 아버지의 마음은 전혀 그렇지 않았다. 그가 과거에 어떤 잘못된 일을 저질렀든지 간에 죄를 뉘우치고 집으로 돌아온 아들에 대한 그의 사랑에는 아무런 변함이 없었다. 그리하여 하인들에게 명하여 가장 좋은 옷을 내어다가 입히도록 하고 손에는 가락지를 끼우고 좋은 신발을 신겨주도록 명했다. 모든 영예를 일순간에 회복시켜 주었던 것이다.

그리고 살찐 송아지를 잡고 거대한 잔치를 준비하도록 했다. 주인은 자기의 둘째아들이 죽었다가 다시 살아난 것처럼 이제 집으로 돌아왔기 때문에 잃었다가 다시 찾은 것과 같다는 점을 언급했다. 따라서 주인은 자기 아들과 함께 집안의 일군들을 포함한 모든 사람들이 함께 즐겁게 먹고 마실 수 있도록 성대한 잔치를 베풀었다. 그 아버지뿐 아니라 모두에게 그날은 진정한 기쁨의 날이 아닐 수 없었던 것이다.

집에서 큰 기쁨의 잔치가 베풀어지는 동안 그의 맏아들은 멀리 떨어진 밭에서 일을 마치고 집으로 돌아오게 되었다. 그는 집 나간 동생이 돌아온 사실에 대해서는 물론 성대한 잔치가 벌어진 이유를 알지 못하고 있었다. 그런데 집이 점점 가까워지자 사람들이 기뻐하며 풍류와 춤추는 소리가 들려왔다.

그와 같은 상황은 장남인 그가 전혀 짐작할 수 없었던 일이었다. 그래서 집 가까이 와서 하인 하나를 불러내어 도대체 무슨 일인지 물어보았다. 갑자기 그와 같은 잔치가 베풀어졌다는 것은 뭔가 기쁘고 중요한 일이 생겼을 것이 분명했기 때문이다.

그 하인은 맏아들에게 그의 동생이 집으로 돌아온 사실과 그로 인해 성대한 잔치가 벌어지고 있음을 고했다. 주인인 그의 아버지가 둘째아들이 건강한 모습으로 돌아왔으므로 살찐 송아지를 잡아 잔치를 베풀었다는 것이다. 형의 입장에서는 그와 같은 일이 지금껏 볼 수 없었던 매우 특별한 상황이었다.

그러므로 그는 그 벌어진 광경을 지켜보며 크게 마음이 상했다. 그동안 죽을 힘을 다해 노동하며 근면하게 살아온 자기를 위해서는 그보다 훨씬 작은 잔치조차도 베풀어 주지 않은 아버지가 심히 원망스러웠기 때문이다. 따라서 성대한 잔치가 벌어지는 집 안으로 들어갈 마음이 전혀 없었다.

그에 대한 보고를 받은 아버지가 친히 밖으로 나와 맏아들에게 집에 들어가 함께 즐거운 잔치에 참여하도록 권했다. 아버지가 그를 위해 집 밖으로 나왔다는 것은 자식에 대한 깊은 사랑을 보여주고 있다. 하지만 맏아들은 도리어 아버지 앞에서 자기의 불만을 그대로 쏟아내 놓았다. 지난 여러 해 동안 아버지의 요구에 전적으로 순종하며 어김없이 모든 일을 행했지만 송아지는 고사하고 염소 새끼 한 마리라도 잡아 자기 친구들과 즐기게 해 준 적이 있느냐고 따지듯이 물었다.

그런데 아버지의 재산을 챙겨 멀리 외국으로 나가 창기와 함께 모든 것을 낭비한 동생이 돌아오자 그를 위해 살찐 송아지를 잡아 큰 잔치를 베풀어 주는 것이 못마땅하다는 말을 했다. 그것은 땀 흘리며 성실하게 일한 자기는 제대로 대우받지 못했으며 나쁜 짓만 하고 돌아온 둘째아들에게 더 나은 대우를 하는 것은 공평하지 않다는 것이었다.

그러자 아버지는 그 아들을 책망하는 대신 이해시키고자 했다. 그는 항상 자기와 함께 있었으므로 그 모든 재산이 저의 것이 아니냐고 말했다. 이는 아버지와 함께 있는 것 자체가 복을 누리는 것이라는 사실에 연관되어 있다. 그에 반해 그 동생인 둘째아들은 아버지를 떠났기 때문에 마치 죽었다가 살아난 것 같으며 잃어버렸다가 되찾은 것과 같아 모두가 즐거워하고 기뻐하는 것이 자연스럽다고 했다.

우리가 이 비유에서 주목해야 할 바는 탕자인 둘째아들은 아버지가 사랑한 반면 맏아들을 미워한 것이 아니란 사실이다. 아버지는 탕자가 되었다가 집으로 돌아온 둘째아들의 모든 잘못을 용서하고 원래의 관계를 회복했다. 맏아들은 일시적으로 아버지에 대한 불만을 가졌으나 그로 말미암아 부자지간(父子之間)의 관계가 파괴되지는 않았다.[31] 아버지는 맏아들인 그에 대한 사랑도 여전히 존속시켰던 것이다.

그러므로 아버지는 그동안 착실하게 살다가 불만을 가지게 된 맏아들을 사랑으로 설득함과 동시에 아버지의 재산을 상속받아 외국에 나가 탕진한 후 뉘우치고 돌아온 둘째아들을 공히 사랑하고 있음을 보여주고 있다. 중요한 점은 하나님께서는 자기 자녀들을 모두 사랑하시지만, 탕자처럼 악한 지경에 빠졌다가 뉘우치고 돌아온 아들이 아버지에 대한 사랑을 더 크게 깨달을 수 있다는 점을 시사해주고 있다.

우리가 이 비유를 통해 얻을 수 있는 중요한 교훈 가운데 하나는 하나님과 함께 거하는 사실 자체가 진정한 복이 된다는 사실이다. 이 세상에서 일시적인 복락을 누린다고 할지라도 하나님을 떠나게 된다면 큰 고통을 동반할 수밖에 없다. 그에 반해 항상 하나님과 함께 살아간다면 그것 자체로 참된 복락을 누리는 것이다. 하나님의 자녀로서 이에 대한 올바른 깨달음을 가지는 것은 매우 중요하다.

---

31) 이 비유에서 둘째아들인 돌아온 탕자는 구원받은 성도인 반면 맏아들은 당시 유대주의자들이나 일반적인 배도자를 일컫는다는 식의 해석은 올바르지 않다. 오히려 아버지는 일시적으로 불만을 가진 맏아들에게 자기의 모든 재산이 그의 것이라 말씀하셨다(눅15:31). 따라서 전체 비유를 볼 때 아버지는 집에 머물며 성실하게 일해 온 첫째아들과 돌아온 탕자인 둘째아들을 공히 사랑하고 계신다는 사실을 알 수 있다.

제16장

율법과 복음의 관계

(눅16:1-31)

1. 부잣집 청지기의 지혜(눅16:1-8)

예수님께서는 제자들에게 한 비유를 들어 중요한 교훈을 주시고자 했다. 그 내용은 어떤 부잣집 주인과 청지기에 관련된 비유였다. 비유 가운데는 주인이 자기의 재산을 관리하는 청지기가 재물을 부당하게 허비한다는 말을 듣게 되었다. 주인은 그를 불러 자기 귀에 들려온 이야기를 전하며 자초지종을 물었다.

즉 들려온 이야기의 전후 사정이 어떻게 된 건지 저가 맡은 직무에 관련된 모든 것을 밝히라고 요구했다. 자기가 들은 내용이 사실이라면 더 이상 청지기 직무를 계속하지 못하리라는 것이었다. 따라서 청지기는 주인의 요구에 따라 답변을 준비해야만 했다.

청지기는 자신이 저지른 잘못을 잘 알고 있었다. 따라서 주인이 자기에게 맡겨진 직책을 빼앗아버리면 무엇을 하며 살아가야 할지 앞날이 막막했다. 땅을 파며 노동을 하자니 힘에 부치고 남에게 빌어먹을 수도 없는 노릇이었다. 그동안 부잣집에서 자기가 감당해 온 관리 직무에 비하면 힘들고 부끄러운 일이 아닐 수 없었다.

그런 생각을 하는 중 그는 묘안을 떠올렸다. 자기가 부자인 주인으로부터 쫓겨나더라도 자기를 영접해 줄 사람을 만들어두겠다는 것이었다. 즉 자기에게 그 직책이 부여되어 있는 동안 자기의 도움을 필요로 하는 자들에게 힘이 되어주면 그들이 나중에 자기를 받아들여 줄 것으로 생각했던 것이다.

그래서 자기 주인에게 빚진 자들을 한 사람씩 불러들였다. 먼저 온 사람에게 자기 주인에게 얼마나 빚을 졌느냐고 물어보았다. 그 말을 들은 채무자는 기름 백 말을 빚졌다는 말을 했다. 그러자 청지기는 그에게 증서를 가지고 오라 해서 자리에 앉아 기름 오십 말을 빚진 것으로 고쳐 쓰도록 했다. 자신의 권한 내에서 그가 진 빚 가운데 절반을 탕감해 주었던 것이다.

그다음 채무자가 들어왔을 때 청지기는 그에게 자기 주인에게 진 빚이 얼마인지 물었다. 그가 밀 백 석이라고 답변하자 이십 석을 탕감해 주면서 가지고 있는 증서에 팔십 석이라 고쳐 쓰도록 했다. 그다음에 또 다른 채무자들이 차례로 그에게 나아오자 동일한 방법으로 저들의 빚 가운데 일정 부분을 탕감해 주었다.

그 주인은 청지기가 자기에게 빚진 채무자들을 불러들여 그렇게 하고 있다는 사실을 알게 되었다. 그런데 주인은 그를 책망한 것이 아니라 도리어 칭찬했다. 자기 재산을 허비함으로써 부정을 저지른 청지기가 이제 일을 지혜롭게 처리하는 것으로 보았다. 그리하여 그 주인은 청지기를 내치지 않고 그 직무를 지속하도록 했던 것이다.

이는 사실 일반적인 관점에서는 이해하기 어렵다. 자기 주인에게 빚진 자들의 채무를 마음대로 탕감해 준다는 것은 더욱 큰 문제가 되기 때문이다. 그와 같은 행위는 더 큰 불법행위로 볼 수 있다. 그럼에도 불구하고 그 주인은 그를 지혜롭다며 칭찬하고 있다.

아마도 당시 그 청지기는 주인에게 모든 전권을 위임받아 그의 재산을 자율적으로 관리한 것으로 보인다. 아직 해고되지 않은 상태에서 계약관계가 진행 중일 때는 그가 위임받은 사항에 대한 자의적 판단과 더불어 임의로 직무수행을 할 수 있었다. 즉 주인의 재물을 부당하게 허비한 것은 명백한 불법이었지만 맡겨진 직무의 범위 내에서 상당한 권한을 가지고 있었던 것이다.

이처럼 공적인 직무수행을 행함에 있어서는 청지기로서 자기에게 맡겨진 권한을 행사하는 것이 적법했다. 따라서 주인은 자기에게 빚진 자들의 부채 일부를 청지기가 임의로 탕감해 주는 것을 보며 화를 내지 않았다. 그는 도리어 청지기의 처신을 알고 지혜로운 행동으로 인정하며 크게 칭찬했다.

예수님께서는 이 비유를 말씀하시면서 이 세대의 아들들이 자기 시대에 있어서는 빛의 아들들보다 더 지혜롭다는 말씀을 하셨다. 이 말은 청지기가 주인에게 빚진 채무자들에 대하여 자기에게 주어진 권한을 정당하게 행사함으로써 많은 사람들을 얻게 된 것에 대한 언급이다. 따라서 하나님께서 자기 자녀들에게 큰 권세를 맡기셨으므로 그 권한을 통해 많은 사람들을 얻어야 한다는 것이었다.

또한 우리가 여기서 기억해야 할 바는 하나님께서 지상 교회와 우리에게 맡기신 권한이 얼마나 큰가 하는 점이다. 하나님께서는 우리를 왕 같은 제사장이라고 말씀하셨다(벧전2:9). 나아가 우리로 하여금 이땅에서 예수 그리스도와 함께 왕 노릇하는 권한을 허락하셨다(딤후2:12; 계5:10). 그 권한은 세상에서 사람들이 일반적으로 판단할 수 없는 엄청난 것이다.

2. '불의의 재물' 과 하나님(눅16:9-13)

예수님께서는 제자들에게 '불의의 재물' 로 친구를 사귀라고 말씀하셨다. 그렇게 하면 그들이 영원한 처소로 저희를 영접하게 되리라는 것이었다. 여기서 언급된 '불의의 재물'이란 악한 방법으로 모은 부정한 재물(Ill-gotten treasures)을 말하는 것이 아니라 세상의 일반적인 재물(worldly wealth)을 의미하고 있다.

주님께서 세상의 재물로 친구를 사귀라고 명하신 것은 개인이 소유한 재물을 자기만을 위해서가 아니라 이웃을 위해 사용하라는 요청이다. 그렇게 하면 그들이 저들을 영원한 처소로 영접하리라고 했다. 우리는 이 말씀이 주는 의미를 주의 깊게 이해해야 한다. 즉 그 사람들이 직접 주님의 제자들을 영원한 처소로 초청한다는 것이 아니라 그런 자세로 살아가는 삶이 영원한 천국을 향하고 있다는 의미를 지니고 있기 때문이다.

그와 더불어 지극히 작은 것에 대하여 충성된(faithful) 자는 큰 것에도 충성되고 지극히 작은 것에 불의한(unjust) 자는 큰 것에도 불의하다고 말씀하셨다. 여기서 작은 것이란 개별적인 형편의 사소한 것에 연관된 것으로 보인다. 그리고 큰 것이란 공적인 영역에 해당되는 것으로 이해할 수 있다.

우리는 또한 이 말이 일반적인 관점에서 사용될 수 있지만, 앞의 문맥과 연결되어 있음을 유념해야 할 필요가 있다. 즉 자기가 소유한 세상의 재물을 주변 이웃들과 적절하게 나누는 것은 결코 대단하고 큰 일이 아니다. 그런 일상적인 삶을 살아가는 자들은 작은 것에 성실한 사람이다.

그에 반해 일상생활에서 자기의 소유를 주변의 이웃과 더불어 적절히 나누는 삶을 살지 않는 자들은 작은 일에 성실한 사람이라 말할 수 없다. 따라서 주님께서는 일상적인 생활 가운데 작은 일에 이웃을 기억하는 사람은 큰 것에도 성실하게 살아가는 자라고 말씀하셨다. 그에 반해 일상생활에서 그와 같은 삶을 살지 않는 자들은 큰 것에 대해서도 공정하지 않게 살아갈 수밖에 없다.

그러므로 예수님께서는 저들을 향해 만일 어떤 일을 누군가에게 맡긴

다면 위의 두 부류의 사람들 가운데 누구에게 맡기겠느냐고 말씀하셨
다. 당연히 일상적인 삶에 성실한 사람에게 맡길 것이며 그렇지 않은 사
람에게 맡길 리 없다는 것이었다. 그 말씀에 뒤이어 예수님께서는 매우
의미심장한 말씀을 하셨다.

> "너희가 만일 남의 것에 충성치 아니하면 누가 너희의 것을 너희에게
> 주겠느냐"(눅16:11); "And if you have not been faithful in the
> use of that which is another's, who will give you that which
> is your own?"(Luke16:11)

이 말씀은 우선 관리자로서의 충성된 역할에 연관되어 있다. 이는 앞
의 부잣집의 청지기가 지혜롭게 처신을 했듯이 오늘날 우리도 하나님
앞에서 그리해야 함을 말해주고 있다. 즉 교회에 속한 성도로서 자기에
게 맡겨진 일상적인 직무를 성실하게 행하는 자에게 하나님께서는 자신
의 일을 맡기신다는 것이다.

또한 예수님의 이 말씀은 앞에 기술된 내용과 더불어 폭넓게 이해하
는 것이 매우 중요하다. 예수님께서 본문에서 '남의 것'이라고 한 것은
순전히 남의 것이 아니라 자기가 소유하고 있는 재물 가운데 존재하는
'남의 것'이라는 의미를 어느 정도 내포하고 있기 때문이다. 따라서 자
기가 보관하고 관리하는 재물 중에 '남의 것'이 포함되어 있다면 당연
히 그 '주인'에게 돌려주어야 한다. 성실한 신앙인이라면 이에 대한 의
미를 깨닫고 실천해야만 한다.

주님께서는 이처럼 자기가 관리하는 '남의 것'에 성실한 자세로 임
할 때 그의 것을 저에게 준다고 말씀하셨다. 이 말의 의미 또한 앞에 언
급된 내용과 밀접하게 연결되어 있다. 소극적인 표현이긴 하지만 '나의
것'을 다른 사람이 관리하고 있는 것이 존재한다. 따라서 내가 어려움
을 당할 때 누군가가 나에게 그것을 되돌려 줄 수 있는 것이다.

이 말 가운데는 사람이 다른 사람의 필요를 생각하여 주기도 하고 나 자신이 이웃으로부터 받기도 하는데 이는 결국 하나님께서 그렇게 하고 계신다는 의미를 지니고 있다. 내가 다른 사람의 필요를 알아 도와준다면 그것은 나의 것을 주는 것이 아니라 하나님께서 나에게 맡기신 그의 것을 돌려주는 행위가 된다. 따라서 그와 같은 행위가 단순히 나 자신의 선행이 되거나 자랑스러워 할 일이 아닌 것이다.

동시에 내가 다른 사람에 의해 도움을 받을 때도 그 사람에게 큰 신세를 진 것으로 여겨 지나치게 종속적 태도를 취하지 않아도 된다. 물론 자기에게 베푼 사람은 고마운 이웃임이 틀림없다. 그가 하나님께서 저에게 맡겨둔 '나의 것'을 자기 것인 양 여기고 돌려주지 않는다면 어떻게 할 것인가? 그에 대해서는 달리 어떻게 할 방도가 없다.

그러므로 우리는 이웃에게 도움을 주든지 혹 자신의 형편이 어려워 이웃으로부터 도움을 받든지 항상 하나님께 감사하는 마음으로 살아가야 한다. 그 모든 것은 하나님으로 말미암는 것이며 하나님께서 허락하신 것이기 때문이다. 물론 모든 사람들은 어떤 형편에 처해 있든지 하나님과 이웃에게 감사한 마음을 가지게 되는 것이다.

우리는 여기서 실제적 형편과 더불어 매우 중요한 원리를 염두에 두어야 한다. 만일 어떤 사람이 경제적으로 전혀 부족한 것이 없어서 다른 사람의 어떤 도움도 받을 필요가 없는 사람이 있다면 어떻게 이해해야 할 것인가? 그들은 무의식중에 남의 소유를 보관하여 관리만 하고 다른 사람으로부터 자신이 얻어야 할 것은 전혀 없는 것인가?

모든 인간은 완전치 않다는 사실을 우리가 잘 알고 있다. 이는 재산이나 물질뿐 아니라 일반적인 노동력이나 정신적 분야에서도 적용될 수 있다. 나에게 노동력이 있다면 그것은 나를 위해서 뿐 아니라 이웃을 위한 것일 수 있다. 또한 정신적인 분야나 자신이 소유하고 있는 지식도 자기가 보관하고 있지만 다른 이웃들과 나누어 가지기 위한 것이다.

그 말씀과 더불어 예수님께서는 한 사람이 동시에 두 주인을 섬길 수 없다는 사실을 언급하셨다. 두 명의 주인 가운데 어느 한쪽을 미워하거나 사랑하고, 한쪽을 중히 여기고 다른 한쪽을 경홀히 여길 수 없기 때문이다. 두 명의 주인을 한꺼번에 섬긴다는 것은 사실상 불가능한 일이다.

예수님은 이 말씀을 하시면서 '너희가 하나님과 재물을 겸하여 섬길 수 없다'는 사실을 언급하셨다(눅16:13). 하나님의 자녀들은 당연히 오직 하나님 한 분만을 섬길 뿐 세상의 재물을 섬기지 않는다. 하나님께서 각 성도들에게 적절한 재물을 주신 까닭은 그것으로서 이웃을 기억하고 적절하게 나누라는 것이며 홀로 이 세상에서 배불리 먹고 영화롭게 살라고 주신 것이 아니다.

이점을 모르면 자기에게 허락된 모든 것들이 하나님께서 자기에게 세상을 누리며 살도록 허락하신 것으로 큰 착각을 일으키게 된다. 하나님의 백성이 소유한 재산뿐 아니라 노동할 수 있는 힘과 모든 지식조차도 개인의 인생을 누리기 위한 도구로 주신 것이 아니다. 만일 그렇게 되면 하나님의 자녀라 할지라도 제각각 하나님으로부터 받는 사랑에 엄청난 차이가 난다는 식의 근본적인 오류를 범하게 될 우려가 따른다.

3. 오해와 착각에 빠진 바리새인들을 향한 예수님의 교훈

1) 돈을 매개로 하나님을 섬기려는 자들(눅16:14,15)

예수님의 말씀을 들은 제자들은 그 의미를 깨달았으나 그 자리에 있던 바리새인들은 전혀 그렇지 못했다. 그들은 돈의 위력을 알고 재물을 좋아하는 자들이었기 때문에 예수님을 비웃었다. 자기들이 많은 재산을 소유하고 적절한 종교적인 권세와 지식을 겸비한 것은 하나님이 저들을 위해 제공하신 특별한 선물이라고 착각하고 있었기 때문이다.

예수님께서는 저들의 사악한 생각을 지적하며 말씀하셨다. 바리새인들을 비롯한 유대주의자들은 사람들 앞에서 자기의 행위를 드러내며 스스로 옳은 사람인 양 내세우기를 좋아하지만 실상은 전혀 그렇지 않다고 하셨다. 그들의 자기중심적 이기주의에 대하여 사람들은 속을지 모르지만 하나님께서는 그 생각을 속속들이 알고 계신다는 것이다. 저들의 위선적인 행동과 잔재주를 통해 사람들 가운데서 존경과 높임을 받고 부러움을 산다고 할지라도 그것은 곧 하나님 앞에서는 미움과 증오의 대상이 될 따름이라는 것이다.

오늘날 우리는 예수님께서 하신 이 말씀의 의미를 올바르게 잘 이해하지 않으면 안 된다. 그것을 바탕으로 성도들의 삶이 실천적으로 적용되어야 한다. 성도들이 가진 모든 것은 인간들 스스로 쟁취한 것이 아니라 하나님께서 허락해 주신 건강과 재능과 기회에 기초하고 있기 때문이다.

2) 구약성경과 하나님 나라 복음(눅16:16,17)

예수님께서는 제자들에게 하나님 나라의 복음에 관한 말씀을 하셨다. 하나님 나라는 이 세상 나라와 서로 대비될 뿐 아니라 상호 대치하는 성격을 지니고 있다. 즉 두 왕국은 적대적 관계에 놓여 있으므로 양자 사이에는 어떤 형태로든 마찰이 일어날 수밖에 없다.

예수님은 율법과 선지자의 역할은 요한의 때까지 진행된다는 사실을 언급하셨다. 이는 메시아로 오신 예수 그리스도가 세례 요한에 의해 세상에 선포되는 것에 연관된 말씀이다. 구약 시대 율법과 선지자들은 장차 오실 메시아에 관한 예언을 해왔기 때문이다.

이제 영원한 왕이신 예수 그리스도께서 역사 가운데 오심으로써 하나님 나라가 임하게 되었다. 그 나라의 왕이신 메시아는 세상 왕국의 세력과 싸워 저들을 심판하시고 최종 승리를 거두신다. 그것은 하나님께서 자기에게 속한 언약의 백성들에게 허락하신 좋은 소식 곧 복음이 된다.

그로 말미암아 언약에 속한 많은 사람들이 그 왕국 안으로 들어가기 위해 애쓴다. 그들은 하나님을 배반한 세상 왕국의 사악함과 거룩한 하나님 나라의 세력을 깨달아 알게 되기 때문이다. 그것은 물론 전적으로 하나님의 은혜로 인해 발생하게 되는 결과이다. 그 모든 것은 하나님께서 창세 전에 선택하신 자기 자녀들에게 주신 약속이기 때문에 장차 반드시 이루어지게 된다.

예수님께서는 율법에 기록된 모든 말씀이 완벽하다는 점을 언급하셨다. 그 말씀 가운데 단 한 글자도 무의미하거나 잘못된 것이 없다. 이는 물론 나중에 전승된 사본이 아니라 하나님께서 처음 계시하신 원본에 연관되어 있다. 따라서 천지가 사라져 없어질지언정 하나님의 말씀은 절대로 그렇지 않다는 사실을 말씀하셨다. 그것이 주님을 따르는 백성들에게 진정한 소망이 되었던 것이다.

3) 혼인과 이혼에 연관된 알레고리(눅16:18)

누가복음 본문에는 앞의 교훈에 뒤이어 부부간의 관계에 연관된 내용을 기록하고 있다. 남편이 자기 아내를 버리고 다른 여인에게 장가드는 것은 간음하는 행위라고 했다. 또한 어떤 남편으로부터 버림받은 여인에게 장가드는 자도 간음하는 것이 된다.

우리가 여기서 먼저 생각해 보아야 할 점은 혼인은 하나님의 뜻에 의해 이루어진다는 사실이다. 하나님께서 자신의 작정에 따라 한 남자와 한 여자를 부부로 짝 지워주시는 것이다. 이는 인간들의 자의적인 선택이나 결단에 의해 부부가 되는 것이 아니라 창세 전부터 존재한 하나님의 섭리에 연관되어 있음을 말해주고 있다.

그러므로 하나님께서는 죽음 외에는 어떤 것이라 할지라도 부부관계를 갈라놓을 수 없다는 사실을 밝히셨다(막10:6-9). 이는 원리적인 측면에서 볼 때, 배우자의 성적인 부정을 비롯한 어떤 특별한 문제라 할지라도 그것이 이혼의 타당한 원인이 될 수 없다는 점을 시사하고 있다. 이 말은 부모와 자식 관계가 특별한 부정이나 잘못으로 인해 그 관계를 깨뜨릴 수 없는 것과 마찬가지다.

우리는 예수님의 이 교훈에서 그 내면에 들어있는 의미를 생각해 볼 필요가 있다. 성경의 앞뒤 문맥을 고려해 볼 때 본문에 기록된 부부간의 혼인과 이혼 가운데는 상징적인 의미가 담겨있음을 알게 된다. 즉 본문은 부부간의 문제를 다루지만 그것은 하나님과 언약 백성에 관련된 알레고리(allegory)로 볼 수 있는 것이다.

그러므로 본문에서 남편이 자기 아내를 버린다고 한 것은 언약의 백성들이 율법을 버린 것과 동일한 의미를 지닌 것으로 이해할 수 있다. 즉 아내를 버린 자처럼 하나님의 율법을 무용한 듯 완전히 버리는 것은 간음을 저지르는 행위와 같다. 또한 이미 성취된 그 율법 조항을 다시금 문자 그대로 받아들여 행하는 것도 간음하는 것과 마찬가지다(눅16:16, 참조). 그와 같은 행위는 하나님과 율법의 기능을 무시하는 것과 같기 때문이다.

4) 부자와 거지 나사로 비유(눅16:19-31)

예수님께서는 제자들에게 한 특별한 내용의 비유를 들어 말씀하셨다. 권세를 가진 한 부자가 있었는데 자색 옷과 고운 베옷을 입고 항상 호화로운 생활을 즐기고 있었다. 그는 세상에 남부러울 것이 없는 자로서 큰 집에서 모든 것이 풍족한 상태로 살아갔다.

그런데 그 부자의 집 대문 앞에 나사로라고 하는 거지가 부스럼이 가득한 피부병을 앓는 채 누워있었다. 그는 부자의 식탁에서 내버려지는 음식을 통해 굶주린 배를 채우고자 했다. 심지어 개들이 와서 불쌍하게 생존해가는 그 거지의 환부를 핥기도 했다. 구약의 율법이 지극히 부정한 동물로 간주하는 개에게 자기의 몸을 내맡기고 있어야만 한다는 사실은 최악의 경우를 보여주고 있다. 그 가난한 거지는 권세를 가진 부자와는 크게 대비되는 처참한 인생에 지나지 않았다.

그와 같이 전혀 다른 환경 가운데 살아가던 부자와 거지가 세월이 흘러 죽게 되었다. 거지 나사로는 천사들의 손에 받들려 아브라함의 품에 안겼다. 그리고 부자는 음부에서 심한 고통을 당해야만 했다. 즉 거지는 천상의 나라를 누리게 되고 부자는 지옥에 빠짐으로써 생전과는 정반대의 형편에 놓이게 된 것이다.

지옥에서 끔찍한 고통 중에 있던 부자가 멀리 아브라함의 품에 안겨 있는 나사로를 보고 그 바뀐 상황을 보았다. 그 부자였던 자는 아브라함을 향해 애걸했다. 자기에게 긍휼을 베풀어 나사로를 보내 그 손가락 끝에 물 한 방울을 찍어 자기 혀를 서늘하게 해 달라고 했다. 그 불덩이에서 엄청난 고통을 겪고 있다는 것이었다.

그의 말을 들은 아브라함은 죽은 부자의 청을 들어주기는커녕, 그는 세상에서 모든 영화를 누렸지만 나사로는 심한 고통 중에 살았던 사실을 기억하라고 했다. 거지였던 나사로는 이제 좋은 곳에서 위안을 받고 부자였던 그는 심한 괴로움을 당한다는 것이었다. 이는 세상에서 엄청나게 화려한 삶을 살든지 최악의 궁핍한 삶을 살든지 그것 자체로는 궁극적인 의미를 가지지 않는다는 사실을 말해주고 있다.

그런데 지금은 그 양쪽 사이에 큰 구렁이 끼어있어서 상호 왕래가 불가능하다는 사실을 언급했다. 즉 나사로가 있는 쪽에서 그쪽으로 건너갈 수 없고 죽은 부자가 있는 곳에서 이쪽으로 올 수도 없다는 것이었다. 하나님의 구원의 영역과 심판의 영역은 완전히 분리되어서 영원토록 그 상태가 지속된다는 것이다.

죽은 부자는 그 말을 듣게 되자 아브라함을 향해 나사로를 자기 아버지 집으로 보내 달라는 당부를 했다. 자기에게 형제 다섯 명이 있으니 죽은 나사로가 돌아가 그 모든 실상을 저들에게 증거하여 이 고통 받는 자리로 오지 않게 해 달라는 것이었다. 이는 자기도 그와 같은 상황이 벌어질 것을 알았다면 절대 그렇게 살지 않았으리라는 것이다.

하지만 아브라함은 그에게 그럴 필요가 없다는 답변을 했다. 저들에게 이미 모세와 선지자들 곧 성경이 있으니 그들로부터 예언의 말씀을 들으면 된다는 것이었다. 그 말을 들은 죽은 부자는 그렇지 않다며 다시금 간구했다. 만일 죽은 자가 살아나서 저들에게 죽음 이후 세계의 실상을 전하면 그들이 회개하리라는 것이었다.

그러나 아브라함은 모세와 선지자들을 통한 예언의 말씀을 듣지 않는 자들이라면 비록 죽은 자 가운데서 살아나는 사람이 있다고 할지라도 그 권고를 받지 않을 것이라고 했다. 이는 인간들에게 주어진 하나님의 말씀을 듣고도 그에 대한 올바른 믿음이 없다면 어떤 상황에서 주어진 권면이라 할지라도 받아들이지 않는다는 사실을 말해주고 있다.

우리는 이 비유가 실체적인 사실에 근거하여 말하는 것이 아니라는 점을 염두에 둘 필요가 있다. 여기서 나타나는 가장 중요한 교훈은 이 세상에서 성공하여 만족스럽게 살아가는 것이 진정한 값어치가 될 수 없다는 사실이다. 세상에 살아가는 인간들은 그와 같은 것을 최상으로 평가하겠지만 실상은 전혀 그렇지 않다. 겉보기에 아무리 가난하고 천박한 삶을 살아가는 것 같을지라도 하나님 보시기에 값진 삶이 있다는 것이다.

또한 죽은 부자가 지옥불 가운데 고통을 당하며 멀리 아브라함의 품에 안겨있는 거지 나사로를 보았다는 것은 생전의 경우와 정반대의 형편에 처한 극한 차이를 보여주는 상징성을 지니고 있다. 즉 지옥에서 천국에 있는 아브라함을 볼 수 있거나 죽은 부자가 죽은 나사로를 목격할 수 있는 것으로 생각할 필요가 없다. 그들 사이에는 서로간 볼 수 없이 완전히 단절되어 있을 것이기 때문이다.

나아가 죽은 부자가 죽음 이후에 이 세상에 살아가는 자기 가족이나 형제에 대하여 긍휼한 마음을 먹는 것은 실제적인 상황이 아니라 상징적인 의미로 받아들여야 한다. 영원한 지옥불에 빠진 자에게는 어떤 긍휼한 마음도 존재하지 않는다. 그럼에도 불구하고 비유 가운데 나타나는 이 말씀의 의미는 하나님으로부터 계시된 모세와 선지자 곧 성경을 통한 진리의 선포가 절대적인 성격을 지닌다는 사실을 말해주고 있다.

즉 인간의 어떤 경험도 사람을 구원으로 이끄는 역할을 하지 못하며 오직 계시된 하나님의 말씀만 그렇게 할 수 있다. 따라서 이 세상에 살아가는 언약의 백성들은 이에 대한 올바른 이해를 해야만 한다. 부자와 거지 나사로의 비유가 오늘날 우리에게 주는 소중한 상징적인 의미를 깨닫는 것은 매우 중요하다.

제17장

믿음을 소유한 자와 하나님 나라

(눅17:1-37)

1. 형제를 실족케 하는 자의 위험(눅17:1-4)

예수님께서는 제자들에게 인간이 가지는 한계에 관해 말씀하셨다. 아무리 온전한 신앙을 소유하고 있을지라도 완벽한 삶을 살아가는 것은 불가능하다는 것이다. 세상으로부터 다양한 유혹이나 심각한 문제가 발생하는 것은 어쩔 수 없는 일이지만 다른 사람으로 하여금 범죄케 하는 것은 화를 불러일으키게 된다.

예수님께서는 배도에 빠진 자들이 보잘것없어 보이거나 사리에 대한 분별력이 결여된 어린아이들 가운데 하나로 하여금 걸려 넘어지게 하여 범죄케 한다면 차라리 그 목을 큰 연자맷돌에 달고 바다에 던져져 죽는 편이 낫다고 말씀하셨다. 이는 물론 단순한 일상적인 생활에 관한 문제라기보다 하나님의 진리에 연관되어 있다. 즉 나약한 자들을 미혹하여 하나님을 욕되게 하는 자리로 이끌어가는 자가 있다면 그에게 무서운 화가 임하게 된다.

그러므로 예수님께서는 그들을 향해 스스로 조심하라는 경고의 메시지를 주셨다. 만일 저들 가운데 있는 형제가 사악한 죄를 범하거든 경계하고 그후 회개하거든 용서해 주라고 말씀하셨다. 이 말은 범죄한 다음 회개하지 않은 채 악행을 지속하는 자에 대해서 쉽게 용서해서는 안 된다는 의미를 담고 있다. 그 대신 그가 진정으로 잘못을 뉘우치고 회개한다면 그를 용서해 주라고 하셨다. 이는 인간들 사이에 발생하는 관계를 넘어 하나님 앞에서 자기가 저지른 죄를 기억해야 한다는 사실을 말해 주고 있다.

그러면서 누군가 자기에게 하루에 일곱 번씩이라도 죄악을 행하고 일곱 번 돌아와 자기의 잘못을 진정으로 뉘우치고 회개한다면 용서해 주라고 하셨다. 하지만 비록 단 한 번의 죄를 짓고도 하나님의 자녀들 앞에서 교만한 마음을 품고 자기의 죄를 회개하지 않는 자에 대해서는 쉽게 용서해서는 안 된다. 우리는 자신의 죄를 진정으로 뉘우칠 경우 어떤 잘못이라 할지라도 용서해 주어야 한다. 이처럼 그것을 위해서는 반드시 그 죄에 대한 뉘우침이 전제되어야 하는 것이 원칙이다.[32]

또한 이에 대해서는 하나님과의 관계에 있어서도 마찬가지다. 자기가 범한 죄를 하나님 앞에서 진정으로 회개할 때 하나님께서 그 죄악을 용서해 주신다. 물론 이 일은 단순한 언어적인 표현이나 인간의 심적인 고백에 의해 그렇게 하시는 것이 아니라 반드시 예수 그리스도의 십자가 사역을 통해 이루어지게 된다.

우리는 여기서 매우 중요하고 민감한 문제에 직면하게 된다. 그것은 누군가 자기에게 범죄한 후 자기의 잘못을 인정하지 않고 하나님 앞에서 떳떳한 듯이 행동한다면 어떻게 해야 할 것인가 하는 문제 때문이다.

---

32) 이는 개인의 일반적인 경우를 넘어 교회론적 관점을 염두에 두고 이해해야 할 필요가 있다. 즉 개인 성도들의 관용을 말하고자 하는 것이 아니라 교회의 순결 유지를 위한 그 이상의 의미를 지니고 있기 때문이다.

그럴 경우에도 우리는 그런 자의 죄악을 용서해야 하는가?

우리는 또한 인간들 사이에서 발생하는 모든 죄를 뉘우치고 그에 대한 깊은 반성과 회개 여부와 관계없이 무조건 용서한다는 것은 또 다른 문제들을 야기할 수 있다는 점을 기억해야만 한다. 예를 들어 교회 안에 동성애나 간음하는 자가 있을 경우 그 죄악에 대한 뉘우침이 없는 상태에서는 결코 용납해서는 안 된다. 그런 자들이 자신의 죄를 뉘우쳐 회개할 때 비로소 용서할 수 있는 것이다.

따라서 교회와 성도들은 그런 악행을 중단하지 않고 지속하는 자들에게 용서를 베풀어서는 안 된다. 만일 그렇게 하면 더러운 죄악이 마치 누룩처럼 전체 교회에 퍼져나갈 것이 분명하기 때문이다. 원리적인 측면에서 볼 때, 이는 비록 동성애나 간음문제뿐 아니라 성경의 진리에 저항하는 죄에 연관된 모든 분야에서 동일하게 적용되어야 한다.

2. '겨자씨 한 알만한 믿음' (눅17:5,6)

사도들은 그 자리에서 예수님께 특별한 요청을 했다. 그것은 저들에게 믿음을 더해 달라는 요구였다. 이는 하나님으로 말미암아 허락되는 저들의 믿음을 보다 큰 분량으로 소유할 수 있게 해달라는 의미를 지니고 있다. 그들은 이미 믿음의 소중함을 잘 알고 있었으며 더욱 큰 믿음을 가지는 것이 중요하다는 판단을 하고 있었던 것이다.

사도들의 요청을 받은 주님께서는 그 요구를 들어주시는 대신 '너희에게 겨자씨 한 알만한 믿음이 있다면 이 뽕나무에게 뿌리가 뽑혀 바다에 심겨지라고 명령하면 그렇게 되리라'고 말씀하셨다(눅17:6). 우리는 이 교훈을 매우 깊은 주의를 기울여 이해해야만 한다. 즉 문자적 해석이 아니라 그 메시지의 진정한 의미를 깨달아야 하기 때문이다.

우리는 여기서 먼저 사도들에게 겨자씨 한 알만한 믿음조차 존재하지 않았는가 하는 점을 생각해 보아야 한다. 겨자씨란 육안으로 보았을 때

보잘것없는 식물의 작은 씨앗 알갱이에 지나지 않는다. 그들이 예수님께 더 큰 믿음 달라고 요구한 것은 가장 기본적인 믿음을 소유하고 있었음을 말해주고 있다.

그럼에도 불구하고 예수님께서는 '너희에게 겨자씨 한 알만한 믿음이 있다면' 그렇게 되리라고 말씀하셨다. 이는 이미 저들에게 비록 작은 것이지만 믿음이 있으므로 그 부근에 있는 뽕나무를 향해 땅에서 뽑혀 바다에 심어지라고 명하면 뽕나무가 순종하여 그와 같이 된다는 사실을 말해주고 있다. 물론 사도들은 그렇게 명하지 않았으며 뽕나무는 그 자리에 그대로 있었다.

우리가 여기서 기억해야 할 바는 겨자씨 한 알만한 작은 믿음이 아니라 엄청나게 큰 믿음을 소유한 자라고 할지라도 뽕나무에게 명령하여 바다에 옮겨 심어지게 할 수는 없다. 그것은 불가능한 일이다. 그렇다면 예수님께서는 무엇 때문에 사도들을 향해 그 특별한 비유를 들어 말씀하셨을까?

예수님께서는 이 말씀을 통해 주님의 자녀들이 소유한 믿음의 엄청난 위력에 관한 메시지를 주셨다. 하나님으로부터 허락받은 그 믿음은 죄에 빠진 인간들의 상상을 초월하는 놀라운 사건을 발생시키게 된다. 그 믿음으로 말미암아 영원한 천국을 소유하게 되며 거룩한 하나님을 아버지라 부르는 사건이 일어난다. 이는 뽕나무가 땅에서 뽑혀 바다에 옮겨 심겨지는 것과 비교가 될 수 없을 만큼 대단한 성격을 지닌 사건이다.

오늘날 하나님으로부터 참된 믿음을 허락받아 소유한 성도들은 세상의 일반적인 상식에 얽매여 살아가는 자들이 아니다. 사람들에게 비록 보잘것없어 보이는 그 믿음으로 말미암아 하나님의 자녀가 되어 그의 모든 것을 상속받아 영생을 누리게 된다. 지상 교회에 속한 참된 성도들은 항상 이와 같은 놀라운 기적 가운데 살아간다는 사실을 기억하지 않으면 안 된다.

3. 하나님의 무익한 종(눅17:7-10)

예수님께서는 제자들에게 주인과 종의 상반된 신분에 관한 사실을 언급하셨다. 종이 밭을 갈거나 양을 치다가 일터에서 돌아오면 주인이 저를 위해 밥상을 차려주고 앉아서 먹으라 하는 경우가 없다는 것이다. 즉 주인이 종을 위해 그런 식으로 시중을 들지 않는다.

오히려 그와는 정반대가 된다. 주인은 밖에서 일을 하고 돌아온 종에게 자기가 먹을 음식을 차리도록 한다. 그리고 주인은 자기 옆에서 적절한 의상을 갖춘 종의 시중을 받으며 먹고 마시게 된다. 주인의 식사가 완전히 끝난 후에야 종은 한쪽으로 가서 식사를 한다.

이와 같은 양상은 지극히 당연하고 자연스러운 일이다. 주인이 자기 종에게 그와 같이 요구하는 것은 전혀 이상하지 않으며 그 종 또한 주인의 요구에 대한 불만이 전혀 없다. 이는 전체적인 질서 가운데 이루어지는 것으로서 모든 사람이 잘 이해하고 있다.

그러므로 주인이 자기 종에게 명령한 것에 대하여 성실한 자세로 순종했다고 해서 그에게 특별히 고마운 마음으로 사례하지는 않는다. 이와 반대로 종이 주인의 명을 거부하거나 그에 저항한다면 당연히 엄한 징벌이 따르게 된다. 이것이 주인과 종 사이에 형성된 기본적인 관계인 것이다.

주님께서는 이에 관한 사실을 언급하시면서 자기를 따르는 제자들을 향해 그 말씀을 올바르게 깨닫도록 요구하셨다. 하나님의 자녀들도 주님으로부터 명령받은 것들을 마땅히 다 수행해야만 한다. 또한 종의 신분을 지닌 제자들이 그 모든 명령을 온전히 수행했다고 할지라도 그것은 개인적인 공로가 되지 못한다.

그러므로 주님의 명령에 순종하며 살아가는 제자들을 비롯한 모든 성도들은 요구받은 사항을 수행한 후에도 자기는 주님 앞에서 무익한 종이라 고백할 수밖에 없다. 당연히 감당해야 할 일을 행했을 따름이기 때문에 그에 대한 특별한 보상을 요구하지 못한다. 단지 주인이신 하나님의 은혜에 감사하게 될 따름이다.

4. 열 명의 문둥병자와 예수 그리스도(눅17:11-19)

예수님께서 갈릴리 지역에 계시다가 예루살렘을 향해 올라가시게 되었다. 그는 갈릴리와 사마리아 지역 사이를 지나가시다가 한 촌에 들어가시게 되었다. 거기서 문둥병 들린 사람 열 명이 그 인근에 있다가 멀리서 예수님을 알아보고 그를 향해 큰 소리로 외쳤다.

예수님께서 중병에 시달리는 저들에게 긍휼을 베풀어 그 고통스러운 문둥병을 낫게 해 달라는 것이었다. 당시 그들은 매우 힘든 환경에서 살아갈 수밖에 없었다. 질병 자체로 인한 고통도 그러했거니와 그로 말미암아 겪게 되는 사회적 아픔은 더욱 심했다. 가족과 동네로부터 환대를 받지 못하고 멸시당하는 그들의 고통은 상상조차 할 수 없을 정도였다.

그런 중에 자비를 베푸는 자로 소문난 예수님을 만났을 때 엄청난 기대를 하지 않을 수 없었다. 그들은 가난한 자와 병든 자라고 해서 아무런 차별을 하지 않는 주님에 대해 익히 들어 알고 있었다. 그는 연약하고 소외된 자들의 편이 되어 적극적으로 보호하며 변호해 주시는 분으로 알려져 있었던 것이다.

그 문둥병자들은 열 명이 함께 모여 있다가 예수님 앞으로 나아와 치유를 호소했다. 예수님께서는 그들을 보고 불쌍히 여겨 제사장에게 가서 저들의 몸을 보이라고 말씀하셨다. 그렇게 하면 치유를 받게 되리라는 것이었다. 달리 아무런 방도가 없던 그들은 예수님의 말씀을 듣고 제사장을 만나기 위해 갔다.

그들이 예수님의 요구에 순순히 순종한 것은 저들의 현상적인 믿음에 기초하고 있었다. 즉 그가 하나님의 메시아인가에 대한 신앙적인 믿음이 아니어도 중병을 치유할 수 있는 그의 능력을 믿고 있었다. 저들이 고통당하고 있는 문둥병을 치유해 줄 수 있는 능력이 그에게 있음을 신뢰하고 있었던 것이다.

이는 물론 그들이 예수님을 구약성경에 계시된 메시아로 믿었다는 것을 의미하지는 않는다. 그 문둥병자들은 예수님을 영원한 메시아로 믿었던 것이 아니라 놀라운 치유 능력을 소유한 특별한 인물로 믿고 있었다. 따라서 그들은 예수님의 말씀을 듣고 그 요구를 그대로 받아들여 순종했던 것이다.

그런데 문둥병자들이 예수님의 말씀대로 제사장을 찾아가던 도중에 저들의 질병이 깨끗하게 치유받는 놀라운 일이 일어났다. 그들은 뛰어날 듯이 기뻤을 것이 틀림없다. 그리하여 더 이상 함께 몰려다닐 이유가 없어지게 된 그들은 제각각 자기 갈 길로 가게 되었다. 아마도 자기 가족이 있는 집과 고향 마을로 돌아갔을 것이다. 이제 차별받지 않고 인간다운 대접을 받으며 살아갈 수 있다는 사실에 마음이 한껏 들떴을 것이 분명하다.

그런데 그들 가운데 한 사람이 자신의 문둥병을 치유받은 후 큰 소리로 하나님께 영광을 돌리며 가던 길을 돌이켜 예수님께 나아왔다. 자기 집과 고향 쪽이 아니라 자신을 치유해주신 예수님을 향해 발길을 돌렸던 것이다. 그는 그 놀라운 일이 하나님으로 말미암은 것이란 사실을 깨닫고 있었다. 이는 예수님이 곧 하나님의 아들 메시아란 사실을 알고 있었다는 사실을 말해주고 있다.

그는 예수님 앞으로 나아와 그의 발아래 엎드려 감사했다. 거기에는 경배의 의미가 내포되어 있었다. 성경은 또한 그가 사마리아 출신이었음을 밝히고 있다. 이 말은 다른 치유받은 문둥병자들은 대개 유대인들이었다는 사실을 암시한다. 그들은 언약의 자손들이었으나 하나님께서 보내신 주님을 올바르게 알아보지 못했다. 즉 그들은 예수님을 하나님의 아들 메시아로 믿었던 것이 아니라 질병을 치유해주는 대단한 능력을 소유한 특별한 인물로 간주했던 것이다.

예수님께서는 자기에게 돌아온 그 사람을 향해 열 명이 치유를 받았는데 나머지 아홉 명은 어떻게 되었느냐고 물어보셨다. 그 이방인 곧 사마리아 출신 한 사람 외에는 하나님께 영광을 돌리러 온 자가 없느냐는 것이었다. 그리고는 그가 소유한 참 믿음이 저를 구원했다는 사실을 언급하며 그에게 일어나 돌아가라는 말씀을 하셨다. 이는 진정한 믿음은 예수님이 자기를 낫게 해주리라는 사실을 믿었던 것이 아니라 그가 하나님의 아들 메시아라는 사실을 믿는 것이란 사실을 말해주고 있다.

어쩌면 나머지 아홉 명도 돌아가면서 저들 나름대로 하나님을 찬양했을지도 모른다. 하지만 하나님의 아들 예수님에 의해 치유받은 자들은 그 예수님을 통해 하나님께 경배해야 한다는 사실을 모르고 있었다. 따라서 그들이 종교적인 관행에 따라 말과 생각으로 하나님을 찬양하는 것으로 착각했을 뿐 하나님께서 받으시는 진정한 찬양이 되지 못했다.

우리가 여기서 보게 되는 사실은 질병 치유 자체가 중요한 것이 아니란 사실이다. 예수님께서 행하신 사역을 통해 그 주변에서 놀라운 기적을 지켜보며 메시아 사역을 깨닫는 자들이 진정으로 복 있는 자들이었다. 그리고 예수님으로부터 치유를 받고 그가 하나님의 아들 메시아라는 사실을 알고 돌아와 감사한 사람이 복이 있었다. 하지만 나머지 아홉 명은 문둥병을 치유받아 일시적인 기쁨에 넘쳤지만 그보다 더욱 중요한 메시아에 대해서는 알지 못했으므로 그들이 진정한 복을 얻은 것으로 말할 수 없다.

5. '하나님 나라의 존재'와 '인자의 때' (눅17:20-37)

바리새인들이 예수님을 향해 하나님 나라가 어느 때에 임하는지 물었다. 온 세상을 지배하게 될 그 특별한 나라의 도래는 구약 시대부터 줄곧 예언되어 온 바였다. 문제는 예수님께 질문하는 자들이 건실한 신앙을 소유한 자들이 아니었다는 점이다.

예수님께서는 그들을 향해 하나님 나라는 사람들의 눈으로 볼 수 있게 임하는 것이 아니라고 답변하셨다. 이는 단순히 영적인 나라를 의미하는 것이 아니다. 그 나라는 이 세상에 존재하는 여러 왕국들처럼 정치와 행정적인 체계를 갖춘 그런 나라들과는 근본적으로 다르다는 의미를 지니고 있다.

따라서 예수님께서는 그 나라가 지구상의 어느 특정한 지역에 위치하여 존재하는 것으로 단정지을 수 없다고 말씀하셨다. 그리고 그 나라는 '너희 안에'(in your midst) 있다고 하셨다. 여기서 '너희 안에'라는 말은 소위 사람들의 마음에 존재하는 '심령 천국'을 말하는 것이 아니다. 즉 인간의 마음속에 하나님 나라가 있다는 의미가 아니다.

예수님의 이 말씀은 거기 모인 사람들 즉 '너희들 가운데' 하나님 나라가 존재한다는 의미를 지니고 있다. 이스라엘 민족 가운데 왕이신 메시아가 도래하셨으므로 하나님 나라가 이미 임했다는 것이다. 또한 좁은 의미로는 바리새인들을 비롯한 여러 사람들 가운데 왕이신 자기가 서 있으므로 그것이 곧 왕국의 도래를 확증한다는 것이었다.

그리고 예수님께서는 제자들에게 장차 그때가 이르면 그들이 '인자의 날'을 보고자 하되 보지 못하리라고 말씀하셨다. 여기서 '인자의 날'이란 구약성경에서 예언되어 온 심판의 날로서 매우 중요한 의미를 지니고 있다. 이는 예루살렘 성전의 구속사적 의미가 완성되는 사건에 관련되어 있다.

즉 장차 예수님의 십자가 사역을 거쳐 AD70년이 되면 예루살렘과 그 안에 있는 성전의 파괴와 더불어 비로소 온전한 하나님 나라가 임하게 된다. 그때가 이르면 거기 있던 사람들은 거의 죽게 될 것이다. 그리고 비로소 아브라함 언약과 다윗, 솔로몬 언약이 성취되어 사도교회를 거쳐 보편교회 시대의 도래가 이루어진다.

사람들 가운데는 하나님 나라에 대한 관심을 가지고 있으나 그 실상을 이해하지 못하는 자들이 많이 있다. 그들은 도리어 올바른 신앙을 소유한 성도들을 향해 엉터리 주장을 펼치기를 좋아한다. 따라서 예수님께서는 장차 진리를 외면한 자들이 천국이 여기 있다 저기 있다고 떠벌리더라도 그들의 말에 미혹되지도 말고 따라가지도 말라고 하셨다.

'인자의 날'이 이르게 되면 번개가 하늘 아래 이편에서 저편까지 번득이며 비치듯이 인자도 그러하리라고 말씀하셨다. 이 말은 이땅에 메시아로 오신 인자가 구약의 모든 것을 성취할 때가 되면 주님께서 온 세상에 두루 그 빛을 비추게 되리라는 의미를 지니고 있다. 이는 '인자'이신 예수 그리스도께서 이 세상 곳곳에 존재하게 될 지상 교회 가운데 임재하시리라는 사실을 말해준다.

그렇지만 주님께서는 이땅에 오신 메시아가 그 '인자의 날'이 임하기 전에 많은 고난을 당하게 되며 이 세대로부터 버린 바 되어야 한다는 사실을 언급하셨다. 이는 예수님께서 유대주의자들로부터 심한 모욕과 고난을 당하신 다음 십자가에 달려 돌아가실 것에 대한 예언이다. 그가 십자가 사역 후 무덤에 묻혔다가 부활 승천하신 후에야 그 모든 일들이 성취된다. 그것은 세상에 대한 무서운 심판과 언약의 자손들에 대한 구원에 연관되어 있다.

그럼에도 불구하고 죄에 빠진 어리석은 자들은 그에 대한 깨달음이 전혀 없었다. 주님께서는 그와 같은 상황이 마치 노아 홍수 때와 같다는 사실을 말씀하셨다. 대 홍수가 나고 노아의 가족이 방주에 들어가기 전까지 하나님을 멀리하는 악한 자들이 먹고 마시고 장가들고 시집가며 세상을 즐기기에 여념이 없었지만 홍수 심판을 통해 저들의 모든 것들이 일순간에 쓸려가 버렸다. '인자의 때'에도 많은 사람들이 눈앞에 닥칠 멸망을 보지 못한 채 그와 같은 어리석은 삶을 살아간다는 것이었다.

우리는 여기서 사람들이 그런 것들을 추구하는 것은 세상에 목적을 두고 살아가는 일상적인 욕망에 연관되어 있음을 알 수 있다. 그들은 그것들을 통해 이 세상의 욕망을 추구하며 만족을 누리고자 했다. 하지만 그들이 먹고 마시는 것이 술을 과음하여 허랑방탕하거나 장가들고 시집가는 것이 간음과 문란한 성적 부도덕을 말하는 것은 아니었다.

배도에 빠져 세상의 만족을 누리고자 하는 그와 같은 일상적인 삶의 행태는 여러 시대에 되풀이하여 일어났던 일이다. 롯의 때에도 사람들은 음식을 풍족히 먹고 마시고 물건을 사고팔면서 농작물을 심고 좋은 집을 지어 그 안에서 살아가는 것을 인생의 목적으로 삼았다. 그들은 돈을 많이 벌어 좋은 집에서 안락한 삶을 누리며 살아가는 것을 최고로 여겼던 것이다. 하지만 롯이 소돔에서 탈출해 나가던 날 하늘에서 불과 유황이 비오듯 내려 인간들을 비롯한 모든 것들을 태워 멸망시켜 버렸다.

주님께서는 장차 임하게 될 '인자의 날'에도 그와 같으리라는 사실을 말씀하셨다. 그날이 이르렀을 때 어떤 사람이 만일 옥상과 같은 평평한 지붕(housetop) 위에 올라가 있다면 집 안에 있는 물건들을 가지러 내려가지 말고 밭에서 일하는 자들도 자기 물건을 가지러 집으로 돌아가지 말라고 했다. 뒤를 돌아보면 멸망당한다는 것이었다.

주님께서는 소돔성을 탈출하던 때 롯의 아내를 기억하여 교훈으로 삼으라고 하셨다. 그 여인은 뒤에 두고 온 아까운 물건이 생각나 미련을 버리지 못하여 뒤를 돌아보다가 결국 소금기둥이 되고 말았다. 두고 나온 아끼던 보물에 대한 미련 때문에 더 큰 것을 잃어버리게 된 것이다. 이처럼 세상에서의 보물이라고 여겨지는 것에 집착하는 것은 결코 바람직한 자세가 아니다.

주님께서는 제자들을 향해 이 말씀을 하시면서 자기 목숨을 보존하고자 하는 자는 잃어버린다고 하셨다. 반대로 자기 목숨을 잃는 자는 참 생명을 얻게 되리라고 말씀하셨다. 이는 인간 스스로 자기의 삶에 집착하는 것이 진정한 생명을 얻을 수 있는 길이 될 수 없음을 말해주고 있다. 그에 반해 모든 것을 주님께 맡기고 세상의 것들을 내다 버리는 자는 하나님으로 말미암아 진정한 생명을 얻게 된다.

예수님께서는 이와 더불어 '인자의 날' 밤에 두 사람이 한 지붕 아래 누워있을지라도 하나님께서 하나는 자기와 함께 데려가시지만 다른 하나는 버려두시게 된다. 또한 두 여자가 한자리에서 맷돌을 갈고 있지만 하나는 데려감을 당하는 반면 다른 하나는 버림을 당하게 된다. 이는 겉보기에 아무런 차이가 나지 않는 것처럼 보일지라도 실상은 각 사람들이 정반대의 상이한 가치를 추구하며 살아간다는 사실을 보여주고 있다.

주님의 말씀을 들은 제자들은 예수님을 향해 그렇다면 어디서부터 그와 같은 일이 일어나게 될지 질문했다. 그러자 주님께서는 주검이 있는 곳에는 독수리가 몰려든다는 말씀을 하셨다. 이 말은 일반적인 것에 대한 언급이 아니라 매우 중요한 예언적 의미를 담고 있다. 이는 장차 예루살렘과 거룩한 성전이 파괴되는 사건에 밀접하게 연관되어 있기 때문이다.

'인자의 날'이 이르게 되면 예루살렘 성이 파괴되고 거기에는 많은 시체들이 나뒹굴게 된다. 거기에 독수리들이 몰려든다는 것은 그 시체들이 먹잇감이 된다는 사실을 말해주고 있다. 배도에 빠진 자들은 거룩한 성 예루살렘의 언약 성취와 더불어 완전히 파멸하여 그곳에는 시체들로 가득 차게 된다. 세상의 강력한 군대 즉 로마 군인들이 예루살렘으로 몰려들어 그곳을 짓밟고 지배하게 된다는 것이다. 이 사건은 외견상 이스라엘 민족의 패배를 보여주지만 실상은 예루살렘과 성전의 기능이 완전히 성취된 사실을 보여주고 있는 것이다.

제18장

의로운 자와 하나님 나라

(눅18:1-43)

1. 불의한 재판관과 기도에 관한 교훈(눅18:1-8)

예수님께서는 항상 기도해야 한다는 사실을 언급하셨다. 나중 사도 바울 역시 데살로니가 교회에 편지하면서 '쉬지 말고 기도하라'(살전 5:17)고 요구했다. 우리가 기억해야 할 바는 항상 기도하되 '기도'에 대한 올바른 이해를 해야만 한다는 사실이다.

이는 사람들이 일반적으로 생각하는 종교적인 기도를 장려하는 것으로 생각해서는 안 된다. 하나님께서 요구하시는 대로 올바른 기도를 하는 것이 중요하기 때문이다. 종교성을 드러내며 인간적인 욕망을 채우기 위해 하나님께 간구하는 것은 올바른 기도라 할 수 없다. 참된 기도는 어려운 문제에 직면하고 있는 자기에게는 아무런 해결 능력이 없다는 사실을 깨닫고 하나님께 온전히 맡기는 것이어야 한다.

누가복음 본문에서는 예수님께서 항상 기도하고 낙망치 말아야 한다

는 사실을 강조하고 있다. 이는 하나님의 자녀들이 이 세상을 살아가는
것이 결코 쉽지 않다는 사실을 보여준다. 하나님을 경외하는 성도들은
세상에서 어려운 문제를 만나게 될 때 하나님께 의존하여 그에게 간구
하며 그의 도우심을 받아야 한다. 주님께서는 그에 대한 깨달음을 주시
기 위해 한 비유를 들어 말씀하셨다.

어떤 도시에 하나님을 두려워하지 않고 사람들을 무시하는 불의한
재판관이 있었다. 그는 하나님을 두려워하며 정의를 추구해야 할 자기
의 본분을 잊어버린 채 제 맘대로 판결하는 자였다. 그럼에도 불구하고
어떤 어려운 문제에 직면한 사람들은 그에게 재판을 맡기지 않을 수 없
었다.

그 도시에 과부 한 사람이 살고 있었는데 자주 재판관을 찾아가서 자
기 원수에 대한 원한을 풀어달라고 했다. 당시 과부는 대개 사람들로부
터 멸시를 받는 소외된 가난한 여인이었다. 그 재판관은 되풀이하여 찾
아와 도움을 요청하는 그의 요구를 들어주지 않았다. 하지만 끈질기게
찾아오는 그 과부는 그에게 여간 귀찮은 존재가 아니었다.

결국 그 재판관은 생각하기를 자기는 하나님의 율법에 얽매이지 않고
모든 사람들보다 위에 있어서 아쉬울 것이 없었으나 그 과부가 와서 번
거롭게 하기 때문에 귀찮은 마음에 그 문제를 해결해 주고자 했다. 이는
정당성 여부를 떠나 자기 판단에 따라 마음대로 재판하겠다는 의도를
보여주고 있다. 그 요구를 들어주지 않으면 또다시 찾아와 자기를 번거
롭게 하여 자기를 괴롭게 할 것이기 때문이었다.

주님께서는 제자들에게 그 불의한 재판관이 판단한 것을 잘 생각해
보라고 하셨다. 이는 우선 그 과부의 옳고 그름이 재판관의 마음을 움직
인 것이 아니었다. 오직 자기에게 끊임없이 찾아와 문제 해결을 간청하
는 과부가 귀찮아서 그 청원을 들어주었을 뿐이었다.

그런데 예수님께서는 그와 더불어 밤낮 부르짖는 택하신 성도들의 원
한을 하나님께서 풀어주시게 된다는 사실을 말씀하셨다. 그는 지나치게

오랜 시간 동안 침묵하여 참으시지 않고 저들의 기도를 들어주신다는 것이었다. 즉 하나님께서는 자기 자녀들이 당하고 있는 형편과 원한을 속히 풀어주시리라고 하셨다.

우리가 여기서 기억해야 할 바는 그 간구가 원수들에 의하여 당하는 환난과 고통에 연관되어 있다는 사실이다. 하나님의 자녀들은 이 세상에 살아가면서 악한 세력에 속한 대적자들에 의해 끊임없이 고난을 당하게 된다. 하지만 성도들은 그에 대한 해결 능력이 자기에게는 없다는 사실을 깨닫고 있다. 그런 형편에 놓인 성도들은 가만히 있을 것이 아니라 하나님 앞에서 자기의 고통을 드러내놓고 도우심을 간구해야만 한다.

그런데 예수님께서는 인자가 올 때 세상에서 믿음을 보겠느냐는 말씀을 하셨다. 인자가 올 때란 예수님의 십자가 사역과 예루살렘 성전의 모든 역할이 완성되고 보편교회가 세워지는 때와 연관되는 것으로 보인다. 그때가 되면 지상 교회에 속한 성도들이 참된 믿음을 가지고 하나님께 간구하며 오직 그에게만 의존해야 하는데 진정으로 그렇게 하는 자들이 많지 않을 것이란 사실을 말해주고 있다.

예수님께서 말씀하신 이 비유의 요지는 무엇이든지 되풀이해서 하나님을 귀찮게 하며 그에게 간구하면 다 들어주신다는 것이 아니다. 오히려 불의한 재판관도 과부의 간청을 들어주는데 하물며 거룩한 하나님께서 자신의 도움을 간절히 요구하는 자기 자녀들의 기도를 들어주시지 않겠느냐는 것이다. 우리는 여기서 자기 자녀들을 위한 하나님의 깊은 사랑에 관한 교훈을 얻게 된다.

2. 바리새인과 세리의 기도(눅18:9-14)

어리석은 자들은 자기 자신에 대하여 크게 오해하고 있다. 이는 능력적인 측면이나 지식적인 영역을 포함한다. 자기 스스로 유능한 자로 생각한다면 그것은 무능을 입증할 따름이다. 그리고 자기가 무엇을 더 많이 안다고 여기는 것은 아직 제대로 알지 못하고 있음을 드러내고 있는 것과 마찬가지다.

인간관계에 있어서도 역시 그렇다. 마치 자기가 다른 사람들보다 낫다고 여긴다면 그것은 근본적인 착각에 근거한다고 볼 수밖에 없다. 타락한 모든 인간들은 부족하고 제대로 된 지식을 갖추지 못하고 있다. 그리고 인간의 성품과 인격은 다양한 문제점들을 안고 있다. 이에 대한 근본적인 이해가 있을 때 비로소 겸손한 자세를 가지게 된다.

우리가 하나님 앞에서 겸손하다고 하는 것은 단순한 관념이나 정신이 아니라 이웃에 대한 태도에서 드러난다. 즉 교회 가운데서 그 의미가 확증되는 것이다. 만일 하나님 앞에서 겸손하다고 생각하면서 사람들 앞에서 교만한 자세를 가지고 있다면 그것은 단순한 자기감정에 따른 관념일 뿐 진정한 겸손이라 말하기 어렵다. 그와 같은 태도는 하나님 앞에서 교만한 자신의 모습을 드러내는 것이 되기 때문이다.

예수님께서는 스스로 자기를 의로운 자로 믿고 다른 사람들을 멸시하는 자들을 만났다. 그들은 실제로 자기가 매우 겸손한 삶을 살아가는 것으로 착각하고 있었다. 그에 대해서는 그들 개인뿐 아니라 주변의 많은 사람들이 대체로 인정하고 있었을 것이 분명하다. 주님께서는 그런 자들을 향해 구체적인 비유를 들어 말씀하셨다.

각기 다른 배경을 가진 두 사람이 기도하기 위해 예루살렘 성전으로 올라갔다. 한 사람은 바리새인이었으며 다른 한 사람은 세리였다. 그들의 공통점은 언약의 자손인 유대인들로서 기도할 목적을 가지고 하나님의 성전으로 나아갔다는 사실이다. 그들에게는 거짓 기도를 한다거나 잘못된 종교 행위를 하고자 하는 마음이 전혀 없었다.

하지만 그들의 외적인 신분상으로는 상당한 차이가 났다. 바리새인은 일반적으로 매우 훌륭한 종교인으로 평가받고 있었던데 반해 세리는 그렇지 않았다. 당시 세리는 로마제국의 관할 아래 있는 세속적 공직자로서 이스라엘 백성을 늑탈하는 데 참여하는 경우가 많았다. 따라서 사람들은 세리들을 이방인들의 편에 선 부정한 인물로 이해하고 있었다. 예수님께서는 그런 상이한 평가를 받고 있는 두 사람이 성전에 올라가 기도하는 모습을 예로 들어 중요한 메시지를 주시고자 했던 것이다.

바리새인은 하나님 앞에서 기도하며 처음부터 당당한 자세를 취하고 있었다. 그는 자기에게는 올바른 신앙인의 모습만 있을 뿐 더러운 악행의 흔적은 없다고 여겼기 때문이다. 그래서 그는 구별된 모습을 보이며 따로 서서 기도했다.

바리새인은 하나님께 기도하면서 자기가 얼마나 정당한 삶을 살아가는 신앙인인가에 대하여 나열했다. 자기는 다른 사람들의 것을 토색하거나 불의를 행치 않았으며 간음을 행하는 자들처럼 더러운 삶을 살지 않는다는 것이었다. 그리고 저 멀리 서 있는 세리처럼 자기 민족을 착취하는 악행을 저지르지도 않았음을 말했다. 그와 더불어 하나님 앞에서 그와 같은 삶을 살 수 있게 되어 감사하다는 표현을 했다.

또한 그는 종교적인 책무를 다하고 있는 자신의 신앙적인 삶에 대하여 언급했다. 이레에 두 번씩 정기적으로 금식을 하고 있으며 소득의 십일조를 철저히 바친다는 것이었다. 이 말 가운데는 하나님을 위한 자신의 임무를 충성스럽게 감당하고 있다는 점을 드러내 보여주고 있다. 언약의 자손으로서 그 정도의 신실한 삶을 살아갈 수 있는 것으로 인해 크게 만족한다는 태도였다.

그런데 세리의 모습은 전혀 그렇지 않았다. 그는 감히 하나님 앞에 가까이 나아가기를 부담스러워하며 눈을 들어 하늘을 우러러보지도 못한 채 멀리 서서 기도했다. 그 세리는 가슴을 치며 자기는 추악한 죄인이므로 하나님께서 자기를 불쌍히 여겨주시도록 간구했을 따름이다. 하나님 앞에서 자랑할 것이 아무것도 없는 그것이 그가 기도한 내용의 전부였다.

우리가 여기서 기억해야 할 바는 세리가 훌륭한 종교인의 삶을 살면서 그런 식의 겸손한 모습을 보인 것이 아니란 사실이다. 그는 실제로 잘한 행동이 별로 없었다. 앞에서 바리새인의 기도에서 보이는 것처럼 훌륭한 종교인의 삶을 살지 못했다. 따라서 그는 겸손한 자세를 취했던 것이 아니라 실제로 자기의 삶이 어떠했는가 하는 점을 잘 알고 고통스러운 심정으로 하나님의 긍휼을 바라며 기도했던 것이다.

또한 우리가 분명히 깨달아야 할 점은 외견상으로 볼 때 바리새인은 훌륭한 신앙인으로 비쳐졌다는 사실이다. 그에 반해 세리의 삶은 전혀 그렇지 못했다. 따라서 바리새인은 자기가 하나님 앞에서 모든 의무를 다한 좋은 신앙인으로 인식하고 있었는데 반해 세리는 하나님 앞에서 부끄러운 자신의 모습을 볼 수밖에 없었다. 이에 대해서는 다수의 일반 시민들도 그와 동일한 평가를 내렸을 것이 분명하다.

하지만 하나님의 시각은 전혀 그렇지 않았다. 하나님께서는 자랑거리가 많아 보이는 바리새인을 불의한 자로 평가하셨으며 세리를 오히려 의로운 자로 보셨다. 주님의 말씀을 들은 그 두 사람은 모두 엄청난 충격을 받았을 것이 틀림없다. 바리새인은 자기가 불의한 자로 간주될 것을 상상조차 하지 못했을 것이다. 또한 세리는 자기가 의로운 자로 평가받을 것에 대해 전혀 기대하지 않았을 것이다.

주님의 판결을 듣게 된 그들은 그후 각기 집으로 돌아갔다. 바리새인은 아마도 예수님의 평가를 잘못된 것으로 보았을 뿐 아니라 그에 대한 악선전을 하기 시작했을 것이다. 의로운 자기를 불의한 자로 간주하고 불의한 세리를 의로운 자로 간주하는 예수님을 이해할 수 없었기 때문이다. 그에 반해 세리는 자기가 의로운 자로 인정받음으로써 부끄럽고 황송한 마음으로 하나님의 은혜에 감격하지 않을 수 없었을 것이다. 그로 인해 그의 충성스러운 제자가 되었을 것이 분명하다.

예수님께서는 그 비유의 말미에 '무릇 자기를 높이는 자는 낮아지고 자기를 낮추는 자는 높아지리라'(눅18:14)고 말씀하셨다. 이 말씀은 단순한 윤리적 표현이 아니라 진리와 연관되어 있다. 즉 하나님 앞에서 자기를 높이는 자는 하나님에 의해 심판을 받아 멸망을 당하게 되고 하나님 앞에서 자기를 낮추는 자는 하나님에 의해 영원한 구원을 받게 된다는 것이다.

교만한 자들의 특징은 자신의 교만을 전혀 인식하지 못한다는 사실이다. 그들은 도리어 그 교만을 자신의 능력인 양 착각하고 있다. 자신의 교만함을 모르는 자라면 하나님 앞에서 한없이 교만한 자일 수밖에 없다. 하지만 참 겸손한 자들은 자기가 교만하다는 사실을 깨닫게 된다. 이는 그것이 개인의 성향이나 성품에 따른 것이 아니다. 이에 대해서는 오늘날 모든 성도들이 마음속 깊이 새겨두어야 한다.

3. 하나님 나라에 적합한 자(눅18:15-17)

예수님의 범상치 않은 능력이 주변의 많은 사람들에게 알려지게 되었다. 따라서 질병으로 고통당하는 자들은 그의 손길이 자기의 환부를 만져주기를 바랐다. 예수님의 손이 몸이나 의상에 닿기만 해도 상당한 효험이 있는 것으로 믿고 있었기 때문이다. 미신적인 사고로 그와 같은 판단을 하는 자들이 있기도 했지만 그의 명성은 멀리 퍼져나가게 되었다.

한편 부모들 가운데는 예수님이 자기 자녀의 몸을 만져 복을 빌어주기를 바라는 자들이 많았다. 아직 건강을 비롯한 일반적인 문제가 생기지 않은 어릴 때 그렇게 하면 나중에 안전할 것으로 믿었기 때문이다. 그와 같은 태도는 구약성경에서 예언된 메시아로서 예수님이 아니라 미신적인 판단에 근거한 것이었다.

그와 같은 형편 가운데 어떤 사람들이 예수님께서 자기의 어린아기를 만져주기를 바라서 그의 앞으로 나아왔다. 그 광경을 지켜보던 제자들은 분위기를 혼잡게 만드는 그런 행동을 취하는 그 사람들을 엄히 꾸짖었다. 예수님 같이 위대한 분이 어린아기들에게까지 신경쓸 겨를이 없다는 것이었다.

하지만 그것을 지켜보시던 예수님께서는 그 어린아이를 불러 자기 가까이 나아오도록 하셨다. 그는 그 부모들이 아니라 어린아이들을 자기 앞으로 오게 했던 것이다. 그리고는 제자들을 향해 어린아이들이 자기에게 나오는 것을 금하지 말고 용납하라고 명령하셨다. 그와 더불어 하나님 나라가 그런 자들의 것이라는 사실을 언급하셨던 것이다.

예수님께서는 거기 있던 제자들을 향해 누구든지 어린아이와 같이 하나님 나라를 받들지 않는 자는 결단코 그 나라 안으로 들어가지 못하리라고 말씀하셨다. 이는 아이들은 개인의 목적을 추구하며 주관적인 계산을 통해 주님께로 나아오지 않는다는 사실을 말씀하신 것이다. 그들은 순수한 마음으로 주님 앞으로 나아오게 될 따름이다.

어린아이들은 자기에게 아무런 능력이 없다는 사실을 깨닫고 있다. 그들은 부모를 비롯한 어른들의 도움이 없이는 스스로 생존할 수 없으며 위기에 대처할 능력이 없는 자들이다. 이처럼 하나님이 자기를 위한 유일한 의지의 대상이며 오직 그가 모든 위기를 해결해 주실 분임을 알고 믿는 자라야만 하나님 나라의 백성이 될 수 있는 것이다.

4. 영생을 소유한 자의 삶

1) 영생과 재물(눅18:18-22)

종교성이 매우 강한 어떤 관원이 예수님께 질문했다. 그는 예수님을 '선한 선생'으로 칭하면서 자기가 무엇을 해야 영생을 얻게 되겠냐고 물어보았다. 그 사람은 영원한 생명에 관심을 가지고 있었으며 그것을 위해서는 무언가 행해야만 한다는 생각을 가지고 있었다.

그런데 예수님께서는 그의 질문을 듣고 그에 대한 답변을 하시기에 앞서 그의 근본적인 신앙에 관한 지적을 하셨다. 그것은 왜 그가 자기를 '선한 존재'로 일컫느냐는 반문이었다. 이는 하나님 한 분 외에는 선한 분이 존재하지 않는다는 점에 대한 언급이다.

우리는 예수님의 이 말씀을 깊은 주의를 기울여 이해해야만 한다. 자칫 잘못하면 그의 답변에서 예수님 자신이 거룩하지 않은 자로 말한 것처럼 오해할 수 있기 때문이다. 하지만 예수님은 그 관원을 향해 자기가 거룩한 분이 아니라고 말씀하신 것이 아니었다. 그는 하나님의 아들로서 본질적으로 거룩한 분이시기 때문이다.

그럼에도 불구하고 굳이 그렇게 말씀하셨던 까닭은 자기에게 질문한 그 관원의 근본 자세가 잘못되었음을 지적하시기 위해서였다. 그는 예수님을 죄 없는 분이자 완벽한 성자 하나님으로 알고 있었던 것이 아니라 윤리적인 선한 선생 정도로 여겼다. 따라서 예수님께서는 그 답변을 통해서 여호와 하나님이 거룩하듯이 그의 독생자이신 자기도 거룩하다는 사실을 말씀하고자 하셨던 것이다.

그러면서 그는 하나님의 계명에 관한 언급을 하셨다. 이스라엘 백성인 그 관원도 이미 잘 알고 있듯이 성경에 기록된 계명은 간음하지 말라, 살인하지 말라, 도적질하지 말라, 거짓 증거하지 말라, 네 부모를 공경하라고 명한 사실을 언급하셨다.[33] 즉 하나님의 자녀라면 그의 계명을 온전히 지켜 순종하는 것이 근본 도리라는 것이었다. 그러자 그 관원은 그와 같은 계명은 어릴 때부터 지켜 왔음을 고백했다.

그의 말을 들은 예수님께서는 아직 그에게 한 가지 부족한 면이 있다는 사실을 말씀하셨다. 그것은 그가 소유한 재산을 팔아서 가난한 자들에게 나누어주라는 것이었다. 앞에서 언급된 계명이 개인이 지켜야 할 소극적인 것들이라면 예수님께서는 이제 그에게 이웃에 대한 적극적인 사랑을 실천하라고 요구하셨던 것이다.

그렇게 하면 하늘에서 그를 위한 보화가 예비되리라는 말씀을 하셨

---

33) 간음하지 말라, 살인하지 말라, 도적질하지 말라, 거짓 증거하지 말라는 등의 계명은 소극적인 것들이었다. 즉 그런 행위를 하지 않으면 되었다. 이에 반해 네 부모를 공경하라는 계명은 적극적인 실천을 요구하는 내용이었다.

다. 이는 하나님의 자녀들은 이 세상의 것들을 탐하며 획득하기 위한 목적으로 살아갈 것이 아니라 이미 소유한 세상의 것들을 이웃과 나누며 저들을 위해 사용하라는 것이었다. 그렇게 하는 것은 손실이 아니라 영원한 보화를 얻는 소중한 방편이 될 수 있기 때문이다.

예수님께서는 그에게 그와 같은 신앙 자세와 실천이 이루어질 때 비로소 자기를 진정으로 따를 수 있다고 말씀하셨다. 우리는 여기서 세상의 재물에 대한 오해를 할 경우 그것이 도리어 참된 삶을 방해하는 요소가 될 수 있음을 알 수 있다. 물론 그것을 하나님께서 원하시는 대로 올바르게 잘 사용하게 된다면 좋은 일이지만 그렇지 않다면 하나님으로부터 허락되는 진정한 복을 상실하게 될 우려가 따른다.

2) 부자와 천국(눅18:23-30)

영생에 대한 깊은 관심을 가지고 있던 그 관원은 큰 부자였기 때문에 주님의 말씀을 듣고 심히 근심하게 되었다. 당시 그의 재물은 세상에서 부유한 생활을 제공했으나 참된 삶을 위해서는 오히려 방해가 되었을 따름이다. 이처럼 어리석은 자들 가운데는 세상의 재물을 자랑으로 여기며 그것으로써 하나님을 섬기고자 하는 경우가 많다.

하지만 세상을 탐하고 물질에 의지하는 그와 같은 태도를 보이는 것은 온전한 신앙 자세라 말할 수 없다. 하나님에 의해 허락된 물질은 자기 자신과 가족뿐 아니라 주변의 성도들과 어려운 이웃을 위해 적절히 나누는 것이 자연스럽다. 그와 더불어 하나님을 올바르게 섬기기 위해서는 소유한 재물 자체가 아니라 예수 그리스도로 말미암는 진정한 삶의 고백을 통해 이루어져 가게 된다.

그러므로 예수님께서는 그 부자 관원을 향하여 재물이 많은 부자는 하나님 나라에 들어가기 매우 어렵다는 사실을 말씀하셨다. 낙타가 바늘귀로 들어가는 것이 부자가 하나님 나라에 들어가는 것보다 쉽다는 것이었다. 이는 부자가 많은 재물을 끌어안고 있으면 그 덩치가 커져 천국문으로 들어갈 수 없음을 말해주고 있다. 나아가 부자는 일반적으로 더 큰 부자가 되기 위해 애쓸 뿐 아니라 하나님의 뜻에 맞게 그 재물을 사용하는 것이 얼마나 어려운가 하는 점을 드러내 보여주고 있다.

그 자리에서 예수님의 말씀을 듣게 된 사람들은 그렇다면 과연 누가 구원을 얻어 영생을 소유할 수 있겠느냐고 반응했다. 우리가 여기서 알 수 있는 사실은 그것이 유형적인 재물뿐 아니라 무형의 정신적인 측면을 포함하고 있다는 점이다. 그 말을 들은 주님께서는 인간들이 할 수 없는 일을 하나님은 하실 수 있다는 말씀을 하셨다. 이 말은 하나님의 자녀라 할지라도 스스로는 자기의 소유를 이웃을 위해 올바르게 사용하는 것이 어렵지만 하나님의 도우심에 의해 그렇게 할 수 있다는 사실을 말해주고 있다.

예수님의 가르침을 들은 베드로는 제자들을 대표하여 말했다. 그를 따르는 제자들은 가진 모든 것들을 다 버리고 주님을 따르고 있다는 것이었다. 그는 갈릴리 호수에서 고기잡이를 하던 모든 것들을 포기하고 주님을 추종했다. 그처럼 다른 제자들도 자기의 직장을 버리거나 해오던 일들을 포기하고 주님을 따랐던 것이다.

그의 답변을 들으신 예수님께서는 하나님 나라를 위해서는 단순한 재물뿐 아니라 집이나 아내나 형제나 부모나 자식들조차도 버려야 한다는 사실을 말씀하셨다(눅18:29). 이는 앞에 기록된 18장 20절에서 '네 부모를 공경하라'는 명령과 정면으로 배치되는 듯이 보일 수 있다. 하지만 그것은 결코 그렇지는 않다. 하나님의 자녀로서 부모를 공경해야 하는 것은 원리적인 측면에서 볼 때 부모 자신 때문이 아니라 하나님의 계명에 연관되어 있기 때문이다.

하나님에 대한 배도 행위가 없는 상태에서 부모를 공경하지 않는 것은 하나님께 저항하는 무서운 악행이 된다. 하나님 나라의 왕이신 예수 그리스도보다 더 중한 것은 이 세상에 존재하지 않는다. 따라서 하나님의 자녀라면 주님을 위해 자신의 욕망에 연관된 모든 것을 버릴 수 있어야 한다. 그렇게 할 때 이 세상에서 포기한 것보다 훨씬 많은 양을 선물로 받게 되며 다음 세상에서 영생을 얻게 된다.

우리가 여기서 기억해야 할 바는 예수님께서 자기를 온전히 따르는 자들이 이 세상에서 여러 배를 받는다고 말씀하신 것을 물질적인 것에 국한시켜서는 안 된다는 사실이다. 모든 것을 버리고 주님을 따르면 오히려 더욱 큰 어려움에 빠질 수도 있다. 하지만 영적으로는 세상 사람들이 전혀 알지 못하는 큰 것을 받게 되며 죽음 이후에는 영원한 나라에서 하나님께서 제공하시는 영화를 누리게 되는 것이다.

5. 예루살렘과 메시아 처형 예언(눅18:31-34)

예수님께서는 그후 열두 제자들에게 매우 중요한 말씀을 하셨다. 그것은 조만간 예루살렘에서 일어나게 될 십자가 사건과 연관된 것이었다. 이제 자기가 제자들과 함께 예루살렘으로 올라가면 구약성경에서 선지자들이 예언한 바 모든 것들이 인자로 오신 자기에게 응하게 된다고 말씀하셨던 것이다.

예루살렘에 올라가면 인자인 자기는 유대주의자들에 의해 이방인들의 손에 넘겨져 희롱을 받아 심한 능욕을 당하고 침 뱉음을 받게 된다는 것이다. 이는 사악한 유대인들이 그를 로마인들에게 넘겨주어 혹독한 고통을 받는 것에 연관되어 있었다. 로마인들 곧 로마 병정들이 예수님에게 채찍질을 하고 결국은 그를 십자가 위에서 죽이게 된다.

이에 관한 내용은 이미 구약성경에 예언된 바이지만 실제로 그렇게 된다는 것은 제자들에게 여간 충격적인 일이 아닐 수 없었다. 인자로 이 땅에 오신 하나님의 아들이 사악한 인간들에 의해 능욕을 당한다는 것은 결코 있을 수 없는 일이었기 때문이다. 하지만 그와 같은 사건은 반드시 발생해야만 할 일이었다.

예수님께서 십자가에 달려 돌아가시는 것은 하나님의 어린 양으로서 거룩한 제물로 바쳐지는 것을 말해주고 있다. 그것을 통해 하나님의 진노가 누그러뜨려지고 죄에 빠진 자기 백성과 영원한 화해가 이루어지게 된다. 그렇게 함으로써 이땅에 타락한 세상을 심판하는 하나님 나라가 세워지게 되는 것이다.

예수님께서는 그 거룩한 일을 위해 자기가 예루살렘에서 십자가에 달려 돌아가시지만 삼 일 만에 다시 살아나게 될 것을 말씀하셨다. 그의 죽음과 부활은 영원한 승리에 대한 선포가 된다. 사탄에 대한 심판과 승리를 위해서는 반드시 그의 죽음 이후의 부활을 통해 사망을 이기는 놀라운 역사가 일어나야만 하는 것이다.

하지만 예수님의 제자들은 그 말씀을 듣고도 그에 대하여 아무런 깨달음이 없었다. 오순절 성령께서 강림하시기 전의 그들은 성경에 기록된 예언보다는 주관적인 기대와 판단에 의해 자기가 생각하고 싶은 것만 받아들였기 때문이다. 아직 그의 때가 이르지 않았으므로 그 말씀의 의미가 드러나지 않은 채 감추어진 상태로 있었던 것이다.

6. 한 소경의 믿음(눅18:35-43)

예수님과 그의 제자들은 예루살렘으로 올라가기 위해 요단강변 길을 택하셨다. 그들이 여리고성 가까이 이르렀을 때 한 소경이 길가에서 구걸하고 있었다. 그는 앞을 전혀 보지 못하는 상태였지만 예수님에 대하여 익히 들어 알고 있었다. 그는 아직 예수님을 직접 만나거나 본적이 없었으나 그를 하나님의 메시아로 받아들이고 있었던 것이다.

예수님과 그의 제자들이 그 부근을 지나갈 때 무리가 그에게 몰려들었다. 사람들이 부산하게 움직이는 것을 알게 된 그는 주변 사람에게 무슨 일이냐고 물었다. 그러자 그는 저에게 나사렛 예수님이 그곳을 지나가신다고 말해 주었다.

그 말을 들은 소경은 곧장 예수님을 향해 큰 소리로 외쳤다. "다윗의 자손 예수여 나를 불쌍히 여기소서"(눅18:38). 그의 애절한 외침 가운데는 매우 중요한 의미가 담겨있었다. 그가 예수님이 다윗의 자손 곧 이스라엘 왕국에 연관된 하나님 나라의 왕이라는 사실을 외쳤기 때문이다. 두 눈을 뻔히 뜨고도 진실을 모르는 자들 앞에서 눈먼 자가 하나님 나라와 왕이신 그를 선포했던 것이다.

그러자 앞서 예수님과 함께 가던 무리가 그를 꾸짖으며 잠잠하라고 했다. 심한 멸시를 받는 거지인 소경이 감히 예수님을 불러 세우는 것이 합당치 않다는 것이었다. 그러나 그 소경은 더욱 큰 소리로 '다윗의 자손이여 나를 불쌍히 여기소서!'(눅18:39)라고 외쳤다. 그는 두 번의 외침 속에서 예수님이 다윗의 자손으로 오신 참된 왕이라는 사실을 확실히 드러내고 있었던 것이다.

그 소리를 들으신 예수님께서는 가던 길을 멈추시고 그 소경을 자기 앞으로 데려오라고 명하셨다. 모든 사람들이 거부하는 그를 예수님께서 받아들이셨다. 그가 가까이 나아오자 자신이 그에게 무엇을 해 주기를 원하느냐고 물어보셨다. 그러자 그 소경은 망설이지 않고 앞을 보기를 원한다는 말을 했다. 그는 눈을 뜨는 것 자체보다 메시아인 그의 사역이 자기에게 이루어지는 것을 통해 신앙을 확인하고자 했던 것으로 보인다.

그의 소원을 들으신 예수님은 그를 향해 앞을 보라고 하시면서 '네 믿음이 너를 구원하였다'고 말씀하셨다. 그는 눈을 뜨는 것보다 훨씬 큰 것을 선물로 받게 되었던 것이다. 우리는 여기서 먼저 주님이 언급하신 '그의 믿음'이 무엇인지 잘 생각해 보아야 한다. 그것이 과연 소경이 기적을 베푸시는 예수님의 능력 자체를 믿은 것을 두고 하신 말씀인가?

오히려 여기서 언급된 '믿음'은 그와 같은 믿음 이상의 의미를 지니고 있는 것으로 보아야 한다. 그 소경은 자기 앞에 서서 계신 예수님이 다윗의 자손으로 오신 하나님 나라의 왕이라는 사실을 확실하게 믿고 있었다. 따라서 그에게 허락된 구원은 눈을 뜨게 한 기적적인 사건이 아나라 그가 제공하신 영생에 연관된 것이었다.

주님에 의해 눈을 뜨게 되고 구원을 받게 된 그 소경은 하나님께 영광을 돌리며 예수님을 따랐다. 이는 그가 예수님이 성자 하나님이란 사실을 분명히 깨닫고 하나님께 영광을 돌린 것을 의미하고 있다. 그 광경을 지켜본 많은 백성들이 메시아이신 예수님의 놀라운 사역을 보고 하나님을 찬양하게 되었다. 눈 뜬 자들이 예수님을 오해하여 단순한 호기심의 대상으로 여기거나 십자가에 처형해 죽이려는 자들이 많은 데 반해 앞을 보지 못하는 소경이 그를 정확하게 메시아인 왕으로 알아본 것은 하나님의 전적인 은혜로 인한 것이었다.

제19장

삭개오를 만난 후
왕으로서 예루살렘에 입성하신 예수님

(눅19:1-48)

1. 세관장 삭개오와 예수님(눅19:1-10)

예수님께서 요단강변 길을 따라 예루살렘으로 올라가시는 길에 여리고성을 지나가시게 되었다. 그 성읍에는 삭개오라고 하는 세관장이 살고 있었다. 그는 세상적인 지위가 매우 높은 인물이기도 했거니와 큰 부자였다. 그는 앞서 언급된 길가에 앉아 구걸하던 불쌍한 소경(눅18:35)과는 크게 대비되는 인물이었다.

그동안 삭개오는 예수님에 관하여 많은 이야기를 들어왔다. 마침 그가 여리고성을 지나간다는 사실을 알고 어떤 인물인지 직접 보기를 원했다. 하지만 키가 매우 작아서 많은 사람들 틈에서 그를 보기가 쉽지 않았다. 그래서 길 가에 있던 커다란 뽕나무(돌무화과나무)[34] 위로 올라가서 예수님이 지나가는 시간을 기다렸다가 그를 보고자 했다.

우리는 여기서 삭개오에 대한 몇 가지 생각을 해보게 된다. 우선 그는 키가 매우 작았음에도 불구하고 상당한 고위직 공무원이 될 수 있었다. 물론 삭개오는 매우 유능한 인물이었던 것이 분명하다. 이를 보건데 당시 사회적 분위기는 외모로 인한 차별이 그리 크지 않았음을 알 수 있다.

또한 고위 공직자였던 세관장 신분을 가진 인물이 나무 위로 올라간다는 것은 체면상 부담스런 일이 될 수도 있었다. 하지만 예수님을 눈으로 직접 보고자 하는 마음이 간절했던 그는 그런 것에 얽매이지 않았다. 일반적인 경우라면 사회적 지위로 인해 그와 같은 행동을 하기 쉽지 않았을 것이다. 그럼에도 불구하고 그는 주변의 이목에 전혀 신경을 쓰지 않은 채 그렇게 했다.

예수님께서는 그 나무 아래를 지나가시다가 그 위에 올라가 있는 삭개오를 부르셨다. 그는 이미 삭개오의 이름을 알고 계셨으며 그 신분과 개인적인 형편까지 파악하고 계셨다. 이는 그에 대한 예수님의 섭리적 계획이 존재했다는 사실을 말해주고 있다. 그리하여 예수님께서 '삭개오야, 속히 내려오라 내가 오늘 네 집에 유하겠다'(눅19:5)고 말씀하셨던 것이다. 이는 결코 우연히 일어난 일이 아니었음을 증거해 주고 있다.

전혀 예기치 못했던 예수님의 특별한 말씀을 듣게 된 삭개오는 급히 나무에서 내려왔다. 그리고 즐거운 마음으로 예수님을 자기 집으로 영접했다. 삭개오는 그 일로 인해 마음이 들떠 매우 기뻤으나 주변 사람들의 시선은 따가웠다. 물론 그 시선은 세관장의 집에 들어가 그와 더불어

34) 누가복음19:4 본문에 언급된 '뽕나무'는 사람들이 일반적으로 생각하는 뽕나무가 아니라 '돌무화과나무'(sycomore tree: KJV, NIV, NASB)로 보아야 한다. 그에 반해 누가복음17:6의 뽕나무는 우리가 생각하는 '뽕나무'(mulberry tree: NIV, NASB) 혹은 '뽕나무의 한 종류'(sycamine tree: KJV)로 이해할 수 있다.

교제를 나누는 예수님이 이해가 되지 않았기 때문이다.

그러므로 거기 모여 있던 사람들은 그 광경을 지켜보며 웅성거리기 시작했다. 예수님이 죄인의 집에 유하기 위해 들어갔다는 것이었다. 예수님은 그동안 가난하고 병들고 소외된 자들의 친구가 된다는 이야기를 들어온 터에 당시 죄인으로 간주되던 세리들의 수장인 세관장의 집으로 가서 머문다는 것은 의아심을 자아내기에 충분했다.

예수님은 물론 삭개오도 주변 사람들이 그 광경을 지켜보며 무슨 생각을 하고 있는지 잘 알고 있었을 것이 틀림없다. 따라서 그는 예수님께서 시키지도 않은 말을 꺼냈다. 자기의 소유 가운데 절반을 가난한 자들에게 나누어주겠다는 것이었다. 그것은 순간적인 판단에 근거했으나 파격적인 일이 아닐 수 없었다.

그리고 삭개오는 자기는 다른 세리들과 달리 일반 백성들의 재물을 착취하지 않았음을 말했다. 만일 자기가 남의 것을 토색한 일이 있다면 네 배나 더해 갚아 주리라고 했다. 이는 그가 공직을 행하면서 그와 같은 악행을 저지르지 않았음을 말해주고 있다.

세관장 삭개오는 일반 사람들의 눈에 나쁜 관리로 비쳐졌을지라도 당시 사회에서 나름대로 성실하게 살고자 애썼던 것이 분명하다. 물론 이 말은 하나님의 율법이 아니라 당시 로마제국과 연관된 일반법과 윤리적인 관점에 근거해 그렇다는 의미로 받아들여야 한다. 즉 그는 언약의 백성들이 소유한 성경의 가르침에 근거하여 모세 율법에 맞추어 도리를 다했다는 의미와는 달랐던 것이다.

예수님께서는 삭개오가 한 말을 듣고, '오늘 구원이 이 집에 이르렀으니 이 사람도 아브라함의 자손임이로다'(눅19:9)라고 말씀하셨다. 우리는 여기서 주님의 시각은 일반 백성의 시각과 완전히 달랐음을 알 수 있다. 모든 사람들이 악한 자로 간주한다고 할지라도 주님 보시기에 그렇지 않은 자들이 있는 것이다.

그 말씀을 하신 후 예수님께서는 거기 모인 사람들을 향해 '인자가 온 것은 잃어버린 자를 찾아 구원하려 함이니라'(눅19:10)고 하셨다. 이는 메시아가 이 세상에 오신 주된 목적은 가난하고 병들고 얽매인 자들에게 새로운 삶을 제공하는 것 자체가 아님을 말해주고 있다. 그가 오신 목적은 자기 자녀들을 사탄의 세력으로부터 구출해내는 것이었다. 따라서 그는 그 자리에서 이땅에 자기가 메시아로 온 목적이 창세 전부터 하나님께 속한 자들 가운데 잃어버린 자들을 찾아 구원하기 위한 것임을 선포하셨던 것이다.

2. 출타한 주인이 여러 종들에게 맡긴 '므나' 비유(눅19:11-27)

예수님께서는 거기 모인 사람들에게 비유를 들어 또 다른 교훈을 말씀하셨다. 이는 그가 십자가 사역을 앞두고 예루살렘에 가까이 오신 것과 다수의 백성들이 하나님 나라가 당장 임하여 세상의 왕국들 위에 군림하게 될 줄 생각하고 있었기 때문이다. 즉 그들은 세상의 최종적인 종말이 눈앞에 바짝 임박한 것으로 여겼던 것이다.

이 비유는 어떤 존귀한 자가 왕권을 받아오기 위해 먼 나라로 가게 되었다는 사실과 더불어 시작되었다. 그는 구체적인 심판을 행사하는 통치권을 소유할 인물이었다. 그 존귀한 사람은 먼 나라로 떠나면서 열 명의 종들을 불러 모았다. 그들 각자에게 한 므나(mina) 35) 씩을 나누어 주면서 자기가 돌아올 때까지 그 돈으로 장사하라는 당부를 했다. 그것은

---

35) 영어성경 KJV에서는 므나(mina)를 파운드(pound)로 번역해 기록하고 있다. 하지만 한 므나는 단순한 동전 한 닢 정도가 아니라 매우 큰 돈이다. 당시의 화폐 체제를 볼 때 한 므나는 100데나리온에 해당되는 액수라고 한다. 한 데나리온이 노동자의 하루 일당에 해당된다면 한 므나는 노동자의 100일 급료치와 같다(아가페 성경, 누가복음19:13 해설, 참조). 현재 우리나라 노동자의 평균 일당을 10만원으로 본다면 1,000만 원정도 되는 액수이다. 우리가 고대의 화폐를 오늘날의 가치로 정확하게 환산하기는 어렵지만 본문에 언급된 한 므나가 큰 액수라는 사실은 분명하다. 그것을 밑천으로 장사하라고 한 점에서 그점을 더욱 분명히 알 수 있다.

동전 한 닢 정도의 소액이 아니라 그것을 밑천으로 장사할 만한 정도의
액수였다. 이는 자신의 일을 위임하는 성격을 지니고 있다.

그런데 한편에서는 큰 문제가 발생했다. 많은 백성들이 그가 왕권을
가지고 돌아오는 것을 싫어했기 때문이다. 그들은 암암리에 다른 사절
을 그 뒤에 따라 보내면서 백성들이 그가 왕이 되는 것을 원하지 않는다
는 말을 전했다. 그럼에도 불구하고 통치권을 부여할 수 있는 권한을 가
진 나라에서는 저에게 왕위를 허락했으며 결국 그가 왕이 되었다.

왕위에 오른 그 존귀한 사람은 위엄을 갖추고 자기가 통치할 나라로
되돌아왔다. 그는 돈을 맡긴 종들이 각각 어떻게 장사하여 이득을 남겼
는지 알아보고자 했다. 그리하여 열 명의 종들에게 각기 어떤 결실을 남
겼는지 물었다.

그러자 첫 번째 종이 앞으로 나와 자기는 한 므나로 장사하여 열 므나
를 남겼다고 대답했다. 그 말을 들은 왕은 그를 보고 착한 종으로서 잘
했다고 칭찬했다. 그리고 그 종이 지극히 작은 일에 충성했으므로 열 고
을을 다스리는 권세를 맡겼다. 또한 두 번째 종은 자기가 한 므나로 다
섯 므나를 만들었다고 했다. 그 말을 들은 왕은 그에게 다섯 고을을 통
치하는 권세를 주었다.

그후 한 종은 자기가 받은 한 므나를 수건에 싸두었다가 왕 앞에 그대
로 내어 보였다. 그와 같이 한 것은 왕이 되어 돌아온 그 주인이 엄격한
사람인 줄 알고 무서워했기 때문에 맡긴 그대로 보관했다고 했다. 자기
의 주인이 엄청난 능력을 가지고 있으므로 자기가 굳이 장사하지 않아
도 그 스스로 많은 것을 거둘 줄 알고 있었다고 핑계를 댔다. 그는 주인
이 요구한 장사를 하지 않고 불순종하면서도 자기가 그렇게 한 것이 주
인의 능력을 믿었기 때문이라는 억지 변명을 늘어놓았다.

그 종은 주인이 없는 틈을 타 게으름을 피우며 안일하게 지냈다. 그가
왕이 되어 돌아와 결산할 것을 생각하지 않았던 것이다. 그와 같이 한
므나 그대로 내놓으면서 변명하는 종의 말을 들은 왕은 자기의 명에 불

순종한 그를 악한 종으로 칭하며 크게 분노했다. 얼토당토않은 그 변명
은 불순종과 더불어 저의 게으름을 드러내는 것에 지나지 않았다. 왕은
그를 향해 정말 그의 말대로 탁월한 능력자인 자기가 그러기를 바랐다
면 그 돈을 은행에 맡겨두어 이자를 받는 것이 훨씬 이익이 된다는 말을
했다.

왕은 주인이 눈에 보이지 않는다고 안일한 삶을 산 그 악한 종을 향해
말씀을 마치신 후 곁에 있는 신하들에게 명령을 내렸다. 저가 가지고 있
는 한 므나를 빼앗아 열 므나를 남긴 자에게 주라고 명령했던 것이다.
그러자 왕의 명령을 들은 신하들은 그에게 이미 열 므나가 있기 때문에
그것으로 충분한 것 같다는 식으로 답변했다.

그러자 신하들의 답변을 들은 왕은 결론적인 말씀을 하셨다. 무릇 있
는 자는 더 많이 받게 될 것이며 없는 자는 그 있는 것마저 빼앗기게 되
리라는 것이었다. 그와 더불어 오래 전 자기가 왕으로서 통치하는 것을
원치 않아 원래의 권위를 가진 나라에 사절을 보내 자기의 왕위를 거부
했던 그 원수들을 끌어내라고 명했다. 그리고는 자기 앞에서 그 악한 자
들을 죽이라고 명령했다.

우리는 이 비유의 말씀을 주의 깊게 잘 이해해야 한다. 주인은 종들에
게 동일한 액수인 한 므나씩을 나누어 주고 자기가 왕이 되어 돌아올 때
까지 장사하도록 했다. 우리는 먼저 장사를 어떻게 해야 하는지 잘 이해
해야 할 필요가 있다. 장사는 그냥 열심히 일하면 되는 것이 아니라 시
장 분석 곧 세상의 경제적 시세와 사람들의 경향성을 잘 분석해야 한다.
그리고 최선을 다해 부지런히 일해야 하고 게으르지 말아야 한다.

예수님께서는 여기서 자기가 십자가를 지고 처형되었다가 부활 승천
하신 후 때가 이르면 영원한 왕으로 다시금 재림하실 것에 대한 사실을
비유로 말씀하셨다. 이는 이 세상에 귀중한 분으로 오신 주님께서 세상
을 잠시 떠나 천상으로 올라가실 때 자기의 종들에게 제각각 중요한 일
들을 맡기시게 된다는 것에 연관되어 있다. 따라서 예수님께서는 십자

가 사역 후 부활 승천하시기 전 각 성도들에게 복음 선포와 더불어 중요한 사명을 맡기셨다.

　이땅에 교회를 이루고 살아가는 성도들은 이점을 명확하게 이해하지 않으면 안 된다. 세상에 살아가면서 시대적 환경을 정확하게 파악하는 가운데 맡겨진 사명을 감당해야 한다. 하나님께서 각자에게 맡기신 사명을 다하는 가운데 순종하는 삶을 살아가야만 하는 것이다. 잠시 눈에 보이지 않는다고 해서 왕으로 오실 그의 재림이 없을 것처럼 여기며 게으른 자들은 그가 오실 때 당혹감을 감추지 못할 것이다.

　나중에 그가 세상을 최종 심판하는 권세를 가진 만왕의 왕으로 오시게 되면 모든 것을 결산하신다. 그때 그의 말씀에 온전히 순종하여 맡은 바 일을 성실하게 감당한 자들은 큰 칭찬을 듣고 더 많은 것을 얻게 된다. 그에 반해 하나님께 모든 것을 맡기는 듯 주장하지만 실제로는 불순종하며 세상에서 제멋대로 살아간 자들은 하나님의 요구를 거절한 악한 자로 무서운 심판을 받을 수밖에 없다. 그런 자들은 예수님이 무한한 권한을 가진 왕으로 오시는 것을 싫어하는 자들이다.

　그러므로 예수님의 십자가 사역과 그의 부활 승천을 거부하며 왕권을 가지고 재림하시는 주님을 거부하는 자들은 무서운 심판을 피할 수 없다. 그들은 자기의 욕망을 이루는 일에 충실할 뿐 예수님의 명령에 불순종하며 그가 영원한 왕위에 올라 다시금 오시는 것을 원하지 않는다. 주님께서는 '므나 비유'를 통해 장차 자기가 영원한 왕권을 가지고 돌아와 결산할 때 그와 같은 일이 발생하리라는 사실을 예언적으로 말씀하셨던 것이다.

3. 나귀 새끼를 타고 가신 천상의 왕(눅19:28-40)

　예수님께서는 그 말씀을 마치신 후 제자들과 함께 예루살렘을 향해 올라가셨다. 그들이 감람산 기슭에 있는 벳바게와 베다니 부근에 이르렀을 때 제자들 가운데 두 명을 따로 부르셨다. 그들에게 매우 중요한 직무를 맡기기 위해서였다.

예수님은 그들을 향해 맞은편 마을로 가라고 명하셨다. 그곳에 가면 아직 아무도 타보지 않은 나귀 새끼가 매여 있는 것을 보게 되리라는 것이었다. 그 나귀를 보면 매인 끈을 풀어 자기에게 몰고 오라는 말씀을 하셨다. 그런데 예수님께서는 그 나귀 새끼의 주인을 알아본 후 돈을 주고 사 오라는 것이 아니라 그냥 끌고 오라고 말씀하셨다.

일반 상식으로 생각해 볼 때 나귀 새끼가 필요하면 돈을 주고 사거나 최소한 형편을 설명하고 주인의 양해를 구하는 것이 근본적인 도리이다. 하지만 예수님께서는 그렇게 하라고 하시지 않았다. 오히려 만일 누군가 저들에게 왜 말뚝에 매여 있는 끈을 풀고 남의 나귀 새끼를 끌고 가느냐고 묻거든 주님이 쓰시겠다는 말을 하라고 했다. 그러면 아무 말을 하지 않고 끌고 가도록 허락하리라는 것이었다.

예수님의 명을 받은 두 제자들은 그 말씀대로 따라 행했다. 그들이 맞은편 마을로 들어가자 그곳에 매여 있는 나귀 새끼를 보게 되었다. 그 제자들은 예수님께서 말씀하신 대로 그 나귀 새끼를 매어둔 끈을 풀어 끌고 가고자 했다.

그러자 나귀 새끼의 주인인 가족들이 나와서 왜 그러느냐고 물었다. 물론 그들은 예수님이 가르쳐 주신 대로 주님께서 쓰시려고 한다는 말을 했다. 그 나귀의 주인은 제자들의 설명을 들은 후 더 이상 그렇게 하지 못하도록 가로막지 않았다.

그런데 어떻게 그와 같은 일이 가능했을까? 아마도 그 나귀의 주인은 제자들에게 더 구체적인 질문을 했을 것이다. 자기가 주인인데 자기 말고 누가 또 그 나귀 새끼의 주인이냐고 물었을 것으로 보인다. 그 질문을 들은 제자들은 주님 되시는 예수님께서 쓰신다는 답변을 했을 것이다. 그러자 본래 주인은 예수님이 곧 그 나귀 새끼의 원주인이라는 사실을 인정했을 것이 분명하다.

우리가 여기서 알 수 있는 사실은 나귀 새끼의 원주인이 하나님의 아들인 예수 그리스도께서 만물의 주인이라는 사실을 깨닫고 있었을 것이란 점이다. 따라서 그가 그 나귀 새끼의 주인이 된다는 점을 인정했던 것이다. 그리하여 그 나귀 새끼의 주인이신 예수님이 가져가시는 것에 대하여 아무런 저항을 하지 않았다. 그 나귀는 외견상 개인의 소유였지만 하나님께서 특별히 예비해 두셨던 것이 틀림없다.

제자들은 그 나귀 새끼를 감람산에 계시는 예수님 앞으로 끌고 왔다. 그러자 얼마 지나지 않아 그를 따르던 사람들이 자기의 겉옷을 벗어 그 나귀의 등에 걸쳐놓고 예수님으로 하여금 그 위에 타시도록 했다. 그리고 나귀 새끼를 탄 예수님께서 가시게 될 길 앞에는 수많은 사람들이 자기의 겉옷을 벗어 길 위에 펼쳐두었다.

나귀 새끼의 등에 올라타신 예수님께서는 감람산으로부터 내려가시게 되었다. 그러자 그를 뒤따르던 제자들의 큰 무리가 그의 특별한 능력의 모든 과정을 보았으므로 기쁨에 넘쳐 큰 소리로 하나님을 찬양했다. 이는 오래전 구약성경 스가랴서에 예언된 말씀이 역사적으로 성취된 것이다.

> "시온의 딸아 크게 기뻐할찌어다 예루살렘의 딸아 즐거이 부를찌어다 보라 네 왕이 네게 임하나니 그는 공의로우며 구원을 베풀며 겸손하여서 나귀를 타나니 나귀의 작은 것 곧 나귀새끼니라"(슥9:9)

그 자리에 모여 있던 백성들은 '찬송하리로다 주의 이름으로 오시는 왕이여 하늘에는 평화요 가장 높은 곳에는 영광이로다'(눅19:38)라고 노래하며 큰 소리로 외쳤다. 우리는 여기서 이때 일어난 사건에 대한 분명한 이해를 해야만 한다. 예수님께서 나귀 새끼를 타고 예루살렘에 들어간 것은 왕의 입성을 의미하고 있다.

세상의 권세를 가진 왕들이라면 금빛 나는 값비싼 안장이 놓인 백마를 타거나 번득이는 쌍두마차를 타고 큰 성에 입성하며 그 길에는 화려한 양탄자가 깔리게 된다. 그러나 만왕의 왕이신 예수님께서는 사람들의 눈에 하잘것없이 보이는 나귀 새끼를 타고 군중의 겉옷을 안장으로 삼고 양탄자 대신 백성들의 낡은 겉옷 위를 지나가셨다. 보통 사람들은 그 광경을 지켜보며 그가 하나님께서 보내신 왕이란 사실을 몰랐지만 구약의 예언을 기억하는 사람들은 그의 신분을 명확하게 알 수 있었다.

연도에 늘어선 많은 사람들이 예수님을 향해 '주의 이름으로 오시는 왕'으로 크게 외친 것은 매우 위험한 사건이었다. 이는 당시 유대 왕국의 헤롯 분봉왕에 대한 직접적인 반란 행위이자 로마 황제에 대한 저항이 될 수 있었기 때문이다. 이미 왕이 존재하는 터에 그가 또 다른 왕으로서 예루살렘에 입성하는 것이나 로마 황제의 재가 없이 스스로 왕이라고 주장하며 그 성에 입성하는 것은 여간 심각한 문제가 아니었다.

그러므로 거기 있던 바리새인들은 예수님께 그와 같은 방식으로 저에게 왕이라고 외쳐대는 제자들을 책망하도록 요구했다. 아무런 조치를 취하지 않고 그냥 내버려 둔다면 무엇보다 예수님 자신이 반란의 괴수가 될 수밖에 없다는 것이다. 그것은 로마제국의 법에 따라 최고형을 받게 되는 두려운 범죄행위가 될 수 있었다. 물론 예수님께서는 그들이 생각하는 것처럼 세상의 왕이 되려는 것은 아니었으나 그 상황은 충분히 위험을 느낄 만한 여건을 동반하고 있었다.

그러나 예수님께서는 저들에게 제자들을 비롯한 연도에 늘어선 백성들의 외침이 옳다고 언급하셨다. 그는 하나님의 아들로서 바로 그 일을 감당하기 위해 이땅에 메시아로 오셨기 때문이다. 그러므로 바리새인들의 요구를 들으신 예수님은 만일 그 사람들이 잠잠하여 그에 대한 사실을 외치지 않는다면 말 못하는 바위와 굴러다니는 돌들이 소리지르리라고 말씀하셨다. 이는 백성들이 하나님의 이름을 찬양하며 자기를 왕으로 외치면서 하늘의 평화와 영광을 노래하는 것이 지극히 당연하다는 사실을 말해주고 있다.

4. 예루살렘을 향한 주님의 탄식 (눅19:41-44)

예수님께서는 예루살렘 성 가까이 이르시자 그 성을 바라보고 눈물을 흘리며 우셨다. 이는 하나님의 거룩한 도성이 그 역할을 제대로 하지 못했던 것과 연관되어 있었다. 그리고 언약의 백성이라 주장하는 자들이 예루살렘 성의 진정한 존재 의미를 알지 못한 채 장차 일어날 사건에 대하여 무지한 상태였기 때문이다.

따라서 예수님은 그 성을 향해 '오늘날 너에게 참된 평화를 가져다주는 것이 무엇인지 네가 알았더라면 좋았겠으나 지금 그 길이 너에게는 숨겨져 있구나'(눅19:42)라고 말씀하셨다. 당시 배도자들은 '평화의 도성' 예루살렘을 건립하신 하나님의 뜻과 그 평화를 위해 하나님께서 이 땅에 예수 그리스도를 보낸 사실을 전혀 깨닫지 못하고 있었다. 그 성읍이 백성들의 배도로 말미암아 진정한 역할을 하지 못했던 것이다.

그로 말미암은 결과는 그동안 위용을 과시해오던 성이 오히려 외부 세력에 의해 패망당하는 것이었다. 장차 때가 이르면 이방인들의 군대가 토성을 높이 쌓고 성읍을 사면으로 에워싸게 된다. 그리고 이방 군인들이 성 안으로 침입하여 백성들을 잔인하게 살해한다. 나아가 그들의 어린 자식들도 땅에 메어침을 당해 끔찍한 죽임을 당하게 된다.

결국 그 성읍의 중심에 자리잡고 있던 거룩한 성전도 완전히 파괴된다. 돌로 지어진 성전이 부수어지고 그 안에 있던 거룩한 기물들도 불타버린다. 성전을 위해 사용된 돌들은 다 무너져 돌 하나도 돌 위에 남아 있지 않게 된다. 그렇게 되면 그 백성들은 살아온 터전을 잃게 되어 뿔뿔이 흩어지는 비참한 처지에 놓이게 될 수밖에 없다.

그럼에도 불구하고 배도자들은 그에 대한 인식이 전혀 없었다. 그들은 하나님께서 저들을 위해 예비하신 메시아에 대한 관심이 없고 그의 때를 알지 못했기 때문이다. 예수님께서는 어리석은 백성들이 그와 같은 끔찍한 상황을 목전에 두고도 그에 대한 인식이 없는 것을 보시며 안타까워하신 것이다.

이 사건은 나중 예수님의 십자가 사역 및 부활 승천과 더불어 오순절 성령께서 강림하신 후에 일어났다. 그때로부터 40년이 지난 AD70년 티투스(Titus) 장군이 이끈 로마 군대에 의해 예루살렘과 거룩한 성전은 완전히 파괴되었다. 그것은 거룩한 성전에 대한 초기 예언에 해당되는 아브라함이 이삭을 바친 모리아산 언약과 다윗, 솔로몬 시대 그 자리에 예루살렘 성전이 건립된 모든 의미가 성취된 것을 의미하고 있다. 그와 더불어 아브라함을 불러 친히 조성하신 언약의 자손들에게 허락된 모든 역할이 완성되었다.

하지만 외형적으로는 이스라엘 민족이 외세에 의해 완전히 패망하게 되었다. 그들은 수천 년 동안 지켜오던 약속의 땅과 예루살렘 성전을 잃게 되었던 것이다. 로마 군대가 예루살렘 성읍을 점령했을 때 남은 유대인 병사들이 사해 부근의 마사다(Masada)로 가서 항전하며 버티어 보지만 결국 AD73년에는 완전히 패망당할 수밖에 없었다.

예수님께서 예루살렘 가까이 이르렀을 때 그 성을 보시고 눈물을 흘리며 우셨던 이유는 바로 거기 있었다. 장차 발생하게 될 그 끔찍한 사건을 생각한다면 그들은 돌이켜 회개하면서 하나님께 돌아와야만 했다. 하지만 그에 대한 아무런 인식 없이 헛된 생각을 하며 살아가던 자들은 더욱 심한 배도에 빠져 하나님과 그의 독생자 예수 그리스도를 강하게 부인하고 그를 죽음에 내어주려 했던 것이다.

5. 성전을 정화하시는 성전의 참 주인(눅19:45-48)

예수님께서는 많은 백성들과 함께 예루살렘 성 안으로 들어가셨다. 그가 목표로 삼고 있는 곳은 하나님의 성전이었다. 당시 성전은 배도에 빠진 유대인들에 의해 장악당하고 있는 상태였다. 왕으로 입성하신 메시아인 그는 그 성전을 회복하고자 하셨다. 그것을 위해 그가 이제 성전 안으로 들어서셨던 것이다.

그 성전 안에서는 장사하는 사람들이 많이 있었다. 그들은 거기서 소와 양과 비둘기를 팔고 돈을 바꾸어주는 일을 하고 있었다(마21:12; 요 2:14, 참조). 그 사람들은 우리가 일반적으로 생각하는 잡상인들이 아니었다. 그들은 성전 종사자들이었으며 공적인 직무에 연관된 자들이었다.

당시 유월절을 앞두고 이스라엘 지경뿐 아니라 세계 여러 지역들에 거주하는 유대인들이 예루살렘을 찾았다. 그들은 하나님의 성전에서 제물을 바치고 돈을 바치고자 했다. 거룩한 성전에 바쳐지는 동물은 조건에 맞아야 하고 흠이 없어야 했다. 그 사람들이 자기의 고향에서부터 그런 동물들을 끌고 오는 것은 불가능한 일이었다.

그러므로 그들은 예루살렘에 와서 시장을 찾아 돈을 주고 제단에 바칠 동물을 사야만 했다. 하지만 흠이 없고 조건에 맞는 동물을 찾는 것은 그리 쉽지 않은 일이었다. 설령 가장 좋아 보이는 동물을 샀다고 할지라도 성전에 가면 다시금 제사장들의 철저한 검사와 더불어 인증을 받아야 하는 과정이 남아 있었다. 만일 성전에 가지고 간 동물이 부적합 판정을 받는다면 여간 난처한 일이 아닐 수 없었다.

따라서 성전 안에서 공적으로 확증된 동물을 산다면 가장 안전한 일이었다. 이처럼 성전 내부에 제물로 바쳐지기에 부적합한 동물이 들어오지 않기 위해서라도 그렇게 하는 것은 바람직한 일로 볼 수 있었다. 돈을 바꾸는 행위 역시 마찬가지다. 멀리 외국에서 온 유대인들은 로마 화폐인 데나리온(denarius)이나 헬라 화폐인 드라크마(drachma)를 가지고 와서 유대인들의 화폐인 세겔(shekel)로 바꾸어 성전에 바쳐야만 했다.

그와 같은 상황에서 많은 백성들은 성전 종사자들이 성전 안에서 양과 소와 비둘기 등 동물을 파는 상행위와 돈을 바꾸는 것을 부당한 일로 보지 않았다. 어쩌면 그것이 성전을 찾는 사람들을 위한 공적인 봉사행위로 보기도 했을 것이다. 나아가 당시 예루살렘 성전이 확장 건축 중에 있어서 상당한 돈이 필요했으므로 그것이 재원을 마련하는 수단이 되는 것을 나쁘게 보지 않았다.

그러나 예수님은 이기적인 목적을 지닌 저들의 종교 행위가 하나님을 떠난 악한 것이란 사실을 지적하셨다. 그는 거룩한 성전을 자기의 집으로 묘사했다. 거기에는 자기가 하나님의 아들 메시아라는 사실을 선포하는 의미가 내포되어 있었다. 그래서 '내 집은 만민의 기도하는 집이라'(눅19:46; 마21:13)고 말씀하셨다. 이는 성전이 여호와 하나님을 만날 수 있는 유일한 통로가 된다는 의미를 지니고 있다.

그런데 배도에 빠진 유대주의자들이 거룩한 성전을 인간들의 종교적 욕망을 추구하는 곳으로 바꾸어 강도의 소굴로 만들었다고 하셨다. 하나님의 성전은 오직 하나님을 위한 영역일 뿐 인간들을 위한 곳으로 바꾸어서는 안 된다. 그럼에도 불구하고 악한 자들은 하나님의 이름을 핑계대며 자신의 욕망을 추구하기에 급급했다.

이는 오늘날 우리 시대 타락한 기독교를 떠올리게 한다. 하나님의 몸 된 교회는 오직 하나님을 위한 영역이다. 만일 누군가 교회를 인간들의 종교적인 목적을 위해 이용한다면 그곳은 강도의 소굴이 될 것이며 그에 참여하는 자들은 하나님의 것과 그의 백성들의 것을 가로채는 종교적인 강도에 지나지 않는다. 우리는 예수님 당시나 현대에도 그와 같은 강도질을 하는 자들이 어린 교인들에게는 거룩한 자로 비쳐질 수 있다는 사실을 기억해야 한다.

당시 예수님께서는 성전에서 장사하는 자들을 내쫓는 일을 하신 후부터 날마다 성전에서 백성들을 가르치셨다. 그는 구약성경의 내용을 통해 자기가 인간의 몸을 입고 이 세상에 오신 메시아라는 사실과 그에 연관된 내용을 중심으로 하여 가르쳤을 것이다. 하나님의 말씀을 받아들이는 자들은 그의 가르침에 귀를 기울였다.

하지만 사악한 종교지도자들은 예수님을 못마땅하게 여겨 죽이려고 모의했다. 대제사장과 서기관을 비롯한 백성의 지도자들은 저들의 종교적인 목적에 방해가 된다고 판단한 그를 그냥 두려고 하지 않았다. 그러나 당시 많은 백성들이 예수님의 가르침에 귀를 기울이고 경청하며 따랐기 때문에 적절한 방책을 찾는 것이 쉽지 않았다. 예수님께서는 예루살렘 성에 왕으로 입성하셨으나 그의 앞에는 심각한 문제들이 기다리고 있었던 것이다.

제20장

그리스도의 정체성과 그의 사역 및 부활 소망

(눅20:1-47)

1. 성전에서 가르치시는 예수님과 배도자들(눅20:1-8)

예수님께서는 성전에서 백성들에게 가르침을 베풀며 복음을 전하셨다. 거기 모여 있던 많은 사람들은 그의 가르침을 귀담아듣고 마음속에 받아들였다. 하지만 주변에는 그에 대하여 강한 거부감을 가지고 경계하는 배도에 빠진 자들이 상당수 있었다.

그때 기득권층에 속한 대제사장들과 서기관들과 장로들이 예수님 앞으로 나아왔다. 그 사람들은 개인적인 판단에 따라 온 것이 아니라 공적으로 파송받은 자들이었다. 그들은 예수님을 향해 무슨 권세로 그와 같은 일을 행하며 그 권세를 준 이가 누구인지 답변하도록 재촉했다. 그 사람들은 예수님이 적법한 자격을 가지고 백성을 가르치는 것이 아니라 임의로 그렇게 한다고 여겼던 것이다.

그들의 질문을 들은 예수님께서는 도리어 그들에게 물었다. 그것은 요한의 세례가 하늘로부터 온 것으로 믿는지 아니면 사람으로 말미암았다고 생각하는지에 대한 것이었다. 요한의 요단강 사역과 더불어 확증된 내용은 예수님의 공 사역에 연관된 매우 중요한 역할을 한 것으로 이해할 수 있다. 예수님께서 랍비 곧 공적인 교사로 인정받은 것은 세례 요한의 증거와 밀접하게 연결되어 있었기 때문이다.

그러므로 거기 있던 종교지도자들은 예수님의 질문에 답변하기 어려웠다. 따라서 그들은 서로 의논하지 않을 수 없었다. 만일 요한의 세례가 하늘로부터 온 것이라고 말하면 어찌하여 그의 증거를 믿지 않느냐고 할 것이 분명했다. 한편 만일 그의 세례가 사람들로 말미암은 것이라고 한다면 온 백성이 요한을 하나님의 선지자로 인정하고 있었으므로 그것을 부인하는 저들을 돌로 칠지도 모를 일이었다.

그러므로 그 종교인들은 결국 요한의 세례가 어디로부터 온 것인지 모른다는 애매모호한 답변을 내어놓았다. 그것은 당황스러운 상황을 잠시 모면하고자 하는 태도에 지나지 않았다. 그들 역시 요한을 하나님의 선지자로 여기고 있었을 가능성이 컸기 때문이다.

그들의 답변을 들은 예수님께서는 그들의 사악한 태도를 보시며 그에 적절한 지혜로운 대답을 하셨다. 자기도 무슨 권세로 그와 같은 일을 하는지 저들에게 말해주지 않으리라는 것이었다. 이는 부당한 질문을 통해 예수님을 궁지로 몰아가고자 하는 저들의 생각을 아시고 그와 같이 대처하셨던 것이다.

2. 포도원 주인과 농부 비유(눅20:9-16)

예수님께서는 또한 거기 모인 백성들을 향해 한 비유를 들어 말씀하셨다. 한 사람이 포도원을 만들어 농부들에게 세를 주고 멀리 외국으로 갔다. 그는 오랫동안 외국에 머물면서도, 본국에서 세를 준 포도원에서 일하는 여러 농부들과 거기서 거두어들인 소출에 대한 관심을 가지고 있었다.

때가 되어 주인은 포도원의 소출 가운데 약속된 분량을 받기 위해 자기의 종을 농부들에게 보냈다. 그런데 예기치 못한 엉뚱한 문제가 발생하게 되었다. 포도원을 맡아 일하는 그 농부들이 소출의 일부를 주인에게 돌려주기는커녕 도리어 그 종을 매우 심하게 폭행하고 빈손으로 돌려보냈다.

그런 일이 있은 후 주인은 동일한 목적을 위해 다른 종을 포도원으로 보냈다. 이번에도 농부들은 그 종을 심하게 폭행하며 능욕했다. 그리고는 아무것도 주지 않은 채 주인에게 돌려보냈다. 그렇게 되자 주인은 또다시 세 번째 종을 보냈으나 그도 많이 상하게 되어 내어쫓김을 당하는 신세가 되었다.

그러자 포도원 주인은 계약을 파기한 농부들로 인해 고심하지 않을 수 없었다. 결국 그는 자기의 사랑하는 아들을 그들에게 보내고자 했다. 그 농부들이 자기 아들은 멸시하지 않고 공경하리라고 생각했기 때문이다. 그리하여 그는 자기 아들을 세준 포도원으로 보내 소출에 따른 세를 받아오도록 했다.

포도원 주인의 아들이 오는 것을 본 농부들은 서로 논의했다. 결국 그들은 그를 공경하기는커녕 죽여버리자는 모의를 하기에 이르렀다. 그는 주인의 상속자였기 때문에 죽이고 그의 유업을 저들의 소유로 가로챌 것을 결의하게 되었던 것이다.

예수님께서는 그 비유를 들어 말씀하시면서 그런 상황에서 포도원 주인이 그 악한 농부들을 어떻게 대하겠느냐고 물어보셨다. 즉 그가 와서 그 악한 농부들을 진멸하고 포도원을 '다른 사람들'에게 주지 않겠느냐는 것이었다. 예수님의 말씀을 들은 백성들은 그렇게 되는 일이 발생하지 않기를 바란다고 말했다.

여기서 그 포도원이 다른 사람들에게 주어진다고 한 말은 매우 중요한 상징적 의미를 지니고 있다. 그것은 곧 유대인들에게 맡겨진 중요한

사역이 이방인들에게 넘겨진다는 뜻을 내포하고 있기 때문이다. 이와
같은 상황은 선민사상(選民思想)을 가진 유대주의자들에게 여간 자존심
상하는 일이 아닐 수 없었다.

이 비유 가운데 포도원을 농부들에게 세를 내어주신 주인은 여호와
하나님이시다. 그리고 농부들은 이스라엘 민족의 지도계층 인사들이다.
그들에게 세를 받기 위해 결산하도록 보낸 종들은 하나님께서 보내신
여러 선지자들이다. 그리고 마지막에 보냄을 받았으나 죽임을 당하게
되는 그 주인의 아들은 하나님의 독생자 예수 그리스도이다.

하나님께서 맡기신 소중한 직무를 맡은 이스라엘 민족의 지도자들은
배도에 빠져 개인적인 자기 목적을 추구하기에 급급했을 따름이다. 하
나님께서는 때에 따라 여러 선지자들을 보내 자신의 뜻을 전했으나 사
악한 지도자들은 도리어 그들을 폭행하고 내쫓아버렸다. 결국 때가 이
르러 하나님께서 자기의 독생자를 이땅에 보내시게 되지만 악한 배도자
들은 그를 잔인하게 죽이게 된다. 그리하여 민족적 언약의 자손들에게
맡겨진 중요한 사역은 하나님에 의해 이방인들에게 넘겨지게 되었던 것
이다.

3. 건축자들이 버린 모퉁이 돌(눅20:17,18)

예수님께서는 포도원 주인과 농부에 연관된 비유의 말씀을 하신 뒤에
매우 중요한 교훈을 주셨다. 그것은 구약성경에 기록된 '건축자들의 버
린 돌'에 관한 내용이었다. 시편과 사도행전에서는 그 특별한 돌이 예
수 그리스도라는 사실을 구체적으로 언급하고 있다.

"건축자들의 버린 돌이 모퉁이의 머릿돌이 되었느니라"(시118:22);
"이 예수는 너희 건축자들의 버린 돌로서 집 모퉁이의 머릿돌이 되었
느니라"(행4:11)

건축자들이 버린 돌이라는 말은 그 자체로서 매우 의미심장한 뜻을 지니고 있다. 건축자들은 집을 짓는 전문가들이다. 그들이 쓸데없다고 판단하여 버리는 돌이라면 아무런 가치가 없는 것이다. 건축을 전문으로 하는 직업인들이라면 돌의 효용 가치에 대하여 분명히 알고 있었을 것이 분명하다.

그런데 그 전문가들이 소중한 돌을 제대로 알아보지 못했다. 진짜 귀중한 돌을 무가치한 것으로 판단하는 엄청난 오류에 빠졌던 것이다. 이처럼 당시 제사장들과 서기관들과 장로들에게는 예수님의 진가를 파악하는 능력이 없었다. 당시 종교적인 전문가로 행세하던 그들이 눈이 멀어 하나님의 아들 예수 그리스도를 멸시했던 것이다.

예수 그리스도와 직접 연관하여 성경에 기록된 그 돌은 보통 돌이 아니라 백성들의 생명이 걸려있는 매우 특별한 돌이었다. 그 돌 위에 떨어지는 자는 누구든지 깨어져 박살이 나게 된다. 또한 그 돌이 사람들 위에 떨어지면 저들을 가루로 만들어 흩어버리게 된다. 사도 베드로는 그가 보낸 첫 번째 서신에서 그점을 더욱 분명하게 설명하고 있다.

> "경에 기록하였으되 보라 내가 택한 보배롭고 요긴한 모퉁이 돌을 시온에 두노니 저를 믿는 자는 부끄러움을 당치 아니하리라 하였으니 그러므로 믿는 너희에게는 보배나 믿지 아니하는 자에게는 건축자들의 버린 그 돌이 모퉁이의 머릿돌이 되고 또한 부딪히는 돌과 거치는 반석이 되었다 하니라 저희가 말씀을 순종치 아니하므로 넘어지나니 이는 저희를 이렇게 정하신 것이라"(벧전2:6-8)

위 성경 본문에는 하나님께서 특별히 택하신 모퉁이 돌을 시온에 두신다는 사실을 언급하고 있다. 이는 십자가에 달려 돌아가신 예수 그리스도와 직접 연관된 말씀이다. 하나님의 자녀들에게 귀중한 보배가 되는 그 굳건한 반석이신 예수님을 믿는 자들은 궁극적으로 부끄러움을 당치 않고 영원한 구원에 참여하게 된다.

그에 반해 예수 그리스도를 믿지 않는 불신자들에게는 그로 말미암아 영원한 파멸에 처하는 무서운 고통이 따른다. 그 돌은 건축자들이 무가치한 것으로 여겨 내다 버렸기 때문에 대단한 것으로 보이지 않는다. 따라서 보배로운 산 돌(벧전2:4)인 그의 말씀을 거부하고 순종치 않는 자들은 그에 걸려 넘어지게 된다. 사도 베드로는 그것이 하나님의 언약에 기초한다는 사실을 증거하고 있다.

이 말씀은 또한 우리 시대의 교회론과 밀접하게 연관되어 있다. 사도 바울은 에베소 교회에 보내는 편지에서 그에 관한 사실을 기록하고 있다. 예수 그리스도께서 모퉁이 돌이 되고 사도들과 선지자들이 그 위에 터를 이루고 있다는 것이다. 하나님의 자녀들은 그 터 위에 신령한 교회로 세움을 받아 존재하게 된다.

> "너희는 사도들과 선지자들의 터 위에 세우심을 입은 자라 그리스도 예수께서 친히 모퉁이 돌이 되셨느니라 그의 안에서 건물마다 서로 연결하여 주 안에서 성전이 되어가고 너희도 성령 안에서 하나님의 거하실 처소가 되기 위하여 예수 안에서 함께 지어져 가느니라"(엡 2:20-22)

바울이 전한 이 말씀은 지상 교회에 대한 매우 중요한 내용을 말해주고 있다. 예수 그리스도께서 신령한 건물의 근거가 되는 모퉁이 돌의 역할을 하고 그 위에 사도들과 선지자들이 터를 닦아두게 되었다. 그리고 정리된 그 터 위에 하나님의 자녀들이 지상 교회를 세우고 있는 것이다.

그러므로 지상에 존재하는 모든 참된 성도들은 그 영적인 건물 안에서 상호 연결되어 있다. 그 모퉁이 돌인 예수 그리스도에게 연결되지 않고 사도들과 선지자들이 닦은 터 위에 세워지지 않는 참된 교회란 존재하지 않는다. 따라서 하나님의 백성들은 주님 안에서 성전이 되어가고 성령 안에서 하나님이 거하시는 처소가 된다.

그것을 위해 세상에 존재하는 모든 참된 성도들은 모퉁이 돌이 되시는 예수 그리스도에게 속하여 함께 지어져 가게 된다. 이는 지상 교회의 하나 됨을 증거하는 매우 중요한 의미를 지니고 있다. 사람들의 눈에 보잘것없이 보여 버린 돌이 모퉁이 돌이 되듯이, 사람들이 보기에 대수롭지 않게 보이는 예수 그리스도가 십자가 사역을 통해 교회의 근거가 되는 모퉁이 돌 역할을 하게 된 것이다.

4. 서기관들과 대제사장들의 분노와 간계(눅20:19-26)

예수님으로부터 그 비유의 말씀을 들은 서기관들과 대제사장들은 크게 분노했다. 그 가운데 포도원 주인의 요구를 듣지 않고 그가 보낸 종들을 부당하게 대우하고 급기야는 그의 아들을 죽인 자들이 곧 유대 지도자들을 지칭하고 있는 것으로 받아들였기 때문이다. 그리고 가장 중요한 모퉁이 돌을 내다 버린 건축자들 역시 저들을 가리키고 있다는 사실을 알고 있었던 것이 분명하다.

그러므로 그들은 예수님을 체포하여 당국에 넘기고자 했다. 저들에게는 그렇게 할 수 있는 권한이 주어져 있었다. 하지만 많은 백성들이 그를 따르고 있었으므로 현장에서 즉시 그 행동을 취하기 어려웠다. 자칫 잘못하면 여론이 엉뚱한 방향으로 흘러갈 수 있다는 사실을 간과할 수 없었던 것이다.

그래서 그들은 기회를 엿보며 신중하게 행동했다. 예수를 잡아 로마 총독 휘하의 정치인들과 군인들에게 넘길 수 있는 적절한 분위기를 살폈다. 그들이 우선 문제 삼은 것은 그가 자신을 '유대인의 왕'으로 선포하며 백성들을 선동하는 것이었다. 그리하여 그를 당시 유대인들의 민족 정치뿐 아니라 로마 황제에게 대항하는 사건의 중심에 서 있는 위험한 인물로 몰아가고자 했다.

물론 그들이 실제로 분노했던 이유는 자신을 메시아로 선포하며 나타난 예수로 인해 백성들이 그를 따르게 되면 저들의 기득권에 문제가 발생하는 것과 연관되어 있었다. 나아가 그가 예루살렘 성전에서 소와 양과 비둘기를 파는 자들과 로마와 헬라 돈을 유대인들의 돈으로 환전해 주는 자들의 상을 뒤엎은 사건은 여간 심각하지 않았다.

그럼에도 불구하고 유대주의자들은 자신의 속내를 숨긴 채 예수님의 행동을 로마제국과 얽어 그를 정치범으로 몰아 죽이고자 했다. 그것을 위해 유대주의자들은 그 목적을 이루고자 정탐들에게 특별한 임무를 맡겨 예수님에게 보내 그의 문제점을 찾아내도록 했다. 그 비굴한 자들은 예수님 앞에서 스스로 의인인 양 가장하여 답변하기 쉽지 않은 그럴듯한 질문들을 만들어 궁지로 몰아가고자 애썼다. 그 과정에서 예수님을 로마제국에 고소할 만한 구실을 찾고자 했던 것이다.

사악한 속내를 감추고 위선적인 모습으로 가장한 그들은 예수님께 접근하여 질문을 던졌다. 그 악한 자들은 먼저 예수님을 '선생'으로 칭했다. 그리고 그가 마치 바른 말씀으로 백성을 가르치며 사람을 외모로 취하지 않을 뿐더러 하나님의 참된 도를 가르치는 자로 인정하는 듯한 말로 시작했다.

그러면서 언약의 백성이 세상에 살아가면서 세금을 어떻게 내야 하는지 물었다. 즉 로마제국의 황제인 가이사에게 세를 바치는 것이 과연 옳은 것인지 아니면 그른 것인지에 대한 내용이었다. 그들이 생각하기에 예수님은 어려운 난제를 만나 답변을 제대로 하지 못할 것이라 여겼다. 가이사에게 세금을 내는 것이 옳다고 해도 문제가 되며 그렇지 않다고 해도 문제가 될 것이었기 때문이다.

즉 그가 만일 가이사에게 세금을 바치는 것이 옳은 것으로 답변하게 되면 그가 부정한 이방 왕국의 권세를 인정하는 꼴이 된다. 그것은 언약을 소유한 백성들의 정체성을 크게 해치는 행위이다. 그와 달리 그것이 부당하다고 답변하게 되면 로마제국을 거스르는 것이 된다. 그렇게 되면 로마제국에 대항하는 주장으로서 고소거리가 되는 것이다. 그러니 예수님은 진퇴양난의 상황에 놓이게 되었다.

그들의 질문을 들은 예수님께서는 그것이 저들의 간계에 의한 함정이
란 사실을 즉시 파악할 수 있었다. 예수님은 그 상황을 피해 갈 수 없는
형편이기도 했지만 피할 생각도 없으셨다. 따라서 그는 주변 사람들을
향해 로마인들의 화폐인 데나리온 하나를 가져와 자기에게 보여 달라고
말씀하셨다.

예수님은 그 동전을 들어 저들에게 보여주시면서 설명하셨다. 데나리
온 동전에 새겨진 화상은 누구이며 어느 나라 문자로 기록되어 있느냐
는 것이었다. 그것은 결코 복잡하거나 어려운 답변을 요구하는 문제가
아니었다. 거기 모인 사람들은 그것을 보며 그 돈에는 가이사의 화상이
그려져 있으며 로마인들의 문자가 새겨져 있다고 답변했다.

그러자 예수님께서는 '가이사의 것은 가이사에게 하나님의 것은 하
나님께 바치라'고 간단하게 답변하셨다. 그것은 유대주의자들이 속으
로 기대하던 답변과는 전혀 달랐다. 그로 인해 그들은 많은 백성들이 보
는 앞에서 공개적으로 그를 책잡으려던 계획이 무산되어버렸다. 그들은
예수님의 답변을 듣고 놀라서 말문이 막히게 되었던 것이다.

우리는 여기서 성도들의 세금에 연관하여 교회와 국가에 대해 취할
자세를 생각해 보아야 한다. 예수님께서는 세상에 살아가는 하나님의
자녀들이 언약의 왕국에 대하여 부담해야 할 재정적 책임과 세속 국가
에 속한 시민으로서 감당해야 할 그에 관한 책임이 있음을 말씀하셨
다.36) 교회를 위한 재정 부담은 하나님과 그의 모든 신령한 사역을 위해

---

36) 우리가 기억해야 할 바는, 여기서 언급되는 성도들의 교회와 국가에 대한 재
정적 책무는 당연하다는 사실이다. 하지만 교회 자체와 교회로부터 생활비를 직
접 보장받는 목회자의 세금에 연관된 문제는 간단하지 않다. 교회와 그 사역자는
국가에 대하여 교회에 직접 연관된 납세의무를 지지 않는 것이 자연스럽다. 이는
국가와 교회는 정교분리의 원칙에 따라 상호 상대로부터 독립되어 있어서 범죄
에 연관되지 않는 한 일반 장부를 비롯한 재정 장부 열람을 요구할 수 없기 때문
이다. 만일 국가가 교회와 목회자에 연관된 교회의 공적인 장부 열람을 요구한다
면 교회가 국가의 지배아래 놓이게 되는 안타까운 일이 발생할 우려가 있음을 유
의하지 않을 수 없다.

필수적인 의무에 해당된다.

그와 동시에 시민들의 일반적인 생명과 안전을 책임지는 국가에 적절한 세금을 납부하는 것 역시 모든 시민들에게 부과된 의무라는 점을 기억해야 한다. 교회는 성도들이 세상에서 부당한 침해를 당한다고 할지라도 그에 대한 물리적인 해결책이 없다. 그에 반해 국가는 온당한 삶을 살아가는 시민들이 부당한 피해를 입지 않도록 다스리는 공권력을 소유하고 있다. 우리는 하늘의 시민권을 가진 성도인 동시에 세속국가의 시민이라는 사실을 유념해야만 하는 것이다.

5. 사두개인들의 계략과 부활한 성도들에 관한 예수님의 말씀
(눅20:27-40)

예수님 당시 사두개파에 속한 자들은 부활을 부인하는 이단이었다.[37] 그럼에도 불구하고 그들은 스스로 모세 율법을 받아들인다고 주장하면서 언약의 자손이라는 자부심을 가지고 있었다. 그런 잘못된 신학 사상을 가진 자들 가운데 어떤 사람들이 예수님께 나아와서 그에 연관된 질문을 했다.

그들은 부활을 인정할 경우 나중에 여러 가지 문제가 발생할 수밖에 없다는 사고를 하고 있었다. 이 세상에 살아가는 인간들의 일반적인 경험을 저들의 사상적 배경으로 삼고 있었기 때문이다. 따라서 그들은 예수님을 향해 부활이 없다는 점을 논증하려고 했다.

사두개파 사람들은 예수님 앞에서 모세 율법에 기록된 형사취수(兄死娶嫂) 제도를 들고 나왔다(창38:8-10, 참조). 그 법은 형이 아들 없이 죽을 경우, 동생이 형수를 아내로 맞아 형을 대신하여 자녀를 낳아 형의 상속을 이어주는 매우 특별한 법이다. 그것은 구약성경에 나타난 상속의 중

---

37) 당시 사두개파와 쌍벽을 이루던 바리새파 사람들은 겉보기에 부활을 인정하는 듯했으나 그들 역시 참 메시아를 거부한 이단에 속한 자들이었다.

요성을 보여주고 있다. 그들은 그에 연관된 사실을 언급하며 사람이 죽은 후 부활한다는 것이 논리에 맞지 않다는 생각을 하고 있었다.

사두개인들은 비유를 들어 말하면서, 한 집안에 일곱 형제가 있는데 맏형이 아내를 취했으나 자식 없이 죽고 그 둘째와 셋째가 저를 취하였다가 또 죽게 되고 마지막 일곱 번째 동생까지 그와 같이 했으나 모두 자식 없이 죽고 그 여인도 죽은 경우를 예로 들었다. 그럴 경우 일곱 아들이 모두 한 여인을 아내로 맞아 살았는데 나중에 부활하면 그 여인은 과연 누구의 아내가 되느냐는 것이었다.

그들은 예수님께 질문을 하면서 그것이 매우 논리적인 질문이라 여겼을 것이 틀림없다. 부활이 있다면 결코 그 문제를 해결하지 못할 것으로 판단했기 때문이다. 따라서 예수님도 그에 관한 제대로 된 답변을 내놓지 못하리라 여기며 의기양양했을 것이다.

하지만 예수님께서는 저들이 짐작하고 있던 것과는 전혀 다른 내용의 답변을 하셨다. 이 세상에서는 사람들이 장가가고 시집가서 서로 부부가 되어 한 가정을 이루고 산다는 사실을 먼저 언급하셨다. 모든 인간들은 세상에서 일상적으로 발생하는 그런 상황을 직간접적으로 경험하며 살아가고 있다.

그러나 이 세상에서의 생애를 마치고 죽은 사람들이 부활한 다음 세상에서는 장가가고 시집가면서 살아가지 않는다는 사실을 언급하셨다. 장차 부활에 참여하는 자들은 이 세상의 경험과는 다른 형태의 삶을 살아가게 된다는 것이었다. 그들은 이제 부활하여 천사와 같이 영생을 누리게 되며 하나님의 완벽한 자녀로서 영광스러운 삶을 누린다.

예수님께서는 그와 더불어 죽은 자의 부활에 대해 말씀하시며, 시내 광야 가시나무 떨기 사건 가운데서 모세가 증거하고 있다고 말씀하셨다. 하나님께서 모세를 향해 자신을 '아브라함의 하나님이요 이삭의 하나님이요 야곱의 하나님이시라'(출3:6)고 하신 것은 부활에 관한 중요한 증거가 된다는 것이었다. 즉 하나님께서 육신적으로 오래전에 죽은 믿음의 조상들을 언급하시며 저들의 하나님이라고 말씀하신 것은 그들이 죽지 않고 살아있다는 사실을 증거하고 있다는 것이다. 이처럼 하나님 앞에서는 모든 인간들이 죽지 않고 살아 존재하게 된다.

그 자리에서 예수님의 말씀을 들은 자들 중에 성경을 전문으로 연구하는 몇몇 서기관들은 예수님의 말씀이 옳다고 반응했다. 여러 사람들이 모여 있는 자리에서 공개적으로 그렇게 하자 사두개인들은 더 이상 아무 말도 할 수 없게 되었다. 즉 그들은 구약성경에도 부활에 관한 사실이 증거되고 있음을 확인했던 것이다.

우리는 여기서 예수님의 이 교훈 가운데 매우 중요한 몇 가지 교훈을 얻어야만 한다. 그것은 먼저 하나님의 자녀들은 이 세상에 살아가면서도 항상 부활 후의 삶에 연관된 의미를 염두에 두고 살아가야 한다는 사실이다. 예수님의 어머니와 동생들이 그를 찾아왔을 때 예수님께서 보이신 반응은 부활 후 성도들의 삶에 어느 정도 연관지어 생각해 볼 수 있다.

> "예수의 모친과 그 동생들이 왔으나 무리를 인하여 가까이 하지 못하니 혹이 고하되 당신의 모친과 동생들이 당신을 보려고 밖에 섰나이다 예수께서 대답하여 가라사대 내 모친과 내 동생들은 곧 하나님의 말씀을 듣고 행하는 이 사람들이라 하시니라"(눅8:19-21)

우리는 예수님의 이 말씀 가운데서 일반적인 해석과 더불어 성도들의 부활 후의 삶을 엿볼 수 있어야 한다. 육신적으로는 어머니와 형제들이지만 그것은 이 세상에 살아가는 동안에만 그렇다. 사람이 죽은 다음 부활한 후에는 그 관계는 정리가 되어 더 이상 그와 같은 관계가 지속되지 않는다.

인간들은 이 세상에 살아가면서 '가정'이라는 특별한 관계를 형성하고 유지하게 된다. 하나님의 자녀들에게는 그것이 매우 중요한 언약으로 나타난다. 따라서 세상에서 인간들은 하나님께서 허락하신 그 언약에 대한 올바른 이해를 하지 않으면 안 된다. 이 세상에서의 생명이 끝날 때까지는 그 언약을 소중하게 지켜야만 하는 것이다.

여기서 우리가 생각해 보아야 할 점은 가족에 연관된 언약이 몇 가지 과정을 통해 드러나게 된다는 사실이다. 그것은 우선 혼인을 통한 관계 정립이다. 부부를 통해 자녀들이 세상에 태어남으로써 언약 관계가 유지된다. 따라서 남자와 여자가 혼인할 때 기본적인 언약이 성립되며, 혼인 전에는 남남이던 자들이 혼인을 함으로써 전체 가정에서 새로운 언약의 부모를 얻는 동시에 형제를 두게 되는 것이다.

또한 이에 연관된 중요한 것 가운데 하나는 입양을 통한 언약의 성립이다. 성경은 직접적인 혈통 관계가 아니지만 입양으로 말미암아 언약의 가정이 성립된다는 사실을 말해주고 있다. 엄밀한 의미에서 볼 때 동일 혈통이 아닌 관계에서 남녀가 혼인 언약 속으로 들어가듯이 비 혈통적인 입양 관계에서 이루어지는 언약이 서로 조화되는 개념을 가진다. 입양을 통해 집안의 부모 자식뿐 아니라 다른 모든 가족들과 언약 관계가 성립되기 때문이다.

그리고 부활에 관한 중요한 사실 가운데 하나는 부활한 성도들이 서로간 얼굴을 구체적으로 알아보게 된다는 사실이다. 부활체의 모습에 대해서는 명확하게 알기 어렵다고 할지라도 서로 다른 사람들의 얼굴을 분명히 인식할 수 있다. 이는 이 세상에서의 우리 각자의 정체성이 부활 후 영원한 삶을 이어가는 자들에게 그대로 유지된다는 사실을 말해주고 있다.

앞에서 살펴본 '부자와 나사로 비유'에서 그점을 분명히 알 수 있다. 그들은 이 세상에서의 생애를 마친 후 다음 세상에서도 특정인을 그대로 알아보았다(눅16:22-24). 이는 비유이기는 하나 이 세상에서 살았던 사람의 정체성이 유지된다는 사실을 여실히 보여준다. 따라서 우리도 나중 죽었다가 부활하면 우리의 정체성을 그대로 유지한 채 영생을 누리게 된다. 그때는 모든 성도들이 부부나 형제 관계 이상으로 상호 친밀한 관계를 유지하면서 하나님을 찬양하는 삶을 살아가게 되는 것이다.

6. "다윗의 자손" (눅20:41-44)

예수님께서는 저들을 향해 일반 백성들이 무엇 때문에 그리스도를 '다윗의 자손' 이라 일컫고 있는지 물어보셨다. 이는 사람들이 왜 예수님 자신을 다윗의 자손이라 칭하느냐 하는 직접적인 질문과는 다른 의미를 지니고 있다. 즉 언약의 자손들은 구약 시대부터 장차 오기로 예언된 그리스도가 다윗의 자손으로서 이땅에 오신다는 믿음을 가지고 있던 것이다.

그러므로 구약성경에 예언된 '다윗의 자손' 이란 말의 의미를 올바르게 깨달아야 한다는 점을 강조하셨다. 예수님께서는 그 사실을 확인하시기 위해 구약성경에 기록된 내용을 증거로 들어 말씀하셨다. 다윗은 시편에서 친히 그에 대한 고백적 예언을 하고 있다.

> "주께서(The Lord) 내 주께(to my Lord) 이르시되 내가 네 원수를 네 발의 발등상으로 둘 때까지 내 우편에 앉았으라 하셨도다"(시 110:1)

시편에 묘사된 이 내용은 메시아에 연관된 매우 중요한 예언적 의미를 지니고 있다. 본문 가운데서 다윗이 '주께서 내 주께' ('The Lord said to my Lord)라고 한 말 가운데는 그에게 두 분의 주님(Lords)이 계신다는 사실이 확증되고 있다. 그렇다면 첫 번째 언급된 주님과 두 번째 언급된 주님 사이에는 서로간 과연 어떤 관계가 있을까?

우리가 알고 있는 바 일반적인 관점에서는 한 사람이 두 주인을 두거나 섬기지 못한다. 주님께서는 그에 대한 강조를 하신 적이 있다. "한 사람이 두 주인을 섬기지 못할 것이니 혹 이를 미워하며 저를 사랑하거나 혹 이를 중히 여기며 저를 경히 여김이라 너희가 하나님과 재물을 겸하여 섬기지 못하느니라"(마6:24).

그런데 다윗은 시편에서 자기에게 두 분의 주님이 존재한다는 사실을 언급하고 있다. 더구나 그는 왕의 지위에 있는 인물이기 때문에 인간들 가운데 자기보다 높거나 권위를 가진 존재는 없었다. 세상에서 최고의 지위를 가진 왕이 자기와는 비교가 되지 않는 전능하신 두 주님을 언급한 것은 놀라운 일이 아닐 수 없다.

물론 앞에 언급된 '주님'은 여호와 하나님이며, 뒤에 언급된 '주님'은 장차 오실 성자 하나님이신 그리스도이다. 하나님께서 성자 하나님을 향해 '내가 네 원수를 네 발의 발등상으로 둘 때까지 내 우편에 앉아 있으라'는 말씀을 하셨다. 이는 그리스도에게 원수가 존재하여 앞에 언급된 주님이신 하나님께서 그에 저항하여 싸워 승리를 거두게 된다는 사실에 연관되어 있다. 여기서 주님의 원수는 곧 다윗의 원수가 되며 모든 성도들의 원수가 된다.

다윗이 두 번째 주님이라 표현했던 그리스도께서 인간의 몸을 입고 이 세상에 오시게 되면 사탄에게 속한 원수들은 그를 공격하며 온갖 악행을 저지를 것이 분명하다. 그들은 사악한 전략들을 동원하여 주님께 맞서 저항하게 된다. 그로 말미암아 그가 원수들에 의해 심한 고통을 당하시기 때문에 외견상으로는 마치 패배하는 듯이 비쳐질 수 있다.

하지만 하나님께서 그를 완벽하게 지켜 보호하신다. 따라서 그가 원수를 철저히 격파하여 그리스도의 발로 그 원수의 목덜미와 몸뚱아리를 짓밟을 때까지 자기 우편에 앉아 있으라고 말씀하셨다. 이는 사악한 마귀의 세력과의 싸움이 하나님의 작정에 속한 것이란 사실을 드러내 보여주고 있다.

결국 하나님께서는 이땅에 주님이신 메시아를 보내셔서 사악한 원수들을 응징하고 심판하심으로써 최종적인 승리를 거두게 된다. 예수님께서는 다윗의 시편에 기록된 그 문장을 직접 인용하시면서 이땅에 오신 그리스도가 누구인지 설명하셨다. 다윗이 친히 노래로 그에 관한 고백을 하면서 그리스도를 주님이라 칭하였으므로 단순히 그의 자손에 머물지 않는다는 것이었다.

비록 육신으로는 언약적인 상징의 관점에서 그리스도가 다윗의 혈통을 잇는다고 할지라도 일반적인 입장에서 그의 자손이라 말할 수 없다는 것이었다. 예수님께서는 이 말씀을 통해 그리스도인 자기의 존재를 선포하셨다. 자기가 뭇 백성들에 의해 '다윗의 자손으로 이땅에 오신 왕'으로 선포되는 것은 자기에게 속한 모든 성도들을 구원하시고자 하는 전능하신 능력에 연관되어 있음을 보여주고 있는 것이다.

7. 제자들에게 지혜로운 처신을 요구하시는 예수님(눅20:45-47)

그 자리에 모여 있던 많은 사람들이 예수님의 가르침에 귀를 기울이고 있었다. 그때 예수님께서 제자들을 향해 특별한 교훈을 주셨다. 그것은 어지러운 시대적 상황 가운데서 하나님의 자녀로서 올바르게 처신하라는 당부였다.

예수님께서는 먼저 저들에게 종교지도자들 특히 율법을 연구하는 학자인 서기관들의 태도를 본받지 말라고 하셨다. 당시 그들은 일반 사람들로부터 존경을 받으며 큰 부러움을 사고 있었다. 판단력이 없어 신앙이 어리거나 성경에 대한 올바른 깨달음이 없는 자들이 저들의 외형만 보고 그렇게 생각했던 것이다.

서기관들은 하나님의 말씀을 전문으로 연구하며 가르치는 율법학자로서 공적인 직무를 맡은 사람들이었다. 그들에게 가장 중요한 일은 구약성경을 연구하고 해석하여 언약의 백성들을 올바르게 가르치는 일이었다. 그 직무를 가볍게 여기고 성경을 임의로 해석하여 가르친다면 그것 자체가 사악한 범죄행위가 된다.

그럼에도 불구하고 이기적이고 게으른 서기관들은 자기에게 맡겨진 본분을 가볍게 여기거나 버리는 경우가 많았다. 그들은 개인의 종교적인 출세를 원하고 종교를 앞세워 세속적인 명예를 얻고자 애썼을 따름이다. 그러다보니 하나님의 말씀이 올바르게 해석되고 가르쳐지지 않았던 것이다.

당시 대다수 서기관들은 하나님으로 말미암은 참된 권위를 버린 채 세속적인 권위주의에 빠져 있었다. 그들은 일반 백성들이 입지 않는 긴 옷을 입고 다니면서 권위를 내세우며 명예를 얻고자 했다. 그리하여 시장에 나가서 많은 사람들로부터 큰 인사와 문안받는 것을 좋아했다. 뿐만 아니라 회당에 가서도 가장 높은 자리에 앉아 권위를 내세웠으며 잔칫집에 가서도 상석에 앉아 자기를 과시하고자 했다.

그들은 겉보기에 그럴듯한 모습을 보이고 있었지만 내면은 완전히 부패해 있었다. 입술로는 하나님을 되풀이해 언급했으나 실상은 이기적인 욕망을 추구하기에 급급했다. 그들은 대단한 권위를 가진 자로 행세하면서 과부와 같은 가난한 자들의 재산을 종교의 이름으로 가로채 삼키면서 남 보기에는 외식으로 길게 기도하기를 좋아했다.

그런 자들의 기도는 참된 기도가 아니라 헛된 것으로서 도리어 하나님을 욕되게 하는 종교 행위였다. 그럼에도 불구하고 어리석고 미련한 자들은 그들을 보며 훌륭한 신앙인이라 여기고 있었다. 따라서 예수님께서는 장차 그들이 받게 될 심판이 더욱 중할 것이라는 사실을 말씀하셨다. 예수님께서는 제자들에게 그런 종교인들의 행태를 주의하여 본받지 말라고 당부하셨던 것이다.

이에 대해서는 오늘날의 성도들 역시 냉철하게 생각해 보아야 한다. 우리 가운데 기독교 지도자가 되어 높은 자리에 앉기를 원하며 부와 명예를 추구하는 예가 있지 않은지 심각하게 돌아보지 않으면 안 된다. 입술로는 하나님을 끊임없이 언급하며 열정적으로 기도하는 종교인으로 비쳐지면서 실상은 자기의 욕망을 추구하기에 급급하다면 그것은 하나님을 욕되게 하는 행위에 지나지 않는다.

특히 교회의 교사로 세워진 목사가 먼저 이 문제에 관하여 냉정하게 자신을 돌아볼 수 있어야 한다. 한 성도가 목사 직분자로 세움 받은 것은 개인의 목적을 위해서가 아니다. 겉보기에 열심히 기도하는 자로 자기를 드러내며 존경을 받으면서 어리석은 교인들로부터 많은 연보를 거두어 종교적인 욕망을 추구하는 것은 결코 있을 수 없는 일이다. 예수님 께서는 제자들에게 그와 같은 행태를 멀리하도록 강조해 말씀하셨던 것 이다.

제21장

연보와 종말에 연관된 예언

(눅21:1-38)

1. 연보의 액수와 신앙 정신에 관한 문제(눅21:1-4)

당시 십일조(tithe)는 의무에 해당되는 것이었다. 그 액수도 수입과 연관되어 있었다. 이에 반해 일반적인 연보(gift)는 자발적이었다. 그것은 단순한 구제를 위한 기부(donation)가 아니었으며 하나님께 바치는 제물(sacrifice)과도 그 성격이 달랐다. 또한 특정 목적을 위한 모금(collection)과도 다른 의미를 지니고 있었다. 즉 성전 연보는 예루살렘 성전을 관리하기 위한 목적으로 형편에 따라 자발적으로 내는 돈이었다.

당시 예루살렘 성전을 방문하는 사람들 가운데는 성전 앞에 놓인 연보궤에 연보를 하는 자들이 많았다. 그것은 순수 자발적인 성격을 지니고 있었으므로 각자 형편에 따라 액수에 큰 차이가 났다. 즉 부자들은 많은 액수를 연보했지만 가난한 자들은 그렇지 못했다. 또한 그것은 하나님 앞에 바치는 예물이나 성전세가 아니었으므로 유대인들의 화폐가 아닌 로마나 헬라 돈으로 낼 수도 있었다.

예수님께서 성전 앞에서 부자들이 연보궤에 많은 액수를 연보하는 것을 보셨다.[38] 그리고 가난한 과부 한 사람이 두 렙돈[39]을 연보궤에 넣는 것을 보시게 되었다. 그 광경을 지켜보신 예수님께서는 제자들에게 말씀하셨다. 그 가난한 과부의 실제적 연보액수는 적었으나 그 의미상 모든 사람들보다 더 많은 연보를 했다는 것이었다.

부자들은 풍족한 중에서 많은 액수를 연보했으나 그 과부는 매우 어려운 형편 가운데서 자기가 소유한 생활비 전부를 넣었다는 것이다. 즉 더 큰 액수의 연보를 했다고 할지라도 부자는 그의 소유에 비할 때 매우 적은 액수라는 것이다. 그에 반해 비록 적은 액수를 연보했다고 할지라도 그의 소유와 비교해서 큰 액수가 될 수 있었던 것이다.

이에 대해서는 오늘날 우리 역시 잘 기억해야 할 필요가 있다. 소중한 것은 연보하는 돈의 액수 자체가 아니라 그것이 얼마만큼 진정한 마음의 표현인가 하는 점이다. 이는 물론 연보를 독려하거나 더 많은 액수를 연보하도록 채근하는 것과 다르다. 중요한 사실은 연보하는 자의 신실한 신앙 자세와 연관되어 있다는 점이다.

우리가 또한 각별히 주의를 기울여야 할 바는 연보의 액수의 많고 적음이 주된 관심 대상이 아니라는 사실이다. 중요한 점은 하나님으로 말미암은 진정한 부자가 누구냐 하는 것에 연관되어 있다. 즉 두 렙돈의

---

38) 본문에 언급된 부자들은 성실하게 노력하여 정상적인 방법으로 부자가 된 자들이 아니라 부당한 방법으로 부자가 되어 자기를 과시하는 교만한 자들을 일컫는다. 이는 앞부분에 언급된 가난한 자들의 가산(家産)을 삼킨 외식으로 가득 찬 사악한 종교인 같은 인물들이다(눅20:47).

39) 렙돈(Lepton)은 로마인들과 헬라인들의 최소 화폐단위였다. 학자들은 대개 1데나리온의 1/16에 해당되는 1앗사리온의 1/4 정도의 가치가 되는 1고드란트의 1/2 즉 1/128데나리온에 해당되는 작은 액수라고 한다. 하지만 이 돈의 액수를 오늘날 우리 시대의 화폐로 환산하기는 어렵다. 짧은 기간에도 화폐의 가치가 엄청난 차이를 보이기 때문이다. 하지만 그 액수가 당시 화폐 기준으로 볼 때 지극히 적은 돈이라는 사실은 분명하다.

적은 액수를 연보한 과부의 마음이 물질에 주된 관심을 둔 돈 많은 부자들보다 오히려 더 부유하다는 사실이다. 이와 같은 의미는 오늘날 우리에게도 그대로 적용되고 있다는 사실을 잊어서는 안 된다.

2. 성전의 외형과 본질에 연관된 이해(눅21:5-26)

어떤 사람들이 예수님께 성전을 가리키면서 이야기했다. 그들은 아름다운 돌들과 귀한 예물로 꾸민 건축물을 보고 감탄하듯 말했던 것이다. 이는 그동안 화려한 성전을 건립하기 위해 애쓴 많은 사람들의 공적(功績)에 연관되어 있었다. 그들은 당시 이스라엘 민족 지도자들의 노고를 치하하고자 하는 마음이 있었을 것이다.

그런데 예수님께서는 그와 정반대의 예기치 못한 입장을 보이셨다. 성전 건물의 외관상 아름다움은 사실상 별 의미를 가지지 않는다는 것이다. 성전이 지니는 구속사적인 의미와 내용이 중요할 뿐 그 외 다른 것들이 더 중시될 필요가 없었기 때문이다.

그와 같은 반응을 보이신 예수님은 장차 때가 이르면 많은 사람들이 보고 있는 그 성전이 파괴되어 돌 하나도 돌 위에 남지 않고 완전히 무너뜨려진다고 말씀하셨다. 이는 당시 이스라엘 자손들의 아픈 과거를 건드릴 만한 위태로운 말이 될 수 있었다. 모든 유대인들은 오래전에 발생했던 아픔을 기억하고 있었기 때문이다.

수백 년 전이었던 과거 BC587년 솔로몬이 건립한 첫 성전이 바벨론 제국에 의해 파괴되었을 때 그들이 받은 충격은 상상을 초월했다. 성전 파괴와 더불어 언약의 자손들이 더러운 이방인들에게 굴복당한 것은 치욕 그 자체였다. 그것은 다시금 떠올리고 싶지 않은 끔찍한 민족적 아픔이었다.

당시 로마제국의 압제 가운데서 자존심이 크게 무너진 그들에게 또다시 예루살렘 성전이 파괴된다고 언급한 것은 여간 심각한 문제가 아니었다. 예수님이 보고 계셨던 헤롯성전이 큰 돈을 들여 화려하게 건립되어 가는 것을 보며 많은 백성들이 하나님의 은총을 떠올렸을 것이다. 그것을 통해 이스라엘 민족이 로마제국으로부터 완전히 독립하게 될지 모른다는 기대를 한 사람들도 많았을 것이다.

그런 환경 가운데서 예수님께서는 예루살렘 성전이 완전히 파괴된다는 점을 언급하셨다. 그때 사람들은 놀라움을 감추지 못한 채 그와 같은 끔찍한 사건이 언제 발생하게 될지 질문했다. 그리고 그날이 가까워지면 무슨 징조가 있게 될지 물어보았다. 그런 중대한 사건이 발생한다면 필경 중요한 징조들이 나타날 것으로 여겼기 때문이다.

사람들로부터 그 질문을 들은 예수님께서는 앞으로 '그리스도'로 인하여 큰 혼선이 일어나게 될 것이라고 말씀하셨다. 그것은 예수님이 과연 그리스도인가 하는 문제와 연관되어 있었다. 많은 사람들이 구원자(예수)의 이름으로 와서 자기가 곧 그리스도라고 주장하리라는 것이었다. 그런 자들이 등장하여 자기가 마치 그리스도인 양 선전하면서 심판의 때가 가까이 다가왔다고 소리칠지라도 속지 말라고 하셨다. 그때 그들의 감언이설에 미혹되지 않도록 각별히 주의를 기울이라는 것이다.

그리고 그와 같은 때가 이르면 사람들이 난리와 난리에 관한 소문을 듣게 되리라고 하셨다. 그러나 하나님의 자녀들은 그런 소문으로 인해 두려워할 필요가 전혀 없다고 말씀하셨다. 종말을 앞두고 다양한 형태의 현상들이 반드시 발생하겠지만 그것이 곧 '세상의 끝'을 의미하지는 않는다는 것이다(눅21:9).

또한 그때가 되면 많은 전쟁이 일어나게 되어 민족과 민족 간의 분쟁뿐 아니라 국가들 사이에 평화가 깨어지는 전쟁이 발발하게 된다. 서로 자기의 영역을 확보하고 상대의 것을 쟁취하기 위해 무서운 살상(殺傷)이 이루어진다. 악한 사람들은 극단적 이기주의에 빠져 자기의 목적을 이루기 위해 다른 사람들을 죽이는 것을 대수롭지 않게 여기는 것이다.

뿐만 아니라 세상의 여러 지역에 큰 지진들이 일어나며 심한 기근이 발생한다. 또한 다양한 질병과 전염병으로 인해 사람들이 불안에 떨며 고통에 빠지게 된다. 그리고 하늘에서는 무서운 일들과 더불어 큰 징조들이 일어난다. 그와 같은 모든 것들은 이전에 보기 어려웠던 징조들일 수 있다.

그 모든 일들이 발생하기 전에 하나님의 백성들은 그리스도의 이름으로 말미암아 무서운 고통의 시기를 맞게 된다. 이는 단순히 사람들로부터 비난을 당하고 욕을 먹는 수준 이상을 의미하고 있다. 하나님을 대적하는 사악한 자들이 무력을 동원해 성도들을 물리적으로 핍박하게 되는 것이다.

그들은 하나님의 자녀들을 배도에 빠진 종교기관인 저들의 회당에 넘겨주어 문제로 삼는다. 그리고 감옥에 가두기 위해 법적인 소송거리로 비화시키기도 한다. 그것을 위해 국가의 최고 통치자가 다스리는 공공기관과 공직자들 앞으로 그들을 끌고 가게 된다. 그 모든 일들이 발생하면 하나님의 백성들은 이제 예루살렘 성전에 부여된 모든 역할이 완성되어 가는 끝이 가까워진 사실에 대한 증거를 얻게 되는 것이다.

예수님께서는 성도들이 그와 같은 무서운 박해를 받고 당국에 끌려갈 때 무슨 변명을 할지 미리 계획을 세우거나 연구하지 않도록 하라고 하셨다(눅21:14). 인간들은 대개 어떤 궁지에 몰리게 되면 스스로 그 위기를 모면하기 위해 머리를 짜내게 된다. 하지만 그와 같은 생각은 자기를 위한 본능적인 목적에 충실할 뿐 그 상태를 넘어서지 못한다.

주님은 자기 자녀들이 그와 같은 어려움을 당하게 될 때 친히 원수들에게 효과적으로 저항할 수 있는 힘을 주실 것이라고 하셨다. 즉 예수님께서 직접 도우심으로 원수들이 대항하거나 반박할 수 없도록 적절한 말과 지혜를 허락하시리라는 것이었다.[40] 이는 인간들의 지혜와 능력이

---

40) 이는 장차 하나님의 아들로서 이룩하시게 될 예수님의 보편적 사역을 말해주고 있다.

그 어려운 국면을 헤쳐나가도록 하는 것이 아니라 하나님께서 도와주시게 된다는 사실에 대한 약속이다.

하나님을 의지하고 예수 그리스도를 믿는 성도들은 이 세상에서 평안하게 살아가는 것이 아니라 도리어 많은 고통을 감내해야만 한다. 자기를 대적하는 원수들이나 교회를 핍박하는 자들 때문이 아니라, 가까이 있어서 신뢰할 만한 자들로 판단되던 자들이 배신하게 될 것이기 때문이다. 이는 육체적인 고통 위에 정신적인 고통이 가중되는 힘든 상황이 아닐 수 없다.

심지어는 부모와 형제와 친척들이 저들을 무섭게 박해하며 권세를 가진 당국에 넘겨주는 일이 발생하게 된다.[41] 또한 가까운 친구와 이웃들이 그와 같은 배신행위를 서슴지 않는다. 그리하여 그들 가운데 몇 명은 그로 인해 처참한 죽임을 당하기도 할 것이라고 말씀하셨다. 이는 육체적인 고통을 넘어 형언할 수 없는 정신적인 힘든 상황이 도래할 것이란 사실을 말해주고 있다.

이처럼 하나님의 자녀들은 이 세상에서 엄청난 고통을 당하며 살아가게 된다. 성도들이 세상 사람들로부터 칭찬을 듣고 명예를 얻는 것이 아니라 도리어 심한 미움을 당하는 형편에 놓인다. 이는 예루살렘 성전 파괴와 종말을 앞두고 하는 말씀으로서 오늘날 우리 시대에도 그와 같은 현상이 그대로 벌어지고 있다.

그렇지만 하나님의 자녀들은 그런 비상식적인 상황을 겪으면서 그로 인해 크게 두려워할 필요가 없다. 주님께서 친히 저들을 보호해 주실 것이므로 머리털 하나도 상치 않으리라고 약속하셨기 때문이다(눅21:18). 그런데 이는 바로 앞에서 성도들이 죽음에 직면할 수도 있는 엄청난 고

---

41) 말세가 되면 혈연공동체에 속한 가족, 즉 부모 자식 형제 간이라 할지라도 하나님의 진리에 대한 가치 판단에 큰 혼선이 오게 된다. 사람들이 하나님의 말씀에 관심을 기울이는 것이 아니라 자기의 이성과 경험을 배경으로 삼기 때문에 모든 관계가 근원적으로 파괴되는 것이다.

통을 당하게 된다고 하신 것(눅21:16)과는 크게 대조적이다. 따라서 이 말씀은 육체적인 보호를 말하는 것이 아니라 영적인 면을 포함한 영생에 연관된 의미이다.

우리는 예수님 당시와 그후 사도교회 시대에도 많은 믿음의 선배들이 사악한 원수들로부터 무서운 고통을 감내한 사실을 잘 알고 있다. 세례요한, 바울, 베드로, 야고보, 요한, 스데반 등 헤아릴 수 없이 많다. 그들은 육체적인 고난을 당했으나 하나님의 보호 아래 있었으며 인내하는 가운데 영생을 선물로 받았던 것이다. 사도교회 시대 이후 보편교회 시대에도 그런 믿음의 선배들은 숱하게 많이 있었다.

예수님께서는 그들에게 예루살렘이 군인들에 의해 완전히 포위되는 것을 보거든 그 멸망이 가까운 줄을 알라고 말씀하셨다. 그 상황은 의미상으로 볼 때 매우 급히 임하게 된다. 그때 유대 지역에 거주하는 자들은 사람들이 모여 있는 곳을 피하여 산으로 도망하라고 하셨다. 그리고 성내에 살고 있는 자들은 속히 그곳으로부터 빠져나가라고 하셨으며 시골 마을에서 생활하는 자들은 다시 그 동네 안으로 들어가지 말라고 하셨다.

그날들은 성경에 기록된 모든 것들이 이루어지는 두려운 형벌의 날이 된다. 그날에는 아이 밴 임산부들과 젖먹이를 둔 자들에게 큰 화가 있을 것이라고 말씀하셨다. 태중의 아기와 갓 태어난 아기들로 인해 자유롭게 피신할 수 없기 때문이다. 땅 위에 큰 환난이 임하고 배도에 빠진 자들에게 무서운 진노가 임하게 되지만 어찌할 방도가 없다.

사람들은 하나님을 알지 못하는 군인들의 칼날에 의해 처참한 죽임을 당하며 이방인들의 영역으로 끌려가 무서운 고통을 당하기도 한다. 그리하여 예루살렘은 이방인의 때가 차기까지 이방인들에 의해 짓밟히게 된다(눅21:24). 이는 AD70년 예루살렘 성전 파괴와 더불어 이스라엘 자손이 온 세상으로 흩어지는 것과 연관되는 것으로 이해할 수 있다. 이와 같은 일은 마지막 심판날이 이르기까지 지속된다.

그 과정에서 하늘에서는 해와 달과 별들에 특별한 징조들이 나타날 것이며 땅 위에서는 다양한 민족들이 바다와 성난 파도 소리로 인해 혼란 중에 곤욕을 치르게 된다. 사람들은 그로 말미암아 세상에 임하게 될 상황을 생각하며 두려움에 떨며 하늘의 권능이 흔들리는 것을 보며 혼절하는 일이 생겨나는 것이다.

성전 파괴와 연관된 예수님의 이 말씀은 예루살렘과 그 안에 존재한 하나님의 성전이 로마제국의 군대에 의해 완전히 파괴되는 사건과 더불어 예수님의 재림에 연관하여 원근통시적(遠近通視的)인 관점에서 이해하는 것이 자연스럽다. 하나님의 성전이 완전히 파괴되는 것은 구속사적인 관점에서 볼 때 그 역할이 성취되는 것을 의미한다. 그 모든 과정에서 아브라함과 모세와 다윗과 솔로몬을 통해 언약하신 하나님의 궁극적인 사역이 완성되는 의미를 보여주고 있는 것이다.

3. 예수님의 재림(눅21:27)

예수님께서는 종말을 앞두고 하늘과 땅에서 일어나게 될 다양한 현상에 대한 말씀을 하신 후 자신의 재림에 연관된 교훈을 주셨다. 당시는 아직 예수님께서 십자가를 지시기 전이었다. 따라서 아직 그의 부활과 승천이 실행되지 않았던 것이다.

그런 형편에서 예수님께서는 그에 관한 말씀을 하셨다. 마지막 날이 이르게 되면 사람들이 인자 곧 그리스도가 구름을 타고 능력과 큰 영광으로 이땅에 다시 오시는 것을 보리라는 것이었다. 물론 거기 모인 사람들 가운데 그 의미를 정확하게 깨닫고 있던 자는 없었던 것으로 보인다.

하지만 그의 십자가 처형 사건과 부활 승천이 있은 다음에는 모든 제자들이 그에 대한 분명한 깨달음을 가질 수 있었다. 부활하신 예수님께서 하늘로 올라가시는 동안 그곳에 모여 있던 많은 사람들이 그 놀라운 광경을 목격하게 되었다. 그때 두 천사가 나타나 그의 재림에 관한 사실을 선포했다. 사도행전에는 그에 관한 기록이 나타나고 있다.

> "이 말씀을 마치시고 저희 보는 데서 올리워 가시니 구름이 저를 가리워 보이지 않게 하더라 올라가실 때에 제자들이 자세히 하늘을 쳐다보고 있는데 흰옷 입은 두 사람이 저희 곁에 서서 가로되 갈릴리 사람들아 어찌하여 서서 하늘을 쳐다보느냐 너희 가운데서 하늘로 올리우신 이 예수는 하늘로 가심을 본 그대로 오시리라 하였느니라"(행1:9-11)

하나님의 자녀들은 이 세상에 살아가면서 예수님의 재림을 간절히 소망하며 살아가고 있다. 그는 부활하신 몸으로 승천하셨다가 선택받은 자기 백성들에 대한 구원의 완성과 사탄에게 속한 세력에 대한 최종 심판을 하기 위해 왕으로 다시 오시게 되는 것이다. 재림하시는 주님은 초림하실 때와는 크게 대조적인 모습을 보이게 된다.

초림하신 예수님은 하나님의 아들이면서도 사람들이 상상할 수 없는 초라한 모습으로 이땅에 오셔서 말구유에 뉘였다. 그리고 공 사역 이전의 어리고 젊은 시절에는 변변찮은 가난한 동네인 나사렛에서 사셨다. 공 사역 중에 예수님께서는 놀라운 사역을 감당하시면서도 항상 가난한 형편 가운데 살아가셨다. 그러다가 급기야는 사악한 인간들에 의해 모진 고난을 당한 후 십자가에 달려 돌아가셨던 것이다.

그에 반해 재림하시는 예수님께서는 엄위한 권위를 유지하신 채 구름을 타고 오시게 된다. 그는 위대한 권능과 큰 영광으로 재림하신다. 그 놀라운 광경을 많은 사람들이 친히 목격하게 된다. 그를 주님으로 알고 모시는 자들에게는 그것이 큰 소망이 되지만 그렇지 않은 자들에게는 그때가 무서운 심판날이 되는 것이다.

그런데 오늘날 어리석은 신학자들 가운데는 예수님의 몸의 재림을 부인하는 자들이 상당수 있다. 그들은 그것을 단순한 상징으로 받아들일 뿐 장차 역사적 사건으로 일어나게 될 것으로 믿지 않는다. 믿음이 없는 과학주의자들은 지구가 둥글기 때문에 모든 사람들이 예수님의 재림을 보는 것은 불가능하다는 어쭙잖은 주장을 펼치기도 한다.

우리는 예수님의 재림이 장차 구체적으로 이루어질 것을 간절히 소망하며 기다리고 있다. 그것은 인간들의 논리에 근거한 것이 아니라 하나님의 말씀인 성경에 기록된 증거로 인해 그대로 믿는 것이다. 나아가 성령 하나님의 도우심에 의해 모든 성도들은 그에 대한 굳건한 믿음을 소유하게 된다.

예수님의 죽음과 부활 승천이 인간들의 일반적인 논리에 기초하는 것이 아니지만 성경은 그 역사적 사건을 분명히 증언하고 있다. 이처럼 그의 재림도 성경의 기록대로 반드시 이루어지게 된다. 우리는 부활 승천하신 주님의 재림을 믿지 않는 참된 성도가 존재하지 않는다는 사실을 기억해야 한다.

예수님께서는 본문 가운데서 종말에 일어날 여러 가지 사건들이 발생하기 시작한 것을 보거든 자리에서 일어나 머리를 들라고 말씀하셨다. 이는 부활 승천하신 주님의 재림을 맞을 준비를 갖추라는 의미를 지니고 있다. 하나님의 자녀들에 대한 구원의 때가 눈앞에 가까이 다가왔기 때문이다.

4. 무화과나무 비유와 시대 분별(눅21:29-38)

예수님께서는 그와 더불어 비유의 말씀을 통해 특별한 교훈을 주셨다. 그것은 무화과나무를 비롯한 모든 나무들에 연관된 비유이다. 나무에서 싹이 돋아나면 사람들은 봄이 되었다는 사실과 함께 여름이 가까웠다는 점을 자연스럽게 알게 된다. 다가오는 시기에 대한 인식은 일부러 계산하거나 과학적인 많은 검토를 거쳐 확인되는 것이 아니다.

이처럼 하나님의 나라에 대해서도 그렇다고 하셨다. 앞에서 언급한 대로 하늘과 땅에서 여러 가지 기이한 현상들이 나타나는 것을 보거든 하나님 나라가 가까운 줄 알라고 하셨던 것이다. 주님께서는 그와 더불어 이 세대가 지나가기 전, 곧 세상이 끝나기 전에 그 모든 일이 다 이루어지리라고 말씀하셨다.

이는 그 모든 현상들이 장차 도래하게 될 새로운 세상에서가 아니라 인간들이 살아가는 이 세상에서 발생할 일이라는 의미를 지니고 있다. 따라서 예수님께서는 천지는 없어지겠으나 자신의 말씀은 결코 사라지지 않으리라고 하셨다. 앞에서 언급한 대로 종말이 되면 하늘과 땅에서 다양한 징조와 현상들이 일어나지만 그 모든 것들은 사라지게 된다. 하지만 자기가 언급한 모든 사실들은 반드시 성취된다는 사실을 말해주고 있다.

그러므로 주님께서는 자기를 따르는 자들을 향해 스스로 주의하여 세대를 분별하라고 말씀하셨다. 그렇지 않으면 방탕과 술 취함과 세상의 걱정으로 인해 마음이 둔해진다는 것이다. 그런 상황 중에 그날이 마치 덫에 걸리는 것처럼 갑작스레 들이닥칠지도 모른다는 것이다. 그날은 지구상의 일부 지역에만 임하는 것이 아니라 온 지구상에 거하는 모든 사람들에게 임하게 된다.

하나님의 자녀들은 이에 대한 분명한 깨달음을 가지고 살아가야 한다. 그리하여 장차 닥치게 될 위태로운 모든 일들을 능히 피하면서 재림하시는 주님 앞에 서도록 항상 기도하며 깨어 있어야만 하는 것이다. 이에 대해서는 말세지말에 살아가고 있는 우리에게 매우 중요한 교훈을 주고 있다.

그후 예수님께서는 낮 시간에는 날마다 성전으로 올라가 사람들에게 진리의 말씀을 가르치셨다. 그리고 밤에는 성전에서 나와 감람산으로 가서 휴식을 취하셨다. 따라서 아침이 되면 예수님의 말씀을 듣기 위해 성전으로 나아가는 자들이 많았다. 예수님은 그 백성들을 향해 이스라엘 민족의 정치적인 독립에 연관된 가르침이나 일반 윤리적인 생활을

영위하도록 가르치지 않으셨다. 그는 오직 구약성경에 기록된 예언에
따라 이땅에 오신 메시아인 자기의 사역과 장차 일어나게 될 중요한 사
실에 연관된 교훈을 주셨던 것이다.

제22장

유월절과 하나님 나라를 향한 그리스도 사역

(눅22:1-71)

1. 구약의 '마지막 유월절'[42]을 앞 둔 시기(눅22:1-6)

유월절과 무교절이 가까이 다가왔다. 유월절은 양을 잡아 하나님께 제물로 바치면서 진행하는 축제이며, 무교절은 그와 더불어 한 주간동안 누룩이 들어가지 않은 빵을 먹으며 출애굽을 기억하는 절기이다. 그날은 하나님으로 말미암아 허락되는 영원한 생명과 연관되는 절기라고 할 수 있다.

---

42) 유월절은 이스라엘 백성이 애굽에서 학대를 당할 때 하나님께서 그들을 그곳으로부터 끌어내기 위해 제정하신 특별한 절기이다. 그후 이스라엘 자손이 살아가던 세계 전역에서 해마다 유월절을 지켰다. 물론 솔로몬 성전이 세워지고 나서는 예루살렘을 중심으로 절기 행사가 행해졌으며, 이제 예수님께서 십자가에 달리시는 그 유월절은 그동안의 모든 유월절에 관한 구속사적 의미가 완성되는 마지막 유월절이 된다. 세례 요한이 증거하듯 하나님의 완벽한 제물이 되는 어린 양(요1:29,36)이 바쳐짐으로써 하나님으로 말미암은 완전한 해방이 허락되었던 것이다.

　그런데 그 마지막 유월절을 앞두고 대제사장들과 서기관들이 예수님을 죽일 대책을 강구하고 있었다. 하나님께 제물을 바치며 제사를 주관하는 제사장들과 구약성경을 연구하는 서기관들은 이스라엘 민족의 신앙을 위해 매우 중요한 직책을 맡은 자들이다. 바로 그들이 예수님을 죽이려는 마음을 먹고 있었다.

　하지만 그들은 나쁜 목적을 달성하기 위해서 치밀한 작전을 세워야만 했다. 그리고 예수님으로부터 죽일 만한 신앙적인 분명한 명분을 확보하지 않으면 안 되었다. 당시 많은 백성들이 예수님을 따르고 있었으므로 그들을 의식해야만 했다. 즉 민간의 눈치를 보며 여론을 의식하지 않을 수 없었던 것이다. 예수를 확실한 죄명 없이 그냥 죽일 경우 자칫 잘못하면 예기치 못한 두려운 일이 발생할 수 있었기 때문이다.

　그런 와중에 열두 제자들 가운데 하나인 가룟 유다의 마음속에 사탄이 강력하게 역사하게 되었다. 그는 원래 다른 제자들과 다름없이 예수님을 성실히 따르던 인물이었으나 갑작스럽게 배신자가 된 것이 아니었다. 예수님께서는 구속사 가운데서 특별한 목적을 가지고 가룟 유다를 제자들 가운데 한 사람으로 불렀으나 처음부터 사탄에게 속한 마귀였던 것이다. 요한은 그에 대한 분명한 증거를 하고 있다.

> "예수께서 대답하시되 내가 너희 열 둘을 택하지 아니하였느냐 그러나 너희 중에 한 사람은 마귀니라 하시니 이 말씀은 가룟 시몬의 아들 유다를 가리키심이라 저는 열 둘 중의 하나로 예수를 팔 자러라" (요6:70-71)

　유다가 예수님에 대하여 반기를 든 까닭은 그가 자기가 생각하는 그리스도가 아니었기 때문이었다. 앞서 예수님이 값비싼 향유를 자기 머리에 쏟아 부어 허비하는 여인과, 향유로 자기의 발을 씻는 여인의 도발적인 행위에 대해 책망하기는커녕 오히려 그를 옳다고 두둔하는 것을 이해하기 어려웠다(마26:8,9; 막14:3,4; 요12:3-5, 참조). 예수님의 그런 태도는 가난하고 소외된 자를 위한 것이라 볼 수 없었던 것이다.

그리하여 예수님의 행위에 크게 실망한 유다는 그로부터 등을 돌리고자 작정했다. 그는 곧장 대제사장들과 성전 관리자들을 찾아가 예수를 저들에게 넘겨줄 방책을 제시하면서 그것을 위한 구체적인 논의를 하기에 이르렀다. 그것은 예수님을 체포하기 위한 실행에 옮겨지게 될 일이었다.

예수님을 죽일 계획을 세우고 있던 그들에게 그의 제자 신분을 지닌 중요한 인물인 가룟 유다가 자발적으로 찾아왔으니 여간 기쁘지 않았을 것이 분명하다. 결국 그들은 동일한 목적을 가지고 상호 합의에 이르게 되었다. 그 결과 그들은 유다에게 돈을 주기로 약속하고 유다는 예수님을 체포할 수 있는 때와 장소를 물색하고자 했다. 가룟 유다는 그 목적을 이루고자 많은 사람들이 모여 있는 시간대를 피해 예수님을 유대 당국자들에게 넘겨줄 기회를 엿보게 되었다.

우리가 여기서 신중하게 생각해 보아야 할 점은 제사장들과 서기관들을 비롯한 배도에 빠진 유대주의자들이 부지중에 하나님 앞에 바쳐질 영원한 제물을 준비하는 일에 착수했다는 사실이다.43) 그들은 사악한 자기 목적을 가지고 있었으나 하나님께서는 그 경륜을 통해 놀라운 일을 실행해 가고 계셨던 것이다. 하지만 인간들은 그에 대한 하나님의 계획과 뜻을 전혀 인식하지 못하고 있었다.

2. 유월절 음식을 먹기 위한 다락방 예비(눅22:7-13)

누룩을 넣지 않은 빵을 먹는 무교절이 가까워져 유월절 양을 잡을 때

---

43) 구속사 가운데는 이와 같은 일이 종종 발생했다. 예를 들어 헤롯 대왕이 BC19년 예루살렘 성전을 다시 증축하려는 계획을 세우고 실행했던 것은 부지중에 메시아의 사역을 준비하는 것이었다. 사람들은 그에 대한 아무런 인식이 없었으나 하나님의 경륜에 의해 그 놀라운 일이 진행되어 갔던 것이다.

가 이르렀다. 그 유월절은 실상 구약 시대를 마무리하는 마지막 유월절이 되는 매우 중요한 날이었다. 그날은 유월절의 진정한 의미가 성취되는 날로서 완벽한 하나님의 어린 양이신 예수님이 십자가에 달려 돌아가심으로써 하나님께 제물로 바쳐지게 된다.

그 모든 상황을 알고 계시는 예수님께서 베드로와 요한을 특별히 불러 중요한 임무를 맡기셨다. 그것은 예수님을 비롯한 모든 제자들을 위하여 유월절을 준비하라는 것이었다. 그리하여 한자리에 앉아 특별한 음식을 먹게 하라는 요구를 하셨다.

특별한 명령을 듣게 된 제자들은 예수님을 향해 어디서 유월절 음식먹기를 원하시는지 물어보았다. 그러자 예수님께서는 예루살렘 성 안으로 들어가면 물 한 동이를 가지고 가는 사람을 만나게 될 것인데 그가가는 집으로 따라 들어가라고 하셨다. 그리고 그 집주인에게, 우리 선생님이 '내가 나의 제자들과 함께 유월절 음식을 먹을 방이 어디냐?'고물어보라는 것이었다.

그러면 그 집주인이 자기가 마련한 큰 다락방을 보여줄 것이라고 하셨다. 예수님께서는 베드로와 요한에게 그 자리에 유월절 음식을 준비하라는 명령을 내리셨다. 그리하여 그들은 밖으로 나가 주님의 말씀대로 행하여 유월절 음식을 나눌 수 있는 넓은 다락방을 구할 수 있게 되었다.

우리가 여기서 기억해야 할 바는 제자들이 유월절 음식을 먹을 수 있는 방을 구하라는 '선생님' 곧 랍비의 요구를 전달했을 때 집주인은 그랍비가 곧 예수님이란 사실을 알고 있었을 것이 분명하다. 당시 예수님은 많은 사람들에 의해 메시아로 인정받고 있었다. 또한 그가 지도계층의 유대주의자들에 의해 위협을 당하고 있다는 사실도 잘 알고 있었으므로 자기의 다락방을 용납했던 것이다.

3. 특별한 유월절 음식과 성찬(눅22:14-20)

예수님과 열두 제자들이 유월절 음식을 먹을 수 있는 다락방에 모였다. 당시 모든 유대인들과 언약을 받아들인 백성들은 각자 자기의 처소에서 유월절 음식을 먹기 위해 준비를 갖추고 있었다. 그 신령한 행사의 중심은 역시 예루살렘 성전이었으며 약속의 땅 전역에서 절기가 행해졌다. 뿐만 아니라 로마제국의 전 영역 즉 지금의 유럽과 터키를 비롯한 동방지역, 그리고 아프리카 북부지역에 흩어져 있던 언약의 백성들도 유월절을 준비하고 있었다.

그런데 예수님과 그의 제자들이 모인 그 자리는 매우 특별한 자리였다. 예루살렘 성전을 지근의 거리에 둔 성 안에 모인 그들은 여타의 모든 지역과는 전혀 다른 준비가 진행되고 있었기 때문이다. 유월절을 위하여 모인 모든 회집 장소에는 당연히 양고기가 마련되어 있었다. 유월절 양고기가 없는 유월절 음식이란 있을 수 없었기 때문이다.

하지만 예수님께서 친히 명하여 마련하신 그 다락방에는 가장 중요한 양고기가 없었다. 그럼에도 불구하고 제자들과 함께 앉으신 주님께서는 자기가 장차 임할 고난을 당하기 전에 저들과 함께 그 특별한 유월절 음식을 먹기를 간곡히 원했다는 사실을 언급하셨다. 이는 그 자리가 우연히 마련된 자리가 아니라 예수님께서 섭리와 경륜 가운데 특별히 예비하셨다는 사실을 말해주고 있다.

예수님께서는 그 자리에 앉아 있던 제자들을 향해 그들이 행하는 유월절이 하나님 나라에서 이루어지기까지는 다시 유월절 음식을 먹지 않으리라고 하셨다. 이는 그가 곧 하나님의 영원한 어린 양으로서 십자가 위에서 바쳐질 것에 연관되어 있다. 그가 죽어 하나님 앞에 온전한 제물로 바쳐짐으로써 하나님 나라가 구체적으로 실현될 수 있었기 때문이다.

또한 주님께서 제자들에게 잔과 떡을 나누어주셨다. 먼저 잔을 받아 사례하신 후 그것을 제자들에게 주어 나누어 마시게 하셨다. 그와 더불어 이제부터 하나님 나라가 임할 때까지 포도나무에서 난 포도주를 마시지 않으리라는 말씀을 하셨다. 이는 장래의 긴 기간을 두고 말씀하신 것이 아니라 곧 임하게 될 십자가 사역에 밀접하게 연관되어 있었다. 즉 그는 포도주를 자기가 십자가에 달려 흘리게 될 보혈과 연관지어 상징적인 언급을 하셨던 것이다.

그와 더불어 그는 떡을 취하여 사례하시고 떼어 제자들에게 나누어 주셨다. 그리고 그것이 그들을 위하여 주시는 자신의 몸이라고 말씀하셨다.44) 이는 물론 그가 곧 십자가에 달려 돌아가실 것에 직접 연관되어 있었으며 자기가 곧 참 생명을 위한 진정한 양식이 된다는 사실을 말해 주고 있다. 따라서 이제 그후로는 그의 모든 제자들이 그 특별한 유월절을 상속받아 지속적으로 시행해야만 했다.

인간들은 이 세상에 살아가며 자기의 생명을 유지하기 위해서 음식과 음료를 섭취해야만 한다. 누구든지 음식을 먹지 않고 물을 마시지 않는다면 죽을 수밖에 없다. 우리가 여기서 기억해야 할 바는 영원한 삶을 유지하고 누리기 위해서도 신령한 음식과 음료를 섭취해야 한다는 사실이다. 즉 주님의 살과 피인 신령한 떡과 포도주를 언약 안에서 먹고 마심으로써 참된 생명을 유지할 수 있게 되는 것이다.

그러므로 주님께서는 자기가 공급하는 그 신령한 음식을 지속적으로 먹고 마심으로써 자신에게 속한 그 의미를 기념하라고 명하셨다. 그 요청에 따라 나중에 이어지게 될 주님의 십자가 사역과 성령의 강림으로 인해 매주일 교회 가운데서 성찬이 나누어지게 되었다. 이처럼 예수님께서 제자들과 함께 시행하신 마지막 유월절 행사는 매우 중요한 구속사적 의미를 가지고 있다.

---

44) 우리는 이를 통해 그 다락방에 유월절 양고기가 없었다는 점을 분명히 알 수 있다. 만일 그 자리에 양고기가 있었다면 예수님께서 그 고기를 제자들에게 나누어주면서 그것이 자기의 몸이라고 했을 것이기 때문이다.

따라서 예수님께서는 저녁 식사를 마치신 후 장차 그에게 속한 백성들이 포도주를 나눌 때도 자기의 보혈을 기억하며 기념하도록 요구하셨다. 즉 그리스도를 중심에 두고 나누어지는 잔은 예수님의 피로 세우는 새 언약이라고 말씀하셨다. 그것은 곧 저들을 위하여 흘리는 거룩한 피라는 것이었다.

4. 그리스도를 파는 배신자 유다(눅22:21-23)

그런데 그 신령한 자리에 주님을 팔고자 하는 배신자가 숨어 있었다. 그 사실에 대해서는 당사자 이외에는 제자들 가운데 아무도 인식하지 못했다. 예수님을 비롯한 모든 제자들은 외견상 동일한 형편에 처한 하나의 공동체를 이루고 있었기 때문이다. 더구나 가룟 유다는 실상은 내부의 것을 횡령하는 도둑이었으나(요12:6) 조직상으로는 재정을 맡고 있는 자로서 상당한 윤리적 신뢰를 받고 있었다(요13:29).

그래서 예수님께서는 특별한 유월절 음식을 먹는 그 자리에서 그에 대한 공언을 하셨다. 자기를 악한 자들에게 팔아넘길 자의 손이 자기와 함께 상 위에 놓여있다는 것이었다. 이는 그 악한 배신자가 유월절 음식을 나누고자 하는 그 신령한 자리에 함께 앉아 있다는 사실을 말해주고 있는 것이다.

구약성경에서 처음부터 예언된 약속에 따라 인자(人子)로 오신 주님(창3:15)께서는 하나님의 뜻에 의해 작정된 대로 자기 길을 가시지만 자기를 악한 원수들의 손에 팔아넘기는 그 사람에게는 무서운 저주가 임하게 될 것이라고 하셨다. 다른 모든 제자들은 예수님에 의해 특별히 부르심을 받은 자들이었기 때문에 그에 대한 이해를 하기 쉽지 않았다.

그러므로 예수님의 그 말씀은 그 자리에 있던 제자들에게 충격적인 선언이 아닐 수 없었다. 각자의 성격이 달랐을지라도 서로 신뢰하는 관계를 유지하고 있었기 때문이다. 그들은 악한 유대인들로부터 심한 박해를 받고 있으면서도 그에 굴복하지 않고 있었다.

따라서 제자들은 서로 얼굴을 쳐다보며 저들 가운데 그와 같은 사악한 일을 행할 자가 과연 누군지 의아해했다. 그들은 그 자리에는 그런 악한 배신자가 존재할 수 없다는 생각을 하고 있었다. 이는 외견상 모든 제자들이 참된 예수님의 제자로 인식되고 있었기 때문이다. 하지만 그 자리에는 사탄이 심어둔 악한 자가 존재하고 있었던 것이다.

오늘날 우리 시대 교회 가운데도 그와 같은 특성은 그대로 실재하고 있다. 교회에 속하여 열성적인 기독교 지도자나 기독교인으로 비쳐질지라도 주님을 따르지 않고 사탄의 뜻에 따라 움직이는 자들이 있다는 것이다. 많은 사람들은 겉으로 드러나는 행위를 통해 그 사실을 알아내기 어려우며 당사자조차도 자신의 종교성을 자랑하면서 하나님에 대한 충성을 다한다고 여기고 있기 때문이다.[45)]

그렇다면 왜 그런 악한 자들을 주님의 교회에 허용하는가 하는 점을 생각해 보아야 한다. 예수님의 핵심 제자들 가운데 사탄의 지시를 받는 자가 있고 오늘날 우리 시대의 교회에도 사탄의 뜻을 따르는 자들이 있다는 사실은 매우 중요한 의미를 지니고 있다. 물론 그 당사자들에게는 저주가 따를 수밖에 없다.

하지만 하나님의 구원의 반열에 든 성도들에게는 그것을 통해 적절한 유익을 얻을 수 있다. 지상 교회에 속한 성도들은 막연한 방심(放心) 상태로 신앙생활을 할 것이 아니라 적절한 긴장의식을 가지고 주변을 주의 깊게 살피는 가운데 주님을 섬겨야 한다. 그런 중에 교회 내부에서 세상의 값어치를 무분별하게 도입하는 배도 행위가 생겨나지 않도록 권징사역에 적극 참여해야 한다. 그것을 통해 지상 교회의 순결을 유지할 수 있게 되는 것이다.

---

45) 예수님 당시 제사장들이나 서기관, 바리새인들 가운데는 그런 자들이 태반이었다. 그와 같은 양상은 기독교 역사 가운데 끊임없이 있어 왔던 일이며 오늘날 우리 시대도 예외가 아니다.

5. '하나님 나라' 를 오해하는 제자들(눅22:24-27)

그런 위급한 상황 가운데서 제자들 사이에 적잖은 다툼이 일어나게 되었다. 자기들 중에 누가 더 크냐는 것이었다. 이는 서로 자기가 다른 제자들보다 더 유능한 인물이라는 사실을 내세우고자 하는 문제와 연관되어 있었다. 이와 같은 태도는 적진 앞에서 일어나는 어처구니없는 분열과도 같은 양상으로 나타났다.

그들은 이제 곧 저들의 스승이신 예수님이 로마제국을 억누르고 대권을 장악하게 되면 각자 능력에 따라 중요한 임무를 맡게 될 것으로 생각했다. 그래서 상대적으로 유능한 제자가 더 높은 자리를 차지하게 될 것으로 여겼던 것이다. 이는 서로 핵심적인 자리를 차지하기 위한 일종의 권력 투쟁과 같은 성격을 지니고 있었다.

제자들의 어처구니없는 논쟁을 지켜보신 예수님께서는 저들을 책망하듯 말씀하셨다. 이방인들의 나라에서는 왕이 백성들 위에 군림하여 통치하기를 좋아한다. 즉 이방 왕국의 통치자들은 백성들 위에 앉아 권세를 부리면서 마치 대단한 인물이라도 된 듯이 행세한다. 그 권세 언저리에 머무는 자들은 그와 더불어 무소불위(無所不爲)의 권력을 행사하는 것이다.

그러나 하나님 나라에서는 전혀 그렇지 않다는 사실을 말씀하셨다. 따라서 주님께서 왕권을 회복한다고 할지라도 그 제자들이 누릴 만한 특별한 권세가 주어지지 않는다. 오히려 그들 가운데 가장 높은 사람이 있다면 그는 가장 낮은 자처럼 처신해야 하며 다스리는 지도자의 위치에 있는 자들은 섬기는 사람처럼 되어야 한다는 것이다(눅22:26).

예수님께서는, 자리에 가만히 앉아 음식을 제공받아 먹는 사람과 그것을 준비하여 섬기는 자 가운데 누가 더 큰 지위를 가지고 있느냐고 물어보셨다. 그것은 당연히 자리에 앉아 음식을 먹는 자가 크다는 것이었다. 그러면서 주님께서는 다른 사람들을 섬기는 자로서 저들 가운데 계신다는 사실을 언급하셨다. 즉 자기는 섬김을 받으러 이 세상에 오신 것이 아니라 섬기기 위해 오셨다는 것이다. 마태복음에는 그 의미가 좀 더 선명하게 나타나고 있다.

> "인자가 온 것은 섬김을 받으려 함이 아니라 도리어 섬기려 하고 자기 목숨을 많은 사람의 대속물로 주려 함이니라"(마20:28)

대속을 위한 제물이 되고자 이땅에 오신 예수님은 사람들로부터 음식을 제공받으며 섬김을 받는 자가 아니라 자기가 도리어 신령한 음식을 제공하는 자라는 사실을 말해주고 있다. 그는 마지막 유월절 날을 앞두고 제자들에게 특별한 음식을 제공하며 '자신의 몸을 먹으라'(눅22:19)고 하셨듯이 영생을 위한 양식을 공급하신다는 것이었다. 예수님께서는 자기가 신령한 양식으로 섬기는 자로 왔으므로 하나님 나라는 누군가 백성들 위에 군림하며 지배하는 그런 나라가 아니라 도리어 섬기는 자들이 모인 공동체라는 사실을 말씀하셨던 것이다.

6. 하나님 나라 사역에 대한 예언(눅22:28-38)

예수님께서는 이와 더불어 제자들에게 매우 중요한 말씀을 하셨다. 물론 그것은 한자리에 앉아 있던 가룟 유다에게는 전혀 해당되지 않는 내용이었다. 그는 제자들이 자신의 모든 시험 중에 자기와 함께한 자들이라는 사실을 언급하셨다. 이는 주님과 제자들이 영적인 환경에 대한 동질성을 가지고 있음을 말해주고 있다.

그로 말미암아 예수님께서는 저들에게 중요한 사명을 주시리라고 하셨다. 그는 먼저 천상에 계시는 성부 하나님께서 자기에게 '나라'를 맡기신 사실을 언급하셨다. 이는 하나님 나라가 이땅에서 모든 역할을 감당하지만 그 나라는 이땅의 다른 보통 나라들처럼 사람들에 의해 세워진 것이 아니라 천상에 계시는 하나님으로부터 말미암았다는 점에 연관되어 있다.

십자가 사역을 눈앞에 둔 예수님께서는 제자들에게 이제 그 나라를 제자들에게 맡기시겠노라고 하셨다. 저들로 하여금 하나님 나라에 속해 있으면서 그의 식탁에서 먹고 마시며 영광의 보좌에 앉아 이스라엘 열두 지파를 다스리게 하고자 한다는 것이었다. 이는 매우 중요한 의미를 담고 있다.

그것은 우선 지상 교회의 설립과 밀접하게 연관되어 있다. 예수 그리스도께서 이땅의 왕으로 오셔서 세우신 하나님 나라가, 그의 십자가 사역을 통한 부활과 승천 이후 그 나라를 드러내는 교회가 지상에 세워지게 된다는 것이다. 주님께서는 그 교회의 영광의 보좌를 제자들에게 맡겨 하나님의 뜻을 이루어가게 하시고자 하셨다.

제자들이 행해야 할 가장 중요한 사명 가운데 하나는 이스라엘 열두 지파 곧 언약의 민족을 다스림으로써 이땅에 참 진리를 드러내는 것이다. 그것을 통해 창세 전에 택하신 자기 백성들을 구원의 자리로 불러 모으게 된다. 이는 구약에 계시된 하나님의 언약이 성취되는 것에 연관되어 있다. 또한 보편교회와 그대로 연결되어 있으므로 오늘날도 주님의 제자들은 우리를 위한 중요한 보증의 역할을 하게 되는 것이다.

예수님께서는 그와 더불어 제자들의 대표자격인 시몬 베드로에게 말씀하셨다. 사탄이 마치 밀을 체질하여 까불듯이 그들을 자기 손아귀에 넣고 제멋대로 하기를 원하고 있다는 것이었다. 하지만 주님께서 저들의 믿음이 떨어지지 않도록 기도했다는 말씀을 하셨다. 그러니 그가 나중에 그에 연관된 일이 발생하면 돌이킨 후에 와서 그 형제들을 굳세게 하라고 명하셨던 것이다.[46]

주님의 말씀을 들은 베드로는 자기의 굳은 다짐을 말했다. 자기는 주

---

46) 예수님의 이 말씀은 베드로가 자기를 배신하는 자리에 이르게 될 것을 염두에 두고 하신 말씀이다.

님과 함께 감옥에 갇힐 준비가 되어 있으며 주님을 위해서라면 죽음에
이르기까지 따를 준비가 되어 있다는 것이었다. 물론 베드로의 그 고백
은 전혀 거짓이 아니었으며 진심으로 그러했을 것이 분명하다. 하지만
인간의 진정성이 곧 모든 것의 보증이 되지는 않는다. 베드로 자신도 그
에 대한 인식이 없었을 것이기 때문이다.

그러므로 예수님께서는 베드로를 향해 상상조차 하지 못한 말씀을 하
셨다. 그가 '오늘 새벽 닭 울기 전'[47]에 세 번 주님을 모른다고 부인하
리라는 것이었다. 그것은 베드로에게 충격적인 말이 아닐 수 없었다. 백
번 양보해서 한 번 주님을 부인한다면 얼떨결에 그렇게 한 것으로 생각
할 수 있지만 세 번씩이나 되풀이하여 그렇게 한다는 것은 여간 심각한
문제가 아니었기 때문이다.

예수님께서는 그 말씀으로 인해 크게 주눅이 들었을 제자들을 향해
또 다른 중요한 질문을 던지셨다. 그전에 자기가 복음 선포를 위해 그들
을 내보내시면서 전대와 주머니와 신도 없이 가도록 했는데 그때 부족
한 것이 있었느냐는 것이었다. 그러자 제자들은 전혀 부족함이 없었다
는 사실을 말했다.

그런데 이번에는 전혀 다른 말씀을 하셨다. 이제는 전대 있는 자는 가
져도 되며 주머니도 그렇다고 하셨다. 그리고 검(칼)이 없는 자는 겉옷을
팔아 그것을 사라고 하셨다. 이는 예수님께서 십자가에 달려 돌아가신
후 부활 승천하신 다음에 그들의 처신에 관한 언급이었다. 이제 주님이
승천하신 후에는 그 전과 상황이 전혀 다르다는 것이었다.

우리는 여기서 전대나 주머니를 가지라는 것에 대해서는 이해할 수 있
지만 싸움에 필요한 검을 준비하라는 말을 이해하기는 그리 쉽지 않
다. 왜 제자들을 향해 그렇게 하도록 요구하셨을까? 더군다나 그것은

---

47) 성경 본문에서 '오늘'이라고 한 것은 오늘날 우리가 자정을 기준으로 한 날
을 계산하는 것과 달리 당시 유대인들은 해질 때를 하루의 시작으로 보았기 때문
이다.

단순히 상징적인 의미로 하신 말씀이 아니라 겉옷을 팔아서 그것을 사라고 하신 것을 보아 당시에는 실제에 연관된 의미 있는 요구였다. 이는 앞으로 확립될 하나님 나라는 세상 나라에 맞서 전투하는 공동체임을 말해주고 있다.

예수님께서는 그와 더불어 이제 자기가 이땅에 오신 모든 일들이 구체적으로 이루어지고 있음을 언급하셨다. 특히 선지자 이사야가 기록한 말씀 가운데 한 부분을 인용하며 메시아가 취하게 되는 모든 사실이 성취되어가고 있음을 밝히셨던 것이다. 이제 그것을 통해 하나님의 메시아 예언이 드러나기에 이르렀기 때문이다.

> "이러므로 내가 그로 존귀한 자와 함께 분깃을 얻게 하며 강한 자와 함께 탈취한 것을 나누게 하리니 이는 그가 자기 영혼을 버려 사망에 이르게 하며 범죄자 중 하나로 헤아림을 입었음이라 그러나 실상은 그가 많은 사람의 죄를 지며 범죄자를 위하여 기도하였느니라 하시니라"(사53:12)

예수님께서는 이사야의 예언처럼 거룩한 자로서 의인인 자기가 마치 죄인들 가운데 하나로 몰려 죽임을 당하게 된다고 말씀하셨다. 당시 제자들이 원하는 것은 메시아이신 예수님의 그런 허망한 죽음이 아니었다. 그가 오히려 모든 사람이 목격할 수 있는 가시적인 승리를 거두어 세상을 엄중하게 심판하시는 것이었다.

예수님의 말씀을 들은 제자들은 아직도 그 내용의 실상을 온전히 깨닫지 못한 채 크게 오해하고 있었다. 그가 조금 전 이제 검을 가지도록 허용했으니 검으로 저들을 심판하면 되리라고 여겼던 것이다. 하지만 그들에게는 검이 두 자루밖에 없었다. 그것들을 내어놓으며 좀 더 많은 검이 필요하지 않느냐는 식으로 반응했다. 하지만 주님께서는 제자들의 반응을 보시며 그만하면 충분하다고 대답하셨다(눅22:38). 즉 더 많은 검이 필요하지는 않다는 것이었다.

예수님의 이 말씀 가운데는 제자들이 세상에 대항하되 검을 가지고 무력으로 싸우는 것이 아님을 드러내 보여주고 계신다. 제자들과 앞으로 세워지게 될 지상 교회에 속한 성도들이 칼을 가지는 것은 세상이 타협이나 교제의 대상이 아니라는 사실을 말해주고 있다. 즉 타락한 세상은 주님의 몸 된 교회와 적대 관계에 놓여있다는 것이다. 우리는 이것이 영적인 의미를 지닌 매우 실제적인 상황이라는 사실을 기억하지 않으면 안 된다.

7. 예수님의 특별한 기도(눅22:39-46)

예수님께서는 하나님 나라의 상속과 교회에 연관된 교훈을 주신 후 바깥으로 나가셨다. 그곳에 머무실 때 일상적으로 행하셨듯이 감람산으로 가시게 되었다. 그러자 제자들도 그를 따라 산으로 갔다.

그곳에 이르자 예수님께서 제자들을 향해 말씀하셨다. 그것은 시험 곧 유혹(temptation)에 빠지지 않도록 기도하라는 것이었다. 이 교훈은 일반적으로 받아들일 수 있지만 당시는 십자가 사역을 앞둔 상태에서 특별히 요구하신 말씀이었다. 구약의 약속을 기억함으로써 정신을 바짝 차리지 않으면 예수님이 십자가에 달리는 처참한 모습을 보며 굳센 믿음을 유지하기가 쉽지 않을 것이었기 때문이다.

그 말씀을 하신 후 예수님께서는 돌을 던지면 닿을 만한 정도의 거리로 가서 따로 무릎을 꿇고 기도했다. 그는 성부 하나님을 향해 기도하며 십자가 사역을 앞둔 상태에서 자신의 심경을 토로했다. 그것은 완전한 인간인 그리스도로서 그에 대하여 느끼는 일종의 두려움으로 인한 것이었다.

만일 성부 하나님의 뜻이라면 자기의 잔 곧 자기가 감당해야 할 십자가 처형을 받지 않게 해 달라고 간구했다. 예수님은 그것이 얼마나 고통스러운 일인지 잘 알고 있었던 것이다. 그러나 성자인 자기의 원하는 대로 하지 말고 모든 것이 성부의 뜻대로 이루어지기를 원한다고 했다.

우리가 여기서 분명히 이해해야 할 바는 예수님이 십자가 처형을 피할 수 있는 가능성을 기대하며 그렇게 기도한 것이 아니라는 사실이다. 그는 하나님의 어린 양으로서 하나님께 바쳐지는 희생제물이 되어야 한다는 점을 잘 알고 계셨다. 그가 속죄 제물로 바쳐져야만 창세 전에 자기 이름으로 택하신 자녀들을 죄로부터 구원할 수 있기 때문이다.

하지만 그 끔찍한 십자가 사역의 고통을 알고 계시는 주님이 힘들어하는 것은 지극히 자연스럽다. 따라서 하나님의 사자가 하늘로부터 예수님 앞에 나타나 그에게 힘이 되어 도와드렸다. 그러자 예수님께서는 더욱 간절히 하나님을 향해 힘을 다해 간절히 기도했다. 그로 인해 땀이 마치 핏방울처럼 되어 땅바닥에 떨어졌다. 이는 십자가를 지기 전의 인간 예수님의 절실한 상태를 잘 보여주고 있다.

기도를 마치신 주님께서는 자리에서 일어나 제자들이 있는 곳으로 가셨다. 돌아가서 보니 그들은 간절하게 기도하시는 예수님을 보면서 깊은 슬픔에 잠긴 채 지쳐 잠들어 있었다. 그들은 왕으로 등장하시는 예수님의 모습이 범상치 않다는 사실을 깨달았던 것으로 보인다. 또한 그사이 제자들이 잠든 것으로 보아 예수님의 기도하신 시간이 그리 짧은 시간이 아니었음을 알 수 있다.

예수님께서는 지쳐 잠든 제자들을 보시고 깨워 일으키셨다. 어찌하여 자고 있느냐고 하시면서 시험에 들지 않게 일어나 기도하라고 말씀하셨다. 이 역시 일반적인 요구라기보다 십자가 사역과 그에 앞서 발생할 특별한 일에 연관되어 있었다. 그때는 제자들이 바짝 긴장하고 있어야 할 시점이었던 것이다.

8. 가룟 유다와 그가 이끈 무리(눅22:47-53)

예수님께서 제자들에게 시험에 들지 않게 기도하라는 말씀을 하실 때 열두 제자들 가운데 하나인 가룟 유다가 감람산에 있던 동료들 앞으로 나아왔다. 예수님은 그 위기의 상황을 정확하게 파악하고 계셨으나 다른 제자들은 미처 그렇지 못했을 것으로 보인다. 앞서 예수님께서 배신자에 대하여 말씀하신 내용과 더불어 즉시 알아채기는 했겠지만 설마 하는 마음으로 분위기를 읽어내야만 했을 것이다.

당시 가룟 유다는 예수님을 체포하기 위하여 대제사장들과 성전에 속한 군관들과 장로들 등 한 무리를 이끌고 왔다. 그들 가운데 상당수는 전문적인 군사훈련을 받은 자들이었다. 예수님과 함께 있던 모든 제자들이 눈앞에서 그들이 몰려오는 광경을 지켜보고 있었다. 그때 유다가 예수님과 입 맞추며 인사하기 위해 예수님 앞으로 가까이 다가왔다. 그것을 통해 그가 곧 예수라는 것을 알리고자 했던 것이다.

그러자 예수님께서는 친근한 듯 자기에게 다가오는 유다를 향해 입맞춤으로 인자를 팔려느냐고 하셨다. 그것은 친밀한 관계를 과장하고 있었지만 배신의 표시와 마찬가지였다. 그 정황을 알아차린 제자들은 검으로 그 악한 자들을 쳐도 되겠느냐고 예수님께 물었다. 그들은 앞서 예수님께서 검을 가지라고 요구하신 것이 그와 같은 경우를 대비하기 위한 것으로 생각하고 있었을 것이 틀림없다. 물론 그것은 그런 의미가 아니었음이 분명하다.

그러므로 예수님께서는 제자들이 그런 행동을 취하는 것을 허락하지 않으셨다. 그럼에도 불구하고 성격이 급한 시몬 베드로가 검을 들어 대제사장의 종인 말고(Malchus)의 오른편 귀를 쳐서 잘라버렸다(요18:10).[48] 이는 사실 대단한 용기와 믿음이 없이는 결코 취할 수 없는 행동이었다.

우리가 여기서 기억해야 할 바는, 베드로가 적군인 말고의 귀를 자르려고 계획했던 것이 아니었다는 사실이다. 그는 적들 가운데 하나를 죽이기 위해 칼을 휘둘러 그에게 내리쳤던 것이다. 만일 그러다 죽게 되면 양측 사이에 전면전이 일어날 수밖에 없는 위급한 상황이었다.

---

48) 앞에서 제자들이 두 개의 검을 예수님 앞에 내어놓았는데(눅22:38) 그 가운데 하나는 베드로가 호신용으로 가지고 다니던 것이었다.

상대는 전문적인 훈련을 받은 성전 군사인데 반해 다른 제자들과 마찬가지로 베드로는 그렇지 않았다. 산헤드린 공회가 공적으로 파송한 무장 군관들을 대항하여 칼을 뽑는 것은 위험천만한 일이었으나 그것은 예수님에 대한 절대적인 충성심 때문이었다. 그 베드로가 나중 예수님을 세 번이나 부인하는 자가 되지만 그는 제자들 중에 으뜸이라 할 만했던 것이다.

베드로가 말고의 귀를 친 것을 보신 주님께서는 검을 도로 꽂으라고 하시면서 그것마저 참으라고 말씀하셨다. 그리고는 피범벅이 된 잘려나간 그의 귀를 도로 갖다 붙여주어 낫게 해 주셨다. 이를 통해 하나님 나라에 속한 성도들은 그리스도의 군사가 되지만 검을 비롯한 무기로 원수들과 싸우는 자는 아니라는 사실을 알 수 있다. 마태복음에는 그에 관한 예수님의 말씀이 기록되어 있다.

> "이에 예수께서 이르시되 네 검을 도로 집에 꽂으라 검을 가지는 자는 다 검으로 망하느니라"(마26:52)

하나님 나라의 승리는 병기나 무력에 달려 있지 않음을 말씀하신 예수님께서는 그후 가룻 유다와 함께 온 대제사장들과 성전의 군관들과 장로들을 향해 말씀하셨다. 왜 강도를 잡는 것같이 검과 몽치를 가지고 자기에게 나아왔느냐는 것이었다. 자기가 날마다 저들과 함께 성전에 있을 때는 손을 대 체포하지 않았다는 것이다. 그러나 이제 저들이 거사(巨事)를 일으킬 때가 되었으며 어둠의 권세가 기세를 부릴 때가 임했다는 말씀을 하셨다.

9. 대제사장의 관저와 베드로의 부인(눅22:54-62)

가룻 유다의 배신행위로 인해 예수님은 마치 극악한 죄수처럼 간주되어 당국자들에 의해 체포되었다. 그들은 예수님을 잡아 대제사장의 집으로 끌고 들어갔다. 그때 베드로는 메시아인 선생님이 잡혀가는 것을 보며 그의 뒤를 멀찍이 따라 들어갔다.

우리가 여기서 기억해야 할 바는 제자들 가운데 베드로가 가장 절실하게 예수님을 사랑했다는 사실이다. 따라서 다른 제자들은 전부 두려움에 빠져 자기의 생명을 구하기 위해 멀리 도망가거나 뒤에 쳐진 데 반해 베드로는 피하지 않고 예수님을 뒤따라 가게 되었다. 거기에는 물론 베드로의 담대한 마음이 큰 몫을 했을 것이다.

베드로가 만일 사람들에게 들키게 된다면 그 역시 위험한 상황에 빠질 수 있었다. 그는 잠시 전 감람산에서 산헤드린의 세력에 강력히 저항하여 무력으로 맞섰으며 대제사장의 부하인 말고(Malchus)의 귀를 잘라 버린 전력이 있는 인물이었다. 그가 눈치를 살펴 가며 대제사장의 집에 잠입해 사람들 가운데 뒤섞여 있었다.

쌀쌀한 새벽 날씨로 인해 사람들이 뜰 가운데 모여 불을 피우고 앉아 있을 때 베드로도 그 자리에 끼어 앉았다. 주변 사람들 가운데 아직 그의 신분을 의심하는 자가 나타나지 않았으나 베드로는 불안한 마음으로 예수님과 그의 문제가 어떻게 전개되어 가는지 관심을 기울여 주시했다. 그때 하녀 중 하나가 불을 마주하고 앉아 있는 베드로를 보고 그가 누구인지 즉시 알아챘다.

그리하여 그 하녀는 함께 있던 다른 사람들을 향해 그가 예수와 함께 있던 자라는 사실을 소리쳐 말했다. 그러자 베드로는 즉시 부인하며 자기가 예수를 알지 못한다고 변명했다. 시간이 조금 지난 후에 또 다른 사람이 베드로를 보고 예수와 같은 당이 아니냐고 물었을 때 자기는 그렇지 않다고 둘러댔다. 한 시간쯤 지났을 때 또 다른 한 사람이 베드로를 가리키며 그가 갈릴리 사람으로서 예수와 함께 있던 자라는 사실을 장담한다는 말을 했다.

그의 말을 들은 베드로는 자기는 절대 그를 알거나 그와 함께 다닌 적

이 없는 사람이라고 강변했다. 자기는 그가 무슨 말을 하는지 도무지 알
아들을 수조차 없다고 했다. 그 말이 끝나자마자 닭이 울었다. 그때 예
수님께서 멀찍이서 고개를 돌려 베드로를 보셨다.[49]

그러자 베드로는 잠시 전에 예수님이 자기에게 하신 말씀을 기억하게
되었다. 오늘 밤 닭이 울기 전에 세 번 자기를 부인하리라는 그의 말씀
이 떠올랐던 것이다. 그리하여 베드로는 밖으로 나가 혼자 크게 통곡하
게 되었다.

우리가 여기서 알아야 할 점은 예수님의 제자들 가운데 베드로가 가
장 신앙이 투철한 인물이었다는 사실이다. 예수님의 제자들 가운데 가
장 신앙이 좋았다는 말은 당시 지구상에 존재하는 인간들 중에 그가 최
고의 신앙을 소유한 자였음을 말해준다. 이는 가장 신앙이 좋은 베드로
가 그 정도였다면 여타 모든 인간들의 신앙은 그에 훨씬 미치지 못한다
는 사실을 말해주고 있다. 따라서 이 세상의 모든 인간들은 '예수를 모
른다'고 부인한 베드로의 언어 속에 들어가 있는 셈이다.

10. 조롱과 고통 중에 선포된 하나님의 아들이 취하게 될 천상의 권능(눅22:63-71)

이른 새벽 예수님을 지키던 자들이 그의 고귀한 신분을 알아보지 못
한 채 희롱하고 때리기도 했다. 사악한 인간들이 감히 하나님의 아들 곧
성자 하나님을 그런 식으로 대했던 것이다. 그것이 설령 무지에 의한 것

---

49) 마태복음 26장에는 세 번에 걸친 예수님에 대한 베드로의 부인이 점차 그 정
도가 심해지고 강력해진다는 사실을 보여주고 있다. 첫 번째 부인에서는 자기를
알아본 하녀를 향해 베드로는 예수를 모르며 그가 지금 무슨 말을 하는지 전혀 모
르겠다고 했다(마26:70). 또한 두 번째 부인을 할 때는 강하게 맹세하며 예수를 알
지 못한다고 했다(마26:72). 그리고 세 번째 예수님을 부인하면서는 만일 자기가
그를 안다면 저주를 받을 것이라며 맹세하는 가운데 예수를 모른다고 말했다(마
26:74). 이는 베드로가 예수님을 세 차례 부인하면서 점차적으로 더욱 강력한 태
도로 부인했던 사실을 보여주고 있다.

이라고 할지라도 무서운 죄악이라는 사실을 피할 수 없다.

이에 대해서는 오늘날 우리가 주의 깊게 생각해 보아야 할 문제이다. 무지로 인해 예수 그리스도를 알아보지 못했다고 할지라도 그것은 결코 무죄로 인정받을 수 없다. 적극적으로 하나님의 아들을 모욕한 자들이든 소극적이며 간접적으로 그렇게 했던 자들이든 한 가지로 죄악에 참여한 것이 된다.

예수님 당시 직접 그를 모독하던 자들은 손찌검을 했을 뿐 아니라 그의 눈을 가리고 사악한 태도로 모독하기를 주저하지 않았다. 그들은 예수님을 손으로 때리면서 그 때린 자가 누구인지 알아맞혀 보라고 조롱했다. 뿐만 아니라 그 외에도 온갖 참람한 욕설로 그를 모독하는 행위를 지속했다.

사악한 인간들이 거룩하신 하나님의 아들을 끔찍하게 모독하는 광경을 눈앞에서 목격하면서도 베드로는 속수무책이었다. 그는 그동안 고백해 왔던 것과는 달리 아무 일도 할 수 없었다. 더구나 스스로 자기의 신앙을 확신했던 그가 예수님을 세 차례나 부인함으로써 깊은 자괴감에 빠지지 않을 수 없었을 것이다. 그로 말미암아 철저히 무능한 자기의 실존적 모습을 직시할 수밖에 없었을 것이 분명하다.

날이 새고 아침이 되자 장로들과 대제사장들 및 서기관들이 모여 예수님을 산헤드린 공회로 끌고 들어갔다. 그들은 죄 없는 예수님을 죄수로 만들어 공회 앞에 세웠다. 그리고는 '당신이 그리스도라면 우리에게 답변하라'고 다그쳤다. 그들은 예수님이 자신을 구약성경에서 예언한 메시아로 선포한 사실을 두고 율법을 어긴 죄로 규정했던 것이다.

공회원들의 심문을 받은 예수님은 자기가 바로 그 메시아라는 사실을 입증한다고 할지라도 믿지 않을 것 아니냐고 반문했다. 그리고 자기가 어떤 말을 해도 그들이 대답하지 않을 것이라고 했다. 즉 예수님이 구약성경의 기록을 증거로 제시한다 해도 그에 답하지 않으리라는 것이었다. 이는 그들이 이미 모든 것을 정해놓은 상태에서 예수님을 처형하려는 것일 뿐 참된 진리에 대해서는 아무런 관심이 없다는 사실을 말해주고 있다.

예수님께서는 사탄에게 속한 자들이 스스로 원하는 대로 사악한 판단과 행위를 하게 되리라는 사실을 잘 알고 계셨다. 따라서 인자로 오신 자기는 잠시 후 하나님의 권능의 우편에 앉아 계시리라는 사실을 말씀하셨다. 주님께서는 자기가 어떤 길을 가야 하는지 잘 알고 계셨던 것이다.

그의 답변을 들은 공회원들은 죄수의 자리에 앉아 있는 예수님을 향해 또다시 심문했다. 그가 성경에 예언된 메시아로서 '하나님의 아들'이냐는 것이었다. 예수님께서는 그들의 심문에 대하여 저들이 입술로 말하고 있는 대로 자기가 곧 하나님의 아들이라고 말씀하셨다.

산헤드린 공회원들은 그 답변을 들은 후 이제 더 이상 심문할 것 없이 확실한 증거를 확보한 것으로 판단했다. 그러니 또 다른 증거를 찾을 필요가 없다고 여겼다. 예수님이 자기 입술로 그렇게 시인한 것 자체가 분명한 증거가 된다고 생각했기 때문이다. 따라서 이제 산헤드린 공회는 그 증거를 근거로 로마 법정으로 가서 고소하고자 했다. 그후부터 로마 제국의 총독부 법정 앞에서 예수님은 죄인으로서 피고가 되었으며 산헤드린 공회는 그를 고소하는 원고의 입장에 서게 되었다.

제23장

'유대인의 왕' 이신 예수님의 십자가 처형

(눅23:1-56)

1. 예루살렘의 정세와 유대주의자들의 농간(눅23:1-7)

당시 예루살렘에는 유대 땅의 최고위층 인사들이 몰려든 상태였다. 가이사랴의 총독부에서 근무하던 본디오 빌라도는 예루살렘에 와 있었다. 그리고 갈릴리 지역을 통치하던 헤롯 분봉왕도 예루살렘을 방문하는 중이었다. 당시 주요 인사들이 그곳에 모여들었던 것은 유월절을 앞두고 상당한 긴장 상태에 놓여있었음을 말해주고 있다.

따라서 산헤드린 공회 역시 정치적으로나 종교적으로 매우 예민한 상태였다. 그런 중 공회는 예수님을 로마 총독 본디오 빌라도 앞으로 끌고 갔다. 그를 정치적인 죄수로 몰아세우기 위해서였다. 당시는 로마제국에 항거하여 독립 투쟁을 하는 자들이 많았으며 그들은 반역자로 잡혀 처형되었다. 따라서 예수님을 정치적인 반란 수괴로 만든다면 로마법에 따라 처벌받게 할 수 있었던 것이다.

| 로마 총독 빌라도의 첫 번째 법정 |

유대인들은 앞서 산헤드린 공회에서 예수님의 죄목을 로마제국에 저항하는 왕이 아니라 이스라엘 가운데서 자기를 '그리스도'와 '하나님의 아들'로 주장하는 것에 연관지어 심문했다(눅22:67,70). 그런데 그들은 로마 총독 본디오 빌라도 앞에서는 그것을 뛰어넘어 그가 자신을 '왕'이라 주장하며 백성들을 선동한다는 것에 초점을 맞추었다.

산헤드린 공회가 예수님을 로마 총독부에 고소한 죄목은 바로 그것이었다. 그가 이스라엘 백성을 정치적으로 미혹하며 로마 황제에게 세금을 바치지 못하도록 금하며[50] 자칭 왕이자 그리스도라 주장한다는 것이었다(눅23:2). 그것은 물론 근거 없는 모략에 지나지 않았으나 총독부는 그 고소를 접수하지 않을 수 없었다.

그리하여 총독 본디오 빌라도가 공적으로 예수님을 심문하게 되었다. 그가 정말 자신을 유대인의 왕으로 주장하며 로마 정부에 저항해 반란을 일으켰느냐는 것이었다. 그것이 심문의 핵심문제였다. 그가 만일 자기가 왕이라고 주장한다면 그것은 로마 황제에 저항하는 반란죄가 성립되기 때문이었다.

예수님의 입장에서는 그에 대한 변호의 여지가 얼마든지 많이 있었다. 그가 자기를 왕으로 선포했을지라도 그것은 종교적인 문제였을 뿐 로마제국에 정치적으로 저항하거나 가이사의 통치권을 빼앗고자 하는 것이 아니었기 때문이다. 그는 세상의 왕국과 다른 하나님 나라를 선포했으므로 로마제국과는 아무런 상관이 없었다.

---

50) 이 말은 산헤드린 공회의 근거 없는 공적인 거짓말이다. 예수님께서는 로마 황제에게 세금을 바치지 말도록 금지하지 않으셨다. 그는 '가이사의 것은 가이사에게 하나님의 것은 하나님께 바치라'고 말씀하셨다(마22:21; 막12:17; 눅20:25). 그럼에도 불구하고 그들은 자기의 악한 목적을 달성하기 위하여 어떤 거짓 증거도 서슴지 않았다.

하지만 총독 빌라도의 심문을 받으며 그가 정말 왕인지 물었을 때 예수님은 망설이지 않고 자기가 왕이라는 사실을 언급했다. 그런데 빌라도의 눈에 비치는 그의 모든 말과 행동은 로마 황제에 저항하는 군사력을 키워 왕이 되고자 하는 것이 아니었다. 즉 황제에 저항하여 반란을 꾀하는 자들의 우두머리가 아니라 판단했던 것이다.

본디오 빌라도의 처음 법정에서는 그가 무죄라는 사실이 확인된 셈이다. 그래서 빌라도가 산헤드린 공회에 속한 유대인 대제사장들과 그와 함께 온 관료들을 향해 말했다. 자기가 심문한 결과로 보기에는 '그에게 죄가 없다'51)는 것이었다(눅23:4). 이는 원고의 고소 내용인 로마 황제에 저항하여 반란을 일으켜 왕이라고 주장한 피고의 죄목이 사실과 다르다는 것임을 입증해주고 있다.

피고의 무죄를 선언한 총독의 말을 듣게 된 산헤드린 공회원들은 더욱 강력하게 그의 범죄행위를 강조했다. 그가 온 유대 땅에서 자기를 왕으로 내세우며 정치적인 주장을 설파하고 갈릴리에서부터 그곳 예루살렘에 이르기까지 사람들을 선동하여 소요를 일으켰다는 것이었다. 그것이 곧 반란에 대한 증거가 된다고 강변했던 것이다.

그들의 말을 들은 총독 빌라도는 예수님을 향해 갈릴리 사람이냐고 물었다. 물론 그는 자기가 갈릴리 출신이라고 답변했을 것이 틀림없다. 그러자 빌라도는 갈릴리가 행정 구역상 분봉왕 헤롯이 통치하는 행정 구역인 줄 알고 예수님을 그에게 보냈다. 그때 마침 헤롯이 예루살렘을 방문하는 중이었기 때문이다.

본디오 빌라도가 그렇게 했던 것은 산헤드린 공회가 예수를 총독부 법정에 고소한 까닭이 종교적인 문제일 뿐 정치적인 반란 행위와 아무

---

51) 본디오 빌라도가 법정에서 예수님에게 죄가 없다고 선포한 것은 우리가 생각하는 것과는 근본적으로 다른 개념에서 출발하고 있다. 하나님의 자녀들은 예수님이 아담의 죄와 무관하게 거룩한 존재라는 사실을 고백하고 있다. 그에 반해 빌라도가 예수님에게 죄가 없다고 말한 것은 그에게 왕이 되고자 주장하여 실정법을 어긴 정황이 없다는 사실을 말하고 있는 것이다.

런 상관이 없다는 사실을 알고 있었던 것과 연관되어 있다. 그는 피지배 민족의 골치 아픈 종교 문제에 관여하고 싶지 않았던 것이다. 종교적인 문제로 어느 한쪽 편을 들게 되면 다른 한쪽이 큰 불만을 가지고 항의할 것이 분명했다. 그가 산헤드린 공회에 의해 고소당한 예수를 분봉왕 헤롯에게 이첩하고자 했던 것은 바로 그런 이유 때문이었다.

2. 죄수가 된 예수 그리스도(눅23:8-12)

본디오 빌라도와 헤롯 분봉왕은 예수님을 가운데 두고 서로 전혀 다른 생각을 하고 있었다. 빌라도는 예수님에 대한 골치 아픈 판결을 헤롯에게 떠넘기고자 했다. 그에 반해 헤롯은 자기에게 직접 고소된 사건이 아니었으므로 그를 재판하는 일에는 그다지 관심이 없었다. 그 대신 그동안 예수님에 대하여 들어온 다양한 소문들이 많았으므로 그에 대한 호기심이 발동했다.

| 헤롯 분봉왕의 법정 |

예수님이 자기의 법정 앞으로 나아왔을 때 헤롯은 엉뚱하게 즐거운 마음을 가지게 되었다. 오랫동안 그를 보고자 하는 마음이 있었으나 형편이 여의치 않던 차에 이제 자연스럽게 그 일이 성사된 것으로 판단했기 때문이다. 헤롯이 원했던 것은 그가 과연 어떤 기적을 행하는가 하는 것이었다. 그래서 예수가 자기 앞에서 무엇이든지 특별한 기적을 행해 주기를 원했다.

헤롯은 예수님을 향해 여러 가지 말로 물어보는 과정에서 자연스럽게 그가 기적을 일으켜 주기를 기대했다. 하지만 예수님은 그가 묻는 말에 아무런 답변을 하지 않았을 뿐더러 기적을 행하시지도 않았다. 그것은 헤롯으로 하여금 적잖게 실망하도록 했다.

헤롯의 속마음을 알지 못하는 산헤드린 공회에 속한 대제사장들과 서기관들은 예수님을 범죄자로 고소하기에 열중했다. 그가 율법을 어긴 죄인이라는 사실을 밝혀 그에게 중한 벌을 주고자 하는 것이 저들의 유일한 목적이었다. 그들은 온갖 죄목을 갖다 붙이며 원고로서 피고인을 고소했으나 판결권을 부여받은 헤롯은 자기의 관심 분야에 아무런 반응을 하지 않는 예수님에 대하여 시큰둥했을 따름이다.

결국 헤롯 왕은 예수님을 범인으로 판결한 것이 아니라 그에 대한 판단을 보류했다. 이는 실상 무죄판결을 내린 것과 다름이 없었다. 그런 중에 헤롯은 함께 온 군병들과 함께 예수를 업신여기며 조롱했다. 그리고는 그에게 빛난 옷을 입혀 빌라도에게 되돌려 보냈다. 그것은 예수님을 모독하는 사악한 행위에 지나지 않았다. 하지만 그가 예수님에게 화려한 모양의 옷을 입힌 것은 자기도 모르는 사이 부지중에 그를 왕권을 가진 자로 대외적으로 선포하는 성격을 지니고 있었다.[52]

당시 지배국인 로마제국의 총독인 본디오 빌라도와 팔레스틴 지역을 다스리던 헤롯 분봉왕 사이에는 미묘한 정치적 갈등이 존재하고 있었다. 이방인 총독과 민족주의적 관점에 선 분봉왕이 서로 자기의 위상을 높이기 위해 대결하는 국면을 취하고 있었기 때문이다. 따라서 그들은 서로 원수처럼 지내는 사이였다.

하지만 예수님을 가운데 두고 총독과 분봉왕은 서로 친구가 된 듯 좋은 관계를 유지했다. 공동의 죄수를 두고 서로 뜻이 통했기 때문이다. 원수의 적은 곧 친구가 된다는 것은 이런 경우를 두고 하는 말이다. 이와 같은 부정적 경향성은 오늘날에 이르기까지 역사 가운데 끊임없이 되풀이됐다. 예수님을 모독하고 욕하는 자들이 서로 한편이 되어 배도의 길을 추구하는 것이 전혀 이상하지 않았던 것이다.

---

52) 헤롯 분봉왕의 그 행위는, 본디오 빌라도가 예수님이 달리신 십자가 위에 '유대인의 왕'이란 죄패를 붙이면서 부지중에 그의 왕 됨을 선포한 것과 동일한 관점에서 설명할 수 있다.

3. 본디오 빌라도에 의해 사형을 언도받은 예수님(눅23:13-25)

| 로마 총독 빌라도의 두 번째 법정 |

예수님이 헤롯 왕으로부터 자기에게 되돌아오게 되자 본디오 빌라도는 산헤드린 공회에 속한 대제사장들과 관원들과 백성들을 법정으로 불러모았다. 그리고는 그들이 예수를 백성을 미혹하는 범죄자로 간주하여 자기에게 끌고 왔으나 그에 연관된 죄를 찾을 수 없다는 사실을 언급했다. 그가 과연 그런 죄를 범하였는지 공개적으로 심문해 보았으나 그들이 고소한 죄를 발견하지 못했다는 것이다.

자기뿐 아니라 헤롯 분봉왕 역시 그의 죄를 찾지 못한 채 자기에게 되돌려보낸 사실을 언급했다. 그리고는 그에게 사형에 해당하는 죄가 없음을 말했다. 엄밀한 의미에서는 일부 무죄를 선언했던 것이다. 따라서 사회를 소란케 한 점은 유죄로 간주하여 일종의 태형(笞刑)을 가한 후 석방하겠다고 했다.

그러자 거기 모여 있던 산헤드린 공회와 연관된 유대주의자들은 본디오 빌라도가 내린 판결을 수용하지 않았다. 그들은 일제히 총독 빌라도를 향해 큰 소리를 지르면서 예수를 사형에 처하고 그 대신 바라바(Barabbas)를 석방해 달라고 외쳤다. 당시 바라바는 성 중에서 민란을 주도하며 많은 사람들을 죽인 위험한 인물이었다.

아마도 그는 일반적인 살인범이 아니라 유다 왕국의 독립을 추구하는 운동가였을 것으로 보인다. 그 자리에 모인 자들은 살인죄로 감옥에 갇혀 있던 그를 놓아주기를 원했다. 이는 당시 유월절 절기로 인하여 관례에 따른 특별사면제도가 있었기 때문이다(요18:39).[53] 그것을 근거로 산

---

53) 당시 로마제국 치하에서는 피지배 민족이 고유한 축제일을 맞게 될 경우 피지배 민족 지도자들과의 논의를 통해 범죄자들 가운데 하나를 특별사면해 주는 관례가 있었다. 그것을 통해 피 지배민족과 유화적인 관계를 유지하고자 했던 것이다.

헤드린 공회의 유대주의자들은 총독 빌라도를 향해 바라바를 사면해주
도록 요청했던 것이다. 이는 거룩하신 예수님이 살인자보다 더 악한 자
로 간주되었음을 말해주고 있다.

그렇지만 나름대로 공정한 법 집행을 하고자 했던 빌라도는 저들을
향해 사형에 처할 만한 죄를 저지르지 않은 예수를 풀어주기 위해 애썼
다. 따라서 거기 모인 자들을 향해 다시금 되풀이하여 그의 석방에 관하
여 물어보았다. 하지만 이방인들보다 더 사악한 유대인들은 빌라도를
향해 예수를 십자가에 못 박아 처형하라는 소리를 외쳐댔다.

빌라도는 세 번째 또다시 예수를 석방하고자 노력했다. 그가 무슨 악
한 일을 행했는지 사형에 처할 만한 죄를 찾지 못하겠다는 것이었다. 그
러자 그들은 더욱 큰 소리로 예수를 십자가에 못 박아 죽이기를 원한다
는 소리를 외쳤다. 결국 총독 빌라도는 악한 유대인들의 민심을 버텨내
지 못했다.

그리하여 빌라도는 예수님에게 부당한 사형을 선고하여 십자가에 매
달아 처형하도록 허락했다.[54] 그 대신 민란을 일으켜 사람을 죽인 바라
바를 특별 관례에 따라 석방했다. 로마 총독 본디오 빌라도는 그것이 부
당한 판결과 선고라는 사실을 잘 알면서도 예수님에게 사형을 언도하고
군중의 비위를 맞추며 비겁한 태도로 민심을 얻고자 했던 것이다.

4. '십자가형'에 넘겨진 하나님의 아들(눅23:26-31)

사악한 죄인들이 의인 행세를 하며 거룩한 하나님의 아들을 법적인
죄수로 단죄하는 기상천외한 일이 발생했다. 거짓된 유대주의자들은 자

---

54) 사도신경 가운데는, '본디오 빌라도에게 고난을 받으사 십자가에 못 박혀 죽
으시고......' 라는 문구가 포함되어 있다. 그런데 우리는 성경 본문을 통해 빌라도
가 예수님을 석방하기 위해 무던히 노력한 사실을 잘 알고 있다. 그럼에도 불구하
고 그가 예수님을 십자가에 못 박은 가장 악한 자로 언급된 것은 그가 예수님께
십자가형을 선고함으로써 하나님께 저항하는 세력의 대표자격이었기 때문이다.

기의 종교적인 판단이 정당한 듯 크게 착각하고 있었다. 그들은 죄악에 빠진 상태에서 소유하게 된 자신의 거짓 믿음에 대한 아무런 인식조차 없었던 것이다.

그들은 하나님의 아들 곧 거룩한 성자 하나님을 포박한 채 무거운 십자가를 지웠다. 골고다 언덕을 향해 이동하는 예수님의 처절함은 이루 말할 수 없었다. 그 광경을 지켜보던 로마 군인들조차 안쓰럽게 여길 정도였다. 그리하여 마침 아프리카 북부 지역의 구레네로부터 온 시몬이라는 사람을 붙잡아 그에게 예수님의 십자가를 대신 메고 가도록 했다. 그는 이방 지역에서 태어나 살아가던 히브리인이었다.

상당수 학자들은 그가 피부색이 검은 계통의 인물이었을 것으로 보고 있다. 예수님을 처형장으로 끌고 가던 군인들이 아무런 상관이 없는 구레네 시몬을 붙잡아 강제로 그 무거운 십자가를 대신 메고 가도록 했던 것은 시골 출신인 그의 피부색을 보고 그를 멸시했기 때문이었을 것이다.

구레네 시몬은 얼떨결에 남의 무거운 십자가를 어깨 위에 맨 채 곧 처형당하게 될 예수님을 뒤따라 가야만 하는 신세가 되었다. 당시 유대주의자들이나 로마제국의 병사들에게는 일반적인 관점에서 말하는 정의감조차 없었다. 그들은 자신의 목적을 달성하기 위해서는 어떤 부정도 마다하지 않는 자들이었다.

한편 예수님이 처형장으로 잡혀가시는 동안 애처롭게 그를 바라보는 백성들과 가슴을 치며 슬피 우는 여인들의 큰 무리가 그 뒤를 따라갔다. 그 가운데는 단순한 구경꾼들도 많이 섞여 있었을 것이며, 그 악행이 이루어지는 과정을 지켜보면서 그것이 정당한 법 집행이라 여기는 자들도 없지 않았을 것이다. 어쨌거나 다양한 자들이 큰 무리를 이루어 골고다를 향해 가는 예수님의 뒤를 따랐다.

오늘날 우리 시대에도 다양한 형태의 인간들이 나름대로 자기 판단에 따라 예수님을 따르고 있다. 진정으로 예수님을 믿는 자들은 성경에 기록된 계시에 따라 그를 하나님의 아들로 받아들이고 있다. 하지만 어리석은 종교인들은 그를 윤리적으로 훌륭한 인물이라거나 사회를 변혁시키는 혁명적 투사로 간주하여 추종하기도 한다. 또한 사람들 가운데는 별생각 없이 무리에 휩쓸려 그를 따르는 자들도 있다. 지상 교회 가운데는 그런 다양한 이유로 인해 예수를 믿는다고 주장하는 자들이 존재하고 있다.

예수님께서는 십자가 처형을 앞에 두고 골고다를 향해 걸어가는 자기 뒤에서 슬피 울며 따라오는 자들을 향해 자기를 위해 울지 말라고 하셨다. 그 대신 저들과 저들의 자녀를 위해 울라는 당부를 하셨다. 이는 장차 하나님의 자녀들이 처하게 될 형편이 매우 어려워지게 될 것에 대한 예언적 말씀이다.

그러므로 그는 '보라 날이 이르면 사람이 말하기를 수태 못 하는 이와 해산하지 못한 배와 먹이지 못한 젖이 복이 있다 하리라'(눅23:29)고 말씀하셨다. 이는 장차 하나님의 백성들이 상상조차 하기 어려운 힘든 형편에 처하게 될 것을 말해주고 있다. 자식들이 당하는 엄청난 고통을 당하는 것을 차마 눈 뜨고 보지 못하리라는 것이다.

그때가 이르게 되면 사람들이 산들을 향하여 저들 위에 무너지면 좋겠다는 생각을 하게 된다. 또한 주변의 언덕들이 저들을 덮어버리기를 바란다고 하게 된다. 이는 그 땅에서 살아가는 것이 너무 고통스러워 차라리 죽는 편이 낫다고 여기는 자들로 가득 차게 된다는 사실을 말해주고 있다.

그리고 예수님께서는 '푸른 나무에도 이같이 하거든 마른 나무에는 어떻게 되리요'(눅23:31)라는 말씀을 하셨다. 이는 당시에 통용되던 격언 가운데 하나로 보인다. 즉 무죄한 예수님이 십자가 위에서 그와 같은 극형에 처하게 되는 마당에 그를 따르는 언약의 자손들 또한 얼마나 심한 고통을 당하게 될지 생각해 보라는 것이었다.

5. 십자가에 달리신 '유대인의 왕 예수 그리스도' 와 다른 두 죄수들
(눅23:32-43)

사형에 해당하는 극악한 죄수로 판결을 받은 예수님이 나무 십자가와 함께 골고다 언덕을 향해 갈 때 다른 두 명의 죄수도 같이 가게 되었다. 그들은 행악자로서 사형을 선고받은 상태였다. 그들 역시 일반 잡범이 아니라 정치범들이었다. 당시 로마제국에서는 정치범일 경우 많은 사람들이 볼 수 있도록 공개적인 십자가형에 처하는 경우가 많았다.

따라서 예수님과 함께 끌려간 죄수들도 로마제국에 저항한 정치범이었을 것이 분명하다. 그들은 유대 극렬주의자들로서 열성당에 속하여 로마로부터의 독립을 추구하는 투사들이었을 것으로 보인다. 예수님의 경우 실제적인 독립운동을 하지 않았음에도 불구하고 정치적인 반란을 일으킨 최고 주동자로 몰린 반면 그들은 실제로 독립운동에 가담했을 것이다.

사형집행권을 가진 로마 군인들은 죄수들이 골고다에 도착하자 즉시 형을 집행했다. 오전 아홉 시 경이 되어 그들은 먼저 예수님을 십자가에 못 박았다. 그리고 나서 다른 두 명의 죄수들도 예수님이 못 박힌 좌우편에 세워진 십자가에 매달았다. 일반 사람들의 눈에는 그들 세 명 모두 반정부 운동을 한 정치범으로 비쳐졌던 것이다.

그런데 예수님의 생명은 빨리 끊어지지 않고 오랜 시간 끌었다. 양손과 양발에 대못이 박히고 머리에 가시 면류관을 쓴 그의 고통은 상상조차 할 수 없다. 더구나 악한 자들이 창으로 그의 허리를 찌르는 무자비한 만행을 저질렀다. 그의 온몸은 머리부터 발끝까지 온통 피투성이가 되어 있었다.

그런 처절한 고통 가운데서도 주님께서는 성부 하나님을 향해 저들의 죄를 용서해 주시도록 기도했다. 그들이 하나님의 아들을 못 박아 죽이는 사악한 행위를 하면서도 무슨 짓을 행하고 있는지조차 모르고 있다는 것이었다. 이는 예수님께서 저들의 죄악을 지적하는 의미와 함께 사랑의 근원이신 자기가 이 세상에 오신 의미와 목적을 드러내 보여주고 있다.

그와 같은 긴장감 넘치는 순간에도 사악한 자들은 저들의 이기적인 욕망을 추구하기에 급급했다. 그들은 예수님을 십자가에 못 박기 위해 벌거벗기고 그의 옷을 옆에 놓아둔 상태에서 그것을 서로 소유하고자 했다. 결국 그 옷을 차지하기 위해 그들은 제비뽑아 차지할 자를 택했던 것이다.

그런 중에 많은 사람들이 구경꾼이 되어 십자가에 달린 그를 지켜보았으며 공직자들도 그 광경을 보며 비웃음을 보냈다. 그리고 '저가 남을 구원하였으니 만일 하나님의 택하신 자 그리스도라면 자기도 구원할찌어다'(눅23:35) 하며 비아냥댔다. 그들은 십자가에 달린 인간 예수님께 형언할 수 없는 고통을 안기는 가운데 모욕하기를 주저하지 않았다.

현장에서 형을 집행하던 로마 군인들도 십자가에 달려 고통당하는 그에게 신포도주를 내밀어주면서 희롱했다. 그와 같은 행동은 예수님에 대한 호의 때문이 아니라 조롱의 한 방법에 지나지 않았다. 따라서 '네가 만일 유대인의 왕이거든 네가 너를 구원하라'(눅23:36)고 비아냥거렸다.

예수님이 달린 십자가 위에는 '유대인의 왕'(JESUS OF NAZARETH THE KING OF THE JEWS)이라고 쓴 패가 붙어 있었다. 악한 본디오 빌라도가 예수님을 유대인의 왕으로 인정했기 때문에 그 패를 단 것이 아니었다. 그것은 잘못된 재판에 의해 예수님께 내려진 사형에 해당하는 죄목이었다.

그럼에도 불구하고 그 죄 패에 쓰인 글귀는 부지중에 온 세상에 '예수 그리스도가 왕'이라는 사실을 선포하고 있었다. 그러므로 유대인들은 유대인의 왕이라 쓴 글귀를 고쳐 자칭 유대인의 왕으로 바꾸도록 요구했다. 하지만 본디오 빌라도는 저들의 말을 듣지 않고 자기가 해야 할 바를 행했을 따름이라고 반응했을 뿐이다.

그와 같은 끔찍한 일이 진행 중일 때 예수님 옆의 십자가에 달린 죄수 하나가 예수님을 심하게 비방했다. 그와 더불어 예수님이 만일 그리스도라면 그 자신과 십자가 위에서 고통을 겪고 있는 자기들을 구원해보라고 했다. 이는 예수님이 자기들과 함께 이스라엘 민족을 위한 독립운동을 하지 않았으면서 그런 대우를 받는 것에 대한 못마땅한 마음에 연관되어 있었을 것으로 보인다.

그는 예수님이 많은 기적을 일으키며 자기가 메시아라고 주장한 사실을 익히 들은 바 있었으므로 이제 고통 중에 머물지 말고 기적을 일으켜 구원을 베풀어보라고 했던 것이다. 그가 예수님을 비방하는 말을 들은 옆의 십자가에 달려 있던 다른 죄수가 그를 심하게 꾸짖었다. 그가 그와 동일한 정치범으로 정죄를 받아 사형에 처한 상태에서 어찌 하나님을 두려워하지 않느냐는 것이었다.

그는 자기들은 독립운동을 하면서 로마법을 어겼기 때문에 그에 준하는 처형을 당하는 것이 당연하다고 했다. 하지만 십자가에 달려 고통 당하는 예수님은 그에 대한 실정법을 어긴 것이 아니라는 것이었다. 그가 이스라엘 민족 가운데 행한 모든 것들은 참된 진리로서 옳다는 말을 했다.

십자가에 달린 한편의 죄수는 생애 마지막 죽음을 목전에 두고 하나님의 복음을 깨닫게 되었다. 따라서 '예수여 당신의 나라에 임하실 때 나를 생각하소서'(눅23:42)라고 간청했다. 그의 말을 들으신 예수님께서는 '내가 진실로 네게 이르노니 오늘 네가 나와 함께 낙원에 있으리라'(눅23:43)고 말씀하셨다. 한평생 다른 목적을 위해 살아오면서 그것을 최고의 가치라 여기던 자가 생애 마지막에 예수 그리스도만이 저의 유일한 가치라는 사실을 깨닫고 그에게 간구하자 주님께서는 그에게 영생을 약속하셨던 것이다.

6. 속죄제물과 화목제물이 되어 십자가에 달려 돌아가신 하나님의 어린 양(눅23:44-46)

예수님께서 십자가에 달린 시간은 오늘날 우리 시간으로 오전 아홉 시 경이다. 누가복음 본문에서 '제 육시' 쯤 되어 해가 빛을 잃었다고 한 그 시간은 낮 열두 시로 한창 밝은 시간대였다. 그때부터 예수님의 목숨이 완전히 끊어지는 오후 세 시까지 온 땅에 어두움이 임했다. 그는 무려 여섯 시간 동안 십자가에 달려 온갖 수모와 모진 고통을 당하셨던 것이다.

이는 예수님의 십자가 사건이 한 사람 혹은 한 지역에 일어난 일이 아니라 우주적인 사건이라는 사실을 보여주고 있다. 그가 하나님을 위한 어린 양으로서 십자가에 달려 거룩한 하나님 앞에 속죄제물과 화목제물이 되어 바쳐진 사건은 우주 만물을 지으신 하나님의 창조 사역보다도 더 큰 사건으로 볼 수 있다.

십자가 사건이 진행되는 중에 자연적인 특별한 현상이 일어났다는 사실이 그점을 명확히 증거해 주고 있다. 그것은 결코 우연히 발생한 일이 아니었다. 거기에는 하나님의 구체적인 섭리가 작용하고 있었다. 즉 그 십자가 사건이 우주를 다스리는 하나님으로 말미암아 진행되고 있다는 사실을 보여 주었던 것이다.

그러므로 예수님께서 하나님의 거룩한 제물이 되어 바쳐지는 십자가 사역이 완료되었을 때 태양 빛이 원래대로 돌아왔다. 또한 십자가 위에서 그의 생명이 끊어짐과 동시에 성전 안의 휘장 한가운데가 찢어졌다. 즉 성전 내부의 성소와 지성소를 가로막고 있던 휘장이 위로부터 아래까지 찢어지게 되었다.

이는 매우 중요한 구속사적 의미를 지니고 있다. 골고다 언덕 위에 세워진 십자가 위에서 하나님의 아들이자 완벽한 하나님의 어린 양이신 예수 그리스도가 목숨이 끊어짐과 동시에 그의 피와 살이 예루살렘 성전 안 지성소에 바쳐진 사실을 보여주고 있기 때문이다. 하나님께서 예수 그리스도를 완벽한 제물로 기꺼이 받으심으로써 그를 통해 속죄와 화목이 이루어지게 된 것이다.

예수님께서는 생명이 끊어지는 그 순간에 성부 하나님을 향해 자기 영혼을 그의 손에 부탁한다고 큰 소리로 외쳤다. 이는 단순한 부탁이 아니라 그가 천상으로부터 이 세상에 내려오신 모든 목적을 다 이루었으므로 이제 천상의 나라로 되돌아간다는 의미를 지니고 있다. 예수님께서는 그 말씀을 하신 후 운명하셨으며 그와 더불어 그의 몸이 하나님 앞에 완벽한 제물로 바쳐지게 되었던 것이다.

우리는 예수님이 하나님의 어린 양으로서 거룩한 제물로 바쳐진 사실을 주의 깊게 이해해야 한다. 성전 휘장이 찢어지는 사건을 통해 그가 하나님 앞에서 상징적인 의미가 아니라 실제로 거룩한 성전에 바쳐지게 되었음을 증거해 주고 있다. 이는 구약성경에 줄곧 예언되고 구체적으로 실행되어 왔던 모든 희생 제사가 예수 그리스도의 십자가 사역을 통해 마침내 완성되었음을 말해 주고 있는 것이다.

7. 예수님의 죽음과 궁극적인 승리의 날(눅23:47-56)

예수님께서 십자가에 달려 돌아가셨을 때 그 광경을 지켜본 사람들은 다양한 반응을 보였다. 산헤드린 공회의 유대주의자들은 마치 승리를 거둔 듯 의기양양했을 것이다. 한편 로마 총독부에서는 뭔가 찜찜하지만 정치적인 선택을 할 수밖에 없었다는 판단을 하며 위안을 삼았을 것으로 보인다.

그리고 주변에 모여 있던 다수의 일반 시민들은 윤리적인 관점에서 안타까운 마음으로 그 광경을 지켜보았을 것이다. 그들의 눈에는 십자가에 달려 온갖 수모와 모진 고통을 당하다가 죽음을 맞게 된 예수님이 불쌍하게 비쳐질 수밖에 없었다. 또한 이스라엘 민족의 독립에 관심을 가지고 있던 자들은 로마제국의 만행뿐 아니라 그들과 타협한 산헤드린 공회를 보며 분노의 마음을 가졌을지도 모른다.

우리가 특히 관심을 가져야 할 자들은 언약에 속한 신실한 하나님의 자녀들이다. 그들 중 다수는 메시아로 오신 예수님이 당하는 모든 고난을 보며 마음 아파했을 것이 분명하다. 또 어떤 제자들은 그가 그런 식으로 죽어가는 것을 보며 상당한 실망에 휩싸였을지도 모른다. 물론 그들 가운데는 예수님의 부활에 대한 기대는 없었으나 하나님의 거룩한 제물로 바쳐지는 그를 보며 막연하게나마 장차 일어나게 될 하나님의 섭리를 기대했을 것이다.

그런데 그 가운데 예기치 못한 놀라운 일이 발생했다. 그것은 로마 군대의 고급 장교인 백부장이 하나님의 경륜을 깨닫고 그에 올바르게 반응했기 때문이다. 사악한 유대인들이 하나님의 언약을 멸시하며 메시아를 거부한 데 반해 당시 유대인들에게는 부정한 자로 간주된 이방인이 그에 대한 진정한 깨달음을 가지고 있었던 것은 놀랍지 않을 수 없었다. 그가 예수님이 당하신 모든 일을 지켜보면서 하나님께 영광을 돌리며 '이 사람은 정녕 의인이었도다'(눅23:47)는 고백을 했던 것이다.

예수님이 십자가에 달려 돌아가시는 현장에서 그 되어간 모든 과정을 지켜본 무리는 안타까운 마음으로 가슴을 치며 돌아갔다. 그들은 성경을 손에 들고 이스라엘 민족의 지도계층으로 행세하고 있던 산헤드린 공회원들보다 올바른 판단을 하고 있었다. 그들은 죄 없는 예수님을 십자가에 못 박아 죽인 로마 군인들의 만행을 보고 탄식하며 돌아갔던 것이다.

또한 갈릴리 지역으로부터 따라온 여성들도 모두 멀리 서서 그 모든 일을 지켜보았다. 그들 가운데는 막달라 마리아와 또 야고보와 요셉의 어머니 마리아와 또 세베대의 아들들의 어머니도 포함되어 있었다(마 27:56). 하지만 그들이 집단적으로 행동할 수 있는 방편은 아무것도 없었다. 극단적인 상황에 처하여 산헤드린 공회 앞에서 공개적인 항의를 할 수 없었으며 로마 총독부를 향해 저항할 수도 없었다.

우리는 여기서 당시 예수님의 십자가 사건 앞에서 있었던 '신비의 침묵'을 기억한다. 예수님을 메시아로 알고 따르던 자들 가운데 아무도 그 사악한 자들을 대항하여 난동을 부리지 않았다. 일반적인 경우라면 그들 가운데 개인적으로나마 큰 소리로 고함을 지르며 항의하거나 예수님을 십자가에 못 박고 창으로 그의 허리를 찌르는 것을 목격하며 그 앞을 가로막는 자들이 있었을 법하다.

하지만 그들 가운데 그와 같은 행동을 하는 자는 아무도 없었다. 이는 당시 하나님께서 저들의 마음을 다스려 주신 것으로 이해할 수 있다. 이는 저들에게 근본적인 신앙이 존재했음을 말해주고 있다. 감성적인 신앙만으로 얼룩진 자들이라면 난동을 부리지 않을 수 없는 상황이었다. 오늘날 우리 시대 감정으로 얼룩진 기독교인이라면 무슨 수를 써서라도 그것을 막으려 했을 것이 틀림없다. 하지만 그것은 하나님께서 원하시는 참된 신앙과는 거리가 먼 행위에 지나지 않는다.

당시 산헤드린 공회원들 가운데 지극히 일부이긴 했으나 예수님을 그리스도로 받아들이는 자들이 있었다. 그들 중에는 하나님 보시기에 선하고 의로운 자로 인정되고 있는 요셉이라는 사람이 있었다. 그는 산헤드린 공회가 예수님을 죄수로 몰아 정죄하는 결의와 그것을 실행하는 것에 대하여 반대한 인물이었다.

예수님을 따르던 요셉은 유대인들이 모여 사는 아리마대 출신의 부유한 인물로서 하나님 나라를 간절히 기다리고 있었다. 그가 예수님의 생명이 완전히 끊어진 것을 보고 본디오 빌라도에게 가서 예수님의 시체를 달라고 요구했다. 그러자 빌라도는 그의 말을 듣고 시체를 그에게 내어주라는 명령을 내렸다.

요셉은 예수님의 시신을 전달받아 깨끗한 세마포에 쌌다. 그리고는 아직 사람을 장사지낸 적이 없는 자기를 위해 바위에 파두었던 새 무덤에 넣어 보관했다. 아직 장례절차가 남아 있었기 때문이다. 그날은 안식일이 바로 눈앞에 다가온 시간이었으므로 아무 일도 할 수 없었던 것이다.

산헤드린 공회원이었던 아리마대 요셉은 자기의 새 무덤 안에 세마포로 싼 예수님의 시신을 두고 큰 돌을 굴려 무덤 문 앞을 가로막아 두었다. 그것은 유대인의 최고위 관원에 속한 그로서는 상당한 부담이 될 수도 있었지만 아랑곳하지 않았다. 물론 갈릴리 지역으로부터 따라온 여성들은 그 무덤까지 따라가서 예수님의 시신을 어떻게 두는지 확인하고 돌아갔다.

그들은 숙소로 돌아가 예수님의 시신을 처리하기 위한 향품과 향유를 준비했다. 하지만 즉시 시신에 어떤 처리를 할 수는 없었다. 그날은 안식일이었으므로 하나님의 계명을 좇아 안식일에는 쉬며 그날을 지켰던 것이다. 그리하여 그 안식일 날 하루 동안 예수님의 시신은 바위에 새로 판 무덤에 있게 되었다.

이는 사실 매우 중요한 구속사적인 의미를 지니고 있다. 그가 무덤에 갇힌 삼일 가운데 안식일이 통째로 온전히 끼어있다는 것은 그 죽음의 기간을 통해 안식일의 의미를 완전히 회복한 사실을 보여주고 있기 때문이다. 그로 말미암아 구약 시대 '안식일의 의미'가 완성되고 새로운 '주님의 날'이 선포되는 승리의 성격을 보여주고 있는 것이다.

제24장

부활하신 주님과 성령 강림 및
지상 교회에 관한 약속

(눅24:1-53)

1. 부활을 믿지 않은 여인들(눅24:1,2)

예수님께서 십자가를 지고 돌아가셨을 때 그를 따르는 제자들 가운데 그의 부활을 진정으로 믿는 자들은 아무도 없었다. 살아계시는 동안 고난과 죽음 그리고 부활에 관하여 수없이 말씀하셨음에도 불구하고 그것을 믿지 않았다. 오순절 성령께서 강림하시기 전까지 그들은 자기가 믿고 싶은 것만 골라 믿는 주관적인 신앙을 소유하고 있었던 것이다.

그러므로 예수님이 돌아가신 후 무덤에 묻혔을 때 어느 누구도 그가 부활할 것이라고 기대하지 않았다. 그들은 이제 그가 완전히 죽은 것으로만 생각했다. 그들 가운데 충성을 다했던 갈릴리에서 온 여성들은 안식일이 지나기를 간절히 기다렸다. 예수님의 시신에 향품을 처리함으로써 장례를 마무리하고자 했기 때문이다.

안식일이 지난 다음날 새벽이 되었을 때 그 여성들은 서둘러 예비한 향품을 가지고 예수님이 묻혀 있는 무덤으로 달려갔다. 그들이 그곳에 도착해 보니 전혀 예측하지 못한 일이 발생한 상태였다. 그 무덤 입구를 막고 있던 돌이 옮겨져 있었던 것이다. 그 광경을 본 여성들은 놀라지 않을 수 없었다.

그리하여 그 여성들은 즉시 열린 무덤 안으로 들어가 보았다. 그 안을 보게 된 여성들은 더욱 크게 놀랄 수밖에 없었다. 그동안 아무도 모르는 사이 심각한 문제가 발생한 것이 분명했기 때문이다. 그 당시에는 그곳을 찾은 여성들이 예수님께서 죽음으로부터 부활하셨으리란 사실을 생각하지 못했을 것이 틀림없다.

무덤 입구를 가로막은 큰 돌을 굴려 옮기는 일은 예삿일이 아니었다. 젊은 청년들이라 할지라도 한두 사람의 힘으로 그 돌을 굴릴 수 없었다. 누군가 의도적으로 그렇게 했다면 정부 당국이나 세력을 갖춘 어떤 집단의 소행이어야만 가능한 일이다. 어떤 경우라 할지라도 시신이 사라졌다는 것은 여간 심각한 문제가 아니다. 따라서 처음 그 광경을 목격한 여성들은 그로 말미암아 근심이 가득하게 되었다.

2. 천사들의 증언과 제자들의 불신(눅24:3-12)

예수님이 묻힌 무덤 입구를 가로막았던 큰 돌이 굴려지고 그 안에 시신이 사라진 것을 확인한 여성들은 근심에 빠져 어쩔 줄 몰라 하고 있었다. 그때 홀연히 찬란한 옷을 입은 두 사람이 저들의 곁에 선 것을 보게 되었다. 그들은 사람으로 보였지만 하나님께서 특별히 보내신 천사들이었다.

여인들은 그들을 보고 더욱 큰 두려운 마음으로 가득 찼다. 그리하여 얼굴을 땅에 댄 채 옴짝달싹하지 못했다. 무덤을 막고 있던 큰 바윗덩어리가 굴러나가 있고 저들이 보고자 했던 예수님의 시체가 사라져 버린 상태에서 그 생소한 사람들을 보고 무서운 생각이 들지 않을 수 없었던 것이다.

그때 그 천사들이 여인들을 향해 말했다. 어찌하여 산 사람을 죽은 자들 가운데서 찾느냐는 것이었다. 그는 죽은 자들이 묻히는 무덤 안에 계시지 않고 다시 살아나셨음을 말했던 것이다. 예수님께서 십자가에 못 박혀 돌아가시기 전 살아 계실 때 갈릴리에서 이미 저들에게 여러 차례 말씀하신 바이니 그 사실을 기억하라는 것이었다.

그제야 그 여인들은 예수님께서 저들에게 하신 말씀을 머리에 떠올렸다. 예수님께서는 '인자가 죄인의 손에 넘기워 십자가에 못 박히고 제 삼일에 다시 살아나야 하리라'(눅24:7)고 분명히 말씀하셨다. 그는 자기가 악한 자들에 의해 심한 고난을 당하신 후 십자가에 못 박혀 죽게 되리라는 사실과 그후 삼일 만에 다시 살아나게 될 것을 이미 공적으로 선포한 바였던 것이다.

그런데 그 여인들을 비롯하여 그를 따르던 모든 제자들은 그 사실을 까마득히 잊고 있었다. 그들은 예수님께서 행하시는 숱하게 많은 이적들을 직접 목격함과 동시에 그가 전하는 많은 교훈들을 들어왔다. 하지만 그들은 자기가 듣고 싶은 것들만 골라서 취했을 뿐 진짜 중요한 내용이라 할지라도 저들에게 부정적으로 들리는 것들은 귀담아듣지 않았다.

제자들은 예수님의 고난과 죽음 그리고 부활에 대해서는 관심 있게 받아들일 마음이 없었다. 따라서 예수님이 유대주의자들과 로마 군인들에 의해 심한 모욕을 당하며 십자가에 달려 돌아가셨을 때도 그가 부활하리라는 사실을 믿지 않았다. 그들은 그의 죽음이 끝이란 생각을 하고 있었을 따름이다.

여인들은 천사들의 말을 들은 후에야 비로소 예수님이 죽음에서 부활한 사실을 깨닫게 되었다. 그리하여 무덤으로부터 숙소로 돌아가 열한 사도들과 함께 있던 여러 사람들에게 그 일어난 사실을 전달했다. 그 실상을 사도들에게 전한 자들은 막달라 마리아와 요안나와 야고보의 모친 마리아를 비롯한 여러 여인들이었다.

무덤을 방문하고 돌아와서 부활 소식을 전하는 여인들의 말을 들은 사도들은 그 말을 믿지 않았다. 그 모든 내용은 지극히 허탄한 말로 들렸을 따름이다. 그들 역시 예수님께서 갈릴리에서 하신 고난과 죽음과 부활에 대하여 들었음에도 불구하고 그 말씀을 마음에 두지 않았기 때문이다.

그렇지만 사도 베드로는 여인들이 전하는 그 말을 가볍게 여기지 않고 마음으로 받아들였다. 그래서 그는 곧장 예수님의 시신이 묻힌 무덤을 향해 달려갔다. 그곳에 도착하여 열려있는 무덤 안으로 들어가 보았다. 거기에는 예수님의 시신을 쌌던 세마포만 덩그러니 남아 있었을 뿐 그의 시신은 보이지 않았다. 그는 그 모든 상황을 기이하게 여기며 원래 머물던 곳으로 돌아갔다.

우리는 여기서 예수님을 따르던 자들 가운데서 그의 부활을 믿은 자들이 아무도 없었다는 사실을 주의 깊게 생각해 볼 필요가 있다. 안식 후 첫날 새벽 일찍 맨 처음 예수님의 무덤을 찾았던 여인들은 그의 부활을 믿고 있지 않았다. 즉 그들은 예수님이 완전히 죽었다는 생각을 했기에 그 무덤을 찾아갔던 것이다.

베드로의 경우 다른 사람들보다 좀 더 나은 것으로 보이기는 하지만 그도 예수님의 부활을 믿지 않았다. 그가 진정으로 예수님의 부활을 믿었다면 굳이 빈 무덤을 찾아갈 필요가 없었다. 이를 통해 우리가 알 수 있는 사실은 인간의 판단이나 의지로 인해 그의 부활을 믿게 되는 것이 아니란 사실이다. 하나님의 자녀들은 오직 성령 하나님의 적극적인 도우심에 힘입어 그 놀라운 사실을 믿을 수 있게 되는 것이다.

3. 엠마오로 가는 도상의 부활하신 예수님(눅24:13-31)

예수님께서 부활하신 그날 예수님을 따르던 제자들 가운데 두 사람이 예루살렘에서 이십오 리 정도(약 10km) 떨어진 거리에 있는 엠마오를 향해 가고 있었다. 그들은 예수님이 십자가에 달려 돌아가신 일에 대하여 서로 이야기를 주고받으며 길을 걸어갔다. 그들이 그 사실을 두고 서로 간 대화를 이어가고 있을 때 부활하신 예수님께서 그 가까이 가서 저들과 동행하게 되었다.

그렇지만 눈이 가려져서 예수님을 알아보지 못했다. 그들이 부활하신 주님을 눈앞에 두고도 알아보지 못한 것은 십자가에 달려 돌아가기 전과 달리 변화된 모습이었기 때문이다. 그는 여전히 완벽한 육신을 가지고 있었으며 영으로 존재한 것이 아니었다. 그가 몸을 가지고 있었기 때문에 그 제자들은 처음 만나는 사람처럼 자연스럽게 대했던 것이다.

예수님께서는 저들과 함께 길을 걸어가면서 그들의 대화에 끼어들었다. 그들이 서로 주고받는 이야기의 내용이 무엇인지 물어보았다. 물론 그가 몰라서 묻는 말은 아니었다. 예수님의 질문을 들은 두 사람은 슬픈 기색을 띠고 자리에 머물러 섰다. 어찌 예루살렘의 모든 사람들이 알고 있는 그 놀라운 사건을 모르느냐는 것이었다.

그러므로 제자들 가운데 글로바라는 사람이 예수님을 향해 예루살렘에 살면서 어찌 근래에 발생한 그 큰 사건을 혼자만 모를 수 있느냐고 반문했다. 그의 말을 들은 예수님은 도리어 그를 향해 도대체 무슨 일이 있었느냐고 되물었다. 모든 것을 알고 계실 뿐 아니라 그 당사자인 예수님께서 다시 물어본 데는 그들의 생각을 확인하고자 하는 뜻이 담겨 있었다.

글로바는 그 낯선 길동무에게 근래 예루살렘에서 일어난 끔찍한 사건은 나사렛 예수님에 관한 것이라고 말해주었다. 예수님은 하나님과 모든 백성들 앞에서 말과 일에 능하신 선지자였다는 것이다. 그런데도 어리석은 기득권자들은 그 사실을 전혀 알지 못한 채 도리어 그를 죄인 취급했다는 것이었다.

그러므로 대제사장들과 관원들 곧 산헤드린 공회가 무죄한 그를 이방 세력인 로마인들에게 넘겨주어 사형 판결을 받게 하여 십자가에 못 박아 죽였다는 것이다. 하지만 글로바는 자기와 같이 그를 따르던 사람들은 그가 이스라엘을 구속해 주기를 기대했다는 사실을 말했다. 이는 그가 메시아의 역할을 해주기를 간절히 원했다는 의미를 지니고 있다. 그런 그가 억울하게 십자가 위에서 고난을 당하고 처형당했으니 안타깝기 그지없다는 것이었다.

그런데 바로 그날이 예수님이 십자가에 못 박혀 죽은 지 사흘째 되는 날인데 놀라운 이야기를 듣게 된 사실을 언급했다. 그를 따르던 여인들 가운데 몇 사람이 새벽 일찍 그가 묻힌 무덤에 갔다가 그의 시신을 발견하지 못한 채 돌아와서 그가 죽음에서 살아났다고 선포하는 천사들을 보았다고 말했다는 것이다.

그 말을 들은 제자들 가운데 두어 사람이 과연 여인들이 전한 말이 사실인지 확인하기 위해 무덤으로 달려갔다고 했다. 그들은 열린 무덤 안으로 들어가 예수의 시신이 없어진 사실을 확인했다는 것이다. 하지만 그곳을 방문한 자들 중에 부활한 주님을 직접 목격한 자는 없노라고 말했다.

그가 하는 모든 말을 들으신 예수님께서는 그들을 책망하셨다. 그들이 미련하여 구약성경에 기록된 선지자들이 전한 모든 예언의 말씀을 마음에 더디 믿고 있다는 것이었다. 성경에서 예언한 대로 그리스도가 그와 같은 고난을 받은 후에야 비로소 자기의 영광에 들어가야 할 것이 아니냐고 반문하셨다.

예수님께서는 그와 더불어 모세와 여러 선지자들이 쓴 글들을 인용하며 모든 성경에 기록된 자기에 관한 내용을 자세히 풀어 저들에게 설명해 주셨다. 그것은 메시아와 그의 사역에 연관된 내용들이었다. 그의 가르침을 들은 두 사람의 제자들은 놀라워하지 않을 수 없었다. 하지만 아직까지 저들에게 말하고 있는 그가 부활하신 예수님이란 사실을 전혀 모르고 있었다.

그들이 엠마오에 가까이 이르렀을 때 예수님은 더 먼 곳으로 가시는 듯 보였다. 그러자 두 제자는 예수님을 강권하여 저들과 함께 유하자는 요청을 했다. 때가 저물어 이미 날이 어두워져 가니 더 멀리 가는 것은 무리한 일이라는 것이었다. 그리하여 예수님은 그들과 함께 유숙하기 위해 숙소를 잡아 들어가셨다.

그들이 함께 저녁 식사를 할 때 예수님께서는 떡을 들어 축사하시고 떼어 저들에게 나누어주셨다(눅24:31). 그러자 저들의 눈이 즉시 밝아져 그가 부활하신 예수님이란 사실을 알게 되었다. 그가 직접 떡을 떼어 저들에게 나누어주신 것은 성찬에 연관된 것으로 이해할 수 있다. 우리는 여기서 부활하신 주님을 볼 수 있는 눈은 개인의 능력이나 종교심이 아니라 주님의 은혜에 의해 허락된다는 사실을 알 수 있다.

제자들이 부활하신 주님을 알아보자마자 예수님은 그 자리에서 사라지셨다. 이는 예수님께서 엠마오로 가는 도상에서 두 제자들과 대화하는 가운데 자신을 증거하기 위해 저들과 특별히 동행하셨음을 말해주고 있다. 따라서 그 목적이 달성되었을 때 그는 그 자리를 떠나셨다. 하지만 그 이야기는 곧바로 예루살렘에 있는 모든 제자들에게 전해져 주님의 부활을 확증하게 되었던 것이다.

4. 예수님의 부활 사실을 속히 예루살렘에 전한 제자들(눅24:32-37)

부활하신 예수님이 엠마오에서 자리를 뜨신 후에 제자들은 다시금 잠시 전에 일어난 일들을 되새겨 보았다. 그들은 길을 걸어오면서 저들에게 말씀하시고 성경을 풀어주실 때 저들의 마음속이 뜨거웠다고 했다. 그 당시에는 주님의 말을 들으면서 단순한 감동이라 여겼지만 보다 중요한 깨달음이 있었다는 것이다.

그들은 부활하신 예수님과 대화하며 직접 모든 말씀을 들은 후 곧바로 자리에서 일어나 예루살렘으로 되돌아갔다. 그들이 어떤 목적으로 엠마오로 갔는지 명확하지 않지만 어떤 일이 있었던 것만은 틀림없다. 하지만 어떤 일이라 할지라도 부활하신 예수님을 직접 만난 일보다 더 중요한 것은 없었다.

그래서 그들은 엠마오에서 하룻밤 유숙하려던 계획을 바꾸어 곧장 예루살렘을 향해 되돌아갔다. 이미 어둠 살이 끼어 돌아가기 쉽지 않은 길이었다. 더구나 10킬로 정도를 걸어온 터에 도착하자마자 되돌아간다는 것은 그리 간단하지 않은 판단이었다. 하지만 그 사실을 예루살렘에 있는 제자들에게 전달하는 것은 매우 중요한 일이었기 때문에 그렇게 할 수밖에 없었다.

그들이 예루살렘에 도착해서 제자들이 모인 숙소로 갔다. 거기에는 열한 사도들과 그와 함께한 여러 제자들이 모여 있었다. 그들은 예수님이 무덤에서 없어진 사실을 보아 부활했을 것이라 생각했지만 다시 살아난 그가 어디에 계시는지 답답한 마음을 가지고 있었을 것이 분명하다. 그들은 편안한 마음으로 있었던 것이 아니라 도리어 불안한 마음을 가지고 있었을지도 모른다.

거기 모인 제자들은 부활하신 주님이 시몬 베드로에게 나타나셨다는 이야기를 주고받고 있었다. 그때는 베드로 혼자 예수님을 만났기 때문에 어느 정도 그 말을 받아들여야 할지 다소 난감했을 것으로 보인다. 베드로의 말을 불신한 것이 아니라 그 정황을 정확하게 파악하기 어려웠던 것이다.

그런 차에 엠마오로 간 두 제자들이 다시 돌아와 놀라운 이야기를 전했다. 그들은 엠마오로 가는 도상에서 부활하신 예수님과 대화한 사실을 소상하게 전했다. 그리고 저녁 식사를 할 때 예수님께서 떡을 떼어 저들에게 나누어주신 것을 받아먹자 즉시 눈이 떠져 그를 알아보게 되었다고 했다. 이를 통해 예수님의 부활 소식이 예루살렘의 모든 제자들에게 구체적으로 확증 전달된 것이다.

그들이 그와 같은 이야기를 나누고 있을 때 부활하신 예수님께서 친히 그 가운데 나타나셨다. 그는 제자들을 향해 먼저 평강을 기원했다. 당시 예루살렘에는 예수님을 십자가에 못 박은 로마 군인들과 산헤드린 공회원들로 인해 살벌한 분위기가 되어 있었다. 제자들은 그들로 인해 불안한 마음을 떨칠 수 없었다.

더군다나 예수님이 부활하여 무덤에서 사라졌을 때 예루살렘에는 또 다른 난리가 났을 것이 틀림없다. 로마 군인들과 산헤드린 공회의 유대주의자들은 죽은 예수가 부활했을 것이라 믿지 않았다. 아마도 그들은 예수님의 제자들이 그의 시신을 훔쳐 갔을 것으로 판단했을 것이다. 그와 같은 상황에서 제자들의 불안감이 더 커질 수밖에 없었다.

따라서 예수님께서는 저들에게 평강을 기원했다. 하지만 당시 제자들 가운데는 아직도 예수님의 부활을 온전히 믿지 못하고 있는 자들이 많았다. 그런 상황에서 부활하신 예수님이 문을 열거나 일반적인 진입 과정을 거치지 않은 채 방 안으로 들어오셨을 때 다수의 제자들은 놀라지 않을 수 없었다.

그러므로 그들은 부활하신 예수님을 보고 놀라 두려운 마음을 가지게 되었다. 그들은 눈앞의 예수님을 목격하면서 그가 변화한 몸을 가진 존재가 아니라 몸이 없는 영일 것으로 생각했다. 그들은 부활하신 주님을 바로 앞에서 보면서도 그의 몸이 부활한 사실을 믿지 못했던 것이다. 우리는 여기서 주님의 부활 사실을 깨달아 아는 것이 얼마나 큰 하나님의 은혜인가 하는 점을 알게 된다. 즉 두 눈으로 직접 목격하지 않고도 그의 부활을 확실히 믿을 수 있는 것은 전적으로 하나님의 놀라운 은혜에 기인하는 것이다.

5. 부활하신 예수님의 존재와 모습(눅24:38-43)

예수님께서는 두려움에 빠진 제자들을 향해 말씀하셨다. 어찌하여 두려워하며 마음에 의심하느냐는 것이었다. 그들은 예수님께서 미리 말씀하신 내용을 잊어버린 채 자기의 경험적 판단에 빠져 중요한 근본을 놓치고 있었던 것이다.

그러므로 주님은 제자들을 향해 자기의 손과 발을 보여주며 자기인 줄 알라고 하셨다. 즉 못에 박힌 자국이 있는 것을 보면 그 사실을 알게 되리라는 것이었다. 다수의 제자들이 부활하신 예수님을 직접 보면서도 그를 온전히 알아보지 못한 채 영이라고 여겼기 때문에 하신 말씀이다.

예수님께서는 의심하는 제자들에게 영과 살은 뼈가 없으나 자기는 그렇지 않다는 사실을 강조하셨다. 그러니 자기의 몸을 직접 만져 보라고 하시면서 자기는 영으로 존재하는 것이 아니라 살과 뼈가 있다는 것이다. 그리고는 못 박혔던 자기의 손과 발을 저들에게 내밀어 보여주셨다.

우리는 여기서 매우 중요한 사실을 생각해 볼 수 있어야 한다. 그것은 부활하신 예수님의 얼굴을 경험적인 눈으로 보면 그의 존재를 파악할 수 없다는 사실이다. 그를 분명히 알아보기 위해서는 그 증거가 되는 손과 발의 못 자국을 보아야 하며 그 전부터 약속해오신 그의 말씀에 의존하지 않으면 안 된다.

오늘날 우리 시대에 부활하기 전의 예수님의 모습만 염두에 두고 있는 자들은 그를 온전히 아는 것이라 말할 수 없다. 십자가를 지시기 전의 예수님의 모습은 인간들의 일반적인 안목으로 알아볼 수 있었을지 모르지만 부활하신 예수님은 전혀 그렇지 않았다. 즉 십자가 사건 전에는 경험적인 눈으로 그의 존재를 주시할 수 있었으나 부활 후의 예수님은 경험을 통해 그의 실제적인 존재를 알아볼 수 없었던 것이다.

지금도 많은 사람들은 부활하기 전의 예수님을 보며 그것이 전부라고 생각하는 경향이 있다. 그런 자들은 예수님을 윤리적인 인물로 보거나 단순한 종교적인 존재로 이해하거나 사회적인 활동을 하는 인물 정도로 이해하기를 좋아한다. 그러나 부활하신 주님의 실제적인 존재를 알아봄으로써 그의 전반적인 구속 사역을 이해하는 것이 매우 중요하다.

예수님께서 의심에 가득 찬 제자들에게 몸으로 부활하신 자기의 존재를 확인시켜주셨을 때 그들은 크게 기뻐하면서도 그 사실이 믿어지지 않아 어리둥절해 하고 있었다. 그때 예수님께서는 먹을 것이 있느냐고 물으셨다. 이는 그가 시장했다는 의미가 되기도 한다. 그 말씀을 들은 제자들은 마침 준비되어 있던 구운 생선 한 토막을 내어드렸다. 그러자 그것을 받아 그 자리에서 음식을 드셨다.

우리는 여기서 부활한 후의 인간들의 형편에 대하여 생각해 보게 된다. 그것은 우선 몸의 상태이다. 부활한 몸은 영이 아니라 살과 뼈가 있는 존재임을 알 수 있다. 그리고 변화된 모습이지만 서로간 알아볼 수 있는 존재로 살아가게 된다.

또한 부활한 성도들이 영생을 누리는 새 하늘과 새 땅에서도 사람들이 먹고 살아간다는 사실을 알게 된다. 물론 풍족한 먹거리로 인해 타락한 인간들이 살아가고 있는 이 세상과는 전혀 다른 양상일 것이다. 물론 우리는 그 이상의 상황들에 대해서는 짐작조차 할 수 없는 완벽한 삶의 형태가 예비되어 있다는 사실을 기억할 필요가 있다.

6. 예수님의 부활에 대한 성경의 예언과 증거(눅24:44-48)

예수님께서는 제자들에게 십자가를 지시기 전 그들과 함께 계실 때 하신 말씀을 상기시키셨다. 모세의 율법과 선지자의 글과 시편에서 그리스도를 가리켜 기록된 모든 것들이 반드시 이루어져야 한다고 말씀하신 것은 그의 죽음과 부활에 직접 연관되어 있다는 것이다. 즉 구약의 모든 예언이 그와 같이 성취되었다는 것이다.

하나님께서는 그 말씀을 듣는 제자들의 마음을 열어 성경에 기록된 예언의 말씀을 올바르게 깨닫도록 해주셨다. 예수님의 부활 사건이 갑작스럽게 혹은 예기치 않게 일어난 사건이 아니라 성경에서 줄곧 예언되어온 사실이 성취된 것임을 알게 하셨던 것이다. 이는 성경이 그 예언의 근거가 됨과 동시에 성취에 대한 증거가 된다는 사실을 말해주고 있다.

예수님께서는 전능하신 하나님의 아들로서 이땅에 오신 그리스도가 사악한 인간들에 의하여 고난을 받으실 것을 미리 말씀하셨다. 그리고 죽임을 당한 후 삼일 만에 다시 살아나시게 될 것에 대하여 예언하셨다. 이는 죄에 빠진 사악한 인간들의 무자비한 횡포와 그 악행을 완전히 정복하는 하나님의 능력을 보여주고 있다.

이와 같은 모든 과정을 거치는 것은 필연적이다. 하나님의 어린 양이신 예수님이 완벽한 제물이 되어 하나님께 바쳐짐으로써 하나님과 연관된 속죄와 화해가 이루어질 수 있기 때문이다. 따라서 하나님의 자녀들에게는 십자가에 달리신 주님의 이름으로 죄 사함을 얻게 하는 회개가 일어나게 된다.

그것은 인간들의 종교적인 판단과 결단에 의해 일어나는 것이 아니라 예수 그리스도의 구원 사역으로 말미암아 발생하는 성격을 지니고 있다. 따라서 하나님께로 돌이키는 회개가 예루살렘에서부터 시작하여 세상의 모든 족속들에게 전파된다. 이는 십자가 사역과 부활 사건에 연관된 것으로서 이미 성경에 기록되어 선포된 사실이다. 예수님께서는 거기 모인 제자들을 향해 그들이 곧 그 모든 일에 대한 증인이라는 사실을 말씀하셨다.

| 부활하신 예수님의 갈릴리 사역 |

누가복음에는 부활하신 예수님께서 갈릴리 지역을 방문하여 사역하신 내용이 생략되어 있다. 하지만 예수님께서는 갈릴리로 가셔서 그곳에 먼저 가 있던 제자들을 만나 대화를 나누며 교제하셨다. 마태복음과 요한복음에는 그에 관한 분명한 기록이 나타나 있다.

마태복음 28장 16-20절에는 예수님께서 열한 제자들을 갈릴리 지역에 있는 한 산으로 모이도록 명령하신 사실이 기록되어 있다. 그들 가운데는 예수님을 향해 경배하면서도 그를 의심하는 자들도 있었다. 십자가를 지고 돌아가시기 전의 예수님의 외모와는 확연히 달랐기 때문에 발생한 문제였다.

예수님께서는 그 자리에서 자기가 하늘과 땅의 모든 권세를 받았다는 사실을 언급하셨다. 이는 우주적인 모든 것을 포함하고 있다. 따라서 그는 자기에게 속한 모든 권세를 제자들에게 주어 저들로 하여금 세상으로 나가 모든 족속으로 제자를 삼아 아버지와 아들과 성령의 이름으로 세례를 주라고 말씀하셨다. 그리고 자기가 분부한 모든 것을 저들에게 가르쳐 지키게 하라는 요구를 하셨다. 그가 세상이 멸망하는 그날까지 항상 저들과 함께하시리라는 것이었다.

이 말씀은 지상 교회와 밀접하게 연관되는 말씀이다. 예수님께서는 곧 천상의 나라로 승천하시게 되지만 지상에는 그의 제자들만 남게 된다. 또한 세월이 흘러 그들이 죽게 되면 그의 후손들이 진리를 상속받아 세상에서 교회를 이루어 살아가게 된다. 주님께서 항상 저들과 함께 계시겠다고 하신 말씀은 그가 재림하실 때까지 자기의 몸된 교회와 함께 계시리라는 약속이다.

그리고 요한복음 21장 1-23절에는 부활하신 예수님께서 제자들이 물고기를 잡는 갈릴리 바다를 방문하신 사실이 기록되어 있다. 그는 바다 가운데서 밤새도록 애썼으나 고기를 잡지 못한 제자들로 하여금 많은 양의 물고기를 잡도록 해주셨다. 고기잡이로 잔뼈가 굵은 그들이 못한 일을 주님께서 행하셨던 것이다.

처음에는 그가 부활하신 예수님이란 사실을 알지 못했던 제자들이 곧 그를 알아보게 되었다. 그리하여 예수님께서는 그들과 함께 떡과 갓 잡아 올린 물고기를 조리하여 아침 식사를 하셨다. 이를 통해 예수님은 부활한 자기의 존재를 거기 모인 제자들에게 나타내 보이셨다.

식사를 마치신 예수님께서는 제자들 가운데 특별히 베드로를 불러 세 차례에 걸쳐 자기에 대한 사랑을 확인하셨다. 물론 베드로는 점진적으로 크게 확인하는 그에 대한 사랑을 고백했다. 당시 베드로가 그전과 전혀 다른 외형적인 모습을 지닌 주님을 향해 자신의 사랑을 고백하는 것은 결코 쉬운 일이 아니었을 것이다.

그럼에도 불구하고 진정한 사랑을 고백하는 베드로를 향해 주님께서는 '자기의 양 떼'를 먹이라고 말씀하셨다. 이는 부활하신 주님께서 자기의 일을 베드로에게 위임하는 성격을 지니고 있다. 즉 장차 그가 주님의 양 떼를 치게 되겠지만 그 양은 여전히 주님의 소유이다. 이는 물론 베드로가 대표적으로 위임받은 사실이지만 모든 사도들에게 맡겨진 공적인 직무와 연관되어 있다.

우리는 이에 대해 매우 주의 깊은 생각을 할 수 있어야 한다. 부활하신 예수님께서 자기의 양 떼를 사도들에게 맡기신 것은 지상 교회와 직접 연관되어 있다. 그 사도들이 죽은 후로는 그 직무가 상속되어 감으로써 주님의 양 떼를 쳐야만 하기 때문이다. 그 일이 신약 시대의 직분자들에게 맡겨졌다.

그것은 특정 개인의 권리나 세력의 문제가 아니라 그 직무를 맡기신 분에 대한 절대적인 순종에 연관되어 있다. 그것은 직분을 맡은 자들에게 어떤 영광이나 세상에서의 명예가 돌아가는 것이 아니란 사실을 말해주고 있다. 그러므로 주님께서는 베드로에게 '네가 젊어서는 스스로 띠를 띠고 네가 가고 싶은 곳을 다녔으나, 네가 늙어서는 남들이 너의 팔을 벌려 너를 묶어서 네가 바라지 않는 곳으로 끌고 갈 것이다'(요 21:18)고 말씀하셨다.

주님의 제자가 된 모든 성도들은 자기의 욕망을 위해 살아갈 것이 아니라 오직 주님이신 예수 그리스도의 뜻에 따라 살아가야 한다. 그로부터 벗어나면 주인의 것을 가로채는 악행을 저지르는 것과 같다. 오직 영원한 영광에 소망을 두고 살아가는 자들은 이 세상의 것들을 통해 자기의 만족을 추구해서는 안 된다. 부활하신 예수님께서는 갈릴리 지역을 방문하셔서 제자들에게 그에 대한 중요한 교훈을 남기셨던 것이다.

7. 부활하신 주님의 승천과 오순절 성령 강림(눅24:49-53)

죽음에서 부활하신 예수님께서는 제자들에게 이제 자기가 승천하면 성령을 보내주시겠다는 말씀을 하셨다. 성부 하나님께서 약속하신 성령을 저들에게 보내시리라는 것이었다. 그가 오셔서 자기 백성을 지키시며 보호해 주시게 된다고 하셨던 것이다. 이는 위로부터 능력을 덧입어야만 이 세상을 능히 이겨낼 수 있다는 사실을 의미하고 있다.

예수님께서는 그와 더불어 제자들에게 성령께서 강림하실 때까지 예루살렘을 떠나지 말고 그곳에 유하라는 요구를 하셨다. 이는 예루살렘 성전을 통해 그가 강림하게 된다는 사실을 말해주고 있다. 예루살렘 성전에 맡겨진 중요한 역할 가운데 하나가 성령께서 그곳을 통해 강림하시는 것이다.

그 말씀을 하신 후 예수님께서는 제자들을 데리고 베다니 동네 앞으로 가셨다. 거기서 그는 손을 내밀어 저들에게 축복하셨다. 그리고는 많은 제자들이 보는 앞에서 구름을 타고 천상의 나라로 승천하셨다. 그는 하늘 위로 높이 올라가시다가 사라져 버린 것이 아니라 천상의 나라에 도착하여 하나님 우편에 앉아 계시면서 맡겨진 사역을 지속하시게 되었다(막16:19).

그는 승천하시면서 장차 때가 이르면 올라가신 그대로 다시 오시게 된다는 사실을 천사들을 통해 선포하셨다. 그가 두 번째 이땅에 오실 때는 처음과는 달리 엄위한 심판주로서 오시게 된다. 그 앞에서 하나님의 자녀들은 영원한 구원의 자리로 옮겨지게 될 것이며 그렇지 않은 자들은 영원한 심판에 처해지게 된다.

예수님께서 승천하시는 모습을 직접 목격한 제자들은 그에게 경배를 돌렸다. 그가 하나님의 아들 메시아라는 사실을 확실히 알게 되었기 때문이다. 그들은 주님이 승천하심으로써 이땅에 몸으로 계시지 않지만 더 이상 불안해하거나 아쉬운 마음을 가지지 않았다. 따라서 그들은 기쁨으로 예루살렘 성 안으로 돌아갔던 것이다.

우리가 여기서 주의 깊게 생각해 보아야 할 점은 그후에도 제자들이 예루살렘 성전을 중심으로 신앙생활을 했다는 사실이다. 즉 오순절 성령 강림을 기다릴 때도 그들은 성전을 중심으로 살아갔다. 그리고 오순절 성령께서 강림하신 후에도 그들은 성전에 모여 하나님을 찬송하기를 지속했던 것이다(행2:46; 5:42, 참조).

이는 역사상 마지막 유월절 날 있었던 예수님의 십자가 사역과, 부활 승천하신 후 도래한 마지막 오순절 날 성령이 오신 다음에도 성전의 의미가 끝난 것이 아니라 여전히 살아있었다는 사실을 말해주고 있다. 성전 제사와 연관된 모든 내용은 완성되었지만 그 언약적 의미는 그대로 존재하고 있었기 때문이다. 즉 성전이 소유한 언약적 의미가 사도교회와 밀접하게 연관되어 있었던 것이다.

이와 같은 언약적 의미는 AD70년 예루살렘 성전이 로마 군대에 의해 철저히 파괴된 후에는 구약에 기록된 성전의 모든 의미가 완성된다. 그와 함께 사도교회 시대를 지나 보편교회 시대로 이어지게 된다. 그때부터 성령 하나님의 도우심과 계시된 말씀인 신구약성경 66권과 더불어 하나님과 승천한 예수 그리스도가 계시는 천상의 성전을 중심으로 보편교회에 속한 성도로서 신앙생활을 하게 되는 것이다.

성구색인